宁波老外滩史料选编

纪念宁波开埠180周年

宁波市江北区史志中心　编

执行主编　戴光中

中国社会科学出版社

图书在版编目（CIP）数据

宁波老外滩史料选编：纪念宁波开埠180周年／宁波市江北区史志中心编．—北京：中国社会科学出版社，2023.10
ISBN 978-7-5227-2697-7

Ⅰ.①宁…　Ⅱ.①宁…　Ⅲ.①地方史—史料—宁波—1840-1933　Ⅳ.①K295.53

中国国家版本馆CIP数据核字（2023）第200511号

出 版 人	赵剑英
责任编辑	宫京蕾
责任校对	秦　婵
责任印制	郝美娜

出　　版	中国社会科学出版社
社　　址	北京鼓楼西大街甲158号
邮　　编	100720
网　　址	http://www.csspw.cn
发 行 部	010-84083685
门 市 部	010-84029450
经　　销	新华书店及其他书店

印刷装订	北京君升印刷有限公司
版　　次	2023年10月第1版
印　　次	2023年10月第1次印刷

开　　本	710×1000　1/16
印　　张	30.25
插　　页	2
字　　数	544千字
定　　价	168.00元

凡购买中国社会科学出版社图书，如有质量问题请与本社营销中心联系调换
电话：010-84083683

编写委员会

主　　编：姚　英

副 主 编：童荣辉

执行主编：戴光中

成　　员：刘效壮　韩　波　徐　琼

　　　　　徐　翎　余凌云

编选说明

一、1842 年 8 月，清政府同英国签订丧权辱国的《南京条约》，宁波被迫列为"五口通商"的城市之一，标志着从此对外开放，并且指定江北岸为外国人通商居留地。此地是甬江、姚江、奉化江交汇处，江流呈 Y 形，外国人遂用英语称此地为 Y-town，音译即"外滩"。所以，作为老外滩所在地的江北区，特选编此书以纪念宁波开埠 180 周年。

二、本书选编年限，自 1840 年鸦片战争开始，至 1933 年宁波人民正式收回"白水权"、终止外国人在甬一切特权结束；地域范围则以今之江北区外滩街道为主。因追溯源流或涉及因果等原因，某些内容的时段稍有上推，地域也略有扩大。

三、全书内容分为政局态势、口岸经济、治安市政、教会活动、名人轶事共五编。所选史料来自历史文献、档案报刊及学术研究，其内容与观点均保持历史原貌，旨在揭示西方列强对宁波的武力与经济侵略、中西方文明在这里碰撞交融下的屈辱与反抗、学习与发展，艰难曲折地从近代向现代化转型。而今天的纪念，就是为了重温历史，不忘国耻，牢记教训，誓要实现中华民族伟大复兴。

四、选编文章均在篇末注明史料出处，书末附有主要参考文献书目。唯其中杭州海关译编的《近代浙江通商口岸经济社会概况——浙海关、瓯海关、杭州关贸易报告集成》一书，因书名过长，从中所选史料较多，故而只注明贸易报告名称及其作者。

目　　录

第一编
政局态势

英吉利

英吉利在欧罗巴西北。康熙三十七年（1698）置定海关，英人始来互市，然不能每岁至。……乾隆二十年（1755）来宁波互市，时英商船收定海港，运货宁波，逾年遂增数舶，旋禁不许入浙，并禁丝斤出洋。二十四年（1759），英商喀喇生通事洪任辉欲赴宁波开港，既不得请，自海道入天津，仍乞通市宁波，并诘粤海关陋弊。七月，命福州将军来粤按验，得其与徽商汪圣仪交结状，治圣仪罪，而下洪任辉于狱，旋释之。二十七年（1762）夏五月，英商普兰等以禁止丝斤，其货艰于成造，仍求通市。粤督苏昌以闻，许之。然仍限每船只许配买土丝五千斤，二蚕湖丝三千斤，至头蚕湖丝及绸缎绫匹仍禁。五十八年（1793），英国王雅治遣使臣马戛尔尼等来朝贡表，请派人驻京，及通市浙江宁波、珠山、天津、广东等地，并求减关税，不许。

——选自《清史稿·邦交志》1927 年排印本

马戛尔尼的六条要求①

马戛尔尼按照英国国务大臣的训令和东印度公司的意见，向清廷提出以下六条要求：

一、请中国允许英商贸易于珠山（定海）、宁波及天津。

二、请准英人在北京设立货仓，出售货物，如前俄国商人。

三、请于珠山附近划一未经设防之小岛，归英国商人使用。

四、请于广州附近得以同样之利益，且听英商自由来往，不加禁止。

五、凡英国货物转运广州、澳门二地者，请予免税，最少亦依 1782 年之税率，从宽减收。

六、请禁止对于英商任意抽税，而出乎大皇帝所定之外者，且请将中国税则赐下一份，俾敝国商人有所根据。因敝国商人至今亦未睹其内容也。

——选自王尔敏《五口通商变局》，第 253 页，
广西师范大学出版社 2006 年版。

附录　乾隆五十八年八月初三日高宗敕谕

据尔使臣称，尔国货船将来或到浙江宁波、珠山及天津、广东地方收泊交易一节。向来西洋各国前赴天朝地方贸易，俱在澳门。设有洋行，收发各货，由来已久。尔国亦一律遵行多年，并无异语。其浙江宁波、直隶天津等海口，均未设有洋行，尔国船只到彼，亦无从销卖货物。况该处并无通事，不能谙晓尔国语言，兹多未便。除广东、澳门地方仍准照旧交易外，所有尔国买卖人要在天朝京城另立一行收贮货物发卖仿照俄罗斯之例一节，更断不可行。京城为万方拱极之区，体制森严，法令整肃，从无外藩人等在京城设货行之事，尔国向在澳门交易，亦因澳门与海口较近，且系西洋各国聚会之

---

①　马戛尔尼时任英国政府出访中国的正使。其中"珠山"即今之定海岛，当时属于宁波府管辖。

处，往来便益。若于京城设行发货，尔国在京城西北地方相距辽远，运送货物亦甚不便．从前俄罗斯人在京城设馆贸易，因未立恰克图以前，不过暂行给屋居住。嗣因设立恰克图以后，俄罗斯在彼处交易买卖，即不准在京城居住，亦已数十年。现在俄罗斯在恰克图边界交易与尔国在澳门交易相似，尔国既有澳门洋行发卖货物，何必欲在京城另立一行。天朝疆界严明，从不许外藩人等稍有越境搀杂，是尔国欲在京城立行之事，必不可行。又据尔使臣称：欲求相近珠山地方小岛一处，商人到彼，即在该处停歇，以便收存货物一节。尔国欲在珠山海岛地方居住，原为发卖货物而起，今珠山地方既无洋行又无通事，尔国船只既不在彼停泊，尔国要此海岛地方亦属无用。天朝尺土，俱为版籍，疆址森然。即岛屿沙洲亦必画界分疆，各有专属。况外夷向化天朝交易货物者，亦不仅尔嘆咭唎一国，若别国纷纷效尤，恳请赏给地方居住买卖之人，岂能各应所求。且天朝亦无此体制，此事尤不便准行。又据称拨给附近广东省城小地方一处居住，尔国夷商或准今澳门居住之人出入自便一节，向来西洋各国夷商居住澳门贸易，划定在址地界，不得逾越尺寸，其赴洋行发货夷商，亦不得擅入省城。原以杜民夷之争论，立中外之大防，今欲于附近省城地方另拨一处给尔国夷商居住，已非西洋夷商历来在澳门定例。况西洋各国在广东贸易多年，获利丰厚，来者日众，岂能一一组拨地方分住。

——选自梁廷枏《粤海关志》卷二十三

巴麦尊子爵①致海军部的信

外交部

1839 年 11 月 4 日

阁下们：

我必须呈报阁下们，女王陛下政府慎重考虑了中国政府最近对派驻广州商务官员及许多在那个城市定居经商的女王陛下臣民所采取的行动之后，现作出如下决定：鉴于大不列颠商业利益和大不列颠王国荣誉的需要，应当采取措施，要求并迫使中国政府对女王陛下的官吏和臣民被迫忍受的侮辱和伤害作出赔偿和补偿。为此，女王陛下已经同意派遣海陆军前往中国沿海。

女王陛下政府的打算是：这支远征军一旦到达中国海，就必须占领中国沿海的某个岛屿作为供应中心和行动基地。统率这支远征军的司令必须有选择地占领这样的岛屿，并根据当地获得的情报行事。不过他选择的岛屿应当是：能提供良好而安全的船舶锚地，能够防御中国方面的进攻，能根据形势需要加以永久占领，女王陛下政府认为舟山群岛的某个岛屿很适合此目的。舟山群岛的位置处于广州与北京的中间，接近有几条通航的大河河口，从许多方面来看，能给远征军设立司令部提供一个合适的据点。

一旦远征军建立这样一个牢固的基地，司令就应该不失时机地严密封锁中国沿海的那些要地，他要去寻找的那些要地中，将可以被用作最大的货物集散地，而且可以凭借他所控制的手段进行监视。女王陛下深信，监视四五个主要地点就足以达到目的，诸如珠江、厦门、台湾、舟山群岛附近的海岸、黄河河口、流入渤海湾的白河或海河河口。

——选自宁波市社科联与中国第一历史档案馆合编
《浙江鸦片战争史料（上）》，第 47 页，宁波出版社 1997 年版。

---

①　巴麦尊时任英国外交大臣，著名的帝国主义者。

护理浙江巡抚宋其沅奏呈英人新闻纸
道光二十年八月十五日

英夷在粤洋五月一十八日新闻纸（系从夷字译出）

我等看来，大抵舟山岛乃系现在兵丁驻扎之处，即在众人亦以为系如此。即在我等之国家，亦已先行想定，并又曾与有能干知识之人商议过，因见此岛乃系在中国之中，邻近之处皆系富厚省分，又与产茶叶、丝发（即湖丝）之省分相近。即在其内地之港口亦系甚好，可为外国贸易之大市镇。我等若由中国人手内夺得此岛，即定必令此岛比广东省城更为紧要。其路程虽系略远，而经过台湾之港口，大半年虽系有暴风之险，惟舟山之天气甚好，地土肥美，而居民亦甚稠密。在此岛上有定海城，即在于今亦系大贸易之处。此岛之样子正与新奇（加）坡相同，大抵比新奇（加）坡更宽大。若系好南风，此处到舟山不过四五日间而已，若系北风，即稍为迟慢。我等若有时刻地方，即必须详细讲明此岛与读新闻纸之人知道。

朱批：览

——选自宁波市社科联与中国第一历史档案馆合编《浙江鸦片战争史料（上）》，第85—86页，宁波出版社1997年版。

宁波的陷落

（1841 年 10 月）13 日上午 9 时，海军少将（按：指巴尔克，以下同此）在镇海留下卫戍人员，乘入摩底士底号船，船上挂着他的旗子，和哥伦拜恩号、巡洋号、班廷克号——船上载着留在外碇泊处的船上的水兵和一支海员，及西索斯梯斯号、皇后号、复仇神号、弗莱吉森号等轮船船上载着军队，上溯江流约十五哩，去攻城墙高大的宁波城。由于不能免的耽搁，直到下午一时才到，发现城已经被中国军队放弃。中国军队在最近的灾难之后，已经积极拒绝作战或是面对我们的兵。因此连文官带武官都已经逃走了。

复仇神号和弗莱吉森号逼近一座浮桥碇泊。浮桥联络东门和江对岸的郊外。军队赶快从船首沿踏级开到岸上。同时海军旅在汤姆斯·荷伯特船长的指挥下，在江的靠城岸的郊外登陆，发现城门都紧闭着，并且设着栅栏，但是不久就开出了一个入口。将军开步进城，一颗子弹也没有发。第十八团的军乐队在城壁上演奏"盖莱·欧文"（Garry Owen），后来又奏英国国歌，使居民的心情都振奋了。六年以前，谁敢臆测就这样地进入了宁波呢？城墙周长大约五哩，当即加以侦察，军队屯驻过夜。

14 日，弗莱吉森号溯流而上约二十一哩。沿途水量足供小一点的船只航行。河流所经过的乡间好像是一片广大的平原，其中川渠交错，耕作发达，处处牛匹繁多。沿江每隔四五哩就有一座相当大的城镇。宁波是浙江省的第二座大城，周长五哩，已如前述，容纳约六十万人口，其中绝大部分住在城内。他们似乎愿意在英国的保护之下似的，公然宣称他们的官员们已经把他们抛弃了，而且他们自己的兵不能保护他们。一经我方发表布告，保证给他们以保护，许多店铺又开张了。因为找不到官员来办理赎城事宜，因此就用一千把左右的刺刀守城。

城中又发现了可供两年之用的谷和十二万元左右的现金和纹银，堆着大堆大堆的钱，其价值当不可胜数。

安突德陆军上尉住在他曾经被监禁的官邸里。大家可以很容易地想象，他的心情是和以前关在他的笼子里进入同样的几座门的时候的感觉是大不相同的。他自己的和俘虏朋友的笼子和锁链还在这里。他在牢狱的墙壁上所乱涂的速写和粗枝大叶的日记，毫无变动地保留着。安突德陆军上尉认出他的一两名狱卒和被描写得可怕、污秽、丑陋的拿布夫人曾在其制下的老妇。

在第一二天以后，粮食充裕起来了。人民对他们的新统治者似乎完全满意。各种放纵行为或抢劫是严行禁止的。

由于这时官员们已经放弃了他们的岗位，附近地方的政府都被颠覆了。下等的中国人组成强盗大队，到处抢劫。

参阅一下魏尔德的地图，就能看出宁波半岛和石浦所在的半岛是易于占领和防卫的，并且虽然只是天朝的一小角，天朝的很小的一角，对于我们来说，利益是不可胜计的，因为它马上会把邻省的丝茶贸易全部或几乎全部都拉过来的。

——选自英宾汉《英军在华作战记》

附录　璞鼎查等晓示

1841 年 10 月 10 日

大英钦命钦差大臣璞、水师提督巴、陆路提督郭为晓谕居民事。照得大英官兵现今驻扎宁波，谕汝居民仍旧安家乐业，开铺买卖，本官自当极力保护。并明白晓谕尔等，所有城门早开晚闭，只有日落时不得出去。如良民带进食物黄牛、鸡、鸭、蔬菜等物，本官保护无虞；但不准搬出货物，以免匪类偷盗匿走。此次本地盗贼并起，乘机抢劫，本陆路提督已经派兵在城里四方昼夜巡逻。遇有小贼强夺，即放鸟枪击死，以示惊畏。设该匪类犹胆敢劫掠，尔等良民即赴附近官署及报巡逻官兵，以便散匪救良。且本国人等扰累百姓，就禀衙门，以紧查办。若有奸民藏匿清官探子，一经捉获，立拿屋主治罪，及烧居宇。倘巧诈出计毒谋，即刻拿获该奸徒正法，又将匪党之物入官。至于水面，不准船艇往来贸易。夜间所获各船只，一应入官。若本国水师拿获逢船内装引火物件，查明出处，将该村乡屋宇尽烧，以惩逆匪。凛之凛之。特示。

——选自佐佐木正哉编《鸦片战争研究资料篇》，第 137 页，日本东京大学 1964 年版。

英军攻陷镇海、宁波

丁未，英吉利陷镇海县，县丞李向阳死之。

夷船六艘进窥畸头洋。裕谦先于浃口钉木桩，备火攻船数十艘分泊城外，余步云驻招宝山，狼山总兵谢朝恩驻金鸡山，宁波知府邓廷彩驻梅墟，征江西兵二千，寿春兵千，檄太平知府舒梦龄募凤阳颍州乡勇，俱未至。丙午，夷船三十余艘齐入蛟门。丁未，攻金鸡山，别遣兵由笠山左侧渡义成桥，绕出其后，官军腹背受敌，逼入江内者数百人，谢朝恩死之。遂攻招宝山，分二队，由西北海塘登岸。官军方抵御，而药局忽焚，遂大溃。回扑镇海城，镇海兵亦溃。城外火攻船随潮西窜，四散无迹。裕谦愤投泮池，为亲兵所救，由西门出，次日至余姚，仰药死。提督余步云、巡道鹿泽长等退守宁波。镇海县丞李向阳自缢殉节。

庚戌，英吉利陷宁波府。

郡中闻镇海破，倾城避难，填咽街巷，奸民乘机掠财物。余步云出灵桥门，手斩数人，乃定。朝命奕经为扬威将军，文蔚、特依顺为参赞大臣，驰赴浙。诏余步云督同鹿泽长、邓廷彩等，招集镇、定溃兵固守宁波，俟大军至日并进。郡城倚镇海为障，空然无备，及是仓卒议城守，相顾骇愕。庚戌，夷船四艘进次三江口，城内文武官出西南两门，一时俱遁。鄞县知县王鼎蒸投月湖，为从人所救，不死。英将璞鼎查入郡，以郭士立守之。发伪谕安抚居民，而淫掠不甚戢，往诉者索牛、羊、鸡、鹅为谢。甬江市肆积钱数万缗，银数万两，尽取之。掠大户守舍仆，赎以金，资累巨万。开常平仓，灵诸民谷，一石易番银一饼。城中衙署及祠庙寺观，拆毁殆尽。战船泊鄞江者八九艘，镇海十余艘，定海二十余艘。

十一月己巳，英吉利陷慈溪县。己卯，陷奉化县。

文蔚等至绍兴，檄征江、皖、楚、豫、秦、蜀军暨土勇沙民，合五万余人，大半屯曹娥江西岸，无敢东渡。余步云驻上虞，屡败之后，军气益衰。英人先以乙丑破余姚，旬月连陷三城，皆弃而不守。

——选自董沛辑《明州系年录》光绪四年刊本

道光二十一年八月望后四明失守
黎庶流离实在情形节略

自八月十二日英夷攻击定海，经寿春镇王、舟山（定海）镇葛、处州镇郑三总戎力战四五昼夜，杀贼二千余人。惟杀之贼多系汉奸，缘该夷惯使汉奸为前队导引，而以夷兵押后，以故汉奸死而夷人生。惟时警报飞驰，羽书络绎，屡向钦差大臣行辕告急。无奈援兵不发，夷众豕突狼奔，三镇势孤力竭，延至十七日同时阵亡，遂至失守。旋于二十六日攻陷镇海，直逼宁波。钦差大臣裕先自肩舆逃避，行至余姚，自知无颜见人，始行自尽。宁波府邓、镇海县叶，相率而逃，兵卒溃散，宁郡不战而失。更可笑者，慈溪、余姚二令闻风先逃，迨探得城中尚无变动，数日后又复潜回视事。守土之官如此善遁，节义全无，廉耻丧尽，上官竟茫然不顾问，仍令忝颜而居民上，安得不使人心惶惧，寇盗横行，从此谣言四起，惑乱异常。……

该夷自踞宁郡，设有伪官郭姓，出有伪示，名曰安民，实仍抢掳城中米石仓谷，定价每担洋一元，无知贫民竞相争买，多被夷人掳去，涂面濯药，即声哑面黑，充作黑鬼。凡有银钱铜器，以及各神庙寺观钟磬等物，劫掠一空。更可恨者，黑鬼夷奸淫妇女，肆行酷毒，白鬼夷阳则禁止黑鬼，阴亦不免奸污。见有壮健之人，勒供驱使，胁为汉奸，如有不从，即割耳剪发。生灵涂炭，何忍言哉！尔时宁波之江厦，仍有大夷船两只抛泊内港，另有大小夷船二十余只，散在镇关内外，随潮上下，往来无定。余姚境内先于九月初七八间，有三板夷船一二只驶入，当被该地土民率众击退，此后不复来侵。上虞、慈溪尚称安贴。现在当路钜公，意在专候星使各大臣莅浙，再议设施，窃恐仍无胜算，徒事纷扰闾阎。……

再，逆夷来攻定海以前，先于七月间有火轮大夷船多只在外洋游奕，忽去忽来，并无动静。迨后有三板夷船一只驶入石浦内洋（此处为宁波府所，设有石浦海防同知）之郭巨村，夷人登岸采买牛羊、寻汲淡水。该处民人畏法不敢与通贸易，情愿任其抢夺，彼即掠取牛羊鸡鸭而去。越日复遣夷卒到村，以呢羽洋货特赠村民，作偿物价，意原不恶。讵料其时适逢裕制军以派委之弁兵巡役入村搜查，当将该夷拿获，黑白鬼子各一名，解送制军行辕请赏。旋经该夷前来指名索讨，声言还我二人便当即生，否则必欲攻城复仇。裕制军宪令森严，不容毫发，遂将黑白二夷立置极刑，抽筋剥皮，枭首悬示，以为快心得计。孰知激怒夷众，遂将郭巨村全行杀害，房舍放火焚烧，数十家性命悉成灰烬，出自裕制军高厚宪恩。旋复急切攻城，势甚猛烈。及至定海失守，裕制军严威顿挫，莫展一筹，而又按兵不发，致使定海危城无救，三镇台殉难，一时兵民死伤无算，镇海、宁郡旋踵失陷。误国殃民，祸延江浙，实皆裕制军一人刚愎所致，全浙人民无不痛恨。而犹得谓为捐躯报国，崇祀昭忠，死如有知，得无自愧？似此蒙蔽圣聪，不分皂白，实不解抚浙大吏是何居心！此真劫运使然，苍生合该遭难。如斯世界，尚何言哉！若仍如去年伊协揆之镇静无为，加以馈送该夷牛羊面食，纵使定海不保，或可坚守镇海关要隘，不致猝遭此日之惨烈也，哀禀痛哉！以上云云，系宁绍两郡已往目前实在情状，但不卜后事如何，诚不免切抱杞忧，心寒胆落，奈何奈何！谨略。

又有宁郡人来言，辰下夷众在城，除将银钱、铜器、钟磬等物掠去外，尚无别项扰害，惟将江厦店屋民房全行拆毁。又于寺观中携取大铜钟时，来向各典铺告借棉被各五十条，以为落钟时铺衬地上，免致损钟之用，用毕悉为黑夷抢去无还，余尚相安。只可恨黑夷强掳妇女，恣肆奸淫，实堪发指。更探得定海自该夷踞后，夷目璞鼎查等俱挈眷登陆而居，城市照常贸易，民皆归之。果尔，则此处似觉难于收复矣。慈溪、上虞二邑无侵犯，惟各自戒严耳。谨再略陈。

——选自《道光鸦片战争档案汇存》第四册，第57—70页

附录　宁波民众逃难诗

哀宁波，宁波吁可哀。逃兵五六十，气色若死灰。倒拖斧与刀，喧言红毛来。居者闻此言，仓皇弃楼台。行者闻此言，奔走起尘埃。妇孺闻此言，哭泣沿江涯。舟子闻此言，故向中流开。千钱至万钱，百唤始一回。船中男女杂，项背相挤排。箱筐任倒置，啼笑纷婴孩。我乘小破舟，呼者声如雷。不敢附之载，逃兵方眈眈。侧顾岸边人，肩负何累累。疾趋屡昂首，视日心悲摧。悲摧不识路，痴立号同侪。旁有水村农，咨嗟对疑猜。可怜白日落，照见江如揩。照见海天云，血惨寒涛堆。我舟泊芦荡，急橹惊宵催。举头压乱星，低头竟谁偕？伶俜瘦仆弱，始思故里佳。故里虽苦饥，骨肉情低徊。

异乡一失计，或饱狼与豺。皇天鉴下民，福为祸所胎。粤闽及此乡，航海萃货财。鬼神恶淫佚，烽火成昏霾。吾欲竟此诗，此诗伤我怀。聊比监门图，以告报艰才。

——选自阿英《鸦片战争文学集》，第 898 页

南京条约

　　兹因大清皇帝，大英君主，欲以近来之不和之端解释，止肇衅，为此议定设立永久和约。是以大清大皇帝特派钦差便宜行事大臣太子少保镇守广东广州将军宗室耆英，头品顶戴花翎前阁督部堂乍浦副都统红带子伊里布；大英伊耳兰等国君主特派全权公使大臣英国所属印度等处三等将军世袭男爵璞鼎查；公同各将所奉之上谕便宜行事及敕赐全权之命互相较阅，俱属善当，即便议拟各条，陈列于左：

　　一、嗣后大清大皇帝、大英国君主永存平和，所属华英人民彼此友睦，各住他国者必受该国保佑身家全安。

　　二、自今以后，大皇帝恩准英国人民带同所属家眷，寄居大清沿海之广州、福州、厦门、宁波、上海等五处港口，贸易通商无碍；且大英国君主派设领事、管事等官住该五处城邑，专理商贾事宜，与各该地方官公文往来；令英人按照下条开叙之列，清楚交纳货税、钞饷等费。

《南京条约》英文文本（23 张）

三、因大英商船远路涉洋，往往有损坏须修补者，自应给予沿海一处，以便修船及存守所用物料。今大皇帝准将香港一岛给予大英国君主暨嗣后世袭主位者常远据守主掌，任便立法治理。

四、因大清钦差大宪等于道光十九年二月间经将大英国领事官及民人等强留粤省，吓以死罪，索出鸦片以为赎命，今大皇帝准以洋银六百万圆偿补原价。

五、凡大英商民在粤贸易，向例全归额设行商，亦称公行者承办，今大皇帝准以嗣后不必仍照向例，乃凡有英商等赴各该口贸易者，勿论与何商交易，均听其便；且向例额设行商等内有累欠英商甚多无措清还者，今酌定洋银三百万圆，作为商欠之数，准明由中国官为偿还。

六、因大清钦命大臣等向大英官民人等不公强办，致须拨发军士讨求伸理，今酌定水陆军费洋银一千二百万圆，大皇帝准为偿补，惟自道光二十一年六月十五日以后，英国因赎各城收过银两之数，大英全权公使大臣为君主准可，按数扣除。

七、以上三条酌定银数共二千一百万圆应如何分期交清开列于左。

- 此时交银六百万圆；
- 癸卯年六月间交银三百万圆，十二月间交银三百万圆，共银六百万圆；
- 甲辰年六月间交银二百五十万圆，十二月间交银二百五十万圆，共银五百万圆；
- 乙巳年六月间交银二百万圆，十二月间交银二百万圆，共银四百万圆；
- 自壬寅年起至乙巳年止，四年共交银二千一百万圆。倘有按期未能交足之数，则酌定每年每百圆加息五圆。

八、凡系大英国人，无论本国、属国军民等，今在中国所管辖各地方被禁者，大清大皇帝准即释放。

九、凡系中国人，前在英人所据之邑居住者，或与英人有来往者，或有跟随及伺候英国官人者，均由大皇帝俯降御旨，誊录天下，恩准全然免罪；且凡系中国人，为英国事被拿监禁受难者，亦加恩释放。

十、前第二条内言明开关俾英国商民居住通商之广州等五处，应纳进口、出口货税、饷费，均宜秉公议定则例，由部颁发晓示，以便英商按例交纳；今又议定，英国货物自在某港按例纳税后，即准由中国商人遍运天下，而路所经过税关不得加重税例，只可按估价则例若干，每两加税不过分。

十一、议定英国住中国之总管大员，与大清大臣无论京内、京外者，有文书来往，用照会字样；英国属员，用申陈字样；大臣批覆用札行字样；两国属员往来，必当平行照会。若两国商贾上达官宪，不在议内，仍用禀明字样为著。

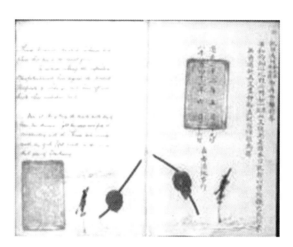

《南京条约》签字盖章页及换约凭证（3 张）

十二、俟奉大清大皇帝允准和约各条施行，并以此时准交之六百万圆交清，大英水陆军士当即退出江宁、京口等处江面，并不再行拦阻中国各省商贾贸易。至镇海之招宝山，亦将退让。惟有定海县之舟山海岛、厦门厅之古浪屿小岛，仍归英兵暂为驻守；迨及所议洋银全数交清，而前议各海口均已开辟俾英人通商后，即将驻守二处军士退出，不复占据。

十三、以上各条均关议和要约，应候大臣等分别奏明大清大皇帝、大英君主各用朱、亲笔批准后，即速行相交，俾两国分执一册，以昭信守；惟两国相离遥远，不得一旦而到，是以另缮二册，先由大清钦差便宜行事大臣等，大英钦奉全权公使大臣各为君上定事，盖用关防印信，各执一册为据，俾即日按照和约开载之条，施行妥办无碍矣。要至和约者。

道光二十二年七月二十四日，即英国记年之一千八百四十二年八月二十九日，由江宁省会行大英君主汗华丽船上钤关防。

清廷档案

著钦差大臣耆英约内英人在口贸易均听其便等节
尚须斟酌妥协事上谕

道光二十二年八月初二日（财捕档）

军机大臣字寄钦差大臣耆、两江总督牛、署乍浦副都统伊。道光二十二年八月初二日奉上谕：耆英等奏，夷务已定，和约钤用关防一折，并开列各条呈览。该大臣既已从权允许，且折内所称，坚欲于福州贸易，并设立会馆，携带家眷等款。均于七月二十六日所降谕旨内概行允准。该大臣等自请治罪之处，前已有旨无庸议。洋商旧欠，不敢求官作保，修复炮台墩堡，并无异说，此两节似尚恭顺。至单开各款，朕详加披阅，俱著照所议办理。惟尚须斟酌妥协者，即如该夷赴各该口贸易，无论与何商交易，均听其便一节。须晓谕该夷，一切听汝自便，与地方民人交易，但日久难保民人无拖欠之弊，只准自行清理，地方官概不与闻。至分年给银一节。为数过多，究由何处措给，将来责成耆英一手经理，务当预为筹及，明晰具奏。单内所称二十一年六月十五日以后，该国在各城收过银两之数按数扣除等语。究系在何城收过银两若干，扣除若干，亦著查明具奏。其各国被禁人口自应一律施恩释放，以示格外之仁。又所称中国之人与该国来往，或跟随伺候该国官人，均准免罪一节。可告以此次既经和好，两国民人视同一体，断不至概行诛戮。倘该民人等别经犯法，我国自当照例办理，与该国无涉。将来五处通商之后，其应纳税银，各海关本有一定则例，该夷久在广东，岂有不知者？至中国商人在内地贸易，经过关口自有纳税定例。所称银两未清以前，定海之舟山海岛，厦门之古（鼓）浪屿小岛，均准其暂住（驻）数船，俟各口开关即著退出，亦不准久为占据。以上各节，著耆英等向该夷反复开导，不厌详细，应添注约内者，必须明白简当，力杜后患，万不可将就目前，草率了事。其有应口讲指画该夷方能明白者，亦著饬令通事往返传说，令其折服，据称英夷船只八月初十前后必可退出长江。著迅速妥办，以慰廑念。将此由六百里加紧谕令知之。

钦此。遵旨寄信前来。

浙江巡抚刘韵珂奏报美前请求通商等情片
道光二十二年十一月十五日（军录）

再，臣于前月二十九日，据宁绍台道鹿泽长、署宁波府知府舒恭受国报，二十五日，据鄞县探有米（美）利坚国商船一只由定海驶至郡城外三江口停泊，即经该道等派员前往查询。旋据该船夷商波内带同通事徐兆进见，声称船内带有洋布等货，求在宁波报税通商。该道等当以米（美）利坚本有粤省一定码头，不能驶赴别处。现在英夷钦奉恩旨准在宁波互市，然因收税章程未经议定，其船尚在定海停泊守候。该夷无因而至，何得转思报税销货？谕令仍回粤东，不得逗留浙境。该夷等无可置喙，旋即回船。该道又缮写谕帖，令通事转向晓谕，即据波内等禀复：伊等因在粤东风闻宁波地方，各国俱准通商，是以装载货物前来销卖。兹奉谕饬，伊等不敢抗违，惟求少留数日，俟修整船只，即便开行等情，转禀到臣。

当查该道等办理情形尚属妥协，惟该夷以修船为名，呼求少待，尚不免意存观望。且恐内地商民因其船内带有洋布等物，贪图小利，潜向贸易，致启该夷日后来浙之渐。当经批令该道等严催该夷迅速起碇，并饬禁止商民，毋许向该夷私售货物去后，兹又据该道等以该船已于二十七日自三江口驶出招宝山，二十八日复自招宝山驶往定海等情，先后禀报。其曾否开往粤东，尚未据该道等续禀，臣现仍饬令查探。至英夷在定各船尚在四十只以外，各夷时驾小船至郡城购买食物，交易公平，并据赴关报税，鹿泽长因章程未定，且见其所买食物无多，税课有限，免其上纳，各夷欢欣鼓舞，益加感戴，情形极为驯顺，足慰宸怀。

再，臣前因定海久未设官，无以抚辑良民，弹压匪类，饬委候补知县王丕显署理该厅篆务，令在干碶庄地方暂驻，业已附片陈明在案。兹因干碶庄与夷船停泊之处相距较近，诸多未便，且恐书役人等或有向该夷骚扰勾结情事，业已移至大榭地方驻扎，以杜衅端。

理合一并附陈，伏乞圣鉴。谨奏。

著浙江巡抚刘韵珂查奏美船是否往粤并饬商民
毋许向其私售事上谕

道光二十二年十一月二十四日（上谕档）

军机大臣字寄浙江巡抚刘。道光二十二年十一月二十四日奉上谕：刘韵珂奏，米（美）利坚国商船求在宁波报税通商，谕令仍回粤东，不得逗留浙境，该夷旋即回船等语。米（美）利坚国向在粤省通商，本有一定马头，何得驶赴宁波希图贸易？现在该商船自三江口驶出招宝山，复自招宝山驶往定海，是否业已开往粤东，著该抚委员确查。倘仍希图在浙贸易，务当再行明白晓谕，并严行饬谕内地商民，毋许潜向该夷私售货物，致启日复来浙之渐。至该抚因屡次失陷地方，自请从重治罪。前此乍浦失陷，部议上时，业经明降谕旨，加恩改为革职留任矣。此时毋庸再行议罪，该抚惟当激发天良，实心任事，于地方一切公务认真办理，以副朕委任之意。将此由四百里谕令知之。

钦此。遵旨寄信前来。

浙江巡抚刘韵珂奏为通商章程到浙必须
于开市之先料理妥协片

道光二十三年八月初九日（军录）

再，臣回抵浙江省城，探闻定海厅洋泊有英吉利、米（美）利坚等国夷船十余只，又在道头、东港浦、司湾庙、天后宫等处，各起造房屋数间，堆贮货物。夷众时驾小船至镇海及宁波府城两买物件，事毕即回，并不逗留，情形极为静谧，居民亦属相安，并无滋扰情事。惟查该夷通商章程、征税科则；业经钦差大臣耆英等筹议酌定，咨行到浙，并经奉有部咨。臣细阅耆英等所定各条，详密周妥，洵足佐国计而顺夷情，浙、闽等省自应逐一照章办理，藉咨抚驭。第浙省向未与外夷交易，官民人等均属生手，非若粤东之向有旧章，现止酌量增减，人人堪以领悟者可比。即如雇用引水，派拨押船丁役，查验进出货物，召募输税银号等款，皆为浙省所未谙。兹一旦创所未经，必须于该夷开市之先料理妥协，以资遵守。其有浙、粤情形不同，应于耆英等定章之外稍加变通者，尤须体察宁波等处地势民情，与该夷先申要约，俾免胶执贻误。

至该夷来浙贸易，其货物产于浙江而为该夷所必需者，以湖丝为大宗，丝斤虽产于湖州，而杭州、嘉兴、绍兴等府，民间亦多育蚕，每年所出之丝亦属不少。向来商人由各府贩丝至粤销售，程途纡远，关隘重重，无从漏税。今则夷船近在宁波、上海，而杭、嘉、湖等府皆有海道可通，难保奸商不潜由小道出海，运往售卖。现在耆英等奏明，湖丝等不准由海载运，如愿由海道运行者，即令照夷人税则输税，立法极为详备。但浙省海口纷歧，必须处处设法稽查，以杜偷漏。现闻夷人不日来浙，臣仰蒙委任兼辖两省，通商一事为通省大局所关，上廑宸念。夷人既有即日到浙之说，臣若置之不顾，辄行前赴新任，将何以仰答鸿慈。臣已饬宁波道府再加确探，如果夷人于月内抵省，臣即驰至宁郡，体察情形，与夷酋面加查议，并将应办事宜逐加筹画，具折上闻，再行赴闽任事。倘夷人月内未能抵浙，臣未便久羁浙省，即将应行查办各事面致护抚臣管通群妥为办理。臣于八月初旬起程驰赴新任，以免耽延。以上各情，臣与护抚臣管通群面为商酌，意见相同。

理合附片陈明，伏乞圣鉴。谨奏。

著闽浙总督刘韵珂等体察宁波等处地势民情
与英要约并防偷漏等事上谕
道光二十三年八月初九日（上谕档）

军机大臣字寄闽浙总督刘、浙江巡抚管、提督李。道光二十三年八月初九日奉上谕：刘韵珂奏，浙洋泊有夷船，暂行留浙督办等语。前据耆英议定通商事宜，已据行知各省，浙江事属创始，有与粤省情形不同之处，著刘韵珂会同管通群、李廷钰体察宁波等处地势民情，与该夷先申要约，俾免胶执贻误。其如何稽查偷漏之处，并著妥议办理。据奏夷人即日到浙，该督暂留浙省，与夷酋面加查议。若迟至八月以后，即交管通群妥办，驰赴闽浙新任等语。览奏均悉。管通群已授浙江巡抚，责无旁贷，如夷人到浙，已在刘韵珂起程之后，即将应办事宜妥行筹办，无稍贻误。其温州洋面盗匪尚多，著该督等严饬镇将，添船配兵，会合兜擒，无分畛域，以期有犯必惩。所有温州镇总兵德年现已撤任，著刘韵珂于抵闽后，察看有无可以对调之员，分别酌调，请简张从龙等三员，均准其带赴闽省矣。将此谕令知之。

钦此。遵旨寄信前来。

闽浙总督刘韵珂奏为会筹通商事宜请
交巡抚管遒群查办折

道光二十三年八月二十日（朱折）

闽浙总督臣刘韵珂跪奏，为夷船杳未至浙开市，现将通商事宜，会商抚臣，并由抚臣督饬查办，臣即驰赴新任缘由，恭折具奏，仰祈圣鉴事。

窃臣前在江南王家营途次钦奉恩谕，饬令前赴新任。臣遵在该处折回，至闰七月初九日行抵浙江省城。知英夷通商章程业经钦差大臣耆英等筹议具奏，由部核定通行，该夷即须来浙开市。臣以浙省素未与外夷交易，一旦创所，未经诸事皆不熟悉。且通省海口纷歧，严杜偷漏尤为互市中第一要务，必须于开市之先，熟察地方情形，立定法制，与夷酋面加约束，方可永远无弊。臣统辖两省，责无旁贷，此次回浙之际，正当该夷来浙之时，自应躬亲筹办，以酬委寄。当经奏明，俟夷船到浙开市，臣亲至宁波，将通商事宜办理完竣后，再行赴闽任事，并声明夷船如日久未来，臣不便久延，即于八月间驰赴新任在案。嗣粤省将应用之秤尺砝码等物，于闰七月下旬解送来浙，并闻英夷已将夷目罗伯聃派为浙省领事，有八月初一日至浙开市之说。臣即由省起程，于八月初二日驰抵宁波，查探罗伯聃尚未至浙。臣以粤东既已升市，该夷谅不致在途逗留，日久稽延。臣既抵宁波，自应在彼稍待，以便查办。遂即驻扎郡城，饬令该道府等遣人至定海查探，一面将召充银号，雇募引水船只，派拨看押货船人役等事，督同该道等次第举办。兹各事均有端绪，而罗伯聃来浙之信尚属杳然，即探之在定各夷，亦复不知消息。

伏思通商为该夷切要之事，今章程久已颁行，该夷转复迟滞，是否尚在粤省稽留，抑在中途为风涛阻滞，殊难揣测。惟臣在宁郡业已经旬，该夷尚无到浙确耗，臣若久驻该府守候，殊非仰体我皇上简界之意。臣查通商章程，经耆英等悉心筹划，臣逐一查阅，于榷税之法，杜弊之方，实已无不缕晰条分，事事赅备，浙省断不能再有更章。但定海现尚为该夷所踞，夷船之载货来浙者可在定海寄顿，不必经由宁波海关，且该处地隔重洋，四通八达，内地商民赴彼贸易，亦不必尽由宁波出入，是夷船未入关以前，走私漏税之弊，在所不免。至其入关之后，船牌报单等件系由夷商迳交夷官收阅，再由夷官通知海关查验，而驳货小船既听该夷自雇小民之售卖衣食者，又准其直傍夷船与之交易，官吏并无管理拦阻之责，恐走私漏税之弊，亦谁冀其必无。然走漏而仅在口内，商民经管海关之员与各处地方官，均有稽查惩办之权，尚可设法禁绝。至夷官夷商气类相投，若于未经通知海关以前串通隐漏，则稽察较难，即察出之后，操纵尤为不易。非先与该夷官开诚布公，要以信义，面为申禁，不能杜其弊窦。

现在罗伯聃杳未前来，臣碍难久待。查宁绍台道陈之骥才优识裕，办事精细，署宁波府知府李汝霖明白干练，熟悉情形，堪以责令筹办。臣现将应与该夷面议各事宜，向该道府详细指授，饬俟罗伯聃到浙，与之面申要约。臣即于十一日由宁旋省，到省后复将应议各节，向抚臣管通群逐一商酌，意见相同。将来俟陈之骥等将与该夷要约情由具详到日，即由该抚核明，可否分别准驳，再行缮折奏报。

至浙省各海口，以目前而论，惟乍浦为商贾云集之区，且与产丝之嘉、湖等府所属各县相距甚近，即上海距嘉、湖等府亦较宁波为近，走私最易。人情趋利若鹜，将来夷商货船至江、浙之后，难保奸民不由僻近处所绕赴上、乍各外洋，潜向交易。臣现亦商同管通群，转饬沿海各道府，督率各地方官，无论大关小隘，凡有可以通海之处，立即从严查办。如获有走私漏税之犯，立即从严究办，并将货物全行入官，以塞漏巵而儆奸究。总之，此事业经耆英等妥协议定，浙省现在查办必须照依该大臣原议范围，不宜稍有逾越。但浙、粤地势不同，稽查偷漏之法不能不因地制宜，益求严密，俾上有裨乎国计，下仍顺乎夷情，藉以仰副圣主诘奸裕饷至意。

臣谨缮折具奏，伏乞皇上圣鉴。

再，臣于拜折后即起程赴闽履任，合并陈明。谨奏。

著浙江巡抚管遹群查照耆英现定章程妥办通商事宜上谕
道光二十三年九月初十日（上谕档）

军机大臣字寄闽浙总督刘、浙江巡抚管。道光二十三年九月初十日奉上谕：刘韵珂奏，会筹通商事宜，请交巡抚查办一折。等语。浙省海口纷歧，此时甫议通商，自以严杜偷漏为第一要务。所有口内商民，应责成经管海关之员及该地方官实力稽查，至夷官夷商等尤应于到关之时，开诚布公，要以信义。著管通群饬令该管道府，于夷商到宁波海口之时，查照耆英现定章程，妥为办理。其应如何因地制宜综核稽查之处，务当筹画尽善，以期经久无弊。如查有走私漏税之犯，立即从严惩办，毋稍疏纵。将此谕令知之。

钦此。遵旨寄信前来。

钦差大臣耆英奏请将舒恭受戴罪当差发往定海片
道光二十三年九月二十二日（朱折）

　　再，查上海、宁波等处各海口虽甫经通市，而一切章程均已妥为筹画，可期中外相安。惟浙之定海、闽之鼓浪屿，均有夷兵屯驻，尚未退出。鼓浪屿不过弹丸小岛，民户无多，且密迩厦门，文武各官可以就近弹压。惟定海地方辽阔，孤悬海中，民夷杂处，易致生事。虽设有总兵同知各官，恐未能尽为该夷所诚服，一切控驭抚绥，难期得力。况夷兵全数撤退，总须俟二年之后，为日正长，尤不可不预为之计。奴才再三筹度，实属难得其人。因思官犯舒恭受历任宁波府属知县，署理定海同知，洁己奉公，最得士民之心，尤为夷人所信服。即如宁波失事时，该夷等向商民索去洋银二十五万圆，前于江南议抚案内并未言明扣除，迨舒恭受于事后复向理讨，夷酋璞鼎查即肯如数给还，归于本年十二月应给项下照扣清款，是为舒恭受见信于夷之明证。若将其留于定海，必能随时驾驭，不致别酿衅端。但该官犯因失守城池，罪拟斩候，法之所在，奴才不敢因夷务甫经葳事，海疆善后需人，辄即为之破例乞恩。倘秋审案内，仰荷圣情免勾，可否发往定海，带罪当差，如果和辑民夷，著有成效，俟夷兵撤退后，再行请旨分别办理之处，出自皇上逾格天恩。

　　奴才谨附片具奏，伏乞圣鉴。谨奏。

著钦差大臣耆英仍申明鸦片禁令有犯必惩
并不准舒恭受带罪当差等事上谕
道光二十三年十月初十日（上谕档）

　　军机大臣密寄钦差大臣耆。道光二十三年十月初十日奉上谕：耆英奏，通商事竣，夷酋恳请抽收鸦片烟税，该大臣以夷务甫定，操纵两难，密片具奏。所见真切，朕反复深思，鸦片烟虽来自外夷，总由内地民人逞欲玩法，甘心自戕，以致流毒日深。如果令行禁止，不任阳奉阴违，吸食之风即绝，兴贩者即无利可图。该大臣现已起程，著于回任后，统伤所属，申明禁令，此后内地官民如再有开设烟馆及贩卖烟土并仍前吸食者，务当按律惩办，毋稍姑息。特不可任听关吏人等过事诛求，致滋扰累。总之，有犯必惩，积习自可渐除，而兴贩之徒亦可不禁而自止矣。所奏定海地方紧要，请将舒恭受带罪当差一节。舒恭受罪干斩候，此次免勾已属法外之仁，所奏碍难准行。该处善后需人，著即咨商刘韵珂、管遹群遴选贤员，妥为办理。耆英现已回任，所有粤省未尽事宜，著即移交祁督同文丰相机妥办。两江总督任重事繁，现在善后未结各件及上海通商事宜，均须该督妥办。所请陛见，著俟一二年后再奏请。其钦差大臣关防，俟回任后遇便赍缴。所有保奏各员弁，已均如所请准行矣。将此由四百里谕令知之。

钦此。遵旨寄信前来。

浙江巡抚管遹群奏发宁波通商创始
咨催罗伯聃到浙定期开市折
道光二十三年十月十七日（夷务清本）

浙江巡抚管遹群奏。

窃照浙省宁波海口定议通商，应俟英夷派官到日即行开市。前准钦差大臣耆英咨，浙省通商，璞夷派令夷酋罗伯聃前来办理等因。计其由粤到宁，当在冬月望前，彼时督臣刘韵珂由北折回赴闽抵省，前赴宁波察看情形，当以浙省办理通商章程，事属创始，尤须加意慎重，与臣面商，如雇募银号引水小船等事皆须预办，当即会饬宁绍台道备办。并以浙省所产以湖丝茶叶为大宗，又为外夷所必需，各属海口林立，汉港纷歧，内地均可绕道入海，稽查偷漏尤关紧要。分饬各该府严查所属地方，何处可以通海，如何立法稽查，因地制宜，妥议禀办。并出示晓谕商民，不得私贩偷漏，严饬地方文武，关口实力稽查，以重海防在案。

嗣因各处商民纷纷运货赴宁，候期交易，而罗酋杳无来浙之信，不特货物偷漏堪虞，人心亦多未定。正在飞咨移催间，复准耆英咨照，浙省交易事宜，须俟郭施拉调回，再换罗伯聃前来。兹据宁绍台道陈之骥禀报，该夷郭施拉已于九月十八日挈带眷属，开船赴粤各等情。臣查郭施拉即郭士力，系璞夷调回替换罗伯聃之人，现在既经起程，罗酋自可计日来浙，不致久稽，海口商民麇聚，惟期及早贸易，藉免乘机偷漏。除再咨催该夷罗伯聃早日到浙，以便定期开市，仍俟该夷抵浙，如有要约事件必须面议者，臣即驰往查办报闻。

朱批：知道了。

暂护浙江巡抚蒋文庆奏为英领事罗伯聃
来宁波商办通商事宜折

道光二十三年十一月初五日（军录）

暂护浙江巡抚署布政使事按察使臣蒋文庆跪奏，为遵旨派员经理宁波海口通商事宜，并夷目罗伯聃现已抵浙情形，恭折具奏，仰祈圣鉴事。

窃查接管卷内奉军机大臣字寄，道光二十三年九月十六日奉上谕：……钦此。钦遵在案。嗣钦奉谕旨，敕令遴委大员，前往各海口实心经理。前抚臣管通群与督臣刘韵珂往返札商，并与臣及署臬司常大淳悉心筹议，在省司道现在均有经手要件，未克分身，一时实乏熟悉夷务大员可派。查宁绍台道陈之骥才识优裕，办事精细，署宁波府知府李汝霖明白稳练，熟悉情形，派令经理，可期妥协。第该道府等虽俱结实可靠，惟均未与该夷目谋面，恐一时情意未能浃洽。查有前任宁绍台道鹿泽长，系失守案内革职回籍，因有经手军需款目，于本年九月饬调来浙，办理报销。该革员曾于上年随钦大臣耆英前赴江南，会同咸龄黄恩彤与夷目璞鼎查等面议条约，为该夷目等所信服。酌委该革员前赴宁波，协同该道府经理商事宜，可冀益臻妥善。前抚臣管通群正在缮折会奏间，即因病出缺。

本月初三复奉军机大臣字寄前抚臣管通群，道光二十三年十月二十二日奉上谕：据耆英奏通商善后案内实在情形一折。其香港通市一节，责成九龙巡检稽查，已谕知祁墳等拣派妥员经理矣。因思五口通市，事属创行，必应于立法之初详明周匝，方可期经久无弊。各海关税课之盈绌，全在严查偷漏，著各该督抚等责成各海口文武员弁，督饬卡房巡船人等实力稽查，断不准日久又成具文。至夷人在各口租屋赁地，自应于议定界址时，再与切实要约，以杜藉口。务当因地制宜，不准稍留罅隙。其出海船只，并著严申禁令，毋得任意出入。总之，有治人始有治法，如该省督抚等，尤当随时体察情形，核实办理，认真整顿，俾商船不至偷越，而国课益臻充裕，是为至要。将此谕令知之。钦此。遵旨寄信前来。

又据宁绍台道陈之骥、宁波府（知府）李汝霖等禀报：本年十月二十六日酉刻，接据英夷领事罗伯聃遣令带来广东通事江彬，执持罗伯聃名帖来见。询知罗伯聃由广东乘坐大火轮船一只，于二十五日前抵定海，准于一、二日内由定海起身至宁，商办通商一切事宜。带有通事二人，一即江彬，一名源华，系广东香山人，领有粤海关监督准充通事印照。据称罗伯聃来宁波时，约带广东跟来服役者四五人，通事及一应跟随人役通共不过十四五人，令其先来报知等语。除俟罗伯聃到宁，面与要约，妥议章程，另行禀报等情。

臣伏查宁波海口通商，事属创始，立法之初，必须详明周匝，方期经久无弊。此时罗伯聃业已抵定，不日即可至宁开市，亟需遴派大员前往经理。前抚臣管通群与督臣刘韵珂先经往返商定，酌委宁绍台道陈之骥、宁波府知府李汝霖实力经理，并令已革宁绍台道鹿泽长协同筹办，一切可期妥协，自应即行照办。除饬令该道府等，俟该夷目罗伯聃到宁，查照章程，妥为筹办，务期因地制宜，不准稍留罅隙。其夷人租屋赁地，尤当于议定界址时，再与切实要约，以杜藉口。一面督饬海口文武员弁严查偷漏，如有奸匪勾结滋弊，立即拿获惩办，务使华夷悦服，国课益臻充裕，以仰副圣主轸念海疆之至意。

所有遵旨派员经理宁波海口通商事宜，及夷目罗伯聃现已抵浙情形，理合恭折具奏，伏乞皇上圣鉴。谨奏。

著两江总督耆英等赶紧会商选派熟谙洋务大员前往宁波海口经理等事上谕

道光二十三年十一月二十三日（上谕档）

军机大臣密寄两江总督耆、闽浙总督刘、浙江巡抚程。道光二十三年十一月二十三日奉上谕：前据耆英奏，五口通商，请各派大员办理。当照所议准行。惟所拟浙江提督李廷钰，经刘韵珂参奏在先，有旨查办。是以命刘韵珂等另拣熟悉夷务大员前往海口经理，现尚未据奏到。因念该处既准通商，想夷目不日可到，章程初定，尤须早委明干大员专心督办。计耆英此时已回两江，著即与刘韵珂、程懋采赶紧会商，选派结实可靠熟谙夷务大员，前往该处海口，会同地方官妥为筹画，一面具奏，一面即饬该员先往经理，庶临期不致迟误。至李廷钰如何不能胜任提督之处，著刘韵珂仍遵前旨，会同新任巡抚程懋采速行据实参奏，并于闽、浙水师总兵内密行保举一人，听候简用。将此密谕知之。

钦此。遵旨寄信前来。

著两江总督耆英等随时查奏陈之骥等在宁波经理通商能否妥协事上谕

道光二十三年十一月二十五日（上谕档）

军机大臣字寄两江总督耆、闽浙总督刘、浙江巡抚程、护理浙江巡抚蒋。道光二十三年十一月二十五日奉上谕：昨有旨谕知耆英、刘韵珂、程矞采，令其早委明干大员督理浙江通商事务。兹据蒋文庆奏，英夷领事罗伯聘于十月二十五日前抵定海，即日来至宁波，商办通商事宜。经该护抚遵照该前抚等商派人员，宁绍台道陈之骥、宁波府知府李汝霖前往经理，并因该道府向未与夷目谋面，派令已革道员鹿泽长协同办理等语。览奏均悉，著即照议办理。仍著该督抚严饬该道府等实心经画，与夷目切实要约，严申禁令，并稽查偷漏毋留罅隙为要。至陈之骥、李汝霖、鹿泽长三人经理能否妥协，仍著耆英、刘韵珂、程矞采留心察看，随时据实奏闻，毋任稍有贻误。将此各谕令知之。

钦此。遵旨寄信前来。

浙江提督李廷钰奏为宁波开市并现在洋面情形及造办船只折

道光二十三年十一月二十五日（朱折）

浙江提督三等伯奴才李廷钰跪奏为遵旨筹办宁郡通商事宜，并现在洋面情形，及造办船只各缘由，恭折具奏，仰祈圣鉴事。……

奴才伏查宁郡地方前因夷务甫定，时有无赖之徒散布谣言，冀图煽惑；即经奴才会督文武严密查拿，渐就止息。嗣定海夷人来往郡城，购买食物，俱皆驯扰（顺），民间习惯相安，谣言业已尽绝。兹夷酋罗伯聘于十月二十八日，乘坐大小火轮船各一只、夷兵船一只，驶至宁港，前来谒见，察其情词，极为恭顺。该夷一遵税课定则并钦差大臣议定条约，并无另有措施，亦无别有所要求。据称十一月十二日为伊国正朔，不须另择，即于是日邀请在城文武，□同开市。查该夷前此在宁波经年，汉语汉字俱皆谙晓，凡有会议，类多面从，而机心自用，疑虑过深，所以往往不能自决。刻下通商事属创始，一切琐屑诸事尚须要约详尽，庶不致他日别生枝节。先经奴才与同城文武预为筹商，总宜开诚布公，俾无疑惑，庶几方得怀柔远人大体，一面致达督抚二臣。兹经兼护抚臣蒋文庆添委留办报销局之革职宁绍台道鹿泽长来宁，协同宁绍台道陈之骥筹办现在要约，一切可期妥协。所有税课定则，事隶代理海关，由该道查照章程办理。其相度码头，建设夷馆，应由地方府县勘办。昨据该酋面称，一时未能准定何地，日来亦尚未贸易，该夷现于城外江北地方赁租民房，暂为居住。现在宁港计有该夷货船三只，兵船一只，水手人等俱住船内，偶有适市，俱经该夷兵目竹士的士管束，尚为安静，民间习见，亦皆相安。惟宁郡通商贸易，诚如圣谕，事属创始，仍恐尚有匪徒播散浮言，并不肖兵役乘此藉端滋事。昨当夷酋初到之时，密访果有此辈潜迹其间，思逞故智者，实繁有徒。业经奴才会同道府预防，并督饬各营将备遣派干练弁目，常川严查密访，有犯必惩，亦不得藉查滋扰，以安闾阎。维时此风一播，夷众不愿容留匪类，亦各渐渐自行散去。其城厢内外堆卡处所，尤当较前加意防范，以杜未然。复预先添拨弁兵，分段稽察，并将军火器械一律鲜明坚利，以肃军容而壮观瞻。奴才惟有遵旨随时随事与同城文武悉心商办，镇静弹压，务使华夷相安，以冀不致别生枝节，仰副我皇上怀柔绥靖之至意。……（以下为洋面捕盗情况，略。）

著闽浙总督刘韵珂等查奏李廷钰所奏
筹办宁波通商是否属实可行事上谕
道光二十三年十二月十九日（上谕档）

军机大臣字寄闽浙总督刘、浙江提督詹。道光二十三年十二月十九日奉上谕：李廷钰奏，筹办宁波通商事宜，并现在洋面情形及造办船只一折。所奏情形是否属实，所议是否可行，著刘韵珂、梁宝常、詹功显会查明具奏。至造船出洋等事，尤系提督之专责，著詹功显悉心妥议，不准推诿。原折著钞给阅看。将此各谕令知之。

钦此。遵旨寄信前来。

两江总督耆英等奏为遵旨查明陈之骥等
定能妥办宁波通商事务片
道光二十三年十二月二十六日（军录）

臣查宁波紧接定海，通商伊始，头绪纷如。若无熟悉夷情之大员会同经理，诚恐管道府耳目难周，性情未协，致滋掣肘。因提督李廷钰到任以来，于驭夷尚无贻误，是以拟请钦派会办。旋接闽浙督臣刘韵珂、前浙江抚臣管通群密函知会，已将李廷钰奏参，其办理通商之员往返密商，实鲜其人，不得已而思及已革宁绍台道鹿泽长，虽无职任，素得华夷之心，尚可酌量委用。又因夷目罗伯聃已抵定海，开市在即，下手一着，最关紧要。经兼护抚臣蒋文庆奏明，饬令鹿泽长妥为经理，月余以来，并无贻误，与罗伯聃要约一切，亦复井井有条。兹奉训谕谆谆，臣复查宁波夷目罗伯聃先在广东会议税则，察其居心尚知持平，较马礼逊之一昧狡诈者略有不同。现任宁绍台道陈之骥，宁波府知府李汝霖，臣虽未识其人，而素有晓事之名，又得鹿泽长相助为理，定能妥洽。仍容臣会同闽浙督抚臣随时察看，如有处置失当之处，即行遵旨据实奏闻，断不敢稍有回护。

至上海县地方，自九月二十六日开市，至十一月三十日，两个月之间，共收西洋各国税钞银二万二千余两，是其贸易不甚畅旺，幸知恪守成约，彼此相安。又近接广东来信，知广州贸易十倍于前。至十一月十六日，已收税银一百三十七万七千余两，与夷交易之铺户共有一百余家，客商云集，闾阎乐利，元气可冀渐复，洵堪上慰宸衷。

臣谨附片复奏，伏乞圣鉴。谨奏。

闽浙总督刘韵珂等奏为遵旨查明陈之骥等经理宁波通商事宜妥协片

道光二十四年二月初八日（军录）

遵查上年秋间，臣自江南回抵浙江，因闻英夷已派罗伯聃来浙开市，即亲至宁波查办通商事务，在彼驻扎旬日。因该夷未至，复行回省，彼时即将应行措置各事，与陈之骥、李汝霖逐一筹划，拟有端绪。臣察看陈之骥、李汝霖均属明练，奏请俟罗伯聃到日，即令该道府等经理，奉旨允准。嗣复奉命遴派熟悉夷务之员，协同查办。臣与前抚臣管通群往返札商，拟派已革宁绍台道鹿泽长协理，管通群未及具奏，因病出缺。护抚臣蒋文庆因罗伯聃业已到浙，即一面奏请，一面委令驰往会办。嗣后该革员会同陈之骥、李汝霖，与罗伯聃将安辑华夷，杜绝偷漏各事，逐一切实要约，罗伯聃均已遵依。该革员等将所约各条胪列禀呈。臣详加查核，各条颇属详密，并无罅漏。现在开市业已两月有余，民夷相安，税课虽未丰旺，亦查无走漏之事，可以仰纾宸廑。除再会同两江督臣耆英等随时访察，各该员等如有办理未洽之处，即行据实上闻，不敢稍事徇隐，并将鹿泽长等与罗伯聃面约各事宜，由浙江抚臣会折具奏外。

臣谨附片陈明，伏乞圣鉴。谨奏。

浙江巡抚梁宝常奏为派员筹办定海善后事宜并宁波通商情形折

道光二十四年三月二十五日（朱批）

浙江巡抚臣梁宝常跪奏，为定海善后事宜，酌派妥员办理，以专责成，并宁波通商实在情形，地方俱极静谧，恭折具奏，仰祈圣鉴事。

窃查接管卷内，上年十二月准督臣刘韵珂咨，转准钦差大臣耆英咨开，钦奉上谕：定海地方善后需人，著即咨商刘韵珂、管通群遴选贤员，妥为办理等因。钦此。前抚臣管通群、王植均因遴选乏人，未经派往。臣到任后复逐加遴选，并与督臣刘韵珂往返札商，定海现在华夷并处，必明白晓事及民夷共服之人，乃能办理裕如，而一时实乏其选。兹耆英自江赴粤，道经浙省，臣面为商榷，与其委办失人转致格碍，不若量为变通期于合宜。查现派协理通商事宜之已革宁绍台道鹿泽长，通达事体，熟悉情形，令其督率定海厅同知林朝聘，就近经理，以专责成。并饬现任道府，于应办善后事宜随时商议，一切可期妥协。臣仍随时体察，倘经理稍有失宜，即当据实奏明另派，不使贻误。

臣自到任后，查定海厅洋面所泊夷船，每自六七只至十一二只不等，时有去来。截至三月十五日，旧泊英夷船六只，开去小火轮船一只，又新到四只。其原泊米（美）利坚船一只，于十三日开往南洋。现共存英夷船九只。其黑兵有时操演，夷众照料货物，均属静谧，居民亦极相安。至宁波海口通商，自开市后共来货船六只，随卖随去，现仅存船一只，内装洋米、玻璃等货，尚未销售。关税截至现在，共收税银一万六千两有奇。据罗伯聘称，现到之船多系粤东销剩之货，此后如至秋冬，或再有货船来宁等语。

臣到任两月以来，见销货无多，收税不旺，窃恐必有偷漏情弊，因明查暗访，并饬宁绍台道陈之骥及鹿泽长等体察真情。缘税项之盈细视乎来船之多寡，来船之多寡视乎货物之能否流通。夷商与内商交易，多系以货换货，并非专用现银。若货物不能流通，则内商罕至，夷商坐困，而船到渐稀，税课必致短绌。浙江十一府内，如台、金、衢、严、温处等六府，或土瘠民贫，或风俗俭朴，需用洋货无多。惟杭、嘉、湖、宁、绍五府，户口殷富，用物浩繁，五府之中，又惟杭、嘉、湖三府俗尚华靡，为销货最多之地。夷船进口货物以呢羽、洋布为大宗，销路多在杭、嘉、湖三府，出口货物以茶叶、湖丝、绸缎为大宗，而湖丝、绸缎亦多产于杭、嘉、湖三府。此外进出货物应赴三府行销及产于三府者，亦十居其七。该三府地面均与江苏一水可通，民间需用洋货及土产湖丝、绸缎并一切货物，近则可赴上海口贩运，远则可由江、浙两省长江转赴粤东，往来贸易。上海壤地相接，运脚极轻，粤东虽程途较远，而向为商贾聚集之区，交易甚速，货无停滞，则获利亦丰。至宁波口地处偏僻，自杭至宁计程五百数十里，中隔钱塘、曹娥二江，又绍兴一带河窄坝多，驳船狭小，装货有限，运脚多所耗费。通商事属创始，交易迟速又不能预知，较之上海口之路捷费轻，及粤东生理之确有把握者，均大不相同。是以杭州以北客商鲜有来宁贸易之事，所藉以销卖洋货者，惟浙东之宁、绍、台、金等府。其内地贩来货物，仅有福建、安徽及浙省之绍属茶斤，并宁、绍、金、衢、严等府土产油腊药材麻棉纸席杂货等物。浙西湖丝一项，自开市至今仅止贩来四千余斤，此后湖丝绸缎有无贩运来宁，殊未可定。统计进出货物为数均属无多，尚无偷漏情弊。此浙省货物未能流通，税项短绌之实在情形也。查刻下粤省税额极为畅旺，是华夷各商趋熟就便，实系情事之常，此绌彼盈，于税课尚无所损。况浙省本非互市之邦，如日后因交易不便，则利薮不能任其所往，该夷亦无可置词。目下惟有妥为抚驭，不开衅隙之萌，加意巡防，永绝走私之路。臣仍督饬道府随时逐细体察，倘稍有偷漏情弊，即当认真究处，从重惩办。总期时时留心，事事妥慎，以冀仰副圣主绥靖海严，裕课通商之至意。

　　所有筹办定海善后事宜，并地方静谧缘由，臣谨会同督臣刘韵珂，恭折具奏，伏乞皇上圣鉴。谨奏。

浙江巡抚梁宝常奏报定海英船情形
并法船来宁波查探贸易码头片
道光二十四年五月十二日　（朱批）

　　再，定海洋面，截至四月初六日止，共泊英夷船十三只，经臣于上月奏明圣鉴。兹查旧泊船内于四月初七至二十一等日，陆续开往南洋十只，尚存英夷船三只，二十三四两日陆续驶来夷船三只，二十七日驶来货船一只，装载大呢、胡椒等物，现共泊英夷船七只。查开去船十只内有英夷水师官船一只，据管事官罗伯聃照会前议通商章程，凡官船往来，应即通知，兹有英夷水师官逼厘干船，于本年四月十三日，由定海开往香港，大约停泊几日，即行回国等情。臣查与原定章程相符。又有前次开去之佛（法）兰西夷船一只，由上海折回，于二十四日至宁波停泊，该夷目佛尼都拨浪央英夷管事罗酉代为求谒道府，该道府当即接见，执礼甚恭。询以因何到此？据称自五口通商，各处码头未经到过，兹由上海至宁波，顺看码头，以便贸易，不日由厦门回香港等语。旋于五月初二日开去镇海外洋。查验船上并未置有内地货物，情形极为恭顺，居民人等亦无私相交易惊惶疑虑情。

除飞饬该道府镇静抚驭，随时查探禀报妥办外，理合附片陈明，伏乞圣鉴。谨奏。

闽浙总督刘韵珂等奏报法兵船军官佛尼都拨浪来宁波厦门察看情形片

道光二十四年八月初二日（朱折）

再，查本年三月间，有佛（法）兰西国兵船一只在浙江定海厅洋面停泊数日，旋即驶赴上海，至四月间复回定海，旋即驶进宁波，其头目佛尼都拨浪央英夷领事官罗伯聃，引至宁绍台道署谒见。该道陈之骥会同前道鹿泽长等与之接晤，该夷目执礼甚恭，称因该国奉准在五口通商，是以由广东之澳门起程，前来各处查看贸易情形。现在船内带有夷兵水手等二百五十八名，炮四十八门，系防备洋盗而设，并无别故。伊等在宁波暂停数日，即当前往厦门查看，再行回粤等语。该道等犒以酒食，用言抚慰，该夷目欢谢回船。至五月初一日即在宁波开驶，据该道等禀报到闽。臣等因该夷有欲赴厦门之语，当经檄饬该管道厅等，俟其船只抵厦，妥为抚驭去后。兹据兴泉永道恒昌，海关委员佐领都尔逊等禀报，该船已于七月十四日抵厦，十五六日，佛尼都拨浪与该道等两次接见，礼节极为恭顺，其言语与在浙时所言无异。并称四五日后即须开往粤省，并不久留。该道等款以茶果等物，该夷目极为欢忭。至该道等与该夷目接见时，英夷领事记里布一同在旁，细察两国夷酋情颇欢洽，并无争竞之意，该夷目与夷兵等亦未登岸闲游，该船旋于十八日开驶出口等情前来。

臣等查前准钦差大臣两广督臣耆英来咨，以探闻佛（法）兰西国使臣喇吃呢带领兵船七只，火轮船一只，来至中国，无论驶至何处，均须设法抚驭等因。当经臣等通饬各海口遵照在案。此次佛（法）兰西国兵船一只自三月间即见于定海，系在耆英未经探闻之前，其并非喇吃呢所带船只可知，该船先则往来江、浙两省，兹又来至厦门，据称因准在五口通商，是以前来。查其接见各处官吏俱极恭顺，且与宁波、厦门两处英夷领事官亦均和洽，彼此并无猜忌。……（以下为法船至厦门情况，略。）

浙江巡抚梁宝常奏报英使德庇时于十四日
至宁波十八日赴定洋情形片
道光二十四年八月二十六日（军录）

再，前准两广督臣耆英咨会，英酋德庇时定于七月十四日驶赴通商各口，查看贸易事务等因。兹据宁波道府禀称：德庇时于八月初三日坐小火轮船来至定海，先往上海，旋于十四日由上海折回，驶进宁波口，亲到各署与该道府接见，情词恭顺之至。嗣遣夷目各处辞行，据称即回定海换坐大船，赴福州、厦门等语。旋于十八日辰刻开赴定洋而去。又米（美）夷派出领事乌儿吉轩理知赴宁波办理通商事务，前准两广督臣咨会，当以该领事尚未到来，业经奏明圣鉴。

兹据该道府探报：该领事已到定海，缘货船稀少，不值进港租馆，且在东港埠（浦）地方，赁民房数间居住，俟日后商船较多，再行随船进郡。查该领事在定海暂住，系为省费起见，并无别故，就近居民亦无惊扰情形，颇为驯顺。现在定洋共泊英夷兵船四只，货船九只，虽时有去来，情形均极安静，居民亦俱相安。

理合附片奏闻，伏乞圣鉴。谨奏。

浙江巡抚梁宝常奏为荷兰船到宁波探询系来探听贸易片
道光二十四年十一月初八日（军录）

再，臣接据宁波道府禀报：据鄞、镇二县禀报，本年十月十一日有荷兰国二桅夷船一只驰（驶）进镇海关，十三日到宁郡甬江停泊，该船名阿轮的，船内有夷官七员，红兵六十名，黑兵十二名，船旁装炮十四门，并无货物，询系来看码头等情。并据该夷目磨达蛮带同属官至道署求见，执礼甚恭。据称奉准五口通商，因各处码头从未到过，是以从香港先至上海，今来看贸易情形，以便装货前来，暂停数日，即拟开行等语。该道府等察其情词极为驯顺，复亲诣船查验无异，禀报前来。臣查西洋各国奉准五口通商，该夷自亦在议准通商之例（列），此次来宁系为探听贸易情形起见，并无别故，当经饬令该道府等随时察看，妥为抚驭去后。旋据该道府禀报，该夷船停泊旬余，甚为安静，居民人等亦无私相交易，业于十月二十五日驶至镇海出口，由南洋而去等情。

所有荷兰国夷船到浙及开驶日期，理合附片奏闻，伏乞圣鉴。

再，定海洋面夷船，经臣于本年八月间奏报以后，该夷船往来贸易进出不常，今截至十月初十日止，共泊船十三只。该道府查询各国夷目，金称该夷载货来内地出售，惟广东销路最畅，其次上海，余剩货物始至宁波销卖，为数无多，耽搁不久等语。体察民夷情形极为安帖，合并陈明。谨奏。

浙江巡抚梁宝常奏为英船来宁波察看码头折
道光二十五年六月初三日《夷务济本)

浙江巡抚梁宝常奏。

据宁波道府禀称，据鄞县、镇海二县禀报，四月初七日有英国陆路提督达其拉、水师副将敏德，乘坐定航船一只驶进甬江，在领事罗伯聘寓所停歇。该道与之往来接见，情词极为恭顺，据称伊等乘坐兵船，从香港开行驶抵定海，雇坐航船来宁查看通商码头，并无别故，暂停数日即回定海，由福州一转，仍返香港等语。旋接鄞、镇二县禀报，该英官仍坐航船，于初十日开行回定等情。此外夷船，截至五月初五日止停泊七只，多系由上海返棹空船，民夷均极安帖。

英贸易头人来信
道光二十五年（朱折）

照钞英吉利贸易头人由广东寄来信字一个，内云你等得接此信，谅可喜欢。刻下我们前往中国地方贩卖鸦片烟及绵（棉）花生意，共载三十八船，贸易人共三百六十九个，随后还有货物甚多，再为缓缓载去。今我们行至中国，各码头渡口均未阻挡，所有我们这些生意利息甚大，就是交纳各海口四个码头税银约有二十五万两多。再我们贸易人行至乍浦地方，去时该处住房稀少，房钱狠（很）贵。兹彼处所居汉人，见我又怕又喜，他们汉人及妻小均各搬在我们一处居住，看来汉人实在不知害羞。我们又遇劫贼前来偷盗货物，我们去向我们英吉利派在乍浦地方住扎之头人处云，说来有三百贼盗，劫去货物，我们头人得闻此信，就将彼处住的三万兵拨去追贼，多半杀毙，其余逃往他处地方去了。此信于1845年10月内由广东地方寄。

浙江巡抚梁宝常奏为丹麦欲至上海贸易美人
赴宁波察看贸易情形片

道光二十六年六月十三日（军录）

　　再，据咸龄等禀报，六月初五日晚，探有丹麻尔国即向来通商之黄旗国夷船一只，驶至定海停泊，当据英夷郭士立带领该夷船领事土士登岸，与该道等相见，执礼甚恭。声称欲至上海贸易，由本国开船至广东黄埔地方，吁求钦差大臣向上海道饬知，因钦差大臣已赴外郡阅伍，伊船复开往香港，闻德酉来定交纳舟山，是以驶来，欲德酉转向该道求取信函，带往上海道代为觅寓等语。该道等核与章程相符，经咸龄缮写书信，加用官封，交给收执，即于初七日开往北洋而去。

　　又前准钦差大臣耆英咨会，合众国壁酉顺道赴五口查看贸易情形，应各以礼相待等因。当经檄饬宁波道府遵办去后。嗣据该道府禀报，壁酉乘坐小兵船，于闰五月初七日驶至镇海，换坐内地钓船驶进宁郡。维时该道咸龄、麟桂俱往定海，经署宁波府杨钜源与之接晤，执礼甚恭，该府设席款待，该酉极为感悦。即于初八日起程，仍由镇海出口，乘坐原来兵船，开往南洋而去等情。伏查黄旗、合众二国，系例准在五口通商之列，该夷酉土士等或求书信欲往上海贸易，或赴五口查看贸易情形，均与定章相符，该道府示以怀柔，办理亦尚妥协。

　　理合附片陈明，伏乞圣鉴。谨奏。

浙江巡抚梁宝常奏为英新领事来宁及法船停泊买物取水片

道光二十六年八月初四日（月折夷务）

　　再，臣前准钦差大臣耆英咨会，接据英吉利德酉来文，宁波领事罗伯聘告病，调派厦门领事署理等因。当经转行宁波道府知照去后。兹据署鄞县知县毕承昭禀报，英夷新领事琐离完，于七月二十三日由厦门乘坐二桅夷船来宁，罗伯聘于七月二十四日病故等情。伏查英夷领事之人惟马礼逊、罗伯聘二名盘踞最久，情形俱极狡谲，今俱天夺其魄，接踵而亡。（朱批：天也，非人力。）现在新领事琐离完甫经到甬，已饬该管道府查照条约，妥为抚驭，以示羁縻。

又据宁绍台道麟桂禀称，据署定海厅同知王丕显禀报，六月二十九日有佛兰西国兵船三只驶泊蟹屿（峙）洋面，当即往查。即据通事郭奥斯定领同该国总兵官康德、管事夷目夥尔加肋，赍带伊国上帅督兵官谢西耳名帖来署求见。该员以礼相待，康德等情词欢悦，据称由香港来，因船内缺少食物淡水，在此暂泊，俟水物购齐，风逸顺利，即须他往查看贸易等语。该员即亲往泊船处所，查看夷船每只装炮三四十门不等，约计夷兵八百数十人，当与夷酋谢西耳等接晤，该夷执礼甚恭。据称买物取水，在洋抛泊，似属可信等情。臣查佛（法）兰西系例准在五口通商之内，今因兵船缺少食物，暂泊舟山，虽与成约相符，惟当英夷甫退，难保居民不妄生猜疑，必须加意防闲。维时新任同知傅延焘由省起程赴任，臣当面谕以务示镇静，并妥为照料，勿任逗留去后。兹据道厅禀报，该夷甚为感戴，先于七月十七日开去二只，十八日又开去一只，均向南洋行驶，地方悉臻妥谧等情。

理合附片奏闻，伏乞圣鉴。谨奏。

浙江巡抚梁宝常奏报浙省岁收及办理洋务各情片
道光二十六年十月十八日（军录）

再，浙江本岁收成如蚕丝春花早稻尚称丰稔，入夏两月亢旱，田禾受伤，六月得雨后，又有被水被风之处。惟杭、嘉、湖三府钱漕最重，而受灾最轻，不过收成减色。其余各府多系山田，本无漕米，赋税亦轻，间有受旱较重者，现须勘办，然亦止成歉一二分及四五分不等，其成灾须接济口粮者不过数处，饬司确核详办，不使小民失所。现在粮价平减，民情极为安帖。……

又佛（法）夷传教一事，臣随时查看，所传习者仍托于孝悌忠信等语，勉人为善，入教者亦止惑于求福兴旺之说，似尚无别项情弊。该夷目设馆以来，人皆安静，臣仍饬不时留心查考，断不使奸民混迹，及别项教匪假托附会。向来习此教者形踪诡秘，惟恐人知，自驰禁以后，所张贴告示一二张，久为风雨摧残，人亦淡然置之（朱批：查禁愈紧，愈生枝节，与毒毙幼孩一事，理无二致也。），而仍以异端视之。此邪不能侵正之道也。

定海自收复后，政简民淳，地方安静。英夷在宁波通商往来船只无多，新领事琐离完不通汉语，较前之罗伯聃稍须驾驭，数月来情词亦极驯顺，与民相安，此地方一切民夷静谧之情形也。

洋面自屡次获犯，及督臣查办庄通各犯投首以后，近来劫案颇少，行旅无虞，浙洋内亦尚无奸民假冒夷船为盗之事。臣自奉慈谕谆切当，又严饬营县于巡洋捕盗之事，分别商船盗船，固不可妄拿，致夷人藉口，尤不得因惧其藉口，遂巧为卸责，竟置真盗于不问。况商船有货则船重，盗船无货则船轻，果系夷商，必有通事牙行等项，近接即易认。若盗船一见水师，总不免惊惶窜驶，只要地方营县认真查拿，当亦不难辨别。臣惟有督饬上紧巡缉，断不任巧为诿卸，以期洋面肃清。

所有地方安静及办理缘由，谨附片陈明，仰慰宸衷，伏乞圣鉴。谨奏。

道光二十六年十月十八日奉朱批：所见皆是，认真督办，不可稍懈。钦此。

浙江巡抚吴文镕奏为法国公使陆音到宁波查办五口通商事宜片

道光二十九年三月十五日（军录）

再，臣接据宁绍台道率同宁波府具禀：本年正月二十五日，有佛（法）兰西国公使陆音带同领事敏体呢、通事哥里哥士奇，由上海乘船到宁，查办五口通商之事。次日即据陆音等晋署谒见，词貌均极恭顺，据称宁波事务，现饬向在上海之敏体呢等兼办，候回粤再请钦差大臣咨照等语。该道府等查照向章，犒以羊酒等物，该公使只收两色。现已于二月初一日驶出宁口，寄碇定海洋面，候风开驶，由闽回粤等情。惟敏体呢等是否长驻宁波，抑须仍回上海，臣一面批饬该道府查询明白禀报，一面飞咨钦差大臣，向佛（法）兰西在粤夷目确切查询，咨复办理。并咨闽浙督臣、福建抚臣一体知照外。

所有佛兰西夷官来浙缘由，理合附片陈明，伏乞圣鉴。谨奏。

——选自宁波市社科联与中国第一历史档案馆合编《浙江鸦片战争史料》（下），第452—487页，宁波出版社1997年版。

宁波开关及其港埠地界

王尔敏

　　宁波之被选为通商口岸，其地理位置之重要，历经宋、元、明各朝之市舶司，俱得实证。就一般形势而言，英人乃著于浙江丝茶产品之商利，实则丝、茶、米三项俱占重要地位。这当是一般粗浅印象，而更现实之要求开埠动机，则为英方计划自丝茶出产来源地直接运销，以避免广州一口之剥削。由于商品之吸引，港埠历史背景之参考，引起鸦片战争中浙江沿海之被英兵侵占，特别英人在宁绍台地区之侦察了解，使宁波地位地理之实质情况更加清楚。英国测量船"千岛号"（Plover）船长（Collinson），对于宁波水道自府城以至海口，曾作详细探测，关于甬江谷地，江道宽狭部位，沿途航道水深，礁石大小，均作清楚记载。

　　英人 Henderson 对宁波亦作过实地探察，特别自外海经甬江水道沿路直至宁波，于河谷、田野、水深均有简约记录。尤其根据英国大英博物馆所搜藏中国旧图，描为简图，送与英方商务代表朴鼎查参考，对于宁波开埠之初，颇有贡献，且足以显示英方对于中国沿海考察探测之努力。

　　根据道光二十二年七月二十四日（1842 年 8 月 29 日）《江宁条约》订立。依约款第二条所定，宁波须开放为通商口岸。嗣后中英双方在广州议订各口税则之际，英方已物色各地领事人选，并积极筹备通商交易。在宁波方面派定罗伯聃为首任领事。原计在道光二十三年八月初一日在宁波开市贸易，中国地方官亦作准备，宁波安排迎候开市。但罗伯聃迟至十月二十五日始达定海，二十八日（1843 年 12 月 19 日）始抵宁波。随带领事署官员翻译及侍役约十四五人。中国方面早已派定现任宁绍台道陈之骥、宁波知府李汝霖以及已革职宁绍台道鹿泽长，与罗伯聃会同商办开埠之事。由于罗伯聃要求在十一月十二日，亦即西历 1844 年新年元旦开市，宁波即定此日正式开关，对英商贸易。中国官方，指定当地"久安""源和""久和"三所钱庄，代收洋商进出口税，并分任叶金铉负责"久安"，钟光建负责"源和"，郑瑞檀负责"久和"等处税收。[①]

首先须对英国领事馆之选定作一确切了解，盖官方所在，往往成为英商群趋集中之地，为形成租界关键。罗伯聃到宁波开辟英国领事馆，在与中国官员商酌及其方便英方商船货物出入的考虑之下，并未选择最繁华之宁波南门外的甬江岸，亦未选择康熙初辟口岸时之宁波东门灵桥门。实则竟选定宁波北门即和义门外，位于甬江支流之上，称做余姚江或慈溪支流。在当地一向称之为"江北岸"，直迄现代。而英方音译即称为 Ksng-Pih-Gan，屡见于官方文书。罗伯聃选租领事馆基址，于道光二十四年正月初一日（1844年 2 月 18 日）租得和义门外江北岸卢姓房屋一所，合计五十间，年租金七百元，分四季交付，同时签订十年契约，期内不得加价及转租。洋人居住通商之租界，遂即自江北岸地区开始初步。[②]兹附后日英国官方所绘制之地图作为参考（见图一）。

罗伯聃在开埠通商之始，当与中国地方官首先商定开埠进出商船之确实地点，先需决定商船上下货物之地，在其决定选租领事馆之先必须及早宣告，是以在宁波开埠当日，即因中国官方之同意，向英商发布通商条章，指定在宁波北门外之江北岸，当地民人称之为"李家道头"，作为上下货物之所，同时定出作业时间，事见 1844 年 1 月 1 日英领事通告规章第六条记载：根据中国官员指示，英国船只准许于每日上午八时至下午四时之间，在宁波城外甬江支流北岸，名叫李家道头地方卸货或上货。

当然，罗伯聃在选定领事馆之先，也早已考虑洋人居处之宽敞而且要有发展前景。宁波南临奉化支流，会合甬江干流，东、北两面均临慈溪支流之余姚江。是三面环水，然东、南两面当两支流会合处，均是旧日商船聚集之地，最为繁华。当然人烟稠密，地价较高。中国官方不愿洋人与华民杂居，于是使罗伯聃最后选定江北岸地带。接近城边稍有住家，其外俱是稻田，四周空旷荒僻。起初他先住在一所商家通生行，然后与其随员考虑了宁波各地情况，在开市之始，尚未租定馆址之前，曾做过详细记录。对于当时宁波地理环境相关位置，交代十分清楚。

由此看来，当可充分考见，罗伯聃在年尾到达宁波后利用十余天时间，会见中国官宪，选定开埠地带，宣布商船进出镇海，航行甬江，以至上货下货作业时间，同时亦租到领事馆居地。足见罗氏对宁波早有认识。自可上溯到鸦片战争中英人对浙东之占领。……

罗伯聃就任英国驻宁波领事，随其同来职员及中国通事先后有十四五人之多。除前文注中引及江彬、源华两名中国翻译外，其他英方官员尚有副领事列敦（T. H. Layton）、翻译官星察理（Chas A. Sinclair）以及第一助理

P. Hague、第二助理 F. Hertslet 等人。罗伯聃确是精明能干，并具有商人背景。但不幸罗氏竟在道光二十六年七月二十四日（1846 年 9 月 14 日）病故于宁波，英方所派代理领事琐离完（George Grey Sullivan）刚在罗氏将死之前一日到任。③

英国多年来不忘情于浙江贸易，宁波开埠之始尤抱极大期望。市易之物，罗伯聃向璞鼎查作一些商情报告，对入口食米、出口绿茶有乐观评估，与时价及进出货报告先后提出。到开埠后两月，罗伯聃货品销售报告尚具有相当信心，仍将宁波看待为良好市场，但却条列出若干滞销商品。建议别再运来洋毛、棉花、毛线、棉纺织品到宁波。而事实上宁波出入口都每况愈下，宁波开埠不到两年，中外贸易日渐萎缩。洋商群趋上海，少来宁波。显见其口岸优势已为上海所夺，罗伯聃亲身见此光景，数度商务报告，均说明日益衰退实情，并申述距上海太近，外商舍此就彼情形。同时在罗伯聃去世后，其继任人琐离完也在 1847 年 1 月作出宁波商务衰退之报告。

由于宁波贸易之毫无起色，英商徘徊瞻顾，兴趣缺缺，乃使英政府感到维持一个领事馆及其人员开支是负面的消耗，十分不值。英国外相巴麦尊于 1848 年至 1850 年间充分表现厌恶之情，而有与福州两口一并放弃之计。但这样岂不便宜了中国。自就考虑到请中国另开两口，以为交换。显然是帝国主义外交运用之一贯作风。在道光末年以来时常出现，而此时（1850 年代前后）则是最早展现，值得另作探讨，在此无须延伸题外太远。

宁波口岸停滞，不是兴旺，显与洋商贸易兴衰息息相关，洋人进止为动力枢纽。不过中国本身动乱，却又是西方外交家、政治家所要看得准、抓得紧的大好机会。宁波口岸之重大变化，洋商租界领域之真正确立，与太平天国军占领宁波有密切关系。咸丰末年（1860 年）才真正是西方强权在华伸张势力之天造良机。

虽然外人租界土地，开始建屋在江北岸空旷稻田之区，但因商业不易扩张，竟在十余年间未能形成兴旺之港埠。及至咸丰末年，太平军占据宁波，影响中外通商，终于使英法军直接卷入战争。当地已革职宁绍台道张景渠，利用这种机会，联合英法在华之海陆军，在 1861 年至 1864 年数年间，对付宁绍台地区太平军。在 1862 年 5 月 8 日这天，英国海军舰长丢乐德克通知宁波太平军守将，令其退出宁波。双方冲突开火，肯尼中尉（Kenney）受重伤而后死。当时浙东沿海，仿照江苏、上海地区美国人华尔（Frederick Townsend Ward）所组成之"常胜军"（the Ever-Victorious Army）方式，而由在宁波的英国军官丢乐德克分派若干英国军士，招募中国青年壮勇，组成所谓之"常安军"，在浙东助清兵作战。更有影响而发挥战力最大者，则为法国军官勒伯勒东（A. E. le Brethron）领导组织之中法混合军，亦仿常胜军规模，号称"常捷军"。勒伯勒东战死，由达尔第福（Tardif de Moidrey）继任领导。达尔第福战死，由德克碑（D. Aiquebelle）继任领导，直至德克碑与浙西湘军统帅左宗棠会师，并恢复全浙。由于英法军之协助收复宁波，外人租界地区又得到如同上海一样的特权利益。是以宁波港埠之发展，亦与上海具同等意义。

宁波商贸无有起色，洋商兴趣缺缺，江北岸之新辟商埠亦难免保持乏人问津之空旷地带。时机转变因素，亦如上海。中国内部之动乱，造成外人势力在华之扩张。帝国主义者，深明政治意义重大，由于太平军之占领宁波城，列强联合行动，一面助清军攻打太平军，一面为商埠地带外人安全起见，也正式在 1862 年 1 月 13 日，在英、美、法三国外交官英国领事夏福礼（Frederick Harvey）、美国领事孟恩威理（Willie P. Mangum）、法国孔夫子号（Confucius）舰长 M. Leon Obry、英国 Scout 号舰长 John Corbett 等在美国领事馆开会，共同决议，自此大致划定江北岸洋人租界地区之明确界址。在同一天中，发布英、美、法官员所签合议书，书中申明洋人所划保护之地界址，更重要者，乃在同日所附江北岸洋人界址地图，兹将其当时所绘的以红色涂染之洋人租界图（本书图中用灰色表示），以供参考（见图二），此图真是弥足珍贵，同时将英、美、法三国所签洋人居址地界声明全文附入小注，自为宁波租界形成之重要文献。[④]

宁波较上海差强，在于太平天国平定以后，同治四年（1865）初即由地方官宁绍台道收回江北岸之管治权。只是警察巡捕必多雇用洋人，尤其是英人充当，薪金始终由中国地方开支。起始关键，乃是当时租界内洋商居民不多，无法负担全部巡捕经费，中国官方既出薪资，自然顺便掌握到警察权。起始经过，可见同治四年二月十一日（1865 年 3 月 8 日）宁绍台道向浙江巡抚之禀报：

> 本年正月二十后，城外江北岸上下白沙等处，查有各国黑鬼流氓，形同乞丐，潜居冷庙破船，或十数人一处，或数十人一处，诘其来历，言语不通，殊非良善之类。职道即与英、法、美三国领事、新关税务司会商驱禁。据该领事、税务司等佥称：此种流氓，多系别国下户，并无该管领事驻宁，不遵伊等约束，禁之不听，驱之复来，恐非中国兵勇所能捕尽。必须添派外国巡捕等兵，严密巡逻，制之不敢滋事，使之无所

希图，庶几不逐自去。唯添派各国巡捕弁兵，每月辛工总需洋银一千余元，至少亦需七百元。曩者军兴，江北岸曾派巡捕洋兵防守，系由该处客户居民洋行酿金捐助，暨抽收房租津贴。现在客户均已迁徙，房租归官抽收，各居民洋行每月仅可助洋四百余元，已属吃力，总计尚欠洋三百元，外国无款可垫，坚请由宁波捐局每月帮补洋三百元，以二月为始，一俟流氓散尽，再行酌撤等语。职道复与众绅密筹，事关繁要，若不允其所请，各领事借口推诿，渐弛其禁，该无业流氓势必肆无忌惮，抢劫横行，隐为地方之患。除严饬巡缉勇丁城门员弁加意稽察防闲外，理合将会商添派外国巡捕弁兵帮贴经费各缘由，据实禀请宪台察核。可否由宁局按月帮贴洋银三百元俾资协巡之处，仰乞批示遵行。

嗣经同治六年（1867），光绪六年（1880），光绪十年（1884），光绪二十年（1894），光绪二十四年（1898），以至民国，由于地方官之多方注意外人侵权行径，历年防范，终能将租界治权掌握在中国官员之手，使租界无法蜕变成洋人独立行政界区，亦是宁波地方官绅适应变局之智慧。⑤

注释：

①《筹办夷务始末》，道光朝，卷六十九，页 10B，闽浙总督刘韵珂奏。卷七十，页 26B—27B，护理浙江巡抚蒋文庆奏："又据宁绍台道陈之骥、宁波府李汝霖等禀报：本年 10 月 26 日西刻，接据英夷领事罗伯聘，由广东乘坐大火轮船一只，于 25 日前抵定海。准于一二日内由定海起身至宁。商办通商一切事宜。带有通事二人，一即江彬，一名源华。系广东香山人，领有粤海关监督准充通事印照。据称罗伯聘来宁波时，约带广东跟来服役者四五人，通事及一应跟随人役，通共不过十四五人，令其先来报知等语。除俟罗伯聘到宁，面与要约，妥议章程，另行禀报等情。臣伏查宁波海口通商，事属创始。立法之初，必须详明周匝，方期经久无弊。此时罗伯聘业已抵定，不日即可至宁开市，亟需遴派大员，前往经理。前抚臣管通群与督臣刘韵珂，先经往返商定。酌委宁绍台道陈之骥、宁波府知府李汝霖，实力经理。并令已革宁绍台道鹿泽长协同筹办。一切可期妥协，自应即行照办。除饬令该道府等俟该夷目罗伯聘到宁，查照章程，妥为筹办。务期因地制宜，不准稍留罅隙。其夷人租屋赁地，尤当于议定界址时，再与切实要约，以杜借口。"

又，同前书，同卷，页 30B—31A，浙江提督李廷钰奏："伏查夷酋罗伯聘，于 10 月 28 日乘坐大小火轮船各一只，夷兵船一只，驶至宁港，前来谒见。察其情词，极为恭顺。该夷一遵税课定则，并钦差大臣议定条约，并无另措施，亦无别有要求。据称：11 月 12 日为伊国正朔，不须另择，即于是日邀请在城文武眼同开市。查该夷前此在宁波经年，汉语汉字，俱皆谙晓。凡有会议，类多面从。而机心自用，疑虑过深。所以往往不能自决。刻下通商，事属创始，一切琐屑诸事，尚须要约详尽。兹经兼护抚臣蒋文庆，添委留办报销局之革职宁绍台道鹿泽长来宁，协同宁绍台道陈之骥筹办要约，一切可期妥协。所有税课定则，事隶海关，由该道查照章程办理。其相度马头，建设夷馆，应由地方府县勘办。昨据该酋面称：一时未能准定何地，日来亦尚未贸易。该夷现于城外江北地方，赁居民房，暂为居住。"

②租契

立租契英国领事罗伯聃，情愿租到江北岸地方，坐落甬东十图，土名鸣珂里卢松房，坐北朝南，九架平屋参全椇，东畔墙外小屋壹埭，共计四十五间。屋后余地壹方，小屋五间，大门壹座，四围门扇壁络俱全。凡系外面屋脊之类并渗漏等情，均请卢松房修补。三面议定，每年计租洋银陆佰捌拾圆正，作四季交清，不致少欠。议明拾年之内，每季租银交清，不得加租别召。倘或立意搬到别处，于六个月之前通知房主，任凭迁移，亦不得留阻。令欲有凭，立此租契存照。计开每年应付小租洋银贰拾元正，亦作四季付交，并照。当付探租洋银叁佰伍拾元正，并照。外附合同交单壹纸，并照。

道光二十四年正月初壹日，立租契英国领事罗伯聃（R. Thom）

见租　徐鲁新

代笔　沈香亭

③《筹办夷务始末》，道光朝，卷七十六，页31：梁宝常奏："前准钦差大臣耆英咨会。接据英吉利德酋来文。宁波领事罗伯聃告病。调派厦门领事署理等因。当经转行宁波道府知照去后。兹据署鄞县知县毕承昭禀报。英夷新领事琐离定（完）于7月23日。由厦门乘坐二桅夷船来宁。罗伯聃于7月24日病故等情。伏查英夷领事之人。唯吗礼逊、罗伯聃二名，盘踞最久。情形俱极狡，谓今俱天夺其魄，接踵而亡。现在新领事琐离定（完），甫经到甬，已饬该管道府查照条约。妥为抚驭，以示羁縻。"

④PRO, F. O. 405/7, p. 70, 1862年1月13日宁波洋人居址地界图。

又，PRO, F. O. 405/7, p. 69, 1862年1月13日英、美、法三国官员所签画洋人居住界址声明全文：

Whereas certain forces in opposition to the Government of China have captured the city of Ningpo and its surrounding districts; and whereas, in the ab sence of any Imperial authority, it is necessary for defensive purposes, and for the protection of life and property, and for the general security, order, and good government of foreigners residing at Ningpo. That certain limits should be clearly defined within which those foreigners are to reside free from molestation, aggression, or interference of any kind: for these purposes, the Undersigned, as the only Representatives of foreign Powers at this port, have this day met together at the United States' Consulate, and have, after consutation, agreed and determined upon the following three Articles:

1. That that tract of land, or country, or promontory, known as the Keang-pih side, and comprised within the boundaries or limits drawn by the Yung River, the Yu-yaou branch of said

river, the Pih-sha-ho creek, and a line drawn across the fields from the Sze-chow Tang (or Temple) to join the Yu-yaon River above mentioned (the whole site forming an irregular quadrilateral or trapezium), shall from this date and thereafter be assumed and considered as the foreign site, within which such foreigners shall reside, free from any interference of any nature whatsoever, subject always to their respective Treaty obligations.

2. The Undersigned reserve to themselves the right to make and establish such Rules and Regulations, within the limits above-mentioned, as the future necessities of the Settlement may render requisite; such Regulations to be in conformity with the provisions of their respective Treaties with the Imperial Government of China.

3. The above Agreement, to which the Undersigned have appended their approval and signatures, will be submitted without delay to the High Ministers and Officers of the nations to which the Undersigned respectively pertain and belong.

Done at Ningpo, China, at the time and place above given.

(Signed) WILLIE P. MANGUM,

United States' Consul.

JOHN CORBETT, *Captain.* H,

M. S. "Scout".

L. OBRY.

FREDERICK HARVEY,

Her Majesty s Consul,

⑤刘秉璋：《刘尚书奏议》卷四，页 28："再据宁绍台道薛福成详称：宁郡江北岸为通商码头，华洋杂处，巡防弹压，交涉事繁。自光绪六年间整顿章程，改派洋人华生为巡捕房督捕，迄今年久，遇事禀承，于办理华洋缉捕巡逻诸务，均能妥协，并无贻误。上年海防吃紧，谕令督带巡捕于江北岸周历梭巡，不闲昼夜，得以匪徒敛迹，人心又安，商民信服。他如帮设电线，保护教民各事，尤能始终勤奋，小心认真，不无微劳足录。详情附案，奏请给予四等宝星，以照激劝等情前来，经臣咨准总理衙门核与成案相符相应，仰恳天恩，俯准将宁波口巡捕房总巡捕英国人华生给予四等宝星一面，准其佩带。"

又，李应珏：《浙志便览》，光绪二十二年（1896），杭州吏隐斋藏板卷二，页 6：顾通商口岸只汉口、九江、镇江、天津、广州可称租界。乃彼国向我国租赁转赁商人者，岁由彼领事缴租，故无论中外之人，皆须遵彼国条例，其余则皆如《烟台条约》所称，洋人居住处乃洋人自向民间价买，须照民间向州县纳赋。一切条例，彼领事不能干预。今只因各处皆系洋人自设工部局、巡捕局，遂至喧客夺主，宁口巡捕充以卫安勇，所以无沪上桀骛气也。

——选自王尔敏《五口通商变局》，第 263—273 页，

广西师范大学出版社 2006 年版。注释有删节

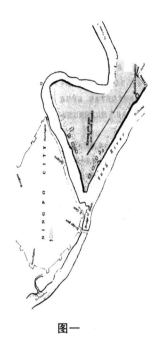

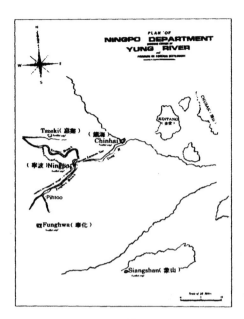

图一　　　　　　　　　　　　　　　　图二

西洋各国设立领事

　　英吉利，省称英国，明时已在澳门与中国互市，至清圣祖康熙三十七年（1698），海关总督张圣诏奏设红毛馆于定海衙头泥城内，俗称西洋楼，是为英国至宁波贸易之始。高宗乾隆二十一年（1757），英船进泊镇海畸头洋。关吏入告，诏以洋船进口，想来俱由澳门，宁波并非聚集之所，不过，因为漂泊偶至定海，自当量为鉴理。海滨要地，宜防其渐，此后只许在广东停泊，不准一船入浙。明年，遂废红毛馆。宣宗道光十二年（1832），英船驶至镇海洋，请于宁波贸易。获海关宁波知府吕子班以市易有定，不能窜越论之，英船乃去。二十二年，江宁和议成。宁波为通商五口之一，英国设领事府于江北岸，派领事一人、翻译官一人驻之。穆宗同治八年（1860）十月，英领事兼管奥斯马加国（为奥地利与匈牙利二国联合而成，亦曰奥匈帝国）事务。九年六月，兼管法国民教事务。

　　法兰西，省称法国，宣宗道光二十三年（1843）援英国例，请来五口通商。广督耆英为代奏，诏许之。既互市于江北岸，设领事一人，始由其国天主教之主教兼摄，至普法战争后，商旅稀少，穆宗同治九年（1861）裁宁波领事府，以民教事务归英国领事兼管。

——选自《鄞县通志·文献志》

附录　《清季中外使领年表》

英国驻宁波领事年表

年　代	姓　名
道光廿三年十月（1843年12月）	罗伯聘 R. Thom
道光廿六年七月（1846年9月）	索理汪〔署〕G. G. Sullivan
咸丰八年十一月（1858年12月）	夏福礼 F. E. B. Harvey
同治三年（1864年）	费 Wm H. Fittock

续表

年　代	姓　名
同治十年四月（1871 年 5 月）	郇和 Robert Swinhoe
同治十二年四月（1873 年 5 月）	阿查理 Chaloner Alabaster
同治十三年六月（1874 年 7 月）	佛礼赐〔署〕R·J-Forrest
光绪三年（1877 年）	固威林 William M. Cooper
光绪十三年闰四月（1887 年 6 月）	司格达〔署〕Benjamin Charles George Scott
光绪十六年（1890 年 *）	翟理斯 Herbert Allen Giles
光绪廿年（1894 年）	佩福来 G. M. H. Playfair
光绪廿五年二月（1899 年 3 月）	博诺德 E. F. Bennett
光绪廿六年正月（1900 年 2 月）	务议顺 William Henry Wilkinson
光绪廿八年（1902 年）	麦迪莫 R. H. Mortimore
光绪卅四年三月（1908 年 4 月）	邦迩〔署〕L. H. R. Barr
宣统三年（1911 年 *）	海格士〔署〕H. L. Higgs

俄国驻宁波领事年表

年　代	姓　名
宣统三年六月（1911 年 6 月）	索洼日〔额外副领事〕，法国人

法国驻宁波领事年表

年　代	姓　名
道光廿八年九月（1848 年 10 月）	敏体尼 de Montigny，驻上海兼
咸丰三年五月（1853 年 6 月）	伊担〔署〕B. Edan，驻上海兼
同治元年九月（1862 年 11 月）	穆布孙 Mauboussin，驻上海兼
同治二年（1863 年 *）	伊担 B. Edan，驻上海兼
同治四年二月（1865 年 3 月）	席孟 G. Eug Simon
光绪十年闰五月（1884 年 7 月）	固威林〔署〕William M. Cooper，英领兼
光绪十三年闰四月（1887 年 6 月）	司格达〔署〕Benjamin Charles George Scott，英领兼
光绪十六年（1890 年）	翟理斯 Herbert Allen Giles，英领兼
光绪廿年（1894 年）	佩福来 G. M. H. Playfair，英领兼

德国驻宁波领事年表

年　代	姓　名
同治三年七月（1864 年 8 月）	德尔孙〔代〕⊥ Truelsen，代表布鲁斯
同治四年十一月（1865 年 12 月）	Ferd. Nissen，代表三汉谢城
同治八年二月（1869 年 3 月）	劳伯生 W. Robertson，代表三汉谢城
同治十年二月（1871 年 4 月）	郭彬 P. Gabain，代表布鲁斯。1872 年 3 月起授德意志帝国领事
同治十二年六月（1873 年 7 月）	阿查理 Chaloner Alabaster，英领兼
光绪元年七月（1875 年 8 月）	梅海波来好〔副〕H. B. Meyer
光绪九年二月（1883 年 4 月）	海尔文〔署〕Julius Hartmann，德商
光绪十年十月（1884 年 11 月）	司提文 Edwin Stevens，美领兼

奥匈驻宁波领事年表

年　代	姓　名
同治八年七月（1869 年 9 月）	费 Wm. H. Fittock
同治十年四月（1871 年 5 月）	郇和 Robert Swinhoe
同治十二年四月（1873 年 5 月）	阿查理 Chaloner Alabasler
同治十三年六月（1874 年 7 月）	佛礼赐〔署〕R–J–Forrest
光绪三年（1877 年）	固威林 William M. Cooper
光绪十三年闰四月（1887 年 6 月）	司格达〔署〕Benjamin Charles George Scott
光绪十六年（1890 年 *）	翟理斯 Herbert Allen Giles
光绪廿年（1894 年）	佩福来 G. M. H. Playfair
光绪廿五年二月（1899 年 3 月）	博诺德 E. F. Bennett
光绪廿六年正月（1900 年 2 月）	务议顺 William Henry Wilkinson
光绪廿八年（1902 年）	麦迪莫 R. H. Mortimore
光绪卅四年三月（1908 年 4 月）	邦迩〔署〕L. H. R. Barr
宣统三年（1911 年 *）	海格士〔署〕H. L. Higgs

＊表列奥匈驻宁波领事，均英领事兼。

荷兰驻宁波领事年表

年　代	姓　名
同治十二年四月（1873 年 5 月）	郭彬 P. Gabain
光绪二年五月（1876 年 6 月）	杜玛里〔署〕P. K. Dumaresq
光绪三年四月（1877 年 5 月）	梅海波来好〔署〕H. B. Meyer

年　代	姓　名
光绪九年二月（1883 年 4 月）	海尔文〔署〕Julius Hartmann
光绪廿年（1894 年＊）	Armin Haupt，驻上海兼

西班牙驻宁波领事年表

年　代	姓　名
同治三年十一月（1864 年 12 月）	G. E. Cerrutti〔副〕
同治四年三月（1865 年 4 月）	席孟〔副〕G. Eug. Simon

瑞、挪威驻宁波领事年表

年　代	姓　名
同治八年二月（1869 年）	劳伯生〔副〕W. Robertson
同治十三年（1874 年＊）	杜玛里〔副〕P・K. Dumaresq
光绪五年二月（1879 年 3 月）	梅海波来好〔署〕H. B. Meyer，德人
光绪九年二月（1883 年 4 月）	海尔文〔署副〕Julius Hartmann，德领兼
光绪十二年（1886 年）	M. S. Perry

丹麦驻宁波领事年表

年　代	姓　名
同治七年（1868 年＊）	费 Wm. H. Fittock
同治十年四月（1871 年 5 月）	郇和 Robert Swinhoe
同治十二年四月（1873 年 5 月）	阿查理 Chaloner Alabaster
同治十三年六月（1874 年 7 月）	佛礼赐 R-J. Forrest
光绪三年（1877 年）	固威林 William M. Cooper
光绪十三年闰四月（1887 年 6 月）	司格达〔署〕Benjamin Charles George Scott
光绪十六年（1890 年＊）	翟理斯〔副〕Herbert Allen Giles
光绪廿年（1894 年）	佩福来〔副〕G. M. H. Playfair

＊表列丹麦驻宁波领事，均英领事兼。

美国驻宁波领事年表

年　代	姓　名
道光廿四年（1844 年）	乌儿吉轩理知

续表

年　代	姓　名
咸丰四年（1854 年）	俾列利查利士威林 C. W. Bradley
咸丰十一年十二月（1862 年）	孟恩威理 Willie P. Mangum Jr
同治三年（1864 年）	罗尔梯〔副〕Edward C. Lord，1868 年授领事
光绪七年八月（1881 年 9 月）	司提文 Edwin Stevens
光绪十二年十二月（1887 年 1 月）	Thos F. Pettus
光绪十六年三月（1890 年 5 月）	法勒 John Fowler
光绪廿三年（1897 年）	古纳 John Goodnow，驻上海兼

日本驻宁波领事年表

年　代	姓　名
同治十二年六月（1873 年 6 月）	品川忠道 T. Shinakawa 驻上海兼
光绪十年五月（1884 年 6 月）	安藤太郎 Taro Ando 驻上海兼

　　——节选自故宫博物院明清档案部、福建师范大学历史系合编
《清季中外使领年表》，第 99—198 页，中华书局 1985 年版。

葡萄牙人的暴行

段光清

咸丰四年甲寅（1854）

五月，广勇与西洋夷人斗，广勇毁西洋夷馆，英夷及各国夷人在宁波者，皆恐。英夷有耶稣堂，法夷有天主堂，西夷则附和天主教，平日欺我中国，凡属夷人，皆相助为虐。及见广人势猛，扬言要尽毁宁波夷馆，英夷大恐，夜深潜入余署，自辩：耶稣、天主原不同教，西洋之事，于我英国无干，何必毁我耶稣教堂。余曰：广人横蛮，其与西洋争端，无非为利，天主教人平日多助其势，尔国若不帮助西洋，何致毁尔教堂。英夷犹迟疑不信，余曰：若毁尔堂，尔只问我。英夷乃出。西洋夷人因受广勇之屈，乃回本国，往吕宋借大兵船一只，复至宁波报仇。

六月，余往奉化，为水利及奏销捐务诸事。夜宿馆中，署内差至，请余回城，云西夷又来大肆猖獗。次日回宁，西夷同吕宋兵船已在盐场门外，逼近广勇船只轰炮。炮子飞入城，打坍民房，并伤人命，且有炮子打入余署者，金宝昌船亦被打坏。余戒广勇勿与相斗，广勇乃将己船开往镇海。西夷亦开船逐之，且大言曰：今日须将广人杀尽。广人亦曰：在宁波城中与尔开炮，恐伤宁波百姓，今至此地，于百姓无伤，正好用炮。西夷开炮击广勇不中，广勇随开炮击西洋夷船，连沉西夷三船。西夷死者三人，其未击死者，皆浮水逃命，奔回宁波。广勇夺去夷船六只。

抚宪闻之，甚为余忧，寄信于余，谓西夷与广勇相争，无非为利，其击破我船，我自修之，不待言矣。吕宋兵船来宁虽失利，不稍给伊盘费，恐不肯回去。余乃给兵船钱千串。宁波平民被夷炮击死者，苦主家来哭诉余前，余示之曰：夷蛮不通情理，教我如何？我船被伊击坏，将来修费不知出于何处。尔地方居民，何不邀集绅衿与兵头讲理？广人即与尔有仇，我地方与尔何仇，何以开炮毁我房屋，伤我民命。于是居民乃邀绅衿数十人，与兵头质理；兵头无言，乃始开船以去。其后天主堂夷人仍不肯甘心，乃请上海大领事至宁波，要广勇赔西夷船只，索银数万两。余谓广勇，尔将所夺西夷六船，还之上海领事，彼必不再向尔索银矣。广勇曰：六船可值十余万串。余曰：尔今留船，彼后又另生枝节，尔尚欲占夷人便宜乎？广勇乃将六船还之夷人，夷人果还上海。当上海夷人索银时，常有照会至，合署幕友皆甚惊恐，及还船后，忽然皆去，幕友跃然，鼓掌笑曰：如此翻天覆地，不料居然无点事也。

西夷之与广人争衅何也？从前水师巡洋，商贾往来平安，渔人出洋捕鱼亦蒙其惠，每年渔人孝敬水礼，所以报其功德，后营中援以为例，竟成陋规；然果能使盗贼敛迹，即每年出巡洋规费数万串，渔人亦肯集腋以成裘；乃自夷祸中国以来，水师之势日衰，谁复讲求巡洋？渔人更苦洋面盗贼，不得不自雇西夷广艇，以巡渔汛。广艇本与盗贼为邻，自渔人雇之巡洋，更屡受其害，见真盗亦不敢捕，反致讹商旅为盗贼，而渔人更苦矣。然捕鱼，乃宁波谋生大宗也，岂肯置渔业而不讲？乃商之领事，英国领事乃言：此等广艇穷极无聊，亦非我国所管，若要有人管此广艇，殊非转求我国照会西洋，放一领事官来，或者可管此辈。

此宁波所以有西洋领事也。岂知西洋添一领事，而宁波更多骚扰。各国领事皆食本国之俸，西洋穷国，官亦无俸。各国皆有商贾往来，官自小有滋润，西洋一无所有。领事又不通汉语、识汉字，惟日与本地无赖败党勾引讹诈，以为谋生地步，至是而渔人叫苦更甚，地方之受累更深。渔人因广勇多年横行海上，加以地方莫不切齿广艇，愿将频年自雇西夷巡洋经费，改雇广勇，营中亦不过问，衙门中更不得知，直至吕宋兵船来宁，始将一切细底说出。宁人自西夷去后，固忌广勇之强，亦畏广勇之强也。夫一巡洋也，始而水师，继而西夷，终而广勇，渔人已不堪其扰，今自长发贼扰，广勇非遣散，即入营矣，渔汛亦不知谁巡。时事变迁，岂有极哉！

——选自段光清《镜湖自撰年谱》，第 95—97 页，中华书局 1960 年版。

"新开河"始末记

戴光中

在宁波市江北区，曾经出现过一条宁波史上最短命、最昂贵，且有百害而无一利的运河，俗称"新开河"；又因为是英法联军迪尤上校提出开掘的，西方人称"迪尤运河"。运河开掘于 1862 年，1872 年被填塞，虽只存在短短十年，却给两岸老百姓带来了无穷祸患，可以说也是西方列强霸道欺凌的罪行之一。

事情起因于 1861 年太平军攻占宁波城后，虽然没有继续进攻江北岸"外人居留地"，在甬外国人终究感到惊恐不安。1862 年 5 月，英法联军和清兵绿头勇及当地民团协同作战，迫使太平军退出了宁波。随后，他们提出建议：要从江北白沙向西，在甬江和姚江之间开掘一条运河，从而使江北老外滩能四面环水，遇到太平军来犯，西方军舰便可迅速而且顺畅地抵达并护卫。而这建议背后的真正意图，其实是因为同年 1 月，英、法、美三国在甬外交官已经达成共识，大致划定江北岸洋人租界地区之明确界址。这条运河可谓他们私下划定的租界界河。（参见第一编之《宁波开关及其港埠地界》）

这个建议得到不知就里的宁波官方的支持，不惜重金，很快建成，其河道大体在今之庆丰桥与永丰桥之间，还穿过了水利工程"颜公渠"。结果，由于海水从甬江灌入新开河，导致两岸良田盐碱化，严重影响周围的农业生产和百姓生活，遭到鄞、慈、镇三县民众强烈抗议，要求堵塞运河，恢复原状。英国领事馆当然是置若罔闻、强硬拒绝。而转机发生在 1872 年 8 月，有人公开发帖，号召三县人民齐心合力填塞新开河。时任宁绍台道的顾文彬体察民意，暗中支持，并上报浙江巡抚乃至总理衙门；还有热心士绅张斯安、陈政钥和英国领事馆翻译戈鲲化等人也积极斡旋；终使英国领事馆不得不让步，同意毁掉"新开河"。

真所谓哪里有压迫哪里就有反抗！这条在西方列强的淫威下被迫开掘的"新开河"或称"迪尤运河"，就这样在宁波官民罕见的一致反对声中被填塞，只有清同治《鄞县志》记下一笔，此后再无史书提及。

现将相关史料摘录如下——

税务司惠达《浙海关贸易报告（1871—1872）》：

"两年来有件值得一提之事，乃是 1872 年 10 月 16 日封闭那条由中、英、法三国联军驱逐占领宁波之太平军后，由中方当局开凿修筑的那条防敌来自沿海或诸暨的运河。运河长 2325 英尺、宽 914 英尺、涨潮时水深 15 英尺（1 英尺等于 0.3048 米），包括两座小圆炮台、一座桥梁和一间火药库，耗资海关两合计 8735 两，折英镑 2911 镑。那条运河是由当时击退太平军之一之迪尤上校所提出，以防太平军之用，所以这条运河又名'迪尤运河'，只是花半年时间即竣工。那只有军事价值，并无航运价值，为此，宁波当地士绅纷纷建议予以关闭，以免污水损田等产生不良影响。"

宁绍台道顾文彬《过云楼日记》及《家书》：

同治十一年（1872）八月二十八日记："民人周廷贵遍贴招子，声言是日鄞、慈、镇三邑之民，合力填新开河，英国领事（时由 Robert Swinhoe 即郇和担任）不允。余恐酿成衅端，先札饬鄞县姚令于是日前往弹压。至抵暮姚令来禀，已解散无事矣。"

九月初三日记："接郇领事照会，因填河一节，已申达彼国驻京大臣。"

九月初四日记："发详中丞文知咨总理衙，并与郭谷斋信，托其将填河细情转禀中丞，专差赍送，坐脚划船去。与沈彦徵（敦兰）信，并节略三件，皆言填河事。"

九月初五日记："邀张竹坪来，托其与英领事商办填河事。"

九月初十日记："见官。据姚令面禀，绅士张竹坪等与副领事索公（索礼璧）面商填河一节，索公已允许矣。随即照会英国郇领事，并札宁波府、鄞县，并谕张斯安（竹坪），定于十五日填塞新开河。"

九月十一日日记："填河一事恐外国人反复，托曹恺翁函询戈砚畇（鲲化），得回信云可以照办。"

九月十二日日记："午后，请张竹坪来署议开河事，竹坪适回慈溪，其同事杨淡泉来见。是日曹恺翁请戈砚畇、杨远香午饭，因邀同面商。据远香云，此河应从东口填起，淡泉、砚畇均以为然。然前日竹坪来议，则从西口填起，其说已不符矣。少梅骑马至新开河相度形势，亦以从东填起为是。"

九月十三日日记："杨远香来晤，云伊与竹坪、淡泉、砚畇均见过，复申从东首填起之议。而竹坪等均云，前日与副领事索公面商，已说定从西首填起，今改从东口，恐失信于洋人云云。远香特来知照。未几，接郇领事照会云，十五日填河，需从西首填起。"

九月十五日记："是日填新开河兴工，札饬鄞县姚令赴工地谕话弹压，工程一切托张竹坪、杨淡泉照料，经费托杨远香照付。此履任后第一快心事也！前任文道办而未成，余上年即欲举办，屡议不果，近又为周廷贵招贴激怒洋人，几乎决裂，今日居然得手，故倍觉快意云。"

九月十八日记："张竹坪、杨淡泉、卢映甫来晤，据称与索翻译谈填河事，不允填塞东口，并云周廷贵复有招贴。传姚令来见，令其查周廷贵招贴事。"

九月二十三日记："新开河填塞西口，今日已合龙。"

十月初四日记："张竹坪来晤，据称西口筑坝业已完工，见索翻译面致津贴地亩六百元，退还未收；复论淘淤一节，竹坪答以须在新开河中间筑坝，庶水可断而泥可挖，翻译亦以为然。实则中间筑坝即与东首填口无异，洋人亦入我彀中矣。嘱其即具禀开办。"

十月初七日家书："欲挖通淤塞之内河，必先筑坝，因议于新开河中段横筑一坝，偏近东首，即与填塞东口无异。此坝既筑，永远不开，内河即成淡水河，咸潮亦不能灌入，将来东口以内，每日潮挟沙而来，不能挟沙而去，不过一二年，自然淤成陆地，此不塞之塞也。"

十月朔日家书："此间填河事，西口已合龙，鄞、慈、镇三邑民田数十万亩，永绝咸潮侵灌之害也。"

清同治《鄞县志》卷六《水利上》：

"国朝同治元年，粤匪再陷慈溪。英人之寓江北岸者虑其西来，约同居民，从铁沙汇起，新开一河，横穿故渠而出白沙，环兵船以守。自是卤潮直上农田，所在为害，慈溪尤甚。同治七年，巡道文廉以耆老之请，知照英国领事官，议塞新港，以复故渠。英人难之。十一年，三县士民再申前请。巡道顾文彬，绅士陈政钥、张斯安等会同英官议定，照旧填筑，并浚治支河；设两闸以司启闭。濒江之田，遂无斥卤之患。"

——选自《宁波史志》2022 年第 2 期

中法战争下的宁波

一

　　1884 年夏天，因害怕法国人进攻宁波，遂在镇海的甬江入口设了木桩屏障，仅留出一条狭窄通道口，如形势危急，即予封闭。为此，宁波山东同乡会（实为宁波商帮——编者）准备了一条满载石头的船"宝顺号"，沉船封锁。8 月，中国招商局轮船公司行驶宁波的船舶，都转让给旗昌洋行（Messm. Russell&C）。改悬美国旗行驶。该月，谣传法国兵船出现在舟山近海，引起宁波巨大忧患，大量人员外逃，往内地避难。为防御不法分子，更好地保护外国租界起见，道台从城内驻军中抽调 50 人加强警力，置于沃森少校领导之下。10 月，道台公告，今后将禁止法国公民在宁波登岸，除已在宁波者外，将不再对别的法国人安全负责。

　　1885 年 2 月 13 日，消息传来，有五艘中国船被法国舰队拦入石浦，距宁波南约有 70 英里，并且由于害怕法国人会追随那些船只进入宁波水域，因而立刻发布命令，在甬江入口的老虎岛和方岛上的灯塔停止发光。一天后，提前到的中国船三艘——南瑞（Nan jui）、南成（Nan chen）和开启（Kai chi）抵达镇海，逃过了法国舰队；而另两艘——御远（Yu yuan）和承庆（Cheng ching）停泊在石浦港内，被从隐藏在两条渔船间的一艘小火轮上施放的鱼雷所击沉。逃出的船只，奉令前往上海，以免为法舰提供借口进攻镇海。但命令未被服从，船只仍留在木桩屏障之内。轮船已停止前来宁波，害怕河口航道一旦封闭，将不能返航。

　　3 月 1 日，有四艘法国兵舰下锚在方岛边。傍晚时，有两艘兵舰向镇海移动，并与炮台交火，炮击屏障内的中国船，双方损失极小，炮弹炸死三名中国人。甬江口的狭窄航道仍保持开通，但宝顺号已待命，准备一有通知即刻封江。3 月 2 日，法国人施放了一枚自行推进的鱼雷，进入镇海港内撞上礁石，一声巨响，爆炸未致任何损害。晚上，中国人派出武装小船巡逻，炮台上和中国船只也时有无害的射击。口岸实际上对外国航运封闭，栅栏留出窄口，仍准许民船和帆船通行，未宣布封锁，法国人并不干预贸易船只。两艘或更多的法国船留在甬江口，而中国有五艘船的船队留在栅栏内。双方也偶有交火，但无损伤。4月6日，初接消息，中法之间解决争端，此后即不再交火，但镇海的事态仍无改变。直到4月14日那天，勒佩斯海军上将持和谈旗，会见提台派去的代表，并递交正式通知，称：奉命自4月5日起，暂停海上和陆上的敌对行动。但是直到6月28日，最后一艘法国战舰方才离开镇海。

自3月1日迄今，无一艘商船抵达宁波。4月10日，宜昌轮在镇海外卸下一个大件货物，装入货驳，由拖船拖至宁波。自该日以后，每星期有两三艘轮船在镇海的栅栏外卸货。6月26日，小轮船甬宁（Yong Ning）号成功进入甬江抵达宁波，但栅栏仍旧维持，防止大船通过。直到7月上旬，将沉入江底的7条满载石头的民船炸掉清除后，使航道扩大到足以允许任何大小船只出入之后，轮船即恢复宁波的航行。然而，木桩栅栏到1885年10月27日仍保持完整。当时开始清除航道的南边、北边的障碍，则到1886年秋天方才去除。

2月14日避入栅栏里面的南瑞、南成和开启三艘中国兵舰，于7月15日离开宁波驶往上海。8月1日，中国招商局轮船公司的轮船，原在战争期间转归旗昌洋行悬挂美国旗的，现又悬挂中国旗重新出现。宁波始终没有明显的反对洋人的敌对情绪。薛道台对待士兵和人民群众反对外国的示威游行，采取了谨慎防范措施。对其这方面可称赞的行为，得到全体洋人社团的承认，于8月联名致谢。

　　　　　　　　　　　——节选自墨贤理《浙海关十年报告》（1882—1891）

二

窃查自3月1日至7月1日，甬江口镇海之海面上发现法国舰队后就对甬江实施封锁，为此凡直接来本口之汽轮就完全停顿矣。虽然年内汽轮运输切断了四个月之久，但1885年之宁波贸易乃是极为茂盛者也。

虽然甬江口是封锁了，但只是对汽轮之类吃水深之大船起到阻碍作用，然而载重较小的帆艇，仍可找到甬江南岸一处缺口而冲过封锁线，来往上海、宁波之间通行无阻。但是那些中立国之来甬轮船，都须经法国之分遣舰队之盘问和检查；对来往沪甬线之民船和帆艇如夹板船之类却视若无睹，任其来来往往、进进出出。

　　　　　　　　　　　——节选自葛显礼《宁波口华洋贸易情形论略》（1885）

甲午战争对宁波的影响

在这 10 年内，将要回顾的最重要的大事无疑是中日甲午战争爆发，引起本地的动乱，是一件严重影响贸易和航运的事件。的确，在本口岸及其邻近地区并未发生实际的战事，然而当冲突爆发时，如同几年前中法战争那般情况，当地军事当局奉清政府的命令，在镇海彻底执行防御措施。就此增加了要塞驻军，河口安放了水雷，拦河筑起木桩栅栏，边上仅留下窄口供小船通过。早在 7 月 31 日，老虎岛和方岛上的灯塔就已熄灭，标明河道入口的浮标就已移去。匆匆安放的水雷，给当时未接到电报而从上海开来的北京号轮船造成极大的不安。幸有一位海关关员挪威人蒙泽先生，冒了很大风险在外面及时登上轮船，引船安全进港。此后，每天的定期班轮，就只能在镇海以外靠民船装卸货物。所选的锚地，离口岸 2 到 3 英里，无遮风蔽雨之处，上下货物既难又慢，逢恶劣天气时，简直无法工作。这种情况，延续到 12 月初，方才准许轮船在一定条件下驶入江内，泊在镇海上游。最终在 1895 年 6 月，所有限制撤销，江轮重新停靠在沿江岸各自的惯常泊位上。

看来，在 1894 年 12 月间，本口岸邻近地区人民相信日本人的攻击迫在眉睫，被置于惊恐的境地。造成不安的直接原因，是一个海军的舰队到达吕公湾（Lu Kong Bay），误认为是日本的舰队，但结果是由海军上将弗里门特统率的英国海军中队的船只。人民一度被错误思想所影响，纵然道台发布公告说明其真相，企图平息恐惧，但看来一时难以去除。在舟山似乎有些惊恐失措。镇海和附近地方成百家庭弃家出走，下乡避难。而在宁波，警报扰乱了各阶层，特别是富有者大批出城外逃。更有令人不安的传说——道台已把眷属迁送安全地方。经过道台派遣家庭中主要女眷访问各慈善机关，出现在公众之中，才得以将惊恐消除。

镇海河口的水雷，在 1895 年 7 月除去，而木桩栅栏继续留存直到台湾问题解决为止。同月，灯塔恢复发光，浮标和灯标重新安放。这些灯标熄灭整整一年，是不是明智和有用的措施成为一个疑问。这些灯标有助于商船航行，而在熄灭的时候，并不能使军舰的航行成为不可能。在灯光闪亮时为敌人所用，熄灭时就可能被掳获或销毁。镇海和附近地区的军队逐步进行遣散，有些派往温州，另一些则经过上海调往广东。应予以记载的是，当北方持续战争之时，此地的居民对洋人仍极端友好，并不惧怕何种战争的爆发。为表彰本关总巡依福兰先生和铃子手古特曼先生多次表现的勤奋和工作贡献，浙江省当局授予该两位关员功牌一枚和五等文官奖状一件。

——节选自余德《浙海关十年报告》（1892—1901）

自从去年受战争影响而本口百业萧条，到1895年无疑是柳暗花明又一村也。年内贸易总净值已达16525955海关两，比1893年已超过1047950海关两。更令人兴奋者，刀枪刚入库，商界即跃跃欲试，信心百倍。与1894年相比，洋货进口计超877933海关两，土货进口超267191海关两。总之，除徽州茶惨遭巨大亏蚀外，其他各行无不笑逐颜开、财源滚滚。

年内宁波附近地区棉花收获乃属丰年，估计气候、时间正常，至少可摘取八成以上。日本之需求极大，相当大一部分待运棉花歉收地汉口，供当地之棉纺厂，约有1/3留库存。往年大批由民船载去福州织成土粗布销台湾，但此已成明日黄花矣，该岛已割让日本矣。绿茶出口达188770担，其中徽州茶计达90380担，其余98390担系平水茶。华商在交割徽州茶中损失惨重，据说每担亏4银两；个别的也有亏达16银两一担者。事实上，华人买主首当其冲，由于尝到去年赚了不少的甜头，利令智昏，就忘乎所以地高价大量吸进，正当此时，国家因为国难深重，国币空乏，因此，在战争后将厘金提高两成。这无疑是一当头棒喝，从此也就头脑清醒，利润已成井中之月矣。

——节选自李士理《宁波口华洋贸易情形论略》（1895）

浙海关贸易报告（一）

包腊：1869 年报告

公元 1700 年，英帝国东印度公司在舟山岛上之定海还曾设立过一个工厂，期望与闭关的大陆建立商业关系。到了 1703 年，东印度公司以沟通和发展浙江贸易为名从广州派遣了一个负有特殊使命之使节团，提出要在宁波或定海设立一工厂。由于户部驻广州代表之密谋，借口在大陆开辟进出口贸易通道必然影响到常关在穗之税收，正如斯汤顿爵士所指出的，一方面是受驻穗户部官员之谗言，另一方面是由于中国政府本身之恐洋、仇洋心理，最后使节团之任务遭到抵制和粉碎。而东印度公司之代理人被迫离开宁波，直去天津，在那里上书奏上一本。后朝廷派遣大员入穗落实并征询当地洋商意见。结果，户部驻穗官员调离，对各项税、捐作了调整和减免，对以往惯称中含有敌视、蔑视或贬义者如鬼船、洋鬼子等一律予以纠正，此外，还作了一些让步与承诺。但是由于东印度公司代理人无视其友人之忠告，贸然置浙江巡抚之愿望以及皇上之敕令于脑后，再度冒险去了宁波，结果遭到强烈抗议而迟迟难以平息。

迄至 1792 年英驻华大使麦卡特尼勋爵受前任斯汤顿吹嘘舟山之人口之众、贸易之广等一套之影响，曾向当局提出要求准许英方来舟山发展贸易。不久华北纷纷开放口岸后，此事也就不了了之矣。舟山岛并不大，人口也不多，若开放作为通商口岸并不具备条件，而曾经一度货物进了舟山，从那里走私进上海、宁波和天津或去沿海一带以及入长江、钱塘沿线。在宁波之洋商倒也盼望舟山开放成为一个通商口岸，以后，洋商在宁波也可沾光。显然，在上海、宁波开埠之前，舟山乃是走私的跳板。

裴式楷：1875 年报告

宁波当地包括四郊在内，洋药之平均消耗量每天为二至三箱，都是通过本地 27 家华商鸦片进口商供应以及转运入内地。

宁波鸦片之零售是由 500 家（其中江北 80 家）鸦片烟店来进行的。熟鸦片烟 0.90 银元一两。那些吸烟室内供应的所谓鸦片，其中也不知掺杂了些什么，吸一口得付 20 文铜钱，一般都是最贫穷之瘾君子也。

所有鸦片一上岸就按 100 市斤立即征收关平银 31 两。此外，还有地方上一些杂七杂八名目繁多之苛捐杂税，总之全部地方征收每百市斤鸦片约关平银 40 两多一些。据悉，其中还包括慈善捐献在内。也许有这么一回事。

镇海之边防哨有一段时间都驻扎清工兵。在甬江左岸要塞山顶极端正在修筑一座大堡垒。据说是德国人来帮建的，按照西方设计，离水面约 60 英尺，控制住甬江之入口，炮台正面直对小游山浅滩浮标，四周用岸石以防炸弹轰炸。炮座分为三个平台，最低层四门炮，上一层三门炮，顶上层一门炮。最低层炮眼有三英寸厚之钢板，并有铆钉，铁门也是三英寸厚。炮都是已经相当早时的英国制品。主件在上层，是一尊由水力操作的德国克虏伯产 10 吨后膛炮，弧度可达 150 度。以上系由中国炮艇伏波号运来镇海的。这座炮台用关平银 3 万两之多，安装、搬运主要劳力都是由士兵来担任。

为参加美国百年博览会之一大批收藏品已整装待发。其中绝大部分是宁波当地一名叫孙新聪之匠人之家具，精雕细琢，独具匠心。是项展览品之总值为 12000 元至 15000 元。孙师傅还带了七名木工去美国费城，其中有几名是作为博览会中之木工，还有几名是去博览会上表现雕琢技术者。

杜德维：1877—1879 年报告

窃查 1877 年乃不祥之年也。从贸易而言，乃是近几年来最不昌盛而各项收入是最差之年也。……但今后宁波是否在贸易上摇身一变而日臻重要？那倒可能性不大，相反日趋没落倒是意料中之事也。所谓"没落"，并非指到那湮没无闻之境，而是说比目前还稍不如者也。我也不想旧调重弹说过去的宁波如何繁荣繁华，在历史上又是东方什么贸易大港等一套。由于受到上海蒸蒸日上（当然它还未达到顶峰）之影响，把宁波之贸易范畴日益侵占和蚕食掉。多少年前，它破坏了宁波的直接贸易，而如今又把宁波包围起来，逼我们去向内陆。省内许多大城市陆陆续续都与上海挂上了钩，睁眼看看使人不寒而栗。宁波损失了多少？上海又从我们这里得到了多少？只从江海关出版之上海内地贸易统计册中就可以得知，多少本省之城市已落入其贸易领域之中矣。现在上海凭入内地验单供应本省省会杭州煤、藤器以及铁器。上海还卖给绍兴商人大批大批货品。连与浙西接壤之皖东徽州之铅，以往都是从宁波由内河运去，而如今也从上海直接运徽州矣，更不容说徽州茶也从宁波改道运上海了。

那么以后怎么办呢？宁波商人要想立于不败之地，就得学西方那一套，改进交通工具，减少费用支出，为顾客创造种种便利，等等，并要下定决心排除万难，防止苛捐杂税之压垮，利用一切优势发展和扩大对绍兴和钱塘江流域之从杭州到兰溪、衢州各大城市之商业网络；若不如此，则将沦为上海之一属地，乃是必然之归宿也，除此别无他策。钱塘江流域乃是本省人口众多、物产富饶，展望掌握和支配皖、赣两省贸易之地也，若落入上海怀抱之中，则宁波惨矣。余下如象山、台州、舟山，给宁波者都是省内贫困地区也。

浙海关十年报告（一）

墨贤理：1882—1891 年报告

在宁波仅有两个国家常驻有领事，即大不列颠和美国。在这 10 年间，初期英国领事馆的现职领事是艾伦，他于 1882 年因病离开宁波，先后由布拉第和霍浦金补缺，直至 1882 年 12 月 3 日库珀到任为止。1887 年 6 月 8 日，改由斯科特接任为署理领事。1888 年 8 月 30 日，代理领事特拉脱曼接替领事一职，任期到 1889 年 4 月 1 日，由现任领事詹尔斯接任。

美国领事馆在 1882 年初是由史蒂文主持。他于 1885 年 7 月 3 日离职后无继任者，直到 1886 年 12 月 29 日才由佩特斯到任。佩特斯任职到 1890 年 5 月 17 日，由现任福勒接替。

宁波与镇海间的电报线，于 1884 年 11 月架设完成。

1887 年 12 月 6 日，浙海关税务司收到一封英国来信，仅有签字而不具姓名，内附汇票一张，银子 1500 两。来信人希望此钱作为他在 1860—1861 年间，在宁波参与对待逆军（译者注：指太平军）时胡作非为的良心赎罪钱。

宁波曾在 1880 年收集展现渔业成就的全面而有价值的展览品，前往柏林渔业展览会参展。后又参加 1883 年伦敦举行的同类展览。但在后一次展览中，宁波的展品局限于各种小船、木筏的模型，渔网和渔业设备及宁波冰库的模型。冰冻业务是渔业必需的辅助。

1884 年伦敦卫生展览会上，宁波送去的展品有：夏季服装衣料；一个中国的卧房，内有宁波家具和盛妆的人像；一幅宁波佛教寺院僧侣火化画图；一集由传教士等人用中文著作或翻译的关于西方科学的中文图书。

在使中国熟悉了解西方国家的方式、方法以及各种机构设施而付出的无私努力方面，可以提及康发达先生在宁波任内拟订的详细计划，即在中国创建金、银硬币制，设政府银行和铁道部。该计划包括体制、组织和行政管理，除送呈总税务司外，还打印了于 1887 年 3 月送交宁波的道台，道台立即予以推荐，转呈南北洋大臣，有何结果尚待观察。在中国维新兴衰的历史长河中，此类计划自有其一定地位，应该提及。

余德：1892—1901 年报告

在 19 世纪 80 年代，外国的航运贸易在宁波有相当的规模，但随后因贸易集中上海，而逐渐缩减，洋行的数目减少到极少数几家居间商和轮船代理人。然而，在以后与香港和菲律宾以食糖为主的直接贸易中，再次恢复，并且有望在改善与绍兴和杭州的内地交通之后，得以进一步扩大。进出本口岸的大型贸易民船，虽受轮船的竞争，然其运载的货物量仍占重要地位。宁波除了是本省北部和西部人口稠密平原上许多富饶城市的商业中心之外，还在转运北方和南方货物的业务中，在带给地方大批民船利润优厚的运费收入的同时，也进一步加强了它的重要性。

柯必达：1902—1911 年报告

宁波曾为浙江省军事统帅所在地，提台坐镇在此或在镇海。镇海也是战略要地镇守甬江入口。提台不仅是陆军也是海军之统帅。提台名义上是由兵部统管，本省巡抚以兵部尚书官衔得以管理提台。

以前驻守宁波之部队为绿营，该建制于 1910 年 7 月废除。绿营之名废弃，部队统一按现代编制归入大清帝国整个兵团。提台官衔改为统制，军事司令部迁至省府杭州。

1909 年帝诏令载勋亲王及海军统制萨镇兵视察沿海口岸，从中挑选为海军军港并进而改建海军。象山距宁波外约 30 英里，显贵在大臣视察后据信不宜建港，而财力问题更难以解决。大臣们建议军咨处要本省巡抚出资 100 万银两（分四年，每年 25 万两）。看来迄未实现，迨至 1911 年下半年全省随后退出帝制，所有陆海军编制问题都留给新政权解决。

甘福履：1912—1921 年报告

辛亥革命的结果使行政制度起了某种变化。在宁波的提台、道台、镇台和知府职位废除，一切权力暂归宁波军政分府并继续至 1912 年 5 月 31 日停止存在。本城市的行政管理由杭州的都督委任一名地方长官掌握。1914 年中央政府委任一名道尹和镇守使至宁波。前者官衔为会稽道尹，管守权扩大至全道包括以前的宁波府、绍兴府和台州府。镇守使统管宁波和台州地区一切军事，直接听命于杭州的都督。除此以外还有海关监督兼交涉员、知事及属于司法警务部门的官员。

浙江铁路宁波终点段也于 1912 年 12 月 22 日通车，大批地方官员和士绅出席仪式，火车开始行驶至 9 英里处的洪塘车站。1913 年 7 月，商界中引起焦虑，因为地方民政和军事官员受政治煽动，以致宣布本口岸独立，公开与上海反叛将领陈其美联盟。此一起义未获杭州省当局的赞同，结果把有关官员撤职而驯伏结束。1913 年，宁波、杭州间铁路延伸至约 53 英里处曹娥江边的百官。1914 年开始前景很好，但至 8 月爆发世界大战，伴随骚乱影响贸易，9 月发生严重干旱，许多淡水河渠干枯，晚稻受损，原先估计落空，收益减少。1915 年贸易受到欧战和不利天气条件的双重影响。一起异常猛烈台风于 7 月袭击本口岸，受灾范围大，早稻损失严重，晚稻在收获时节又持续下雨也几乎颗粒不收。此年，陈旧而又有缺陷的常关税则令人疑惑不解的估税办法已经废除，而由几近按二分半的可行税则取而代之。1916 年政治动乱严重损害商业活动，4 月 12 日，浙江宣布脱离中央政府，随后传言宁波将遭进攻，促使许多富人逃往上海。金融形势也很严峻。交通银行发生挤兑潮不得不停止提款，中国银行幸与商会协议，担保浙江省的纸币全额兑现而逃脱同一命运。贸易受政治金融影响持续呆滞，直至 6 月袁世凯去世，改换政府各项交易复苏，尤以本省重新效忠于北京之后为显著。1917 年的欧洲大战和中国的政治不安定再次成为贸易主要障碍。被称之为“兵变”的事发生在 11 月 28 日，当时有驻军约 700 人，主要是从台州招募的新兵以不满现在政治局势为理由，宣布与杭州的民政和军政当局决裂。次日在百官火车站附近反叛者与杭州派出之军队发生遭遇战，结果死了一位平民、一位观战的不幸船民。事件于 11 月 30 日结束，叛军获得商会拿出的 8 万元缴械解散。1918 年未发生性质严重的事件，该年本口岸贸易净值达到最高纪录。1919 年对贸易影响最大事件是开始抵制日货。直接激起遍布中国的怒潮，原因是获悉凡尔赛和平会议决定把德国前在山东省的特权交给日本。仇视日本和日货最激烈的是学生，鼓动商铺从 6 月 5 日至 12 日的总罢工罢市。甚至往上海的每日班轮也被迫停航三天。1920 年是太平无事之年，只有继续抵制日货……在 1921 年主要大事是对日抵制行动的结束。本口岸贸易货值又创新纪录，达到关平银 34921844 两。

安斯迤：1922—1931 年报告

　　江浙战端，在 1923 年 7 月即已酝酿，翌年 9 月，猝然爆发。浙卢（卢永祥）败北，闽孙（孙传芳）入浙而继其任。但历时未几，浙东各地及本埠军政领袖反对孙氏，宣布独立，幸不旋踵，即告敉平。惟是军队之调遣也，军事特捐之开征也，商船之被征调也，在皆足以摧残商业而使民生疲敝焉。1926 年 10 月，省长夏超，叛孙独立，虽转瞬失败，地方免于糜烂，然本埠人民已感风鹤之惊矣。1927 年，国民革命军进踞江浙，本埠过激分子，乘机骚动，赖地方当局制止迅速，秩序亦即复归安谧也。

　　当夫浙省战事方酣之际，本埠贸易适处风雨飘摇之中，以情理论之，似应萧条，方合逻辑。乃观总额，并未退缩。盖每值浙省战事勃发之时，沪杭铁路交通即行断绝，所有往来杭州、绍兴及钱塘江沿岸各地之货物，率皆取道宁波运输，故 1927 年虽于政局扰攘之秋，而报经浙关贸易净值，转形突破空前纪录，直至 1930 年，迄未稍衰。且本期之内，除 1924—1927 年外，其余各岁，政局安定，倘非水患、风灾、抵货交相侵寻，则贸易数字，势必更趋上游，殆无疑义。查自 1923 年以至期末，抵制日货运动，无岁无之。日货既遭打击，原料来源自稀，本埠工业，仰给断绝，于是工商两业，咸蒙顿挫。1925、1927 两年，排英风潮剧烈，且 1925 年间，英轮所雇华籍水手亦举行罢工，该国商轮，绝迹甬埠，亘四月之久，本埠货运乃遭困厄。然本埠人士，对于外侨仍多礼遇，从未歧视。此种亲善态度，自洪杨乱后，以迄今日，未稍变更。1927 年后，虽有抵货排外之风，顾为时未几即行消释。中外友谊，相得益彰，国际商务，维持不坠焉。

宁波口华洋贸易情形论略

康发达呈报（1883）：

这一年本口之贸易是最糟糕之一年，其中充满疑惑和焦虑。当地金融机构如钱庄对其分支机构之贷款之类授权紧缩，有些年初就彻底收回，一直到年底市况不稳。据泄露之消息得知，幸好为数不多。当地商界和金融界陷入在上海之股票和地产投机中去，一度曾至疯狂，而将合法之资本转而去投机。那段时间就有许许多多华人商行、钱庄在上海倒闭、破产，以致也对我们已经紊乱了的市面投下了阴影。除上述之外，又随之而来之法属交趾东京问题所引起之战争恐惧，风灾和洪涝，在产棉区三北和余姚一带所造成之生命财产之巨大损失等等，都对本口贸易造成扰乱和严重削弱。

葛显礼呈报（1884）：

宁波现有洋行共计 8 家，除鸦片外，所有进口货物均由华商入股或投资，但是茶叶和绝大多数出口外洋之货物均是从宁波运去上海市场，因此，外资在宁波当地不说是无所作为也是无多大作为。从运输工具、船只方面，还是西洋、欧美占极大部分，因为绝大多数船舶吨位都是属于西方登记者。本口之进出货运总值如英国就占 46.79%；美国占 19.41%；德国占 0.36%；西班牙占 0.96%；暹罗占 0.28%；而此外都是中国占 32.21%。虽然从承运商之国别来看是西方占大头，而所有载送货物之发货主都是华商。

安文呈报（1896）：

1896 年 9 月底杭州对外开放，迄今对宁波之贸易并未造成不利之影响；至于以后，也就是不久的将来，那是毋庸置疑者也。从地理方面来看，杭州在本省之大动脉钱塘江之口，又是大运河之终端，又处于安徽、上海之间，作为一个商品之集散地乃是天然之最佳选择。从棉茶之乡绍兴来说，去杭州要比来宁波更邻近又方便。从宁波来讲，之所以在商业如此重要，那得归功于内地之税收政策之变幻莫测和反复无常，最后导致宁波得利的结果。从鸦片来讲，经由宁波而直接进口，那无非是在关税和厘金方面给省上一系列小恩惠。如今，再也没有理由把这些小恩惠限给宁波了。关于茶叶问题，浙江省之政策乃是要改弦易辙，把财政上、实质上之障碍都清除掉，用务实的发展的眼光采取切实的货畅其流的办法。即使是这样，宁波作为一个沿海之港口对来往之轮船都是有其方便之处，也当然会保留很大一部分本省之贸易也。

铜钱——近年来都是每枚银元兑 1030—1050 文。到了本年年初 980 文兑换一枚银元，以后就稳步下降，迄今到了每个银元只兑换得 780 文矣。这样一来，铜钱不单是具有其原有的辅币性质和作用，而且是越来越多地被看作为可以牟利的商品了。从此，除了食盐一项外，凡是按铜钱计价的所有日常生活必需品，由于当今之特殊情况下，在宁波及其邻近地区都在价格上大涨起来。这样的紧急迫切严重情景，在商业中心尤其是感到山雨欲来风满楼，而对那些远离城市的农村乡下来说，就并没有多大感觉。大米价格居高不下，市场铜钱日见稀少以临枯竭，均致当局忧心忡忡。这两项对贸易无疑是不利，对时局亦属隐患和祸害。

余德呈报（1901）：

窃查宁波贸易之外洋进口货物之增长货值约达 250 万银两之多，是乃已超过 1899 年及 1900 年两年之进口货货值也。此乃是由于从香港、台湾满载食糖来本口之结果。然而出口却见回落，原因是去年夏季棉花受灾。另一方面，洋货运入内地贸易则欣欣向荣，已上升近 200 万银两，而商人对前景仍忧思未艾。想到杭州开关，徽州茶叶已全部在宁波绝迹，这桩年值 200 万银两货值之交易从此落空。洋药之情况虽不如徽茶那么彻底，但已如"王小二过年"，逐年稳步下降。为了制止这一不利局面，宁波商人只有另辟蹊径，把目光转向富饶之贸易中心绍兴。约在 15 年之前，水路可以从宁波通往绍兴，距离约 90 英里的路程，货物也可由内河船只运载甚至到绍兴以西更远的地方，那是通过河道、运河。据说大约是 1885 年那一年，在曹娥江上水陆联运处发生过一次事故，死了一些人，引起地方当局之注意并饬令以后禁止再在该江上搞水陆联运。从此，货物运到这一段就得转运，既费钱又费时，商人视此线为畏途。自从徽州茶绝迹、洋药日益减少已如前述，如今平水茶和其他贸易也岌岌可危，恐会重蹈覆辙。鉴此，宁波商界又渴望恢复"水陆联运"，也就不惜投放巨资改进"水陆联运"使其更为安全可靠，杜绝事故再次发生。本人也为此出力与当局接洽，恐是贴布告易，除布告难也。

殷萼森呈报（1910）：

1910 年下半年沪上银根吃紧，于本口商务大为牵动，以致甬属之资本家周转不灵者不乏其人。九月初间源丰官银号猝行倒闭，停止支付，查该银号经收本关税银已历有二十六载，自该号倒后，其余各钱铺商号均受影响，一时大起恐慌，幸而尚无亏倒，商务亦渐渐平复。

柯必达呈报（1911）：

有革命军风鹤之谣，因此金融机关异常恐慌。本地贸易各庄向来过账，若取现洋每有升水，闻革军紧急之信，各存户皆取现洋，所有抵款等亦欲求现，各钱庄为自卫计，升水有时每 100 元抬至 30 元。惟升水虽大，取现仍多，各怀藏储之心，以俟大局之定，如此情形，钱庄压倒自所不免。大钱庄有八家停付，全行倒闭者两家，尚有六家。至中历年底恐亦难解此厄。然各户纷纷取现，不料空受虚惊，地方安静尚无危险，事后思之未免追悔莫及矣。

威礼士呈报（1916）：

本年商业，岁首之际即呈一极不佳之景象，欧战之影响姑不具论，国内各处扰乱情形，大足妨碍商务之发展。本地商贾，大率裹足不前，而凡未缴货之定单，来自骚乱省份者，亦当然取消矣。4 月 12 日，本省宣布脱离中央，大势趋于极端，虽自表面观之，地方匕鬯不惊，然攻浙之谣蠢起，富室又纷纷迁移沪渎，作避地计，是以贸易更受一大打击。金融状况，亦甚紧迫，自停止兑现之令颁后，人民恐慌，旋经商会与中国银行定议，担任中行浙省，钞票仍准兑现，风潮始得幸免。人民亦深知挤兑之非，惟速银行之倒闭，且适以自害也，故始终持灵敏态度，大局赖以顾全。交通银行则不能开兑，迄今尚未开始营业。以论商业，蒙政治、经济两方面之影响，衰落如故。洎前袁总统逝世，政体变更，贸易渐有转机，浙省服从中央政府后，进步更显。全年金融市面涨落颇巨。……金融既松，又值早稻丰收，为从来所罕见，棉花收成，因未遭如上年之阴天飓风，颇称满足，商务得此激动力，实所欢迎。……商人在首八阅月中所损失者，大半尚得弥补，设非银价之高昂，出口贸易当更为繁盛也。本年贸易，总估值关平银 29653554 两，为册载中最高之数，较上年增加 300 万两。

威礼士呈报（1917）：

地方行政方面，秋间则有军队之叛乱，其事之发生，首由前浙江都督蒋尊霞暗中与军队联络，时驻军约 700 名，多系台人，遂群起赞成，竟于 11 月 28 日宣告自主，与省垣文武官厅脱离关系，其措词谓与大局政见不合，翌日在铁路尽处百官附近之地，与杭军小战，死伤无几，闻仅杀一无与战事之船夫。30 日党军溃败，始受 8 万元之条件，缴械四散。是日少有抢案，幸而警察弹压得力，未成滋蔓。有劫犯一人，立行枪毙。迨 12 月 1 日杭军入城，一段奇事于此告终，惟商业信用，受无限之影响耳。

克雷摩呈报（1918）：

窃查本口贸易情形，本年商业可谓美满，全年华洋进出口货价，净值关平银 29962770 两，较之去年约增 500 万两，实为历年最高之数。考之册表，则见各种货物均有起色。本年银根紧急，利率高抬，本埠商业习惯，以过账洋为本位，欲取现洋，每百元须贴升水若干，年初此项现升在 11—13 元，至 6 月现升最低之时，则仅存半元矣。欧洲战争及国内纷扰，亦同为商业发展之阻力，然本年贸易因上述困难情形，虽未十分兴盛，至将来之盛衰，可无俟杞忧。

葛礼呈报（1919）：

窃查本年本口贸易情形，尚称美满，华洋进出口货价净值，去年称为历来最高之年，本年与之相较，不过短关平银 150 万两，洋货进口减 50 余万两，土货出口约减 220 余万两，而土货进口则反增 120 余万两。自 5 月起以至年终，停销日货，着着进行，并无间断。进口洋货之减少，土货之增加，职是故也，而土货出口减少，亦即受此影响所致。停销日货之举发动于 5 月 15 日，是日有日本煤船富士丸，缘本埠苦力不允为之起卸，只得将原载开往他埠，风声所播，至 26、27 等日，即有学生在新马路焚毁日本棉纱布匹等物，众学生更激烈演说或广张揭帖，以唤起国人爱国及停销日货之心，并要求各商家自 6 月 5 日至 12 日止，罢市一星期。届期果见各商行店铺闭门停业，甚至往来申甬之轮船亦停驶 3 日。众学生复分队至各店铺，要求出立不买卖日货之据。此后又明查暗访，搜获日货即付焚毁，其所焚毁者，大抵为棉纱、布匹、被、钟、料珠、纽扣、颜料、干鱼等。……本年进口洋货价值，因停销日货风潮，减少 50 余万两。其受影响最大之日货，为漂白原色两种市布、粗布、粗斜纹布、手帕、棉纱、煤、自来火、白糖、海带等。5 月以后绝无进口，即以全年论，为数亦甚寥寥。

甘福履呈报（1921）：

就商业而论，停销日货之事，业已消减，溯自民国八年 5 月间起，学生随时鼓动停销日货，迄今已有两年，此两年之中无论何项日货，均无进口，乃此等停销风潮忽焉停顿者，盖因本年 4 月间有某布店进有日本粗布及棉纱等，为学生所知，率领多人至该布店喧闹搜索，意欲仍照向章办法将日货充公焚毁，谁料该布店预为防备，已雇得游手好闲之辈在店保护，遂致冲突，学生因之稍有受伤。此事发生之后，各界人等非常注意，而学生则更为激烈，惟各商人均欲帮助该布店，宣言如其官厅不禁止学生干涉举动，各商将有罢市与不纳捐税之举，因此之故，官厅立派警察人等至有关系之店，力为保护，一面禁戒学生，如再有前项举动，即行拘办，是以自此安靖，日货亦自由进出。

宁波与上海接近，商业亦因之有连带关系，是以上海所流行与赌博相类之交易所，本口迟早之间当然亦为延及。本年 10 月 1 日，宁波证券花纱交易所开始营业，其资本为 100 余万元，尚有数家类于此项者，亦以各种名称将次成立，并甘言有若何利益，以期耸人听闻。

贝德乐呈报（1924）：

1924 年 9 月，江浙启战，宁波本地及附近地方非止未遭战祸，且因以受益，缘当战争之际，沪杭铁路交通断绝，宁波遂为浙省北部之惟一输入商埠，以故沪甬商轮照常行驶，大宗布匹、纸烟、糖及杂货等，皆由宁波装载火车运至百官，再由百官经运河而至杭州，杭州之绸缎亦同时由宁波大批装运出口。惟时值 10 月，棉花盛开，正当收获，甬地脱离杭垣宣布自治，嗣因将领意见不合，一时人心大起恐慌，纷纷逃避，或沪或乡，以为大难之将至也。迨自治运动失败，各首领逃往上海，本埠气象始渐恢复常态，自此之后以至年终，贸易大势颇能维持昔日之盛，加以米价低廉，棉花输出既旺，价亦不昂，贸易前途殊有厚望焉。

威立师呈报（1925）：

当抵制英、日货物时，英、日货之进口曾一度大见减少，而美、德杂货因以加增，及时将年终，向由英日供给之货物仍行输入，惟不若曩昔数目之多耳。……再于沪案发生后，太古轮船公司之来往甬沪新北京轮船，因上海华人海员公会阻止华员在英轮工作，并当本埠激动正盛时，曾自 6 月 6 日至 10 月 6 日停止行驶，此外该公司之轮船名镇江者因同样原因，自 6 月 27 日至 8 月 18 日停滞于本埠。当此之时，贸易之情形甚为不利，华商与外人有贸易关系者，暨经理煤油、卷烟、洋糖与他项普通必须所用货物之各洋行，均大感不便，且华商更须候学生团认所运之进出口货为满意，非系于"五卅"以后所购或售与英日商店者，方可起卸，因之华商又感受起卸货物迟延之痛苦。

宁波药材亦著名于全中国，大都均系植物制成或为干燥之药草，其出口贸易年见加增，本年出口之估值计由去年关平银 932945 两，增至关平银 1269822 两。再本境之平水茶本年收成最优，其市价每担为上海规元银 36—41 两，于 6 月 2 日曾有第一批装运出口，绿茶及未经烘烤之生茶，本年出口之巨，均为向所未有，惟茶末之销场稍为跌落耳。

郭本呈报（1927）：

本埠贸易概况由内战之结果，宁波贸易在本年度初期颇陷于不利，市内虽未实际发生战事，而一般之意见，以为自洪杨乱后，政变之影响于贸易各方未有若此之恶劣者。此一时间，如任意封用大小轮船、强募夫役与夫兵卒之勒索掳掠、军饷之派认于商界，凡此种种皆足令商务衰败者也。乃又有所谓自由运动者忽尔风靡全埠，其挟与俱来者为打倒帝国主义、打倒土豪劣绅、打倒地主及军阀之种种口号，无数之团体于此领导之下一夜勃兴，彼辈乃擅其领袖之特权，从事于工价之大增及工时之缩短。此外更增贸易一重阻碍者，为一精密而短期之抵制英、日运动，其影响所及凡货涉英、日来源之嫌者，不问情由概予没收。迨至 7 月初间，大局始有稳定，于是商人大体得于结账时有小利可计矣。其经由本关之贸易净值，计关平银 52298466 两，以较去年之数增加在 170 万两以上。洋货进口下趋过 100 万两，而土货进口显有切实之进步，出口则上升在 200 万两以上。

当夏季之初，多数教会人士受领事官之命，由宁波及内地退居上海及其他安全地域，直至年底，地方秩序约略恢复常态时，始返故居。江北有一巨大之专门学校，校舍属于圣道公会，于 4 月中为学生所把持，现纯在华人管理之下继续开课。有一国货展览会，在 11 月 24 至 30 日之间于宁波开会，大受社会人士之光顾，闻售出货品不少。

郭本呈报（1928）：

本年本埠贸易情形，开始颇呈兴盛之象，缘全埠存货经去年时局不安已告空乏，人人预料本年各项贸易必有普及之进展，此等希望在岁首数月间颇有实现景象，然中日军队在济南冲突之耗忽于 5 月初传到，遂为抵制日货之主因。此间反日之组织既甚严密，而势力又复与时俱进，结果则日货除煤外均遭拒绝，于本埠经济界所受影响甚巨，盖日货中有数种几已占有本埠之专利权也。查本年贸易净值共计关平银 52298252 两，较上年少 214 两。

1931 年海关中外贸易统计年刊（宁波口）：

本埠贸易情形，民国十九年度业见衰落，本年开始仍无乐观气象，然犹未料及世界商务日趋消沉，竟至靡所底止。欧洲诸国经济恐慌范围益形扩大，致财政极稳之国亦皆波及，今不但国外情形备极恶劣，而同时东北事变突起，国内外交问题又复日趋严重，处此情形之下，而希望本埠贸易独能发展，诚戛戛乎其难矣。本埠与东北直接贸易比较原非甚巨，本年以抵制日货情形严重，所有日货进口贸易于下半年内几完全停顿，主要商品如煤、棉布、糖品、火柴材料及其他杂货等概无进口，又出口贸易亦有数种货物感受影响，惟关系较为轻微。年初银价再趋低落，厥后虽有数国因世界经济恐慌之故，停止现金本位，银价得稍资提高，但直至年终本埠进口贸易仍无显著之进展云。

1932 年海关中外贸易统计年刊（宁波口）：

上海不但为全国金融之中心，且为货物集散之枢纽，故自沪战勃发以来，凡在商业或地理上与沪埠有关系之口岸，无不感受连带影响，宁波即其一也。溯当岁首数月，本埠商业尽失常度，所有交通工具只供旅客往来及人民避难之用，货物运输完全停顿。本埠工业所用原料不克取给于上海，而制出物品亦无法运沪销售。沪甬汇兑不通，信用借款中辍，上海债户多告破产，此种不利于商务之现象，迄至年中始渐消灭，亦与他埠相同。嗣以国内各处秋获丰稔，本埠贸易乃有复兴朕兆焉。

本埠人民对于日本侵夺东北及攻击上海之举，无不愤激异常，乃群起抵制仇货以示抗拒。日货进口遂大受打击，如棉布、糖品、鱼介及海产品无不锐减，抵货坚强可见一斑。然就海关统计而观，本年贸易反较上年增加，殊出意表。直接进口洋货总值较之上年，增加关平银 350 万两。

甬埠通商以来外力侵略概况

　　清道光二十二年以广东鸦片战争之结果而成立《南京条约》，于是宁波与上海、广州、福州、厦门同时开放，许英人得于此五口开埠贸易。宁波通商埠指定在江北岸。二十三年请得如英例通商诏，允其请设领府于埠。美国继请，亦许之。于是荷兰、普鲁士等国皆援例来请诏，许得设副领事一人。十一月十二日开市，商务以英为盛，故领事权力亦推英云。

　　咸丰中，太平军入浙将至，甬畏，洋人兵舰时出甬、句二江巡弋，不敢即东下。英领事夏福礼以江北岸埠界狭小，欲扩展至江东，利太平军之至，清吏逃死不遑，乘乱有所图。乃阴遣人诣太平军，促之进；又命英将丢乐德克自泗洲堂鄞镇分解处旧有界河开凿新河，通至桃花渡，便轮船直达盐仓门渡，借资控制府城。会霞亲信通事郑阿福受甬绅陈政钥旨，自请练民勇剿敌，且劝夏以所驻水师为助。夏不忍拂其意，许之。及官军民团既发，而太平军之宁波总制陆心兰赍十万金往说夏，夏得金，遂托辞攻具不齐，并欲尽驶其舰出关修理。幸镇海已下，官军乘胜突至，夏为防守故，不得不回舰三江口，然亦徘徊观望，补发一炮为助。当是时，攻城者为布兴，有兄弟之广济军，从桃花渡进攻，薄城仰射，势难取胜。政钥大忧，正无措之际，忽江上阴霾突起，弥漫两岸，莫辨方向。政钥利其混黑，令郑阿福带所部绿头勇过江赴援，密嘱福达城岸后，阴以炮反击英舰，果中其舱体，击毙英水兵数人。政钥乃故作骇状，扬声曰：贼侮我弱，亦敢仇外舰耶？夏闻之信，大怒，遂下令列五舰，轮番出轰，敌旗尽倒。敌帅知不可抗，率众西逃，府治乃复。自是后英人恃功骄横，侵权夺利，庇奸犯禁，益肆无忌惮矣。

　　埠在句、甬二江交会处，与府城隔水相望，往来须以舟渡。英领事既有扩界之阴图，则不能不先谋城埠之联络交通，乘太平军事后官力单微，不敢干涉外权，遂擅自埠西南隅，仿江东浮桥故制，建筑新浮桥，直达于东渡门，即所谓新江桥是也。桥既成，派兵在两桥埠，征收通过税，每人四钱，名为抵偿造桥经费。是项通过税，直至同治八年四月，迎赛神会过桥人多，勒税肇祸。严文周始出洋药税局节余金，向英领赎回，改为义桥云。

埠滨甬江沿岸，为内河外海船舶往来停泊之所，岸上马路不知筑于何时，但亦在开埠后西人所擅设也。其建造及修理经费则取自轮运货物码头捐，计量课税起卸，一律设有马路工程董事会经管。是项税款中西人皆与其列，然大权全在西人，用途支配以西人言为准，吾甬人不能有所主张。及专制政体倒后，始稍稍容纳甬人意见。民国十六年市政府成立，外人稍有顾忌，乃得收归市有云。

埠内保安责任，向有江北巡捕局，当太平军据城时，英国有水师一舰队驻甬，统之者曰丢乐德克。丢氏曾助官军剿敌。又法国武弁勒伯勒东，亦有洋枪队千五百人，系募华人训练成军者。勒氏且受中国官职，故其月饷皆出善后局支应。及事平，英舰调往他埠，而英领所统之绿头勇及法将所统之洋枪队，均改归宁绍台道节制。于是领事馆乃有迅播局之设。局置总巡一人，由领事派充，多属其国浪人，经费大半出于店铺之保护费及各种违禁罚款，不足亦取给于马路工程捐。总巡恃有领事及海关西员之庇护，我国官吏又从不过问，遂任意敲剥，无恶不作。光绪末，其属有逊阿蜚者，尤为贪猾，市民积怨极深，群起攻之。而其时，我国上下亦稍明国际公法，乃据以力争，英领始放弃把持之权。先是光绪某年，有海关文案曹缘皋者，武进人，愤西人之横，力请上官收回警权。巡道某然之，即委缘皋与英领交涉，争久之始允，名称改隶海关。论者谓，此实收回警权之先声，曹氏之功不可没云。

西人之来中国，多以宗教为前锋，甬未开埠之先，府城泥桥巷，已有天主堂一所，嘉庆中奉旨严禁，堂亦旋废。至道光二十五年，开埠已三载，乃大兴土木造教堂，并学堂、医馆、养婴堂等，颇事救济事业，穷民无告者，以渐归向。入教者多为西人庇护，即犯法禁，官不敢逮问。以故群不逞者，蚁聚蜂屯，相依为奸，侵官权，夺民利，无所惮而不为。其教分二派，法曰天主教，英曰耶稣教，而天主教为尤横。光绪间，天主教最著威名之大教士，为赵保禄，宰割一府生灵，而官无力制止之。然其时，甬人受教育者渐多，国际情况渐熟，而教中人亦有挺异人才，不以教士为然。于是各教士自知屈于公理，稍稍守法，不敢如前为暴矣。

外货贸易，皆经上海，直接来甬者少，故居留侨商不多。领事之设，非其必要，故各国仅置副领事者未尝设馆，皆委托英领代办。法国始虽置领事馆，旋以商旅稀少，于同治九年裁并英馆代缴。美国始终未设府置官云。

——选自《鄞县通志·文献志》

五四爱国运动在江北

　　五四反帝爱国运动引起了帝国主义尤其是日本帝国主义的极端恐慌。他们勾结北洋军阀政府镇压学生运动，进一步激起了全国人民的愤慨和强烈反抗，全国各地先后自发掀起了抵制日货、倡用国货的热潮。宁波各界人民也积极投入这场斗争。

　　为抵制日货，宁波各界仿效北京、上海等地做法，纷纷组织"救国十人团"。宁波的救国十人团最初由几名《四明日报》记者、小学教师及和丰纱厂职工组成，很快发展到 126 个团，有团员 1260 人。6 月初，"救国十人团"召开团员大会，成立"宁波救国十人团联合会"，公推金臻庠为会长。随后，由宁波救国十人团联合会和宁波学联共同发动查抄日货、倡用国货的斗争。由于洋货充塞市场，使脆弱的宁波民族工商业一蹶不振，所以抵制日货的斗争很快得到爱国工商业者拥护和响应。5 月 17 日，宁波总商会作出决定，设法解除洋行与日本 10 余万元的定货协议，以后不再进货。6 月 14 日，沪杭甬转运工会作出决定，从次日起一律禁运日货，如有贪利私运者，查出从重处罚。宁波还专门成立了"抵制日货会"，组织讲演团、宣传队，走上街头向群众宣传。宁波学联和宁波救国十人团联合会还经常组织人员到车站、码头、鱼行、商店等处查抄日货，先后查获了新章、余樊、大丰昶等商店的大批日货，并予以焚毁。据报载，五四期间，宁波焚烧日货达 7 次之多，最为突出的是"新章事件"。

　　新章洋布店经理朱如松伪装爱国，平时常向宁波救国十人团联合会密报一些商店私进日货的消息，以骗取对其好感。但不久，却有人检举新章有私进日纱 37 件的劣迹。宁波救国十人团联合会迅速会同宁波学联学生五六十人前往现场察看，竟遭奸商雇佣的打手伏击，十余人被打伤。事后，学生们冒雨前往道署请愿，全国学联、全国救国十人团均来电声援。迫于社会舆论压力，奸商朱如松投案自首，被法院以伤害罪判处有期徒刑 4 个月，赔偿受伤者全部医药费，所有日货被查封。5 月 27 日，学生们抬着从新章货房搜出的大批日纱，在江北岸草马路空地上焚毁，人心大快。当时《越铎日报》

称："此事可称吾甬空前绝后之盛举。"在抵制日货中,还出现青年学生枵腹从公、爱国毁家的感人事例。宁波学联总代表袁敦襄为查禁日货,日夜奔波,不幸积劳早逝。宁波学联继任负责人张传畤系大丰昶广货店老板的侄子,并被许诺其为商店财产继承者。一次张传畤得悉大丰昶私进一批日货,当即不顾个人私利,连夜带领学生将其全部抄走并当众烧毁。

在抵制日货的同时,宁波学联还积极提倡购用国货,青年学生在信封、商品包装纸上盖上"毋忘国耻"的字样,以提醒市民,劝用国货;四中学生在暑假轮流下乡,积极推销国货。效实学生自制墨水、粉笔、糨糊等文化用品,上街出售。在爱国思想的影响下,慈溪洪塘镇店铺无一卖日货;宁波大有恒经理有感于国货产品寥寥无几,积极创办大丰厂于江东,生产雨伞、草帽、软席等产品,欲与日货比高低;奉化还成立"国货维持团",以倡导民间用国货之风。

在五四运动中,宁波工人阶级较早起来投入了这场反帝爱国斗争。5月中旬末,宁波杠帮(搬运工人)、船夫举行罢工,拒绝替日商卸煤、运煤,这是中国工人阶级声援五四学生运动的最早罢工之一,举国瞩目。5月23日,北京学生联合会在《晨报》刊出致宁波工界的信中称颂:"近闻工界同胞亦投袂奋起,同仇敌忾,宁波工人之代日商运煤者,今日坚决表示不为再运……热忱爱国,海内同钦,深望始终坚持,毅力进行,中国前途实利赖之!"

6月3日、4日,北洋军阀政府继续大规模逮捕北京爱国学生,全国人民更加愤怒。6月5日,上海六七万工人为抗议北洋军阀政府镇压反帝爱国运动,营救被捕学生,举行政治罢工,宁波工人也奋起响应。6月7日,杭甬铁路工人为营救北京被捕学生一律停业。继而,杭甬铁路总机厂宣布正式罢工。尽管当局执事洋员一再劝谕工人复工,但"各工匠坚心国事,率不允从,相率离站,不肯开车"。6月9日,行驶于沪甬航线的新宁绍号、新北京号、江天号等轮船的水手、伙夫同全上海海员一道罢工。6月10日,沪杭甬铁路甬曹段全体员工参加全路罢工,致使沪杭甬水陆交通中断。与此同时,和丰纱厂、正大火柴厂及一些洋行中的中国职员、汽车司机均纷纷响应,加入罢工行列。

在工人罢工的推动下,宁波商界也投入了这场反帝运动。6月6日,宁波总商会决定罢市三天。当天午后,宁波商人、学生手执纸旗到江北岸新民舞台集合后举行示威。宁波城厢内外各店铺也纷纷关门停业。宁波总商会还致电浙江省政府,要求释放被捕学生,罢免卖国贼。

　　在全国人民的坚决斗争下，北京军阀政府在 6 月间被迫释放被捕学生，免除曹汝霖、章宗祥、陆宗舆的职务，并宣布拒绝在巴黎和约上签字。

　　经过五四运动洗礼的宁波学联和宁波救国十人团联合会中的进步知识分子开始组建新文化团体，创办宣传新文化、新思想的白话报刊。1921 年 6 月，原省立第四师范学校学生谢传茂、潘念之（潘枫涂）、蒋本菁、干书稼等 7 人组建进步青年团体"雪花社"，陆续在小学教师和青年学生中发展社员，采取读书、通信、出版刊物等方式学习和研讨新文化、新思想，主张自身的修养和社会的改造。

　　新文化运动推动了宁波新闻出版事业的进步。五四运动以前，《四明日报》是宁波地区的主要报纸，由宁波官绅巨商主办，主笔大多是顽固分子，所以刊登的社论、小品文和一般新闻稿件，内容陈腐，没有丝毫生气，人们称它为"死人报"。在五四运动中，这份报纸一度改变了风气，新闻栏里满版是抗日纪事，在社论、小品文中，也发表过若干爱国、进步的文字。1920 年 6 月创刊的《时事公报》，由宁波救国十人团联合会会长金臻庠任社长，该报在创刊初期刊登了许多反封建反土豪劣绅的言论，常常发表一些爱国进步青年的作品和读者来信，而且所刊出的文字十之八九是白话文，因而受到广大读者特别是青年学生的欢迎。此外，宁波白话刊物也风行一时。如宁波救国十人团联合会编的《救国》《良心》，由青年学生和店员创办的《火花》《天鸣》等。

　　五四运动以后新文化运动的一个突出特点是，一部分先进知识分子在认识到帝国主义列强联合压迫中国人民的实质后，从研究和宣传民主主义开始倾向于社会主义，进而研究和宣传马克思主义。至 1921 年，宁波开始出现了介绍和宣传马克思主义的各种书刊。这年春，由宁波店员组织成立的宁波工商友谊会集资开办义务学校和图书馆，订购《唯物史观浅说》《苏维埃研究》《平民周刊》《新青年》《劳动界》《伙友》等多种书刊。与此同时，宁波的先进青年利用读书、通信等方式学习和研讨马克思主义，有的还在报刊上发表文章，介绍马克思主义学说的基本观点，谈自己的学习体会。

　　1922 年八九月间，雪花社社员谢传茂、潘念之等人，在宁波《时事公报》副刊"问题讨论"专栏上，发表《马克思主义是什么》《现社会不安之原因》《两条路》等 10 余篇文章，这是宁波最早宣传马克思主义的一批文章。其中《马克思主义是什么》一文，在宁波第一次比较系统地介绍了马克思主义的一些基本观点：一、马克思主义是历史发展的客观规律。并不是有了列宁、有了马克思，才有社会主义，社会主义起源很早，人类社会贫富不均现象是社会主义的导源，有了马克思、列宁，使社会主义由空想变为科学、由理论变为实践。二、马克思主义之所以正确，在于它透彻地分析了资本主义私人占有制的可悲，剩余价值、资本集中以致必然崩溃等原因。三、马克思主义之精髓在于它的唯物史观和阶级斗争论。在文章结论中写道："马克思的社会主义是有系统的，是有整个体系的，是有科学的根据的，是建立在经济事实上面的，并不是痴人说梦的乌托邦，也不是仗义疏财替天行道的梁山泊主义。""阶级斗争的结果，依马克思的预言，一定是劳动者得胜的，劳动者既斗胜了资本家，便可跳上政治的舞台，用政治的优越权，夺取资本家所握的资本—土地—机器等归诸国有，这就是马克思所主张的劳动者专政。"在《现社会不安之原因》一文中写道："唯物史观告诉我们，现社会不安的原因，完全是社会经济制度（即生产和分配的方法）发生了自然的危机，要想救济现社会的不安，非根本的改造经济制度不可。"同年9月，雪花社中的先进青年发起成立"社会主义读书会"，购买外文版的马列书籍，以期通过阅读和翻译原著，对于社会主义作精深之研究。

——选自宁波市委党史研究室《中国共产党宁波历史》（第一卷），

第17—23页，中共党史出版社2001年版。

法舰水兵登陆肇事

　　本埠火车站马路中，昨日午后四时许，来有法国兵舰水兵三四名，均系酩酊大醉，神经昏乱，逢人殴打。时适有一年约二十余岁之女子路过该处，该兵士等即将抱住，肆意调笑。女子大呼求救，强力抵抗，然已被水兵等推倒地上，拳脚交加。幸经该处岗警及路人，均上前援救，该女始得逃逸。法水兵等遂迁怒岗警，拟将扭住凶殴，岗警见势不佳，即逃入附近之利捷轻车公司内躲避，水兵等亦尾进而入，声势汹汹。该公司公役恐有伤人之处，拟即上前驱逐，当由唐经理告以彼等系酒醉所致，不必与之理论。不料水兵等竟将该公司玻璃点灯茶杯等物，均行捣毁，并推倒人力车多辆，旋由玻窗中跳出，复至火车码头，见人就打。当由利捷公司致电该管二分署郑署员，告明此事。郑署员闻讯后，即派施巡官督率警察多名，前往弹压。迨施巡官等抵火车站时，则该醉兵等已至马路弄翠凤妓院吵闹，遂由巡警等将醉兵等扭住，押解至法国兵舰，交还该管官长管理。当押送时，警厅译员陈筱葆亦赶至，遂相偕前往。由陈君向醉兵长官说明理由，该长官等亦以礼貌相招待。惟第一次押送之醉兵，均系醉量较轻，尚能行走，其中尚有九千三百二十九号醉兵，因醉量过深，当时尚留马路弄翠凤妓院，未曾一并押送，亦由译员陈筱葆告明法舰长官，派兵前往雇用人力车拖回。闻一切损失，业由该舰长允为赔偿并惩办肇事之水兵云。

　　　　　　　　　　　　　　　　——选自《时事公报》1924 年 9 月 28 日

永兴洋行罢工风潮

本埠江北岸卢家道头法商永兴洋行，专以草帽为营业，开设数十年。该行前大班法人孟共，在甬历十五年，惨淡经营，对于行员及栈司，亦均和衷共济，故营业日见发达。兹于今年阳历三月间期满解职返国，改委乃弟安孟共接办，乃安孟共才识全无，且不谙英语，对于营业，固毫无经验，而素性又极粗鲁，对待行员万分苛求，办事稍有不顺其意，即怒目嗔骂，扰攘不休，以致各行员含怨日深。上星期日，该大班安孟共，竟将老大班所定星期休假，无端取消，又工作时间，前本定自上午八时至下午五时，现增加自上午七时至下午七时，以致酿成全体职员及栈司，于二十号宣言罢工，向该大班要求恢复旧章，且警告安君，嗣后不能以野蛮态度，对待行员，否则愿全体解职，并由全体职员栈司，致函于该申行总大班（函录后）声明罢工理由。闻申行总大班削罗（译音）于昨日来甬，因时间忽促，对于此事，亦无如何发表，即行回申。现双方所持态度，大班安孟共竟始终不理，而买办沈某，亦恐双方为难，未有表示。至于职员及栈司方面，则抱有决心，以此次罢工，并非要求加薪，实为该大班无理苛求、无理待遇，是而可忍孰不可忍。如该大班仍不允要求，则定今日向其清算账目，全体辞职云。

兹录该行全体职员及栈司致申行总大班书云：迳启者，同人职业甬行，历有年数，对于营业无不极尽微力，和衷共济，以期发达蒸蒸日上也。无奈自孟共先生赴法，乃弟安君接办后，对于营业毫无经验，唯知万百苛求，藐视华人，种种虐待，莫可言状。同人顾孟共先生久年深情，虽时受怨气，惟有忍耐办事，但安君终不满意，令同人难以共事。今为无端取消星期休假，及改更工作时间，使同人忍无可忍，为人格计，为利益计，不得不以全体宣言罢工。然同人对于安君不满意之理由，今胪举于左，务祈鉴察：一、安君对于营业毫无经验，但知万百苛求，不知经商资格，此同人不能共事之一。二、贩客来行交货，任意驱逐，不知有损营业，此同人不能共事之二。三、藐视同人，无亲爱之谊，每遇有人患疾，不辨真伪，既有无关之谈，又有勒令工作之概，如斯虐待，此同人不甘者三。四、同人如有亲友来往，均不许入视，甚且怒目唾骂，未免有失同人体面，此不甘者四。五、本行工作时间及星期休假半天，由孟君离华时订定章程施行，今安君无端裁撤更改，此不服者五。六、同人告假日由孟君订定每年每人三十天，倘遇要事，则不在此例，今安君任意不许同人告假，未免有失人自由，此不甘者六。同人以上所述六条，皆安君平时□务成绩，因有关营业前程，同人等不忍坐视失败，故屡陈颠末上告。但同人今要求恢复旧章，并希望安君自今而后，改变昔日野蛮态度，则同人意愿已足，照常工作，努力做事，必求营业发达，此同人耿耿在心也。是否有当，祈大班察核决断，甬行幸甚，同人幸甚。

——选自 1922 年 8 月 25 日《时事公报》

本埠江北岸卢家道头永兴洋行，于上月廿日因大班安孟共无理待遇，并增加工作时间，以是酿起全体行员罢工风潮。嗣经买办沈某出而调停，宣言申总大班已允所请恢复作工时间，及优礼待遇，将章程寄申签字，一面力劝行员即日上工。该行员以情面攸关，且沈某素有信用，故于廿八日照常上工，详情已志上月廿九日本报。兹闻沈某当时即将工作时间，订定每晨八时上工至下午五时止。各友告假，每月定为三日，将章程寄申签字。次日接申总大班来函，将原章却下，谓此事应由甬大班主管。是时各行员仍照新定时间工作，不料日来竟渐令各行员未至八时而上工，过时方可下工；至于告假，又仍由大班作主，实与未罢工前之苛遇无异。现闻该行员又拟继起罢工，以坚持前次百折不挠之精神，及维持个人之人格云。又闻该行前次罢工，买办沈某，亦与间其事，继因见事扰大，则伪为调人，今则事虽解决，而工作时间又渐增加，各职员向之质问，则推诿，故行员对于沈某啧有烦言云。

——选自《时事公报》1922 年 9 月 19 日

五卅爱国运动在江北

1925 年 5 月 31 日，宁波《时事公报》等报纸登载了五卅惨案的新闻电讯，宁波人民迅速起来开展了声势浩大的声援活动。

6 月 5 日晨，全城实行"三罢"并举行反帝集会和游行，各界群众 2 万余人先后进入小校场集合。……大会一致通过向帝国主义严重交涉和警告虞洽卿等两则通电。8 时半，开始示威游行，群众不断高呼"凶手抵命""收回租界""取消领事裁判权"等口号，队伍行至交涉署，派出 4 名代表向交涉员请愿，接着游行队伍沿东门街、新江桥、外滩、洋关弄，直至英领事馆。在英领事馆前，示威群众义愤填膺，高呼"打倒英帝国主义"口号，吓得英国领事紧闭大门，不敢声张。学生们纷纷向围墙内投掷传单，表示抗议。

为迫使帝国主义接受交涉条件，宁波人民还开展对英、日两国经济绝交的斗争。1925 年 6 月 7 日，在中共宁波支部和团地委的促成下，外交后援会通过有关提案。6 月 11 日，为扩大反帝统一战线，成立宁波各公团联合会，还增选了宁波外交后援会执行委员，正式发起与"英日绝交和不合作运动"。"不买英、日货物""不乘英商轮船""不用英、日银行钞票""不为英、日行号服务"等成为宁波各界群众共同的口号和行动。宁波店员在抵制洋货的爱国运动中表现突出。他们配合宁波学联组织抗英巡查团，有组织地带着煤油、铁锤、墨水、柏油等，遍行大街小巷，涂掉、拉倒、砍碎英、日商品广告牌（画），烧毁英、日烟亭等。在宁波人民的支持下，自 6 月 9 日起，英商太古公司新北京轮中国海员实行罢工，在上海停航近 4 个月。6 月 23 日，广州发生沙基惨案，消息传到宁波，宁波人民反帝怒潮更为高涨。6 月 27 日，英商太古公司的镇江轮中国海员在宁波宣告罢工，码头工人拒卸英商托运的货物。为此，宁波学联召开欢迎大会，热情支持海员和码头工人的爱国行动。6 月下旬起，在英、日商号和家中服务的华人职工纷纷罢工或辞职。在学生和职工群众的带动下，中、小商人也投入这场斗争。从 6 月 10 日起，绸缎、广货、糖业、海味、西药等行业相继成立了沪案外交协助会，调查各业商号"已存已订及在途之英日货"，通告"不准再订或现进"。一些爱国商人自动退回原订的英、日货，改售国货。为查禁英、日进出口货，打击奸商破坏活动，还成立了宁波经济调查委员会及其办事处，大批学生和青年店员担任调查员，夜以继日地守卫在车站、码头、海关等处，先后查处了破坏经济绝交斗争的案件多起。6月30日，宁波再次举行反帝集会，当众烧毁被查扣的英、日货物。这场斗争时起时伏地持续到8月，在经济上给英、日帝国主义以沉重打击。

在实行经济绝交的同时，宁波教会学校的学生开展了反对和摆脱帝国主义奴化教育的斗争。6月7日，在张秋人的提议下，团地委以宁波学联名义，动员教会学校学生离校，并要求中国公私立学校安排离校学生膳宿。6月9日，斐迪学校全体学生为反抗英国校长压迫首先离校，并组织离校学生会，声明"誓不再来此校肄业"。6月23日，甬江女中20多名学生在共青团员李汉辅、徐镜平、张赛英等带动下，宣布退校，"誓不重回甬江"，"誓不再入教校"。还在《时事公报》上声明这次离校"是脚踏实地的实行收回教育权和反对一切帝国主义的文化侵略"。同日，崇德女校也有十余名学生愤然离校。8月1日，华美医院护士学校学生也宣布离校，得到宁波学联和启明女中的支持。

1925年6月22日，由英国把持的浙海关日本籍职员垣花惠常无理殴打黄包车工人魏阿来和其他宁波市民4人，其中一市民脑部被戳伤，血流如注，但凶手竟置之不理，逃离现场。愤怒的群众冲入浙海关，将垣花惠常宅内器具扔到外滩码头焚毁。宁波人民抗议帝国主义分子在甬暴行的行动，遭到军阀政府和英、日帝国主义的镇压和威胁。宁台镇守使孟昭月和宁波警察厅长林映清当即派出大批军警到场弹压，拘捕群众9人，并派出军警保护领署、海关、教堂及外国人住宅。当晚，英国领事翰垒德及日、美等国商人代表急电上海各总领事，请即派兵舰来甬"保护"。6月23日上午，载有160名士兵的美国兵舰麦克麦号驶入甬江；25日晨，日本驱逐舰苏米雷号载士兵120名开进宁波，"驻防"海关码头；26日，翰垒德通函宁波当局，"如果探闻某处将有暴动发生"，"务须设法先行派遣军警严密防阻"，并要求"预先知照本领事帮同办理"，公然对手无寸铁的宁波爱国群众实行武力威胁。

面对军阀政府的镇压和帝国主义的武力恫吓，英勇的宁波人民与之开展了针锋相对的斗争。事件发生的当晚至次晨，宁波外交后援会执行委员召开紧急会议，提出"惩凶、赔偿、道歉，担保以后不再有同样事故发生"等4

项最低限度条件，要求交涉署"向日本领事严重交涉"，并"转请外交部提出正式抗议"，呼吁沪杭等地爱国团体"一致援救"。6月24日，宁波学联派代表到警察厅请愿，要求释放被捕工人群众；同时，组织学生队伍在英国领事馆门前示威，散发和投寄传单。在宁波人民的强烈抗议下，浙江军阀当局被迫于6月27日派交涉员来宁波作一番"调查"，结果以各种藉口不了了之，竭力为帝国主义开脱罪责。6月30日，宁波人民又一次在小校场举行反帝集会。3000余名群众悲愤填膺，追悼上海、汉口、沙基惨案殉难的烈士，声讨帝国主义的新暴行。会后，群众高擎"打倒帝国主义""取消不平等条约""民族解放万岁"的白布横幅举行游行示威。

——选自宁波市委党史研究室《中国共产党宁波历史（第一卷）》，
第42—47页，中共党史出版社2001年版。

附录　斐迪离校生感德援助委员

本埠英人所办之斐迪大学校，自"五卅"变起，学生悲同胞之惨死，痛英人之压迫，全体离校，组织学生会，除捐款协助上海工人外，并誓永远不再入该校。本埠各公团联合会以离校诸生正义可感，于是组织援助斐迪离校学生委员会于鄞县教育局，如代制该校初中高中毕业证书，及初中高中大学年级证书，呈请教育厅盖印，并向各处相当学校接洽转学事宜，援助诸生，无微不至。兹闻该生等非常感激，公制"奖掖后进"匾额一方，于前日由该校学生代表蔡著海、陆谊昌等，恭送于鄞县教育局，以志感德云。

——选自《时事公报》1925年9月1日

江北"三二〇"事件

北伐战争的节节胜利和各地工农运动的高涨，使代表大地主、大资产阶级利益的蒋介石集团十分恐慌。1927 年 3 月上旬之后，蒋介石从江西南昌经九江到安徽安庆，一路捕杀共产党员和革命群众。在此期间，蒋介石也图谋把反革命屠刀砍向宁波。3 月 8 日，蒋介石指派其亲信、时任国民革命军东路军第一师师长王俊，来宁波充当宁台温防守司令，并调遣十七军第一支队、十九军工兵一部驻防宁波，控制宁波军政大权，积极策划在宁波反共"清党"。

王俊来宁波后，立即与地主豪绅、流氓恶霸及资产阶级右翼分子勾结起来，积极奉行蒋介石反共阴谋计划。他们第一步是控制镇压人民的工具——市公安局。3 月 16 日，国民党右派何应钦就责令宁波市公安局释放劣绅李霞城，并启封其财产。中共宁波地委决定以各人民团体名义发出通电，反对何应钦的倒行逆施，同时起草宣传大纲，列数李霞城的罪状劣迹。3 月 18 日，王俊利用职权，突然下令调离民选的市公安局长王丹泉，指派其得力干将、防守司令部军法处长吴万钧充任。这一卑劣行径，立即遭到宁波各界人民的反对。当日，宁波总工会、宁波学联和宁绍台农民协会等人民团体分别致电浙江省政务委员会和省政府，强烈要求收回成命。宁波总工会还发表宣言："一切权力归人民""反对军人专制"，号召全市人民起来，制止王俊剥夺人民民主权利的举动。在宁波革命人民的强大压力下，王俊的阴谋未能得逞，在各人民团体的一致赞同下，市公安局长由中共秘密党员、时任市公安局督察长的许汉城代理。

与此同时，王俊一伙还千方百计分裂工人队伍，破坏工人运动。王俊指派吴万钧到宁波总工会刺探工运情况，并蓄意以官禄收买宁波总工会委员长王鲲，但遭到王鲲拒绝；随后，他们转而收买了国民党江北区分部负责人李伯平等工贼、流氓，并组织右派控制的工会；还在码头工人中煽动帮会思想，制造分裂，挑动械斗；利用内河航运工人之间的矛盾，制造焚毁汽船事端，造谣惑众，把矛头指向宁波总工会。面对日益严峻的斗争局势，3 月 14 日，宁波总工会召开工会代表大会，委员长王鲲报告最近军政形势，秘书长王安卿报告职工运动。会议分析了职工运动现状和危机，指出：必须对国民党右派提高警惕，工会组织应采取相应的策略。

随着蒋介石反革命政变阴谋的加紧进行，3月20日，以王俊为首的宁波国民党右派一手制造了焚毁江北封仁桥宁波总工会会所和捣毁宁波店员总工会事件（即"三二〇"事件）。

3月20日上午，宁波商民协会在江北岸青年会堂召开成立大会。会间，一名国民党右派分子假冒宁波总工会代表，擅自登台发言，威胁商人必须立即同意工人提出的各项经济要求，否则宁波总工会将下令没收他们的一切财产。在右派的挑动下，一些不明真相的小商人立即拥上讲台拖下此人责问殴打，顿时，会场秩序大乱。一伙事先被右派雇用的流氓乘乱混进商民队伍，把此人逐出会场并拥向宁波总工会，沿途高喊"打倒总工会"等反动口号，至宁波总工会会所前，与受李伯平挑动前来闹事的一批航船业工人，一起冲击宁波总工会。在流氓头子的指挥下，少数暴徒冲入宁波总工会工作人员寝室，拖出棉被，浇上煤油，纵火焚毁了宁波总工会会所。接着一批暴徒又拥到三湾弄宁波店员总工会，将财物器具悉数捣毁，正欲举火焚烧，幸而宁波总工会千余纠察队员及时赶到才未能得逞。这起反革命事件，激怒了宁波广大工人和市民。中共宁波地委得悉后，立即召开地委会议，一致认为这是国民党右派的一次有预谋的反革命挑衅，决定迅速予以反击。宁波总工会发出两项紧急命令：一、宣布3月21日全市总罢工；二、同日上午9时在小校场召开全市工会会员大会。当晚，发动和丰纱厂、铁路、店员等工会2000余名纠察队员分路缉捕肇事犯，至次晨，先后捕获纵火暴徒10余人。

3月21日晨，全市实行了总罢工，各工厂及铁路、邮务、黄包车等交通工人都参加了罢工斗争，东门街一带商店大都关闭。宁波100多个工会组织、各人民团体和学校共数万余人在小校场举行抗议宁波国民党右派的集会。会上，把焚烧宁波总工会的暴徒押至台前示众，群众高呼："打倒反动派""肃清反革命""拥护总工会"等口号。王鲲代表宁波总工会愤怒揭发右派的罪行，表达了工人阶级与国民党右派斗争到底的坚强决心。……

由于王俊对此案不予理睬，3月22日，地委决定派王鲲、陈国咏等会同各界代表张申之、忻汰僧、金梦麟等组成人民裁判委员会，对在押肇事犯进行公开审判。4月2日至7日，对曹久裕等10余名纵火犯分别作出判处徒刑、罚款和具保释放的处理。4月3日，在全市人民的强烈要求下，市公安局配合工人纠察队，逮捕了焚毁总工会的首犯、劣绅张天锡，查封了他的财产。

——选自宁波市委党史研究室《中国共产党宁波历史（第一卷）》，
第82—85页，中共党史出版社2001年版。

收回航权运动大会志盛

　　宁波收回航权运动大会，昨晨九时假江北岸鼓舞台举行，到有宁波航业公司总理石芝坤、营业主任周静斋、中山轮船主徐翌富、大副吴厚贵、二副傅义敦、大领江周少友、二领江吴降生、老轨张延锡、船务长金臻庠、甬公司主任刘炎昌、事务长屠恒信及各界人士，市党部宣传部演讲团叶云峰、史组安、姜伯皆、周心万、史岩山、林樵友、陈纯荪、阮望龙等约千余人，由姜伯皆主席，叶云锋司仪，一、奏乐开会。二、向党国旗行敬礼。三、读遗嘱。四、佛教孤儿院、四明惠儿院奏庆祝曲。五、主席姜伯皆致开会词，略谓今天开收回航权运动大会，同时欢迎中山轮各职员。现在革命目标，最重要的在打倒帝国主义，因为帝国主义善于侵略民众的利益，但是打倒要有步骤，现在我们第一步，便是打倒帝国主义的新北京轮，因为新北京轮剥夺我国航权，但是像新北京的剥夺我国航权，差不多全国皆有，所以我们要组织收回航权运动会，不但在宁波努力做去，还希望全国各地民众都起来做去，俾得达到全国航权完全收回的目的，现在新北京居然被我们打倒了，我们现在用中山轮来替代新北京了，第一步的胜利，总算达到了，但是我们还希望把全国中的外轮统统驱逐出去，都用像中山轮一般的中国船来替代外轮，藉以收回我国的航行权，亦藉以保全国的独立权和领土所有，所以要请宁波民众再努力做去，更希望各地收回航权运动扩大起来。我知道中山轮各职员都抱着很热烈的决心去打倒帝国主义的，所以我们要欢迎他们，而且也愿意监督他们的工作。现在金臻庠同志，担任中山轮的船务长，徐翌富同志担任中山轮的船主，他俩都很热心爱护党国的，所以今天我们要欢迎他们，亦所以督促他们今后的争回航权工作呀。六、报告，最先脱离新北京轮之茶房阮望龙，报告新北京轮全体老茶房脱离之经过（详情早志本报，从略），次抗英急进会执委李纯孙报告抗英运动及收回航权运动之理由与经过（详情亦早志本报，从略）。七、演说，有林樵友、张锡伟、薛超民、史岩山、周心万、周然中、金臻庠诸君，对于收回航权运动之种种理由，皆沉痛恺切，演说词从略。八、提议，甲，本会应发通电二通，一致全国民众，一致南京国民政府（电文另录），经众通过。乙，已经发封之航海安旅工会会员杨怀璧提议，请到会民众援救被拘之叶恭伦，议决，由会向官厅疏解。丙，某君提议，南京下关南阳丸浪沉民船伤人案，应发通电，告知各地民众，速起作交涉后盾运动，议决该会筹备会办理，提议本会今日是否应成立执委会，以便执行会务，议决，缓日再选，会务暂由筹备会继续办理。九、全体起立呼口号，"欢迎中山轮""中国人应坐中国船""打倒贪利媚外的奸商""废除一切不平等条约""全国合作收回航行权""收回航权成功万岁""打倒帝国主义""国民革命成功万岁"。十、全场摄影。十一、游行，因时间太促作罢。十二、散会，已十一时矣。

——选自《宁波民国日报》1927 年 6 月 30 日

宁波 "大英钦命领事署" 内幕

周钦文

1919 年 11 月间，宁波江北岸 "大英公馆"（即英国领事署）里有一个抄写打字员兼英国书信馆①宁波分馆的负责人，因挪用了一笔英侨汇款，被英国驻甬领事布拉德（R. S. Pratt）严词迫索，投河自杀。因此，该馆要物色一个华人接替死者的职位。我听到这个消息后，认为机会难得，因为我曾在宁波张斌桥基督徒会②所开的学校学过英文，乃恳请基督徒会的负责人英国侨民华路依写一封介绍信前往该署应聘。布拉德当面叫我将中国报纸上一段新闻翻译成英文，并用打字机打出，又用英语交谈后，认为我可录用，当即通知我接替那个死者的工作。自此直到 1933 年 12 月宁波英国领事馆正式撤销为止，我在那里工作达 14 年之久。

"大英公馆" 里工作的华籍职员，只有一个文案和一个打字员。领事经常调换，担任文案的人也经常调换，所以能洞悉该署内幕的人不多。我因是个抄写打字员，只目睹一些表面现象，但仅从这些表面现象看来，他们侵犯我国主权、欺压我国人民的种种事实，已足令人发指。现将我在 "大英公馆" 工作时所见所闻的片断回忆，叙述于后：

宁波英国领事署设立经过

1841 年 10 月间，英侵略军攻占宁波③，次年 8 月 29 日，签订了结束鸦片战争的《南京条约》，开广州、福州、厦门、宁波、上海五处为通商港口。从此以后，宁波——这座我国浙东的商业城市，沦为帝国主义进行侵略的一个重要据点。

宁波开埠后，英国即设领事馆，在宁波江北岸杨家巷，租赁民房为馆址，民间称之为 "大英公馆"。但在领事署大门所挂的官署名称，则是 "宁波大英钦命领事署"。英侵略者在宁波设立领事署以后，根据条约，辟江北岸一带为 "外人居留地④"，并于 1865 年会同各国领事设立江北岸巡捕房，严重侵犯我国主权。随着英侵略者在浙东一带的侵略势力发展，英国领事署原有馆址不敷需用，即于1880年在中马路底的"石板行根"自建领事住宅和官署办公室，迄1933年领事署撤销为止，先后历时53年。这座侵略浙东地区的英国大本营，后来被鄞县邱隘人上海著名纸业巨头詹某出资购买去。

自宁波设立英国领事署后，英国侵略者先后又在杭州、温州两地设立领事署⑤，伸展魔爪，控制浙江全省重要城市。1920年后，由于英侨在浙江人数减少，杭、温两署先后停止办公，全省有关中英的外交事务，都归宁波领事署处理。当宁波领事署只由一个副领事主持工作，杭州、温州二署停止办公后，宁波领事升格为正领事级，管辖英国在浙江全省的商业、教会和侨务事宜。

杭州英国领事署于1919年前后就停止办公，到1922年正式撤销。温州英国领事署大约在1923—1924年间结束。撤销的原因并不是由于他们对中国侵略活动有所收敛。而是在经济掠夺方面，已找到了可靠的买办资产阶级成为他们的代理人，因此逐渐撤退了英侨，将杭、温两地英国领事署的业务，归并给宁波英国领事署。

宁波英国领事署直属于北京英国大（公）使馆。凡浙江地区所发生的与英国有关的商务、教会、侨民等交涉事宜，都上报于北京英国大（公）使馆，只有几件少数例行公事，向英国伦敦外交部汇报。

宁波英国领事署的组织及人事变动

我进宁波英国领事署，是在北洋军阀统治时期，而宁波英国领事署仍旧挂着"宁波大英钦命领事署"的招牌，该署领事的生活作风、外交礼节都保持着清朝的封建官员作风。清朝宁波地方最高行政长官是宁绍台道，出门时坐四名轿夫抬着的绿呢大轿，开锣喝道，前呼后拥。那时的军阀政府的外交机关是浙海关监督公署，英国领事布拉德去拜会公署交涉员时，也总是坐四人抬的绿呢大轿，招摇过市，模仿这种能显示"洋大人"威风的排场，一直到我进去工作时，仍未改变。

当时的领事署内部人员极为简单，除领事一人外，雇用了一个中国人主持来往中国文件，称为文案。1919年，担任文案的为左志良，不久调去芜湖英国领事署工作，从杭州调来杨保吾继任。原来担任抄写打字工作的是英籍巡捕，最后一个英籍巡捕因酒醉糊涂，耽误公事被撤职，此后即聘用中国打字员兼顾邮务工作。此外，尚有办公室正副听差两人，门警两人，轿夫四人，均为中国人。这个洋衙门的特点是勤杂人员特别多，干杂务送信的人共有六人，此外，领事还自费雇有专供"洋大人"差遣的大司务（炊事员）、保姆一类的用人。那时物价低廉，米每石只售6元，而英国领事的月俸约为三四百元银元，这使洋大人在中国过着颐指气使、养尊处优的生活。中国籍的办事员工资较低，我初进领事署时，月薪45元，轿夫和听差月薪只有10余元。养不活妻儿，生活十分贫苦。而工作却十分难做，动辄要受英国领事高声辱骂，或吃外国"火腿"（脚踢）。

我所侍候的第一个英国领事布拉德，是个封建气息十分浓厚的英国绅士，他的妻子如在他办公时去和他谈话，必须等他批完公事抬起头来以后才敢说话。这位洋老爷对待洋太太尚且如此，对待我们更加摆足官僚架子。我偶然将英文文件打错一二个字母，布拉德就大发雷霆。为了生活，我受足了他的侮辱，幸而他在职只有一年多时间，就休假回国。接他职务的是资历较低的副领事马尔丁，以代理领事身份接管署务，态度较布拉德稍好，我才如因犯逢到大赦似的松了一口气。但马尔丁（Martin）到任只有四个月，即调离，由达维森（Davidson）继任。他本是副领事，到任不久即升为正领事。在他任内，杭州领事署撤销，由宁波领事署接管杭州地区业务。达维森在任约有一年半时间，即由赛维斯（Savage）接任。他是个正领事，在他任内，将英国书信馆宁波分馆裁撤。赛维斯在宁波约有二年之久，回国休假。继任者为翰雷德（Hundley—Derry），到任时是副领事，不久升为正领事。在他任内，温州领事署正式裁撤，浙江只剩宁波一个领事署处理全省英侨事务了。翰雷德于1927年秋季回国，由俾尔多（Pridean—Brune）接任。他是最末一个宁波英国领事。到任三年，因英侨纷纷回国，该署宣布停止办公，所有宁波及全浙英侨事务，都归上海英国总领事署办理。此时宁波领事署内，员工仍未解雇，直到1933年12月正式撤销时，才全部遣散。

宁波英国领事署不雇用中国翻译，因为到任的领事都能操熟练的汉语，差不多都是地道的"中国通"。这是为了便于和中国官员接触，搜集情报，办理交涉等活动。为了培养这批"专才"，每个考取来中国担任外交人员的人，首先在北京英国大（公）使馆学习中文和普通话，学习到相当程度时，先分配在大使馆担任中文翻译，以后又调到其他城市的英国总领事署，一面任译员，一面学习中国地理，熟悉各地民情风俗，等到具有相当中文水平和足以执行任务的能力时，才以副领事级任用，以后逐步升级为领事。

宁波英国领事署蔑视我国主权种种

英国侵略者在宁波设立领事署后，凭借历次不平等条约所取得的特权，在宁波地区进行的侵犯我国主权的活动如下：

一　庇护不法英侨

在江北岸巡捕房工作过的英国流氓孙阿斐，在宁波中马路一带有房产，在永宁轮船码头占有地皮，借收租和敲诈勒索，过着奢侈腐化的寄生生活，横行于江北岸一带。当地人民不能忍受，纷纷将他的不法行为向英国领事署提出控诉，英国领事竟说孙阿斐所作所为，没有违反英国法律，不予受理。中国官员为不平等条约规定的领事裁判权[⑥]所约束，也听之任之，推说无权过问。1930年江北岸扩展马路时，当地居民都拆屋迁让，独有孙阿斐依仗帝国主义势力，拒不拆迁所霸占的沿江地段一批房屋，又借口有"白水权"[⑦]，拒绝交纳筑路费，使筑路工程陷于停顿。虽经交涉员向英国领事馆提出抗议，但英国领事借口要向北京英国大使馆请示，故意拖延时间，致使外马路一带工程不能如期进行。

又如在浙海关内，有一个英籍秤手（验货员），因生活腐化，入不敷出，用欺诈手段借了不少债，到期拖延搪塞，不肯归还。天津新福兴皮鞋店想向他讨回一笔约80元的皮鞋账，因他是英国人，中国法庭不受理，只得向英国领事署起诉，拖延了二三年，才判定陆续归还欠款。

二　私藏武器弹药

根据国际通例，凡外国军民侨居国内，不能携带武器，而在宁波英国领事署内，一直私藏步枪24支，并配有相当数量的弹药，据说是准备武装英国侨民保卫领事署安全用的。这些非法私藏的武器，直至该领事署正式撤销前七八年，在俾尔多任宁波领事时，认为无此必要，才由英国派军舰运回。

三　擅设英国书信馆

自从上海设有英国书信馆后，宁波英国领事署内即设立分馆，经营英侨汇兑、包裹及信件收发业务。我初进英国领事署时，是兼管邮政业务，雇有邮递员二名。当时旅居宁波的英侨大约有三四十人，业务不多，邮费收入不足维持员工的开支，实无单独设立邮务机构的必要。但他们不肯将侨民的信件交给中国邮局寄发，处处要显示出自己的特殊地位，破坏我国邮政的统一，直到1922年2月华盛顿会议⑧以后，英、法等国在中国境内擅设的书信馆，总算决定撤销，宁波英国领事馆内的英国书信馆的分馆也随同结束。

四 签发英侨内地游历护照进行情报活动

根据天津条约⑨规定：英国侨民可自由前往我国内地游历或经营商业。宁波英国领事署据此侵占签发旅居浙江省英侨的游历护照之权。护照上印着这样字句："兹有英国侨民××，现携带家眷前往××省游历，请当地中国政府给以出入便利，并随时保护其安全。"这种护照用木刻印刷，由文案填好后，经领事签字盖印，转送到交涉员公署登记盖印，发回领事署转发给申请人，随身携带应用。英侨有了这张护照，便可以在有效期内，任意前往护照上开列的省份，进行各种活动。英国教会中有特殊任务的人士，往往公开地利用这种护照，潜往内地搜集情报资料，窥探我国国防要地的防务布置，为他们的侵略目的服务。

五 签发英国轮船进出口牌照

宁波港口来往的外国商轮，都由浙海关签发进出口牌照，只有英国轮船的进出口牌照由宁波英国领事署签发。这种借用武力取得的特权，严重地侵犯我国航运主权，英商太古轮船公司就是依靠这种特权，操纵沪甬航运，使华商轮船公司无法与之竞争，打击了我国商业航运事业的正常发展。

六 庇护英商拒付新税

宁波英商以亚细亚火油公司、英美烟公司、太古轮船公司三家规模为最大，英国领事署非常重视这三家英商的利益。

1920年前后，军阀卢永祥督浙时，通令浙海关向洋商征收子口税⑩，亚细亚火油公司等英商联合向宁波英国领事署要求，要该署向中国政府提出抗议，拒绝缴纳这项新税。英领事和宁波交涉员数次用书面来往交涉，英领事借口这是一个全国性的外交问题，坚持须获得北京英国使馆的批示后，才能缴新税，支持英商拒不付税。此事拖延到1923年才获得解决。

七 利用教会势力进行侵略活动

1858 年的天津条约签订，英法侵略者迫使清政府允许外人在我国内地有传教的自由[①]。从此以后，他们进一步利用教会，在中国进行种种活动。在宁波地区，他们利用教会势力，在府所属各县收罗地方上的地痞为"教徒"，横行不法，欺压百姓。而英国领事馆正是其指挥部。1933 年，地方政府进行市政建设，要扩建江北岸外马路，当时英国领事竭力庇护教会，不肯将该段马路的教会房屋拆除，阻碍市政建设的进行。

宁波英国领事署所搞的情报工作

宁波英国领事署所担负侵略任务中的一项主要工作，是开展情报活动。他指使英商公司和教会，渗入浙江全省各大城市搜集各种情报，然后由领事署向英国伦敦外交部和北京英国大使馆汇报。关于英国侨民如何进行这一罪恶活动的情形，我无法了解，但领事署一般性质的情报多由我打字寄出，它的内容大略可分四部分：每季度的经济情报；每半年一次的政治情报；特别事变的紧要情报；密码电报。现将这四项情报内容分述如下：

一 经济情报

英署称经济情报为 Intelligent Report，意思是知识方面的报告。实际上是窃取我国金融企业内情的经济情报。三个月一次，是一件经常性工作。这项情报的内容，包括浙江全省在这一季度内所发生的有关商业方面的重大事情，如行情的涨落，农产品收成好坏，以及棉纱、黄金交易成交情况，等等。其来源先由文案根据宁波出版的日报，逐日摘录，加以整理，届时送给英国领事，由领事译成英文，拨交打字员打一式七份，三份邮寄英国伦敦外交部，二份寄给北京英国大使馆，一份由宁波领事署留底，另一份寄往上海、南京、镇江、汉口、广州、厦门、福州等地英国领事署轮流传阅，以作参考。这项情报，对于英帝国主义在经济侵略方面有很大用处。如在 1922 年，浙江省有许多县发生不同程度的水、旱自然灾害，农作物歉收，粮食供应不足，后由上海宁波同乡会出面，向东南亚国家采购洋米进口，以度过饥荒。又如 1924—1925 年间，上海商业不景气，钱庄倒闭很多，宁波受其影响，也有不少钱庄无法维持下去。这些都是经济情报中的头等材料，因为掌握了这些资料，便可以趁火打劫，来策划如何在商业方面加紧进行榨取，达到经挤掠夺的目的。

二　政治情报

英署称政治情报为 Political Report，每半年一次，也是一件经常性的工作。这是以浙江全省半年中所发生的重大政治、军事的动态为主要内容的一种情报，特别着重于省内重要官吏的调动和军队的调遣等消息。这些情报均由文案根据日报刊出的新闻，逐日摘录，整理后汇报给英国领事，由领事译成英文，以同样手续分送各有关方面。如 1924 年的齐卢战争[12]，1926 年的夏超独立[13]，等等，都当作政治情报的主要材料，详细收集，汇编成件，送交英国伦敦外交部和北京英国大使馆。

三　特殊事变的情报

例如北洋军阀统治时期，军阀割据一方，浙江省政局迭有变化，经常发生意外的特殊事件，这是他们非常关心的问题。

每次事件发生，宁波英国领事署就随时收发有关情报，每日或隔日向北京英国大使馆报告。如在 1925 年五卅惨案发生后，宁波各界民众，声援上海人民，纷纷集会提出抗议，愤怒的群众经过英国领事署门口时，高呼口号，向英帝国主义示威。当时宁波英国领事署，几乎每天都有情报发到北京英国大使馆和英国伦敦外交部。事后为了缓和宁波人民的反英情绪，英国特地派遣舰队到宁波，向当地政府作"亲善访问"，由领事陪同英舰舰长到交涉公署拜访，当交涉员登舰回访时，英国军舰鸣炮致敬，佯示隆重，竭力向中国官员玩弄拉拢手段。

英帝国主义对新旧军阀屠杀共产党员和爱国人士有极大兴趣。1926 年年底，浙军陈仪部队退守宁波响应革命，为孙传芳部下段承泽军队击败，段承泽即在宁波实行短时期血腥统治，宁波英国领事署便当作特殊情报急向北京英国大使馆作报告。

当时担任驻宁波领事翰雷德（Handley–Derry）对军阀刽子手段承泽极为欣赏，特地在领事署内设宴招待，向段承泽庆贺，并和他并坐拍照留念，鼓励他为阻遏革命卖力。

四　密码电报

宁波英国领事署常将重要情报，用密码电报向英国伦敦外交部和北京英国大使馆通电。经常使用的密码有二种：1. 用阿拉伯数字，每五个字为一组；2. 用英文字母，也是每五个字母为一组。密码本由领事藏在保险箱内，只有他一人能翻译使用，密电码又常常改编调换。我担任十四年打字员，打了不少用密码发出的情报，但始终猜不透密码所代表的是哪些文义内容。

宁波英国领事署的撤销

宁波英国领事署于 1933 年 12 月正式撤销。其原因上面已约略提及，这里再略予补充一二。

1930 年以后，英国人在浙江全省所经营的企业，一般都利用买办商人代理，伸入大中城市，利润稳定，不须由英国人直接来经营了。过去亚细亚火油公司、英美烟公司等都在我国较大城市里设立分公司，由英商直接经营，这种办法不但手续麻烦，而且开支亦大，后来改由华人经理代理包销，公司只付给少额的佣金，就可有盈无亏，合算得多。如宁波英商亚细亚火油公司的经销业务，从 1930 年起全部由华人经理（买办）朱旭昌代理，按英商意旨经营，其他企业也有同样情形。这样，宁波地区英国商人就减少，英国领事署因英侨人数骤减，业务也随而减少，终于渐归停顿[14]。又，宁波英国领事署的行政经费，虽由英国外交部每半年直接汇存上海汇丰银行，按月支领应用，但需借领事署自身的税款收入来弥补行政费开支的不足。英国领事署为侨民办理户口登记，签发各种证书，签发商轮进出口牌照，发给置产契约，以及出生、结婚、死亡等各项证明书，都向英侨当事人征收一定的费用，英商因改变营业方针纷纷回国或迁往上海、北京等大城市后，领事署这方面收入随之减少，这也是促使该署提前裁撤的一个因素。兼以上海至宁波交通便利，少数旅甬英侨的业务改由上海总领事署遥领，并不影响英人利益，反而可以节约许多行政开支。

作者：周钦文，宁波人。1919 年被宁波英国领事署纳用，任打字员兼书信馆负责人达 14 年之久。此文系作者生前撰写。

注释：

①英国通过非法手段取得邮政特权，在上海设立英国书信馆，在英国领事馆内设立分馆，美其名是"客邮"。经营英侨汇兑、包裹、信件收发业务。

②基督徒会，是英国华人利莎白女士于 1893 年在宁波创立的，她父亲是英国上议院议员，她本人是英国女王维多利亚的同学。基督徒会在宁波江东张斌桥设有圣教堂进行传教等活动。

③1841 年 10 月 13 日，英侵略军侵占宁波府城，派鸦片贩子兼间谍郭士立为"宁波知事"，实行殖民统治，在宁波人民激烈反抗下，英侵略军于 1842 年 5 月，被迫撤离宁波，北上攻打吴淞、镇江、南京等地，用武力迫使清政府于 1842 年 8 月 29 日签订了不平等的《中英南京条约》。

④1943 年 12 月中旬，英驻宁波领事罗伯聃率兵舰和轮船到宁波与清朝官吏会商开埠事宜，1844 年 1 月 1 日，宁波正式开埠，指定江北岸为"外人通商居住之地"。

⑤1876 年签订的《中英烟台条约》，规定增开温州等四处地方为商埠，1877 年温州正式开埠，设立领事馆。1895 年签订的《中日马关条约》，规定杭州等四处地方为开放商埠。1896 年正式开埠，设立领事馆。

⑥领事裁判权，也称"治外法权"。始于 1843 年的中英《虎门条约》和 1844 年中美《望厦条约》，是外国侵略者强迫清政府缔结的不平等条约中所规定的特权之一。即：凡在中国享受领事裁判权的国家，其在中国的侨民，享受不受中国法律管辖的权利，他们在中国犯了罪，只受本国驻中国的领事法庭审判，中国政府不能过问。

⑦宁波江北天主堂非法侵占去宁波江北岸沿江的一段土地和水面，作为他们的产业，因称"白水权"。

⑧1921 年 11 月 12 日至 1922 年 2 月 6 日，在美国华盛顿召开国际性会议，会议期间，签订了一系列损害中国的条约。其中，1922 年 2 月 6 日签订的《九国关于中国事件应适用各原则及政策之条约》中规定："……不得……乘机营谋特别权利……破坏机会均等原则……"，英国为了用"机会均等"原则，去享用美、日、法等国在华的权益，不得不撤销以"客邮名义取得的邮政特权而建立起来的书信馆"。

⑨第二次鸦片战争期间，清政府被迫在天津与英、法、美、俄四国签订不平等条约。与英国签订的中英《天津条约》共有 56 款，附有《专条》，条约中有"……英国人准许持照前往内地各处游历通商……中国政府对英人雇人装运行李、货物不得拦阻……"等侵犯中国主权的内容。

⑩子口税是旧中国海关征收的一种国内关税。那时，海关所在口岸称母口，内地的常关厘卡所在地称子口。进出口货物，除口岸完纳进出口税外，还要另缴子口税，以代替沿途经过的内地各关、卡应征的税。子口税开征，始于 1858 年天津条约签订后，1931 年停止征收。

⑪1858 年签订的中法《天津条约》，共 42 款。另附《和约章程补遗》六款。

条约中有"……天主教士得入内地自由传教……"等侵犯我国主权的内容。

⑫齐卢战争又称江浙战争。1924 年 9 月盘踞江苏的直系军阀齐燮元，为夺取在浙江的皖系军阀卢永祥控制的上海而发动的战争，后因直系军阀孙传芳率军由闽入浙，浙江警务处处长夏超等作为内应，卢永祥被迫下台。

⑬1926 年 10 月夏超秘密接受广州国民政府委任，为国民革命军十八军军长，在杭州宣布独立。军阀孙传芳闻浙变后，派淞沪警备司令宋梅村率军入浙，与夏超的保安队战于嘉兴，夏超军队战败，夏超被俘获后即被枪杀，独立失败。

⑭1929—1933 年资本主义世界发生严重的经济危机和政治危机，德、日、美、法等国为摆脱危机，在政治上经济上都进行了一系列的调整政策寻找出路的活动。英国也是如此，它在政治上调整对外政策，经济上改变管理方式。在宁波地区，也反映了英国这种为摆脱危机、调整政策另找出路的情况。

——选自宁波市政协文史委编《宁波文史资料》第九辑

第二编
口岸经济

浙海关章

道光二十二年（1842），《南京条约》成立，八月二十九日，江北岸辟为商埠，为全国通商五口之一。咸丰九年（1859）设税务司，别立新关，其运输出入之权，乃操诸之手矣。而《浙海关章》《浙海关轮船往来宁沪专章》及《宁波口引水分章》皆于是时订立。

清旧设海关在甬东七图即今之江东包家衙头及依据《南京条约》设税务司于江北岸，专征国际贸易之税，于是称江东旧有之关曰"常关"，而江北岸新设之关曰"新关"，稽征职务已分为二。而一众商人乃竟误称新关曰"洋关"，几不知是为国家所设。盖税务司因条约订定，由客卿任之，其职权范围，本不出稽征以外，后以海关监督废弛，职责权乃旁落，兼之条约屡更，稽征以外之事亦渐入外人之手中，故商人乃误以海关为外人设立矣。

（自第一款至第十款系咸丰十一年（1861）所定）

第一款　凡商船赴宁波者，行至招宝山正顶与金鸡山对径之界，过此即为进宁波口。

第二款　凡商船进口，本关派役管押。

第三款　宁波江泊船起下货物之所，自外国坟地至浮桥并盐仓门为界。其商船停泊后复欲移泊者，必须禀明，方准移泊。

第四款　商船从进本口时刻算起，尽二日内将该照牌及进口货单呈交领事官。如该国无领事官，则自行赴关禀报。

第五款　凡进口货单必须船主画押，单内详细开载该船舱内所有一切货物，何字号、何货、若干件各等情，不得丝毫隐漏。

第六款　凡商船只许在例准起下货之界限内起货下货以及装上压载之物，均须日间，不得在日出以前、日落以后。礼拜日、给假日均不准行。

第七款　凡商船呈交进口货单欲起货者，自备报单，详细开载某字号、某货、件数、斤两及估价数目等情。请给起货单二纸，一英文、一汉文，本关盖用戳记，即许照章将该货起入驳船，运至本关码头，俟本关派人查验后即行给发验单，以凭该商持赴银号完税。掣取号收呈关，由本关发给放行单，方准将货起岸上栈。

第八款　凡商船欲下货，由该商呈交关卡查单，并照起货之例自备报单，请给下货单二纸，一英文、一汉文，运货至关码头遵查完税之后，由本关发给放行单，方准照单下货。

第九款　凡商人领单下货，因船已满载复行退向者，须带货赴本关码头查验，方准上岸。

第十款　凡商船下齐货物，须呈出口货单，将所装出口一切货物何字号、何货、件数、斤两等情均须详细开载，呈关查验。

第十一款　凡两船欲行互拨货物，必先请领本关特准单据，方准互拨。不领单据私行互拨者，所拨之货入官，互拨之船各照罚。

第十二款　凡洋货复运出口者，若往外国，即发存票；若赴中国通商别口，即发免照。惟各该商须将该货送至本关码头候查，然后请领存票或免照并放行单，方许下船。若进口之货已在别口完纳税饷带有免照者，须在未起货之先将该照呈交本关查验。

第十三款　凡外国船不准将压载之物抛入水内。违者罚银五十两。

第十四款　无论何项枪炮皆不准施放。违者罚银五十两。

第十五款　以上各款，违者即照条约罚办。本关每日自十点钟起至四点钟止办理公事，礼拜、给假日停办。

第十六款　凡船进口须照总杆手派定地方停泊。该船应将头冲、外头冲二物收入船内，俟离开别船之后方可照原式安置。该船应将最下之横担转移向上。

该船须挨次停泊所有江之东西两边并须预留本地船行驶地步。

凡商船后面拖有小触板船，如遇损坏情事，该船自理。

凡商船停泊处，于中间留一行驶之道。

凡商船停泊处，应离开浮桩。

凡有因海关事务，应报明税务司。

——选自《鄞县通志·文献志》

附录　浙海关轮船往来宁沪专章

第一款　凡商人欲派轮船往来宁沪，须先报明税务司。

第二款　凡轮船进口停泊后，将船牌及进口货物总单送关，至出口时开送出口货物总单，查核相符，即给完清税项红单，并发还船牌，准其出口。

该船既领有本关红单，即毋庸再往领事衙门领单。该船所装货物均应详细开载总单，以凭将来原货出口便于稽查。

第三款　凡轮船已经进口，须俟本关巡丁到船后，方准起货及搭客、起卸行李等事。

第四款　凡轮船进口，业经本关巡丁到船准将货物卸入驳船，不得擅开。须俟该商人来关请领准单，再将该驳船开往。

第五款　凡轮船由镇海经过，遇有客商上下，该轮船必应在本关卡房码头对面暂为停止，以便稽查。如有货物装卸，须先专领本关准单。

第六款　以上各条，如有轮船故违，即将以上章程概不准照行，另照和约罚办。

——选自《鄞县通志·文献志》

浙海关的税务司与监督署

　　1842 年，鸦片战争后，宁波列为五口通商的对外开放口岸之一。1844 年，浙海关恢复管理进出口贸易职能。1855 年夏天，英国驻甬副领事文极司脱在领事助理赫德陪同下，会见海关监督、宁绍台兵备道，提出在宁波口岸成立新关税务司以征收洋税，得到道台的口头承诺。咸丰九年三月（1859 年 4 月），总管各口海关总税务司李泰国向上海道提出建立宁波、镇江等 11 口新关书面建议，并要求概用外国人为税务司。

　　咸丰十一年四月十一日（1861 年 5 月 20 日），总理衙门决定建立宁波新关，总税务司委任署理中国海关总税务司英人费士来兼宁波浙海关税务司，并委任美人华为士（W. W. Ward）为浙海关税务司。两人同到宁波，负责筹建浙海关新关。

　　咸丰十一年四月十五日（1861 年 5 月 22 日），清政府在宁波府江北岸外马路 74 号、75 号设立宁波浙海关税务司，专征国际贸易进出口税钞，称新关，俗称"洋关"。原江东木行路 25 号之旧浙海大关，改称为常关，专征收商税和民船船钞。当时浙海关监督由分巡宁绍台海防兵备道兼任，浙海关监督署设立在道台衙门内，在昔浙海关旧址。外籍税务司的职责是"帮办税务"。浙海关与税务司的关系是：

　　首先，主要的登录工作由海关监督署执行。海关监督派下属书办往税务司署，作为行政人员，计算关税收入，还记载日常事务登记簿，书办不在税务司管辖之下，由监督任命。

　　其次，海关监督与税务司在经济事务方面的分工是，税务司负责估税，海关监督公署负责收款及保管税钞收入（由指定银号代理）。海关经费支出的主要部分，由海关监督批示拨发。从开关到清代末的 50 年间，浙海关税务司对税款从无直接管理之权。

　　最后，在浙海关建立初期，19 世纪 60 年代，浙海关外班洋员如总巡、巡丁、船长等，虽由税务司任命，但形式上必须由海关监督发给委任状（当时称为喻单），才在法律上得到正式承认。

清同治十二年（1873 年），总税务司赫德发出第 13 号《总税务司通札》称"监督不能命令税务司"，从而削弱了海关监督的权力，并失去对海关外班洋员名义上的任免权。

光绪二十七年（1901），依照清政府与英、法、德、奥等八国签订的《辛丑条约》规定：由于通商口岸五十里内的"常关进款"也作了庚子赔款的担保，因此，部咨文："通商口岸各常关征收常税事宜，自光绪二十七年十月初一日起（1901 年 11 月 11 日），改归新关税务司兼办，仍由监督派员随同经理（负责关务），薪水由关支给。"然而，在光绪三十一年（1905 年 8 月）前，宁波的江东、镇海两关及小港、沙头两分口的行政和税务工作，实际上仍由海关监督公署掌握。

光绪三十一年七月十二日（1905 年 8 月 12 日），税务司行文宁绍台道：由于镇海口收税较江东分关更多，要求海关监督派督署委员居住镇海分关。而体制有所改革：在镇海、江东原常关设立委员，帮助税务司工作，聘期 1 年。1 年期满，如办事认真、一切稳妥，由浙海关税务司函商（监督）相留接办。此事征得宁波关道的同意。

从此，浙海关税务司才正式涉足于原 50 里内常关税务。

宣统三年九月十五日（1911 年 11 月 5 日），满清政府被推翻，宁波光复，革命党人成立宁波军政分府。由宁波军政分府都督兼海关监督，将代收和存蓄浙海关税款的大清银行宁波分行，改为中华银行宁波分行。但浙海关税务司禀承总税务司意旨，夺取浙海关监督的税款保管权，架空关道对新关的监督权。到 1918 年，两常关正式归属于浙海关税务司。

1912 年 6 月，浙海关监督公署成立，地址在中山西路清代海关行署内。设海关监督 1 人，由北京政府民国大总统委派。

民国初年，浙海关监督是专职，不再由道尹兼任。但监督兼任外交部宁波交涉员（至 1929 年 8 月裁撤），以便于与各国驻甬领事协办外商事务等。监督以下设部派会计主任 1 人，课长 1 人，课员 7 人，护员 8 人；另设稽查员 2 人。

浙海关监督署会计主任、课长、课员等人应处理浙海关税务司呈交的下列文件：

甲类：

1. 逐日征收各项税钞清单。

2. 各国军舰出入每月调查报告。

3. 吗啡进口月报告表。

4. 民国×年×月渔、牧、农产品进出口数目表。

5. 关税收支月报表。

6. 中外贸易月刊报告。

7. 票照单详细月报表。

8. 第×结罚款案由清折。

9. 第×结国民物品清折。

10. 第×结缉获充公洋土鸦片及毒品详情表。

11. 浙海关×季度收支总表。

乙类：

1. 号簿，即商船缴纳关税的报告书。

2. 红单：各商船船钞和关税月报告书。

按照《浙海关监督署办事细则》规定：

督署税务课：掌握稽查、稽征税票及文牍、庶务、收发、会计、金柜、报解、航政、护照各事。

督署稽核课：掌理审核、登记簿记、表册及统计各事务。

1931 年，国民政府以欧美模式，划分船政与海关权限。1935 年，将浙海关税务司原辖普通民船、木帆船、中小轮船公司的检验、丈量登记、船员管理及海事处理等移交给新成立的上海航政局宁波办事处。……1937 年 9 月 30 日，裁撤浙海关监督署，仅留监督 1 人。在 1938 年 2 月 28 日，又裁去浙海关监督，其事务统由浙海关税务司掌管。

表 2-1　　　　　　　　　1861—1935 年浙海关监督名录

姓名	职务	任职时间	备注
张景渠	关道	1861.5—1861.4	
潘起亮	天宁关监督	1861.12—1862.5	
史致谔	关道	1863.4—1866.8	
文廉	关道	1866.8—1870.6	
边葆诚	关道	1870.6—1870.12	
顾文彬	关道	1870.12—1871.4	
文鼎锐	关道	1871.4—1871.8	
顾文彬	关道	1871.8—1874.11	
英廉	关道	1874.11—	
瑞璋	关道	1874.11—1882.12	
温忠翰	关道	1882.12—1884.2	
马驷良	关道	1884.2—1884.3	

姓名	职务	任职时间	备注
薛福成	关道	1884.3—1889.2	
吴引孙	关道	1889.2—1899.3	
李辅耀	护理关道	1899.3—1899.7	
万福康	护理关道	1899.7—1899.10	
诚勋	关道	1899.10—1901.4	
春顺	关道	1901.4—1901.5	
高英	护理关道	1901.5—1903.3	二任
惠淼	关道	1903.3—1904.5	
高英	关道	1904.5—1905.12	
喻兆蕃	护理关道	1904.5—1905.12	
喻兆蕃	兼关道	1905.12—1906.11	
世善	护理关道	1905.12—1906.11	
喻兆蕃	关道	1906.11—1907.8	二任
张鸿顺	护理关道	1907.8—1908.5	
喻兆蕃	关道	1908.5—1910.4	三任
夏孙桐	兼护理关道	1908.5—1910.4	
李辅耀	关道	1908.5—1910.4	
桑宝	关道	1908.5—1910.4	二任
邓本逮	兼护理关道	1910.4—1911.4	
桑宝	关道	1908.5—1910.4	
杨葆铭	关道	1911.4—1911.10	
文博	关道	1911.10—1912.3	
王镛	署理监督	1912.3—1913.1	
孙宝宣	监督	1913.1—1921.7	
袁思永	监督	1921.7—1922.10	
李厚棋	监督	1922.10—1925.4	
袁思永	监督	1925.4—1926.12	
周承芪	监督	1926.12—1927.1	
张传保	监督	1927.2—1928.5	
蒋锡候	监督	1928.5—1935.7	

表 2-2　　　　　　　　　　1861—1931 年浙海关税务司名录

国籍	姓名		职务	任职时间
英	G. H. Fitz-Roy	费士来	税务司	1861. 5. 22—5. 31
美	W. W. Ward	华为士	税务司	1861. 5. 22—5. 31
英	G. Hughks	休士	副税务司	1861. 5. 31—1861. 11. 9
法	P. Glguel	日意格	税务司	1861. 11. 9—1863. 4. 8
英	RobertHart	赫德	兼宁波税务司	1863. 8—1863. 11
英	J. Brown	布浪	署理税务司	1863. 4. 8—1864. 11
法	P. Glquel	日意格	税务司	1864. 11—1865. 4. 15
英	J. K. Leonard	林纳	税务司	1865. 4. 15—1868. 2. 1
英	E. C. Bowra	包腊	代理税务司	1868. 2. 1—1870. 4. 6
英	F. W. White	惠达	税务司	1870. 4. 6—1872. 7. 31
英	W-Cable	竭模	署理税务司	1872. 7. 31—1872. 9. 21
英	F. W. White	惠达	税务司	1872. 9. 21—1874. 11. 13
德	B. Detring	德璀琳	署理税务司	1874. 11. 13—1875. 11. 9
英	H-Rubey	卢丕理	署理税务司	1875. 11. 9—1875. 12. 2
英	R. F. Bredon	裴式楷	署理税务司	1875. 12. 2—1876. 2. 4
英	T. Dick	狄妥玛	税务司	1876. 2. 4—1877. 1. 20
	J. L. E. Pacm	班漠	署理	1877. 1. 20—1878. 11. 21
美	E. B. Drew	杜德维	税务司	1877. 11. 21—1880. 4. 11
	R. B. Moorhead	穆和德	税务司	1880. 4. 11—1881. 6. 24
德	F. Kleinwachter	康发达	税务司	1880. 4. 11—1884. 3. 31
英	E. H. Grimanl	纪默理	署理税务司	1884. 3. 31—1884. 7. 30
英	H. Kopsch	葛显礼	税务司	1884. 7. 30—1886. 4. 16
德	F. Kleinwachter	康发达	税务司	1886. 4. 16—1889. 5. 30
法	L. Rocher	雷乐石	税务司	1889. 5. 30—1891. 7. 19
英	J. Acheson	阿歧森	署理税务司	1891. 7. 19—1891. 12. 12
美	H. F. Merrill	墨贤理	税务司	1891. 12. 12—1896. 5. 8
英	E. T. Pym	斌尔钦	署理税务司	1896. 5. 8—1896. 6. 3
英	F. S. Unwin	安文	税务司	1896. 6. 3—1897. 10. 11
德	P. G. VonMollendor	穆麟德	税务司	1897. 10. 11—1901. 4. 20
挪	F. Schjoth	佘德	税务司	1901. 4. 24—1903. 4. 11
英	R. B. Moorhead	穆和德	税务司	1903. 4. 11—1903. 5. 21
	A. G. H. Carruthers	查禄德	署理税务司	1903. 5. 21—1903. 11. 2

续表

国籍	姓名		职务	任职时间
英	C. H. Oliver	欧礼斐	副税务司	1903. 11. 2—1904. 5. 17
	A. C. H. Carruthers	查禄德	署理税务司	1904. 5. 17—1905. 5. 8
	C. L. Simpson	辛盛	税务司	1905. 5. 8—1908. 7. 4
英	J. W. Innocent	殷尊森	代理税务司	1908. 7. 4—1911. 4. 28
法	P. J. Crevedon	柯必达	税务司	1911. 6. 23—1913. 4. 16
英	J. C. Johnston	湛参	税务司	1913. 4. 16—1915. 4. 7
德	A. H. Wilzer	威礼士	税务司	1915. 4. 7—1917. 5. 30
英	F. W. Lyons	来安士	代理税务司	1917. 5. 30—1917. 7. 16
法	R. C. Gurnier	葛尼尔	税务司	1917. 7. 16—1917. 8. 24
英	F. W. Lyons	来安士	代理税务司	1917. 8. 24—1918. 5. 13
美	E. Gilchrist	克立基	税务司	1918. 5. 13—1918. 6. 6
法	P. P. P. M. Kremer	克雷摩	署理税务司	1918. 6. 6—1919. 3. 31
法	P. P. P. M. Kremer	克雷摩	代理税务司	1919. 3. 31—1919. 7. 13
英	W. C. G. Howard	铁蔚良	副税务司	1919. 7. 13—1919. 11. 1
英	F. W. Carer	葛礼	税务司	1919. 11. 1—1920. 10. 16
英	F. W. Carey	甘福履	税务司	1919. 10. 16—1924. 5. 16
英	A. G. Bethell	贝德乐	税务司	1924. 5. 16—1925. 4. 18
英	C. A. S. Williams	威立师	代理税务司	1925. 4. 18—1926. 5. 3
英	H. S. T. J. Wulding	威勒鼎	税务司	1926. 5. 3—1927. 10. 22
英	J. H. Cubbon	郭本	代理税务司	1927. 10. 22—1929. 4. 12
比	A. Sadoine	萨督安	代理税务司	1929. 4. 20—1929. 9. 30
比	A. Sadoine	萨督安	税务司	1929. 10. 1—1929. 10. 11
日	T. Ebara	江原忠	税务司	1929. 10. 11—1930. 9. 30
美	H. W. Bradler	柏德立	代理税务司	1930. 9. 30—1931. 2. 20
英	E. N. Ensor	安斯迩	税务司	1930. 3. 30—1932. 3. 8
英	H. G. Lowder	劳德迩	代理税务司	1932. 3. 8—1933. 10. 8

表 2-3　　　　　1861—1933 年浙海关验放进出口货物总值统计表

（单位：关平两）

年份	进口洋货净值	进口土货净值	出口土货值	共计
1861	3034124. 4		5934987	8969111. 4

续表

年份	进口洋货净值	进口土货净值	出口土货值	共计
1862	3228184		2023914	5252098
1863	16073285		6981934	23052219
1864	6196552	3806561	6250306	16253419
1865	4968397	2242363	5085255	12296015
1866	4069829	2339222	6435810	12844861
1867	4746215	1984741	5516879	12247835
1868	4720063	1808661	6073709	12602433
1869	4939256	2128212	6617587	13685055
1870	7317457		7296576	14614033
1871	5190789	1847821	8976484	16015094
1872	5922646	1635503	10351148	17909297
1873	6312646	1618714	7721672	15653012
1874	5998926	1533539	7013845	14546310
1875	6180252	1682131	4982932	12846315
1876	5761476	1607048	5435897	12404421
1877	5967638	1874807	4609208	12451653
1878	6452924	1926660	4271018	12650602
1879	6410259	1656138	4869972	12936369
1880	5693549	1558852	5131929	12384330
1881	6948856	1782941	4537223	13269020
1882	6109280	1797576	3763870	11670726
1883	5674046	1682576	3560428	10917050
1884	5353484	1295633	4773272	11422389
1885	5655854	1718215	5107028	12481079
1886	6245897	2192033	4810377	13248307
1887	4481687	2039361	4444484	10965532
1888	5554647	1946446	5657732	13158825
1889	5697317	1798942	5177781	12674040
1890	6107790	2087035	4874590	13069415
1891	6157435	1802906	4911963	12872304
1892	6694707	2176701	4944334	13815742
1893	6996717	2192662	6288626	15478005

年份	进口洋货净值	进口土货净值	出口土货值	共计
1894	7141334	1843342	5615081	14599757
1895	8019267	2110533	6396155	16525955
1896	9016551	1991463	6115430	17123444
1897	8990251	2065390	4986495	16042136
1898	8217007	2208750	3992777	14418534
1899	9208444	2740467	4314351	16263262
1900	7601778	2679606	4945996	15227308
1901	9568960	2834467	4560928	16964355
1902	9015088	2862510	7481666	19359264
1903	11149448	3119788	7970857	22240093
1904	10343657	2952614	8001147	21297412
1905	9868282	3143604	6151744	19163630
1906	9688899	2489106	6739353	18917358
1907	12435440	3484929	8940474	24860843
1908	10474478	6938966	9229679	26643123
1909	9076801	3293920	9923477	22294198
1910	9210409	4061120	10319536	23591065
1911	8102383	6255025	7863141	22220552
1912	6562473	6824268	8915469	22302210
1913	9622298	7404194	8787509	25814001
1914	9813633	7917012	9436897	27167542
1915	8672989	7327229	10609551	26609769
1916	10590405	7909365	11153784	29653554
1917	9388309	5035134	10684080	25107523
1918	9901828	9519129	14141813	29962770
1919	9280846	7241819	11811577	28334206
1920	9509952	8992952	9904980	28407884
1921	13591958	10035986	10788892	34416836
1922	16273189	9398995	11796427	37468611
1923	15275194	12329482	14014681	41619357
1924	13546199	14162156	17168339	44876694
1925	15400867	13342340	18202834	46946041

续表

年份	进口洋货净值	进口土货净值	出口土货值	共计
1926	20270580	14090331	16205494	50566405
1927	19065246	14720209	18513011	52298466
1928	14976691	20923571	16397990	52298252
1929	15737351	15528166	16913688	48179205
1930	22726184	13756264	16735755	53220203
1931	10950688	19417497	13800526	44168711
1932	7294126	17480207	15911059	16109099
1933	2106318	14917654	14957654	16591284

表 2-4　　　　　　　　1900—1933 年宁波金银进出口统计表

年份	进口出口	金条砂等	银			铜币	总计
			条及元宝	币	共计		
1900（清光绪二十六年）	进口	13392	260742	507797	768539		78213
	出口		31131	1694307	1725438		1725438
1901（清光绪二十七年）	进口		125314	490393	615707	5300	621007
	出口		131512	2125032	2138183	5300	2143483
1902（清光绪二十八年）	进口		56318	184413	240731		240731
	出口		30623	788247	818870		818870
1903（清光绪二十九年）	进口		63303	338430	401773		401733
	出口			1170434	1170434		1170434
1904（清光绪三十年）	进口		38998	68518	107516	66230	173746
	出口		4750	477667	482417		482417
1905（清光绪三十一年）	进口		2000	127896	129896	106280	236176
	出口		673625		673625		673625
1906（清光绪三十二年）	进口		681760		681760	45160	726920
	出口		7500	1173018	1180518		1180518
1907（清光绪二十三年）	进口			2726656	2726656		2726656
	出口		500	2210987	2211487		2211487
1908（清光绪三十四年）	进口			2200944	2200944	13334	2214278
	出口			2076333	2076333		2076333
1909（宣统元年）	进口			229400	229400		229400
	出口		4099	234066	238165		238165

续表

年份	进口出口	金条砂等	银			铜币	总计
			条及元宝	币	共计		
1910（宣统二年）	进口		4350	47483	51833		51833
	出口		14800	180933	195733		195733
1911（宣统三年）	进口		12580	756375	768955		768955
	出口		15000	1712532	1727532	28	1727560
1912（民国元年）	进口		1600	931681	933281	136	933417
	出日		3300	1012681	1077981		1077981
1913（民国二年）	进口			319521	319521		319521
	出口			657153	657153		657153
1914（民国三年）	进口			783150	783150		783150
	出口			555666	555666		555666
1915（民国四年）	进口			549088	549088	3000	552088
	出口			98357	98357		98357
1916（民国五年）	进口			779933	779933		779933
	出口			86667	86667		86667
1917（民国六年）	进口			291600	291600		291600
	出口			85999	85999		85999
1918（民国七年）	进口			479000	479000		479000
	出口			242667	242667		242667
1919（民国八年）	进口			252000	252000		252000
	出口			662667	662667		662667
1920（民国九年）	进口			420234	420234		420234
	出口			84667	84667		84667
1921（民国十年）	进口			680521	680521		680521
	出口			86667	86667		86667
1922（民国十一年）	进口			576667	576667		576667
	出口			128000	128000		128000
1923（民国十二年）	进口			345000	345000		345000
	出口			80000	80000		80000
1924（民国十三年）	进口			433670	433670		433670
	出口	6000		188800	188800		188800
1925（民国十四年）	进口		125000	520000	645000		645000
	出口			104534	104534		104534
1926（民国十五年）	进口			133333	133333		133333
	出口			94667	94667		94667

续表

年份	进口出口	金条砂等	银			铜币	总计
			条及元宝	币	共计		
1927 （民国十六年）	进口			1208667	1208667		1208667
	出口			221000	221000		221000
1928 （民国十七年）	进口						
	出口			6667	6667		6667
1931 （民国二十年）	进口			266667	266667		266667
	出口			153333	153333		153333
1932 （民国二十一年）	进口			790757	790757		790757
	出口			96277	96277		96277
1933 （民国二十二年）	进口			449294	449294		449294
	出口						
说明	本表单位为关平两； 民国十八、十九两年均无记录。						

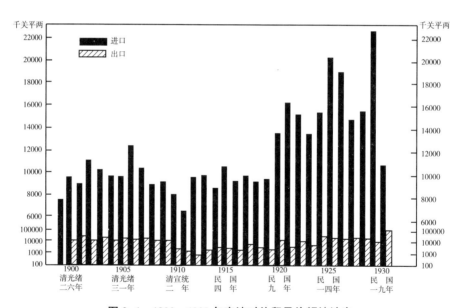

图 2-1　1900—1930 年宁波对外贸易价额统计表

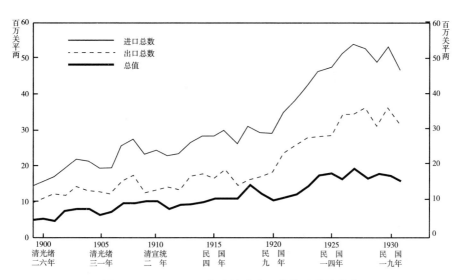

图 2-2　1900—1930 年宁波进出口货值总数统计表

　　　　——节选自宁波海关编《宁波海关志》，第 58—64 页，
　　　　　第 101—107 页，浙江科技出版社 2000 年版。

浙海关贸易报告（二）

日意格：1864 年报告

在 Revd Milne 所著的《真实的中国生活》（*Real Life in China*）一书中，对宁波有这样一段评价："宁波在沿海城市中有突出的重要性。宁波的商人巧于经商，有敬业精神，宁波的市民颇有工业方面的才干，加之宁波市与内地城市有着密切的联系，有人曾预言该城市将成为一个吸引外国商人的热点港口，但是这个预言没有实现。宁波离杭州、绍兴等城市不远，在那些城市里，商业贸易发展惊人。而宁波则不然，宁波通往内地的运输十分困难，水坝以及运河中各种其他阻塞物，造成河道不畅通，严重影响着宁波的贸易。所有这些不利因素，令那些看好宁波港的外国商人大失所望。装载着外国货物的船只偶尔也光顾宁波港，但该城市的贸易发展始终十分缓慢。据 *Hong Kong Gazette* 1855 年 3 月刊报道：宁波的贸易发展似乎至今还是很缓慢。它 1855 年通过英国商船所做进口贸易额仅约231618 美元，出口仅为 398328 美元。进口的主要商品是糖，为 79545 美元；出口的主要商品是大米，为 205409 美元，出口货物主要来源于宁波沿海及海峡地区。"

贸易总额　如果传教士 Revd 看到近年来的海关报告，以下贸易数额定会让他惊讶不已。宁波这个过去曾经让人失望的小港，1864 年的进口贸易额达到了关平银 10264616 两，出口额达到了关平银 6250306 两，而且在 1863 年它的进口贸易额就已经达到了关平银 10715523 两，出口额达到了关平银 4654622 两。

在宁波港，正如在中国其他港口一样，中国人很重视利用外国商船，他们知道，外国船运期短、速度快，商品又能保险，因此他们充分利用这些方便。

在此我们不妨对两年的吨位数作一比较：

港口吞吐表

进出	1863 年		1864 年	
	艘	吨	艘	吨
入港吨位	1554	252587	1409	296311
出港吨位	1664	250272	1429	299355
共计	3198	502589	2838	595666

贸易的划分　宁波的贸易应分为两部分：1. 外国人做的贸易；2. 中国人利用外国船做的贸易。

以下是 Trade Returns 提供的统计数：

第一项"外国贸易"（几乎全部为外国商号所做），贸易额为 5875793 银两（货币和复出口不包括在内）。

第二项"沿海贸易"，其中又分成几个小项：

1. "从中国港口进口的当地产品（土特产）"，不包括复出口，贸易额为 3806561 银两，欧洲商号占 2624979 银两。

2. "向中国港出口的当地产品（土特产）"，贸易额为 4495518 银两，其中欧洲商号占 3773918 银两。

3. "通过中国港进口的外国货物和珠宝"，几乎全部是欧洲商号的，不包括复出口，贸易额为 2084303 银两。

这样，外国商人所做的贸易总额（不包括货币）为 14358988 银两。

下面来看一看主要货类。

鸦片进口　1863 年的鸦片进口为 2763 箱，1864 年上升到 3307 箱。

棉花出口　棉花出口量总共为 89100 大包。

茶叶出口有大的发展。1863 年出口只有 36438 担，而 1864 年已达 59117 担。

丝绸　1863 年出口 63 大包，1864 年出口 1171 大包。

药品　在我们的统计中，药品也占一个重要的位置。但是交易几乎只在中国人之间进行，外国人能从中谋取利益的只有那些装运这些货物的商船赚点运费，而且贸易量也止步不前，1864 年只有 21000 担，而 1863 年还有 23000 担。

林纳：1865—1867 年报告

窃查本口本年（1865）贸易与去年相比差矣。去年乃是兴旺繁荣，大有可为，生意兴隆，而如今已黯然失色矣。从贸易总值上显示已减少2666468 银两。又海关统计册内所列统计比较表所载贸易中之对外部分已减少了 3645598 银两，而沿海贸易却又增长了 979131 银两——显示本年之结果，华商之营业胜过洋商。本口贸易中大宗和有稳步进展之品种乃是茶、丝两项出口货物。其中丝与未罹大规模破坏之时相比已今非昔比，但能有此产量足以证明当今蚕农在长达 14 年之久的兵燹之后已开始有了生产之信心。出口产品中另一项大宗是茶叶，市场一向都是在江西九江，而到本季却又转向宁波来了，毋庸置疑会继续源源而来，而且 1866 年将会有更多徽州茶运来宁波，但愿所有这些茶能从宁波直接出口到外国。这样，从外贸这个角度来看，宁波已不仅是上海之一郊区而已。

本年鸦片进口数为 3379 担，比去年 3303 担略多一些。自浙海关成立以来鸦片进口数量，1861 年为 1514 担，1862 年为 1305 担，1863 年为 2763 担。

窃查本口本年（1866）贸易颇不景气，所有洋商均无获利。但从税收之总收入看，则超过去年之 1190641 银两，主要乃是由于徽州茶叶之大量出口，并不是指本省生产之普遍增长。

茶叶出口 单位：担

年份	烘茶	毛茶	年份	烘茶	毛茶
1861	44019	8036	1864	53809	5307
1862	5178	9371	1865	70661	1492
1863	20990	15447	1866	102782	956

关于蚕丝，早春遇酷寒，对桑树和幼蚕摧残为害甚大，也是当地蚕农所意想不到的，致使蚕丝产量大为减少。

蚕丝出口 单位：担

1861 年	1862 年	1863 年	1864 年	1865 年	1866 年
6656	1507	52	949	1914	1039

本年棉花质量不如去年，但产量很高，价格居高不下。去年棉农尝到甜

头，获利不少，如今就不急于脱手，而是待价而沽。

棉花出口　　　　　　　　　　　　　单位：担

1861 年	1862 年	1863 年	1864 年	1865 年	1866 年
5849	19648	125155	103201	33568	33727

本年进口鸦片已达 4489 担，比去年增加了整 1000 担。

鸦片进口表　　　　　　　　　　单位：担

品名	1861 年	1862 年	1863 年	1864 年	1865 年	1866 年
小洋药白皮土	1436	1272	2707	3011	2427	3374
公班土	72	27	56	222	536	933
喇庄土	6	—	—	8	206	150
波斯土（金花土）	—	—	—	46	188	29
土耳其土	—	—	—	17	22	3

窃查自任宁波关税务司迄今（1867）已历三年，而本口之税收逐年均有递增。回忆 1864 年变幻莫测之贸易忽起忽落，不仅是本口，乃是所有中国沿海口岸之普遍现象也。商贾多甬人，甬人善经商。自来甬后，倍感此言不虚。当地华商不但能与沪直接沟通，并能排除与洋商之竞争。据悉，在沪之鸦片或布匹、杂货和粮食市场中，精明能干的甬商总是占到便宜。惟独直接从国外进口之洋货，洋商才能稳操胜券也。

本年绿茶总出口数为 115268 担，比去年超过了 12185 担，平均价格为每担 35 银两，总值 4034380 银两，折合英镑为 1344760 镑。

徽州茶经宁波者与年俱增，看来已成为本口贸易的重要部分是不在话下矣。

去年因岁逢干旱，影响了桑树之生长，也影响到蚕丝之产量，出口935 担。

草席是宁波城里有名的手工业，已逐年增长。其原材料种在近郊，每担为 10 文铜钱，当编成草席后，每百张重 2 担，可售得 7 两银。查该产品胜过粤产，畅销欧美一带。

由于香港棉花价格低落，结果致使本省棉家弃棉从粮者日益增多。而今年，为数不多而质量优良之棉花在少数人之手，奇货可居，棉花出口共

65643 担。

最近本口出口产品中之墨鱼已占重要项目之一，是类产品洋商不兴趣，经营者全系华商，行销华北和长江沿岸各城市，获利不薄。

墨鱼之出口　　　　　　　　　单位：担

1861 年	1862 年	1863 年	1864 年	1865 年	1866 年	1867 年
7214	32512	37118	27922	37581	22427	41740

本年鸦片进口在宁波出入不大，共 5136 担。这一行也与其他几项行业一样，由洋商控制，最后洋商竟成为卸货代理人，而华商乃是真正之进口商。

今年商界之赊欠比去年年尾情况好多矣。看来农历年尾并不会出现倒闭之类事件发生。另一方面，洋商对前途抱有暗淡看法，认为生意已走下坡路矣。

一个口岸，虽然税收逐年上升，但华洋商人利益未能均占乃是一遗憾，那是所有营业均操在华商之手之故。

包腊：1868—1869 年报告

从 1868 年之宁波总贸易值来看，为 12599445 银两或约 4199815 英镑之多，贸易总值榜列全国通商口岸之六，若按关税收入排列则第五位。

上列之贸易总值中，进口货计值 6528724 银两，出口货计值 6306034 银两。金银进口达 932194 银两，出口 3365684 银两。进口货在进口贸易总值中，洋货进口计值 4720063 银两，土货进口计值 1808661 银两。

而洋货进口中乃是包括：

洋货进口表

鸦片	2235634 银两	煤	15500 银两
匹头	1212146 银两	引火物（火石等）	20439 银两
五金	536272 银两	朱砂	18252 银两
大米	352769 银两	海藻	12810 银两
木材	63740 银两	红木皮	12760 银两
糖	47449 银两	燕窝	10790 银两
藤器	47973 银两	洋杂货	133519 银两

土货进口包括：

土货进口表

红糖	193721 银两	白蜡	141200 银两
白糖	108071 银两	烤烟	86083 银两
棕叶扇	133370 银两	龙眼	92138 银两
药材	212124 银两	大麻	49922 银两
桐油	113024 银两	杂货	678828 银两

出口货，1868 年宁波出口贸易值计达 6070709 银两，约 2026903 英镑，其组成如下：

土货出口表

茶叶	3837375 银两	生丝	566618 银两
棉花	749646 银两	绸缎	87135 银两
药材	239559 银两	本色棉土布	45487 银两
席	48596 银两	铜钱	66300 银两
其他货值	267019 银两		

本年本口出口贸易中，茶叶乃是占一半以上——计 123786 担，总值 3837375 银两。蚕丝出口比 1867 年多了 600 担。草席出口比 1867 年多近 5000 张。

宁波棉花出口，1863 年为 125155 担，而到了 1868 年降到 44180 担矣。

1868 年宁波之出口贸易总值为 6073709 银两，其中药材计值 239559 银两。

兹将 1864—1868 年最近五年来之贸易趋势列表如下：

贸易趋势表　　　　　　　　（单位：担）

1864 年	1865 年	1866 年	1867 年	1868 年
20296	21740	25827	28008	30229

以上出口数量乃是本省产品为主，有很大部分属非本省产品，乃是经由上海、汉口转来之四川产品经由宁波出口。……本口出口药材中足足有 1/3 是白芨，产于绍兴，系有名治风湿之良药也，每担价在银 10 元至 15 元，主

销四川、河南两省。

窃查本年（1869）本口贸易之好转是受本省之繁荣昌盛良好影响所致也。如今萑苻风戢，散民络绎归田，又遇空前良好之渔汛，是乃天时、地利、人和之总和也。

从本省扩大栽植、出口茶叶、棉花所获资金，促进本省农户采购和使用洋货。与此同时也增长了对其他口岸以及东邻日本之需求。不仅是广大农户，连那沿海之渔民也是如此，而以往其乃是本省最贫穷苦困之阶层也。

本年从统计表中显示几乎所有各项贸易都是上升。税收本年超过去年9万银两，贸易总值本年超过去年1684000银两，洋货进口超过去年245000银两，土货进口也超过去年242000银两，出口货比去年超过近200万银两。

本年土货进口总值比去年增长32万银两，实际数为2128000银两，而去年为1808000银两。计红、白、砂糖298000银两，药材292000银两，白蜡182000银两，黄豆、豌豆147000银两，豆饼128000银两，桂圆103000银两，烤烟及烟叶96000银两，桐油91000银两，棕榈扇72000银两，大麻77000银两，香菌52000银两，皮革5万银两，莲子47000银两，染料32000银两，荔枝肉27000银两，毡帽21000银两，象牙制品19000银两，藤及藤器18000银两，绸缎18000银两，植物脂18000银两，铜纽扣17000银两，爆竹13000银两，五倍子（没食子）13000银两，皮革13000银两，本色土棉布13000银两，铅白（即碱式碳酸铅）1万银两，兽皮1万银两，杂项合计1万银两。

宁波本年出口总值672万银两中，茶叶就占了465万银两，将近七成。而余下之207万银两中，主要有：棉花计769000银两，生丝326000银两，墨鱼236000银两，药材219000银两，绸缎计78000银两，草席54000银两，扇及纸48000银两，黄铜器皿3万银两，本色棉土布25000银两，小麦17000银两，植物脂12000银两，绍兴黄酒11000银两，其他零星杂货1万银两。宁波海关出口直接运外国者除棉花一项运日本外，其他出口货物均已统计在江海关中矣。

本年本口茶叶出口远比去年为多。1868年茶叶及碎茶出口计达125877担，值3873785银两；而本年为149950担，值4647000银两，计增长24023担，值773215银两。

蚕丝本年出口下降了650担，去年计出口1530担，而本年仅880担，下降近 50%。……据悉，生丝价格自 1842 年迄今已翻了三番，丝商叫苦不迭，说是利薄，生意难做。

本年本口棉花出口 51273 担，计值 769105 银两，比去年 44180 担，749646 银两略增了些。

惠达：1870—1873 年报告

窃查本口除金银外，本年（1870）进出口贸易总值计达 15118358 银两，其中外贸进口值 853809 银两，外贸出口值 347113 银两，沿海进口贸易计 6714044 银两，沿海出口贸易计 7203392 银两。查 1869 年之贸易总值计 13993930 银两，其中外贸进口值 5042890 银两，沿海进口贸易计 2230547 银两，沿海出口贸易计 6720493 银两。本年比去年增长 1124428 银两，而尽系从沿海各口贸易中之进口增 2483497 银两，出口增 482899 银两所组成。

进口货——以匹头中之本色洋布居首位，计 295427 件，比去年之 319317 件却减少了 11264 件。漂白洋布增长 7551 件，染色洋布增 6544 件。标布继续看涨，计 131616 件，比去年 120352 件增加了 11264 件。……本口之匹头业已尽操纵在华人商号之手中，他们与内地之交易昌盛而洋商无插足之地矣。虽然洋商也曾力争，而结果仍属徒劳。那些沪上匹头巨子与宁波之匹头商或以易货或以照管待机等手段联盟，以至生意兴隆，利市三倍，而洋商徒呼奈何。而当前盛行打着洋人旗号把洋货运入内地来办什么入内地验单而享受子口半税特别优待者尽系华商。

鸦片进口增加了 321.36 担。……本口本年进口数是 5083.92 担。那是供应所有鸦片烟铺和吸用鸦片烟馆、窝子者。据那些地方获悉，君子非但不见戒绝或减少，反而与日俱增。入冬，街头衣不蔽体、蓬头垢面，在街道讨乞露宿而沦为乞丐就哀求施舍而得吞云吐雾者，已不鲜见矣。

出口货——以绿茶为主，本年计 146461.31 担，比去年减少了 189.51 担。如今经营茶叶出口者尽系华商。去年生意兴旺，获利计达两成以上，而本年利润也有两成。

棉花已在本地区大面积种植，而且本年无论是质量或数量都是极佳，总计出口数为 38501.15 担。

生丝出口 1303.40 担，比去年增加了 421.49 担。这项产品在宁波的出口数量是不足挂齿者，因为大宗生丝从浙江内地到杭州、经苏州最后抵达上海。

杂论——本年商场流年不利之原因有几个。许多老字号铺子从年初就入困境，一方面是由于受南方生产减产之影响，另一方面乃是超过资金能力之交易，这个问题从去年年底就出现了。糖市之库存过剩，并有源源不断从台湾等地的新糖输入，入春以来就出现这局面。以后新茶登场，以前不景气之总贸易稍有回苏。旋即又传来"天津大屠杀"之噩耗，特别是山西、直隶客商纷纷抽撤资金而静观事态之发展。而农历新年民船运输业也遭受重大损失而陷入困境。但是本年之进、出口所有各项货物均示增长。吾等也不能熟视无睹掌握在洋商手中之一极小部分生意，只要需求不断，不论是华人或是洋商，能从上海搞来进口洋货就行。

1871 年贸易值——除了复出口和金银之外，宁波进、出口之总净值为海关两 16015094 两，比 1870 年之 1401061 两增长 14614033 两。洋货进口减除复出口之 108155 两，计值海关两 5190789 两。土货进口减去复出口71528 两后，计达 1847821 两。出口贸易总值海关两 8976484 两，其中直接外运去国外，如新加坡、海峡、暹罗者仅 8243 两，而出口至其他中国口岸者计 8968251 两。而 1871 年土货进口贸易增长 148857 两，土货出口贸易共计增 1679908 两。

1871 年洋货进口比 1870 年减少 427704 两。

1872 年贸易值——本年比 1871 年共计增长海关两 1894203 两，进出口货物之总净值合计 17909297 两，其中洋货进口计海关两 5922646 两，土货进口为 1635503 两，土货出口 10351148 两，洋货复出口 111419 两，土货复出口 66652 两。1872 年比 1871 年之洋货进口增长 731857 两，土货出口增长1374664 两，土货进口减少了 212318 两。

进口项目中之最主要大宗产品就要算是鸦片矣，进口数量逐年增长，1869 年为 4915 担，1870 年 5024 担，1871 年 5425 担，到了 1872 年就上升到 6549 担。如今宁波之中产阶级以上人家，差不多家家都备有吸鸦片用之烟灯、烟枪等全套家什。一般是用来招待节日来客，也有许多是逢场作戏，并无烟瘾的，只是随便应酬而已。据当地见多识广的人士称，本省城市里的成年人约有 3/4 或多或少吸过鸦片，至于农村，那只有极少的人才吸此玩意儿。每年之 6、7、8 这几个月，正值烘茶时期，宁波鸦片烟馆就在几家烤茶行附近开业接待从安徽来的制作、包装茶叶之雇用人员，那里熙熙攘攘，烟雾腾腾，直至茶叶旺季结束，这批安徽人返去，烟馆也就收摊以待来年卷土重来。

1870 年、1871 年、1872 年主要出口货表

品名	单位	1870 年	1871 年	1872 年
铜钱	吊	—	41154	84120
棉花	担	38501	45933	50081
墨鱼	担	25361	18038	26298
纸扇	面	702392	759213	545882
草席	张	601913	712176	661191
药材	担	26434	25956	25537
土布	担	599	536	314
绸缎	担	163	135	108
生丝	担	1303	1107	583
绿茶	担	146461	161924	176780
烤烟	担	598	568	2285
小麦	担	3359	8640	9328

最后要呈报的乃是宁波之贸易往来逐年扩大和增长，而当地之洋商处境却难以令人满意，也沾不到光，除了鸦片以外，所有之贸易都操纵在华商手中。据悉，洋商虽有雄厚资本，却英雄无用武之地。拿匹头进口业来看尤为明显，宁波帮在上海之匹头业中迄今已是人多势众财大气粗，他们对家乡这一市场之遥控已是得心应手，焉能允许洋商染指。

窃查本口本年（1873）贸易情况：

贸易值——除复出口贸易及金银外，宁波 1873 年进出口贸易总净值计关平银 15653032 两，比去年减少 2256265 两。洋货（除了复出口那部分关平银 148387 两）进口总值计关平银 6312646 两。进口土货（除了复出口那部分计关平银 53294 两）计值关平银 16187140 两。出口贸易货值计关平银 7721672 两。细分如下：出口往外国即暹罗关平银 2933 两。出口往国内口岸关平银 7718739 两，洋货进口货值本年已增关平银 39 万两，而土货进口值计减少 16789 两。出口贸易已下落到关平银 2629476 两，单是茶叶就减少到了关平银 2708353 两。

本年鸦片进口比去年增加了 809.40 担，为 7624.80 担，从而也扩大了供应范围——除了本省绝大部分地区外，运及赣、皖、闽三省与浙之边缘接壤地区也。

墨鱼年出口数量为 57818.74 担，比去年增长了 31519.96 担，计值关平

银 289094 两。本年夏初捕鱼时，天气特好，炎热得捕捉后即能在甲板上晒干而毋须船只之往返，而且捕获量也大。另一方面，这类适合于捕鱼之气象却不利于农业，因为过于干旱炎热。而绝大部分宁波人是亦渔亦农按季行事者。本年粮价虽有上涨，但百姓手头不紧。虽然难以获得可靠统计数据，但估计至少有八九千只渔船在舟山群岛四周打捞墨鱼，而每只船上平均有船员计六名壮丁，另外还有些青少年。这就至少有 48000 到 54000 人在海上捕鱼，这些数字中还不包括那些人数不多、次数不少的个体散户在内。年内上市之数量除了 1869 年外都是逐年上升，而且洋商上海汽轮公司也深表兴趣，把从宁波到上海的水脚减去一半，从原来的 2 角一担下降到 1 角一担，而宁波到汉口也只是 5 角一担。

杂论——自 1872 年经营主要出口产品的数家华商倒闭，接着又是金融市场出现银根紧的场面，那么，相比之下，1873 年这一年还算是令人满意的一年。一般华商都稳扎稳打，不搞冒险投机，各行各业，都无大起大落。除了鸦片以外，所有洋货进口、土货出口，均由华商垄断矣。特别是自从允许华商携洋货内运亦可享受子口半税之优待后，华商在商业往来中心也就无求于洋商矣。

德璀琳：1874 年报告

通过本关之贸易总净值为关平银 14546310 两，而 1873 年为 15653032 两，1872 年则为 17909297 两。由此可见，自 1873 年以来就下降了 1106722 两，约 7%，而比 1872 年下降 3362987 两，约 19%。

本年之洋货进口总净值为关平银 5998926 两，比 1873 年减少 303720 两，但又比 1872 年增长了 76280 两。土货进口总净值计关平银 1533539 两，比 1873 年减少了 85175 两，而比 1872 年却又减少了 101964 银两。

回顾一下出口货，则土货直接出口去外国者计关平银 6396 两，而土货运去中国国内通商口岸者计关平银 7007449 两，合计 7013845 两，即比 1873 年减少了 707827 两，比 1872 年减少了 3337303 两。

本年之进口贸易包括洋货土货在内之总净值计关平银 7532465 两，而出口贸易之总值共计关平银 7013845 两。由此可见 1874 年进口超过出口之货值计关平银 518620 两，而在 1873 年则进口超过出口货值计关平银 209688 两。

鸦片进口比 1873 年增长了 99 担，1874 年总共进口 7723 担。乃最近三四年来，安徽之东南部和福建之北部从宁波购买了大批进口鸦片。

本年仅有 517 担生丝出口，可说是最近八年来最低之一年。绿茶本年出口 154242 担，比去年增加了 2213 担，比前年减少了 22538 担。

1873—1874 年主要出口货品种与价值表

品名	单位	1873 年		1874 年	
		数量	价值（海关两）	数量	价值（海关两）
棉花	担	15376	184507	26297	210378
墨鱼	担	50482	252409	66482	199446
草帽	顶	1239100	12395	2612950	25982
草席	张	428745	42875	500067	50006
生丝	担	779	350908	517	191412
绿茶	担	152028	5777088	154242	5398487

裴式楷：1875 年报告

窃查本口之 1875 年之观察贸易评论如下：从华人之角度来衡量，过去之一年乃是五谷丰登之年，主粮价格保持平稳。但是，从另一个角度也就是从贸易方面来看倒非是良好之一年。对外贸易和中国国内口岸之洋货轮载运之贸易，均出现回落；无论是贸易货值或是关税之征收这方面，均比 1874 年、1873 年任何一年都差。

货值 1875 年宁波贸易总净值计关平银 12846315 两，比去年减少 1699995 两。

本年洋货进口净值为关平银 6180252 两，不包括复出口货货值关平银 139194 两，而去年之复出口货货值关平银 181326 两；土货进口值为关平银 1682131 两（已减除复出口货之货值，计关平银 20822 两），比 1874 年增加了 148592 两。

本年贸易下降乃是由于出口货减少。1874 年出口货货值计关平银 7013845 两，约比 1873 年减少了 75 万两；而且 1875 年为关平银 4983932 两，比 1874 年减少了 2029913 两。从以下就能看出主要是由于茶叶出口减少。

又从本年之进出口贸易中就可以看出，进口超过出口计关平银 2878451 两。自 1872 年以来都是进口超过出口，尤其是本年。

本年内有一批在上海拍卖行卖出来的残次棉制品，已有人把这批商品运来宁波矣。宁波之染色工艺是名闻遐迩全国皆知者，此业在当地乃是一项昌盛行业。要是进口棉制品有瑕疵如水渍、霉斑等，经染色后就能无玷污出售，使货主多获利润。

鸦片——此一进口产品仍继续逐年增加。本年比去年进口多了 1051 箱，比 1872 年就多 2000 多箱。

宁波出口品中之扇子也享有盛誉，并占有一定地位。去年出口近 100 万把。

另外一项手工业产品即草编制品也是宁波出口产品之一。原材料是灯芯草，与山东或欧洲所采用麦秆、稻草之草缠不同。宁波之蒲席一项之出口，本年比去年就增加 30 万张之多。这些产品许多是运往厦门、广州以及海峡殖民地。另外，宁波之手编草帽是项很有外销前途之产品，行销美国、新加坡、澳洲等地，颇受欢迎。想一想草帽只卖两分零些钱，简直与赠送一样哩，怎么不吸引买主呢？

生丝——只是极微小之增长，但是还是达不到往年之平均数。绸缎本年出口只是 270 担。宁波城里还有几家专制绢丝薄绸地方，雇员也只是寥寥几人，而且都是太平军作乱时从本省其他地方逃来避难者。总之，丝织并非宁波之正常手工业。

茶叶——1875 年出口茶叶共计 129197 担。其中绿茶有 125980 担，其余都是大叶子茶。比 1874 年减少近 3 万担。

狄妥玛：1876 年报告

本年减去那些微不足道之复出口货货值后之洋货进口、土货进口以及土货出口之所有这三项净值之总值为关平银 12404421 两，比 1875 年之 12846315 两下降了关平银 441894 两。那鸦片、棉制品、丝及丝织品所超过 1875 年之数值就比茶叶、毛织品、五金以及其他所减少之数要大得多。而 1876 年之所以有明显之下降，其原因之一是对 1875 年之棉匹头定价过高；第二个原因是由于 1876 年鸦片平均价值降低，结果就在数量上增长 3.5%，从总价值上又比 1875 年减少了 1.5%。

本年洋货进口值为关平银 5761476 两。其中，鸦片计关平银 3474513

两，数量为 8802 担，比去年之 8508 担增长了 294 担。鸦片进口逐年增长，以前几份贸易报告已有解释，那是由于本省之税低之缘故。

土货出口总值关平银 5035897 两。生丝增长关平银 426637 两，绸缎增长 30532 两（丝及绸缎两项之值为关平银 3096512 两），以补偿茶叶之减少关平银 225831 两（总值 3096512 两）。本年生丝出口计 1321 担，比 1875 年之 717 担增加了 604 担。棉花出口 33315 担，比 1875 年 57731 担减少 24416 担。

茶叶自 1874 年后年年下降，而下降率倒是降下来了。绿茶出口为 119811 担（其中有 10 万担是徽州茶），比 1875 年之 125980 担减少了 6169 担。另外，红茶和大叶子茶本年出口 126756 担，比 1875 年 130126 担减少了 3370 担。

杜德维：1877—1879 年报告

兹按 1877 年贸易之进口洋货、进口土货以及出口货三项分述于下：

查洋货进口计值 5967638 海关两，比去年共增长 236000 两；土货进口计值 1874807 海关两，也比去年增长了 20 万两，乃是近年来之最多之一年也。然而，出口货计值 4609208 海关两，却比去年减少 427000 两，几乎与 1875 年相埒。

进口洋货中，鸦片占 58%（进口 7990 担），棉花制品 22%，毛织品 3%，五金 8%，余下 9% 系属人参、乌木、糖、火柴、藤器、海藻、窗用玻璃等。

土货进口中也只有药材和桐油之货值是在 10 万海关两以上，还有 10 种每种超过 5 万海关两的，即龙眼干、烤烟、白糖、凡立水、冰糖、白蜡、丝带、麻以及药材和桐油。

出口货中之绿茶占总出口货值之 68%；其他有棉花（315210 两）、生丝（440 担，只是去年出口量之 1/3）、草帽及绸缎、药材和墨鱼。绿茶 3144883 两，发酵过茶叶 20287 两，以及乌龙茶 28863 两。

1878 年乃平安无事之年，五谷丰登，国泰民安。以贸易而言，美中不足者是出口大宗产品茶叶之大幅度回落和进口鸦片之大量减少，对本口之税课之下降不无密切之关系也。

本口贸易概述　年内贸易净值 12650602 海关两，比 1877 年约增长 200000 海关两，增长主要来自原洋货之进口，计达 485000 海关两。土货进口增长不多,仅52000海关两,而出口货则回落338000海关两。本年与去年从以上三方面来比较,可说1877年与1876年情况属于同样趋势。进口货总的说来是逐年增长,出口货则反其道而行之,年年下降,这就是自1875年起贸易值所显示之概况也。

进口洋货之总值计6452924海关两,而单是进口之外国鸦片就占58%,与去年相同,而棉制品占21%、毛织品占2.5%、五金占7%,余下11.5%按其重要程序罗列于下:人参(97700海关两)、食糖(82400海关两)、藤(57000海关两)、煤油、红树皮、乌木、火柴、海藻和苏木(23000海关两)。

土货进口货值计1926660海关两,有104种品目,主要是药材(312000海关两)、食糖(204000海关两)、桐油(158000海关两)和草烟(各种合计123000海关两)。下列按其重要顺序排列,计50000至65000海关两一项,如菌类、龙眼、麻、植物油脂、皮革、丝带以及清漆。

年内出口货总值为4271018海关两,其中仅绿茶一项就占2876830海关两,即占67%。其他主要出口品种有:墨鱼(204000海关两)、棉花(203000海关两)、药材、草帽、生丝、乌龙茶(86228海关两)、草席、绸缎(80000海关两)和铜钱(计值45000海关两)。在所有44项目中,没有一项达到18000海关两者。茶叶只是7349海关两。

1879年贸易价值一览:年内贸易总净值为12936369海关两,比去年超过了30万两,比1877年就超过了50万两以上。

洋货进口计值6410259海关两,比去年是回落了,但比1877年却又超过40万两以上。

单是洋药就达390万海关两,计占61%。而且,事实上鸦片在年内之进口是上升的。洋货进口总的说来是下降。

兹将1877—1879年之三年来比较列表于下:

洋货进口情况表(1877—1879)　　　　(单位:海关两)

	1877 年	1878 年	1879 年
鸦片进口值	3455972	3746878	3929180
棉制品进口值	1304172	1360526	1225417
毛织品进口值	193923	153234	119788
五金进口值	483848	442636	413845
杂项进口值	529723	749650	722029

	1877 年	1878 年	1879 年
合计海关两	5967638	6452924	6410259

煤油——年内进口 774000 加仑，计值 109342 海关两。是乃六年前进口数之 6 倍也，为去年之进口数之 3 倍。现在，村村庄庄，家家户户，都可从洋杂铺里，花几小文铜钱就能买得，既方便又便宜。迄今，其进口之货值已名列前茅，除鸦片、锡、原色布和标布外，也可列为榜首也。华人对煤油情有所钟，其价之廉非一般植物油脂所能比拟，其所发之光亮也非其他油脂所能及也。……煤油之进口后内运数量增长，1878 年为 2500 加仑；本年为38000 加仑，计超过 5000 海关两。

土货进口年内计达 1656138 海关两，比 1878 年、1877 年减少 20 万到30 万两。减少之品名是菌类、麻、兽皮、桐油、丝带、食糖、植物脂、朱砂和白蜡。

出口货货值增长，计达 4869972 海关两，比 1878 年超过 60 万两，比1877 年超过 26 万两，主要也是要归诸一种产品——绿茶，计出口值为3640539 两，几乎占出口总值之 75%。……下表系列示按季出口（即从上年之 4 月 1 日至下年之 3 月 31 日）之五年绿茶情况：

绿茶出口表

年份	1875/1876	1876/1877	1877/1878	1878/1879	1879/1880
担数	120542	130394	129720	103206	126760

除了绿茶，所有其他出口产品之总值从 1876 年就降到 2059876 两，到本年计 1229433 两。下降之原因仅只是二、三项产品，即生丝、绸缎和棉花之出口减少所致。

生丝。本年此项产品出口很少，仅 343.53 担，计值 114000 海关两，是乃八年来之最低数也。

草席。去年出口特多，而年内则比去年更大，是乃八年来之最高数也。年内，出口 1023147 张，值 85000 海关两。

穆和德：1880 年报告

宁波贸易发展之进程和趋势，众所周知也并非生气盎然前途如锦者也。

这里海关与商人间关系也缺乏融洽，而且也没有豪富商操纵市场兴风作浪，都是搞些小本小利，战战兢兢博取蝇头小利。

现在有两种看法：有些人看到宁波之富裕近邻上海，认为宁波也会像上海一样发展成为繁荣昌盛之地；但还有一些预见到新的口岸逐一开放后，宁波将会黯然失色。孰是孰非，非吾所能预知也。拙以为变化会出现，那至少是若干年之事，杞人忧天，欣喜若狂，都不可取，不如静观其变为好。

也如中国其他口岸之情况相似，也是包括三项主要品目：鸦片、匹头和茶叶三大项计值 8541625 海关两。那么还有 4200271 海关两就是属于其他杂项货值，其中比较主要的有：棉花、墨鱼、五金、药材、草帽、生丝和丝织品。

贸易净值年内为 12384334 海关两。若以 1879 年为准绳则估计约有贸易总值之 5% 是由外国货轮所载运者也。比去年之贸易总值之 12936369 减少了552039 两，约 4.27% 是进口货，尤其是洋货。进口项——计吸收了 5.75%，土产进口 0.75%，即进口货减少 6.50%。另外，出口货减少 1.75%，计总减少之 4.25%。

进口洋货占全国洋货总进口值 7.25%。鸦片减少 716790 海关两，占4.89%；杂项减占 1.15%；匹头减占 0.28%；五金增 0.57%，总计减少 5.75%。

土货进口约占中国沿海贸易总值之 3.5%，计减少 97286 海关两，占当地贸易总额之 0.75%，主要是药材、土糖减少。

土货出口占宁波总出口贸易之 4.1%，计 261000 海关两，即 1.75%。其中一半以上是棉花，而 0.4% 不到是茶叶。其差额是各种杂货除了墨鱼、绸缎、草席和烧酒之外，其他杂项土货都有些增长。见下表：

土货出口变化表

土货名	增加		减少	
	担	海关两	担	海关两
绿茶	19830	72925	—	—
棉花	18704	145917	—	—
药材	—	20568	1494	—
生丝	48	14606	—	—
墨鱼	—	—	8735	42828

续表

土货名	增加		减少	
	担	海关两	担	海关两
红茶	986	24676	—	—
草帽	2600118 顶	36318	—	—
草席	—	—	281086 张	14541
绸缎	—	—	17	18541
纸扇	336094 把	21019	—	—
白矾	398	244	—	—
鱼肚	114	4647	—	—
茶叶	530	4683	—	—
烧酒	—	345603	4239	4588
	—	80498	—	80498
总计增长	—	265105	—	

康发达：1881 年报告

　　窃查本口本年贸易情形，从贸易统计来看增长不小，对税收和消费者，以及商人、生产者和农民之感受就大有差别，也大相径庭。前者满意，商界就并不怎么满意。虽未出现亏损、倒闭、破产之类不幸之失败，而绝大多数也并不赚钱。一般昔时之多财善贾之大字号大商行以年息 6 至 7 厘放款，贷给那些急于求借之较小字号。如此一来，激烈竞争就难免也。商人就得将其进口货物运往内地去开辟新市场矣。这样进口货之数量越是增加，在市场上利润也就越低，以至许多交易就成薄利。年内，役畜遭疫疬，损失惨重。入秋后，风雨连绵成灾，致到手之棉花绝大部分又告落空。今年虽然粮食大丰收，但由于长江下游产粮区陆续不断运来大批粮食，粮价已跌到极低价格，为此，农民之普遍呼声乃是"谷贱伤农"！另一方面，那些在常关办进出口去华北之天津、牛庄、芝罘等口岸之民船，获利甚厚，尤其是宁波之木材商，据说都已腰缠万贯也。

　　本口本年之进出口贸易总净值为 13269000 海关两，除了 1874 年之 14546310 海关两之外乃是最大者。

1879—1881 年三年来进出口贸易比较表　　　　单位：海关两

项目 \ 年份	1879	1880	1881
进口洋货净值	6410259	5693549	6948856
土货进口净值	1656138	1558852	1782941
出口货	4869972	5131929	4537223
合计	12936369	12384330	13269020

洋货进口年内洋货进口值 6948856 海关两，比 1880 年增长了 1255307 海关两。鸦片增长了 938398 海关两，年内进口总值为 4195628 海关两，所进口之鸦片乃自 1876 年以来最多之一年。

1881 年土货总进口净值计 1782941 海关两，比 1880 年增长 224089 海关两。

1881 年出口货之总值为 4537223 海关两，比 1880 年减少了 594706 海关两。

浙海关十年报告（二）

墨贤理：1882—1891 年报告

研究 1882—1891 各年的统计数字，显示进口表中很少有变化。贸易的主要商品在 1882 年和 1891 年是一个样。货物品种略有变化，而金额方面在本期末和本期初则几乎相同；其他品种显示逐渐而有时是显著地增加并且保持下去，但也有些下降。本期的洋货进口每年的净货值列表如下：

洋货进口净货值表

年份	关平银两	年份	关平银两
1882	6109280	1887	4481687
1883	5674046	1888	5554647
1884	5353484	1889	5697317
1885	5655854	1890	6107790
1886	6245897	1891	6157435

1891 年的贸易货值与 1882 年的很少不同，而且中间的起伏也需要作特别的解释；只有 1887 年贸易货值猛烈突然下降，是由于鸦片进口下降，将于有关该物品的章节中说明。鸦片的减少，从 1887 年后，仅有部分的补偿，并且进口鸦片的货值，在 1891 年就比 1882 年减少超过关平银 100 万两。尽管鸦片进口严重下降，而 1891 年的进口贸易货值却大于 1882 年。这一事实说明，必有其他更有用的货物进口且有实质性的增长。事实上，如我们把鸦片除去不算，我们发现其他洋货进口贸易货值，从 1882 年的关平银 2649663 两，增加到 1891 年的 3805442 两，增幅将近 50%。增加的主要项目有棉布、棉纱、金属、煤油和食糖。

每年棉布进口量列表如下：

棉布进口表

年份	数量（匹）	价值 （关平银两）	年份	数量（匹）	价值 （关平银两）
1882	646400	1220981	1887	740696	1233591
1883	642405	1245259	1888	744826	1334223
1884	634781	1135060	1889	717715	1268890
1885	582982	1128136	1890	748757	1577771
1886	733764	1340345	1891	799880	1530994

10 年内，金属进口的货值从关平银 630067 两增加到 929671 两。金属的一览表中，有 30 多个品种，其中主要的有锡、铅、钉头铁、条形铁、废铁和钢。锡在货值中占重要地位，该金属进口增加部分几近整个金属增加的货值。1882—1887 年，锡的进口每年没有多少增加，可是 1888 年其进口从上一年的 18039 担上升到 25061 担。1890 年进口 28032 担，而 1891 年 26633 担，货值关平银 665818 两。

这个 10 年中，煤油增长之快，进口货中也许除了食糖外，无所与之媲美者。这个商品初次出现在 1865 年的海关统计中，当时进口 7.17 担，从此以后的进口量大幅增长，1875 年达到 98020 加仑，1878 年为 279584 加仑，而 1887 年为 756191 加仑。自 1882 年起的进口量列表如下：

煤油进口表

年份	数量（加仑）	价值 （关平银两）	年份	数量（加仑）	价值 （关平银两）
1882	989000	133959	1887	1072000	118057
1883	816000	108363	1888	1471000	192702
1884	1144000	143691	1889	1824000	253523
1885	1133000	143093	1890	2039000	282822
1886	1540000	171630	1891	2459000	345046

煤油的进口在 20 年内，就此从零增长到居宁波进口货值的第四位，仅被鸦片、本色细布和锡所超过。在本 10 年的初期，只有美国煤油进口。但以后俄国油引进，现已成为美国的有力对手。

洋糖进口，在 1882 年为 14709 担，1891 年增至 79124 担，其中黄糖

20098 担、白糖 59026 担, 食糖在海关统计中视为洋货。……食糖是奢侈品之一, 大有起伏, 但在其同时, 在进口量方面却有巨大的持续增长, 自 1882 年以来, 每年进口的食糖 (含白、黄糖和糖果) 下列数字可见一斑:

食糖进口表

年份	担	年份	担
1882	24587	1887	71974
1883	20120	1888	33966
1884	18452	1889	27510
1885	44587	1890	60304
1886	84166	1891	54634

下表为每年土货进口贸易净货值:

年份	关平银两	年份	关平银两
1882	1797576	1887	2039361
1883	1682576	1888	1949446
1884	1295633	1889	1798942
1885	1718215	1890	2087035
1886	2192033	1891	1802906

过去 10 年出口贸易每年货值如下:

年份	关平银两	年份	关平银两
1882	3763870	1887	4444484
1883	3560428	1888	5657732
1884	4773272	1889	5177781
1885	5107028	1890	4874590
1886	4810377	1891	4911963

绿茶平均占据出口贸易货值的 2/3, 该商品在 10 年中出口量如下:

年份	数量（担）	货值（关平银两）	年份	数量（担）	货值（关平银两）
1882	140171	2744043	1887	134017	3155994
1883	126441	2583183	1888	156997	4066931
1884	155304	3401531	1889	157080	3681110
1885	166604	4102871	1890	151573	3183409
1886	148214	3507489	1891	159283	3124263

该表显示有些起伏，但总趋势是出口增加而不是减少。本10年总出口量大于以前任何的10年。本10年的后半期，货运超过前半期，从数字来看并无茶叶贸易衰退的迹象。但另一方面来看，对宁波茶叶的需求则很少或没有增长，贸易没有相当扩展。在10年内，价格起伏很大，开始时，1882年每担关平银19两，涨至1888年每担26两。1891年平均价格每担19.50两，除了1882年是最低价，当年茶叶质量如此之差，以致大部分进口到美国的被斥为不合饮用。低价主要由于低质，似乎使茶叶生产者感到泄气。促使他们降低制作的成本，而不去改善茶叶的质量。茶叶贸易在近几年里，已无利可图，宁波的茶行数目已减少到只有五六家，业务按合股经营。

墨鱼出口量从1882年至1891年列表如下：

墨鱼出口表

年份	数量（担）	货值（关平银两）	年份	数量（担）	货值（关平银两）
1882	13458	98442	1887	47881	210060
1883	30805	182604	1888	43468	209414
1884	55576	259195	1889	29579	221841
1885	36397	148269	1890	37658	263608
1886	52410	193845	1891	82568	330272

自1874年创纪录地出口86688担以来，1891年乃是后来最好的一年。

宁波和世界其他地方的交通，在10年中很少变化。和外国交通根本不存在，偶尔有一艘轮船从日本装了煤来，从香港装了杂货，这就是整个直接交通。上海是宁波出售产品和采购供应的市场，在10年中，每天有轮船往来，上海向来是我们进行商业的中间媒介。定期交通在1885年中断几个月，当时法国舰队出现在甬江口，在镇海的航道加以拦截，封锁了轮船的航行。

那一年的航运表上轮船的只数和吨位大大下降。1890 年和 1891 年来了第三家公司加入沪宁航线，打破原来规律，引起强烈竞争，致使进港船只数字剧增。除此例外情况，对本口岸贸易没有意义不产生永久影响之外，轮船的航运实际上保持不变。在 1882 年，两家大公司轮流行驶轮船，双方协议，每天从上海开出一艘轮船到宁波，虽在 1891 年竞争中促使进口数增加到每天两艘，并无迹象要迅速放弃互斗的政策，对有关公司都是毁灭性的，对口岸的贸易量也很少产生影响。

1881 年上海、宁波轮船的运费率是货物的尺码吨，每吨 2 元。按重量付费的，货物则重件每担 1 角，轻件货物则 2 角到 3 角不等。特殊运费是茶叶，每吨 2.50 元，布匹每包 0.75 元，草帽、草席每包 0.25 元，原棉每包 0.40 元，丝绸每担 3 元，运费一直保持几乎不变，直到竞争开始，运费下降了约 50%。

下列数字为 1882—1891 年宁波进口的鸦片量：

鸦片进口表　　　　　　　　　　　　　　　　（单位：担）

1882 年	7963	1887 年	4389
1883 年	7963	1888 年	6040
1884 年	7542	1889 年	5932
1885 年	7866	1890 年	6026
1886 年	8243	1891 年	6027

洋行

宁波本地居民的数量、组成、类型或职业并无特殊变化。从事贸易的洋人数目大为减少。1882 年时在宁波经营业务的六家洋行已在这 10 年中退出，即考依特洋行（Messrs. Coit & Co.）、戴维森洋行（Messrs. Davidson & Co.）、赫德森洋行（Messrs. Hadson & Co.）、迈尔洋行（H. B. Meyer）、小沙逊洋行（Messrs. David Sassoon. Sons & Co.）以及老沙逊洋行（Messrs. E. D. Sassoon & Co.）。本期中另有两家开业也已停止业务。在 1891 年年底，只有两个外国机构设在宁波、瓦德曼洋行（Messrs. Wadman & Co.）和库尔赞。太古洋行驻有代表管理太古轮船公司的航运业务。有一家外国机构存在，但无洋人代表。进口和出口几乎全部掌握在中国人手中，洋人已放弃竞争。外国商团内仅有两个或三个人而已。

钱庄

宁波共有 22 家钱庄。均与上海、杭州和绍兴互有业务往来，其中两家也与温州有交易。他们按固定利率收取存款，凭满意的担保贷出款项，并发出汇票。主要的钱庄组织同业公会，会员互为信誉担保。同业公会以外的钱庄开展业务提供较高利率，但信誉并不太好。同业公会每日确定并公布贷款利息，称之为"银折"或"洋折"，每 1000 元每日 10 分至 30 分。活期存款利息的计算，是按此利息减去 5 分。贷款以二个月或六个月为期，利息按月计算，每 1000 元从 5 元到 7 元，按业务情况而定。从未有超过六个月期限的贷款。借款人出具一张期票，写明所借金额和应付利息，如在六个月期限时不能兑现，则可允许付息后再续期，但利息升高。

在中国旧历头三个月，存款无利息，贷款利息也很低，每 1000 元一天为 7.5 分。

定期一年存款利息，按年利率 6 分或 7 分。

贷款有时是以商品作担保，但一般有良好声誉的商铺或银号签署（大额贷款则书面保证），即可获得贷款。

汇往上海的汇费是每 1000 两 3 钱。

平均钱庄有资本 3 万元到 4 万元。职员有一名经理、副会计师、会计师，三至四名银行行员以及两名或三名练习生。

余德：1892—1901 年报告

宁波口岸的商业形势，我们发现所回顾的 10 年期间整个贸易，每年平均价值以整数计算为 1550 万关平两，比 1891 年前 10 年，每年平均价值增加 27.5%。为了清楚显示本口岸总贸易逐渐发展情况，下面列一清单，其中茶叶和鸦片不在其内，有些物品起伏很大，以后另作说明。

本口岸 1892—1901 年贸易总表　　　（单位：关平银两）

年份	进口		出口 （茶叶除外）	总计
	洋货（鸦片除外）	土货		
1892	4211102	2176701	1728314	8116117
1893	3952249	2192662	2363075	8507986
1894	4095183	1843342	2085586	8024111
1895	4977936	2110533	2538388	9626857

续表

年份	进口		出口 （茶叶除外）	总计
	洋货（鸦片除外）	土货		
1896	5813818	1991463	2817469	10622750
1897	6438556	2065390	3613911	12117857
1898	5897596	2208750	3014358	11120704
1899	6988001	2740467	2846328	12574796
1900	5908043	2679606	3590500	12178149
1901	8008654	2834467	3209307	14052428

这些数字，显示进口和出口贸易两个方面都有了稳定的进展，而且以10年最后一年与第一年相比较，进口和出口一样，货值都增加了一倍。贸易价值的大增，不完全是由于商业的增长，而很大部分是由于远东的一切贸易物品特别是洋货进口，自1894年以来，因为银价大跌而成本提高的缘故。事态如此不幸，当然反映在对外贸易的结果就完全不一样。

金属的贸易，一直在宁波占重要地位，每年平均价值达到近100万关平两。最突出的是锡，每年进口约26000担，多数来自马六甲海峡。云南锡，本地也有销售，但太软不很受欢迎。锡主要用来制造锡箔拜佛之用。雇用成千人，形成轮船和民船的主要出口货。

煤油，在10年间已增加一倍，去年进口量达到400万加仑。除美国和俄罗斯之外，苏门答腊煤油在1897年初次登场，此后即成为该项贸易中主要竞争对手，下列显示10年间各种煤油的进口情况：

煤油进口情况表

年份	英国	印度	日本	合计	
				数量	价值
	加仑	加仑	加仑	加仑	关平两
1892	1721880	407280	—	2129160	251102
1893	2067870	31500	—	2099370	251791
1894	1489260	411730	—	1900990	227226
1895	1899150	614435	—	2513585	341553
1896	1288400	1123200	—	2411600	356950
1897	1540100	1045400	306655	2892155	433968
1898	1291445	710000	671200	2672645	401417
1899	1111585	799480	982350	2893415	465102

续表

年份	英国	印度	日本	合计	
				数量	价值
	加仑	加仑	加仑	加仑	关平两
1900	1182230	546300	907390	2635920	484616
1901	1870600	533650	1287150	3691400	494210

　　美孚石油公司为满足该一重要贸易的需要，最近在靠近运河边建造一庞大的仓库，可以储存5万箱。迄今为止，所有的煤油都是由三桅船运来的，上海和本口岸之间定期轮船拒载这种货物，因此，该公司专门为此目的，造了一艘自己的轮船美安（Meian）号把油运来。

　　食糖贸易，自上个10年报告以来，已取得广阔天地。在上个10年间，洋货和土货每年平均73000担，而在本10年间达到近23万担。1901年进口食糖35万担，其中从香港和菲律宾进口的16万担是精白糖。后者食糖由于外观好、价廉而深受欢迎，市场上地位巩固，在1901年，有不少于21艘轮船从香港经台湾满载上述货物和台湾糖到达本口岸。

　　10年期间，土货进口每年平均货值为225万关平两，与前10年间并无实质性长进。

　　出口货物，我们发现在主要产品茶叶方面，已发生重大变革，严重影响到本地的商业重要性。下表说明这一贸易在10年间的情况：

茶叶出口情况表 单位：担

年份	平水茶	徽州茶	年份	平水茶	徽州茶
1892	28258	75235	1897	61579	12468
1893	109974	73801	1898	50579	3561
1894	85812	74345	1899	79005	299
1895	98390	90380	1900	68600	—
1896	96897	78660	1901	60072	

　　从这些数字，可见我们茶叶贸易的一半以上，已经从本地市场上消失。产自安徽省的徽州茶叶约7万至8万担，本来一直通过本口岸，现已转向杭州，从杭州直运再转运上海，使本关每年损失税收约20万关平两。这是1896年杭州开放通商的自然结果。

原棉出口的突飞猛进，是在前 10 年期间本口岸贸易的主要特色之一。在过去年代，棉花出口每年平均仅有 12000 担，而现在平均达到 8 万担，而且这也并没有损害民船的贸易。因为通过民船的运输，看来也同样繁荣，每年运往南方口岸也有 5 万到 6 万担。……值得注意的是，浙江省产棉被认为是中国产棉最佳者，用以织成布料，色白而紧韧，因此在上海和日本的市场上都卖得较高价格。

转而谈到内地贸易货物，值得注意的是，这项贸易在不断稳步提高，从下表每隔五年的贸易值可以看得出来：

年份	关平银两	年份	关平银两
1886	715620	1896	1352035
1891	1134989	1901	1998610

由此可见，该贸易在 15 年内，几乎增加到三倍。

下表全面概括了 10 年间洋药（外国鸦片）进入本省的数量：

（单位：担）

年份	宁波	杭州	经南浔和枫泾站	合计
1892	6199	—	2539	8738
1893	5829	—	2486	8315
1894	5565	—	2214	7779
1895	5164	—	1796	6960
1896	5001	—	1646	6647
1897	3787	978	1528	6293
1898	3580	993	1449	6022
1899	3380	1957	1249	6586
1900	2559	1797	852	5208
1901	2357	1852	964	5173

由此可见，运入本省的鸦片总量，在 1892 年达到 8738 担，而 1901 年跌至 5173 担；单以本口岸而论，则同期从 6199 担下跌至 2357 担。杭州自 1896 年开关以来，已经每年分去 1000 至 2000 担。

前 10 年中所报告的外国利益衰退，看来目前仍在继续之中。如同其他较小通商口岸一样，中国同业公会的权力、缺少对外国的直接交通以及洋人财产转移为华人所有，都使洋人利益直线衰落，但这一情况并不指本口岸本身的商业繁荣有任何衰败，本口岸的洋行在贸易中仍占有它积极的份额。

柯必达：1902—1911 年报告

宁波是老口岸，10 年中历史平静无事。其主要方面，贸易仍按原来渠道前进。总之，该口岸仍保持其商业上的重要地位。以商业眼光来看，在最近 10 年里成果可认为相当满意。贸易平均净值约为关平银 2200 万两，与前 10 年比较增长 650 万两，或增长 42%。1911 年的洋货进口值与 1902 年相差无几。在本 10 年之第一年，棉织品进口量总数达到 71.5 万匹，在最后一年为 72.5 万匹。棉织品进口数量在以往 20 年中每年均在 70 万至 80 万间。数字起伏不大，似乎代表了宁波市场消费力的界限。本色和漂白细平布列首位，平均进口分别为 39.8 万匹和 11.8 万匹，两者合之则占棉布贸易之 70%。在本 10 年前期对美国的阔幅平布需求旺盛，1908 年突然停止，因此在 10 年的后四年平均进口 2.5 万匹，仅及前六年平均数的 1/3。棉纱的到达量始终不大，日本货取代了印度货。毛货和金属不值一提。至于杂货，卷烟进口在 10 年中增长五倍多。煤油贸易继续持平，平均进口量为 276.7 万加仑，比前 10 年平均量略有增加。俄国煤油逐渐停止进入市场，1907 年后即从我口岸进口清单中消失。在宁波地区主要消费品中食糖最值得注意，精白糖贸易令人满意，1908 年达到顶峰。1910 年由于上海财政危机，食糖贸易下降，又再次下跌，直至 1911 年底。1906 年日本和爪哇糖初次在市场露面，但经激烈竞争不同程度上被香港精制糖业所驱逐。1907 年后"爪哇"糖完全消失，但日本糖再次谋求立足。在 10 年中"依洛依洛"（译者注："依洛依洛"为菲律宾地名）糖的到货量直线下跌，这种糖已在美国找到较好出路。

10 年中土货出口大增乃宁波贸易之显著特征。出口平均值关平银 870 万两，比前 10 年平均值高出 350 万两。对此增长，原棉的贡献是主要的。除 1905 年和 1911 年外，棉花收成令人满意，并且 1910 年出口 17.3 万担是创纪录的一年。10 年中平均出口 12.7 万担，增长 50% 多。据测，宁波棉约八成是经由上海运往日本。经本关监管出口的惟一品种茶叶是平水茶，在 10 年初期鉴于产地平水离杭州比宁波更近，曾担心该种茶叶可能选择走杭州路线。然而这种担心证明是无根据的，可以欣慰地看到整个近 10 年中贸易保持稳定并且在后半期具有明显上升趋势，1911 年平水茶运往上海115611 担，为近 20 年内最高出口纪录。本口岸出口货物一览表之中，除棉和茶已有论述外，在 10 年中最注目的增长有草席和锡箔（神纸），而下跌的是白矾，并特别以墨鱼为甚。值得专门提出的是宁波棉纱出口的大增长，从 1902—1906 年平均 960 担，升至 1907—1911 年平均 26000 担，多数往上海再续运到长江和北方口岸。

土产品进口一览表无新品种，其贸易值波动大，主要决定于需要外源大米程度，每年从两三千担到 50 万担变化不止。

洋药进口的大衰退是这个部分贸易的显著特征。在前 10 年间每年进口5000 至 5500 担。自杭州关 1897 年开放贸易以后，我关的数量大为降低，在 1897—1901 年间每年进口平均仅有 3000 担。1902 年明显的迹象是土产鸦片逐渐取代印度货，由于价格高，印度鸦片不能与当地种植的土药相抗衡，在 1902—1905 年间年平均进口量下跌至 2045 担。1906 年 9 月清帝发表诏书，痛斥鸦片恶习，命令予以压制，致使衰退更甚，进口量自 1905 年之1814 担下降至 1906 年之 1388 担。在本 10 年之最后一年，1911 年仅有 412担。1911 年 5 月 8 日中英政府签订协议按《烟台条约》条款征收统一进口关税，由每担关平银 110 两升至关平银 350 两。自该日起印度鸦片每月平均进口仅 21 箱，为最低水平，看来此协议给本地之洋药贸易以最终致命打击。

在 10 年中只有极少数洋式制造厂建立起来。本地区第一家也是最重要的一家是通久源棉纺厂，建于 1892 年，有 2 万纱锭。投入资本虽不大，仅40 万银两，但该厂连续好几年赢利，创办人获利颇丰。第二家厂创办于1906 年，资本较大，有 60 万银两，后又增至 190 万两，与对手竞争，但致两败俱伤。两厂开工至 1911 年，棉花严重歉收迫使双方关门。据称双方均未破产，不过是缺少运转资金，只有等待有利时机准备重建。

通久源面粉厂与上述棉纺厂有所关联，建厂于 1901 年，经过艰苦支撑于 1902 年关闭，迄未重开。通久源公司第三个企业棉籽油厂筹资开办于1907 年，但赖以生存之棉纱厂 1911 年停工时棉籽油厂也被迫关闭。

光明皂烛厂创建于 1906 年，资本 6 万两。在开工的头两年里虽按 4 分付利却始终未曾兴隆过。现仍在继续生产，但据说状况不佳。

正大火柴厂开创于 1907 年，资本 4 万两。生产多种火柴，较进口货便宜，在当地有稳定的市场。迄至今日尚未公布红利。

一家为供应宁波城内及甬江北岸郊区电力的电灯公司于 1901 年创立，

然几个月后即倒闭。东岸郊区多年来由该岸棉纱厂的电厂供电。

一家新的电灯公司重建于老公司废墟上，于 1909 年营业，并且有段时间效益良好。然当客户增加，线路不胜运载必需电流量，电灯有时既暗又不稳定。新机正在安装，电灯可望有所改善。

甘福履：1912—1921 年报告

回顾 10 年本口岸贸易进程，称之为飘忽不定乃最为恰当。纵然如此，年平均贸易净值关平银 2770 万两，比前 10 年数字增长 530 万两，即 24%。增长原因无疑归功于许多商品价格上升。另一方面，把 1912—1921 年主要进口货和出口货分别比较，则看出多数情况下是量的增长，印证了对未来的乐观情绪。必须指出，上述总计并未包括通过中国常关的民船载运货物在内，在考虑口岸贸易值时则必须计算在内。棉织品的进口洋布和土布变化很大，年进口量从 50 万匹至 92 万匹不定。到 10 年的后半期特别是抵制日货的两年内，1919 年 5 月—1921 年 4 月间日货完全从海关贸易统计中消失的时候，本国制造货物在外国制造货物减少的情况下有了大发展。1921 年本国本色棉布（平布、阔幅平布及斜纹布）进口 255000 匹，而 1912 年则为 82000 匹，外国制造同类货物相应下降，即由 427400 匹减少至 258800 匹。金属中的锡主要用以制造拜佛锡箔，是惟一值得一提的，其进口量在 1919 年高达 54000 担，较之 1912 年为 9000 担。至于杂货，卷烟再次惊人增长，从 1912 年货值关平银 387500 两跃至 1921 年的 1836500 两。此项贸易显著特征是本国品牌与外国品牌之间不断尖锐的竞争。回顾本 10 年之初，本国卷烟尚未上市，而在 1921 年进口总数已接近 70 万千支，货值超过 100 万两。煤油数字缺少变化。年进口 250 万加仑中约 2/3 为美国产品。当地俗语说得好："糖业旺，百业兴"，意思是人在困难时糖就少吃了。还可以注意到 1918 年运进补缺粮的大米不足 12 万担时（相对每年平均为 80 万担），这时糖的进口量达到 437000 担的 10 年创纪录数字。

出口贸易主要方面变化很少。本 10 年平均年出口货值关平银 1060 万两，较之前一个 10 年则是关平银 870 两，但因许多出口货物价格上升，这一进步应适当折扣计算。茶叶贸易尽管政府扶植仍不景气。1914 年 11 月对所有出口国外茶叶关税减至每担关平银 1 两，并于 1919 年 10 月关税全免，同时内地税也减少一半。但中国茶叶外销下滑进程并不能被这种财政补救办法所制止。最终解决看来要花费一段时间。原棉因要留下在当地收获更多部分生产棉纱，其在出口清单上已不占先前的突出地位。宁波棉纱适当地填补它的位置，其出口的巨大增长值得注意：在 1902—1911 年由平均 20048 担上升至本 10 年平均 62074 担。灯芯草和草帽的出口经历相当的波动，此项贸易的主导因素在于意大利汇率，汇率保持低下，欧美就能从佛罗伦萨买到比宁波更便宜更好的帽子。渔产品中墨鱼和鱼胶在 10 年之后期需求甚旺，可以指出，宁波在世界上渔业中心名单中排列在前。渔业给浙江沿海成千居民就业机会，年捕捞量不会少于 100 万银两。豆腐是价廉而有益健康的食品，深受福建、广东劳动人民喜爱。在出口名单中继续列在前位，而出口蚕豆主要用于制皂，从 1912 年的 40470 担上升至 1921 年的 128400 担。

鸦片无论洋药或土药均自 1914 年 6 月 16 日起一律禁止进口，而贸易早已在前两年就停止了。普遍认为抽鸦片烟仍在继续，不过略有收敛，但种植罂粟则可肯定在宁波地区，否则在全省就已完全禁绝。吗啡和可卡因在这个地区未流行。

安斯迩：1922—1931 年报告

兹将本期本埠贸易净值列表于下：（表内货值数字以关平银百万两为单位，折合美金数字亦以百万元为单位）。

1992—1931 年贸易净值表

年份	关平银两合美金数目	进口洋货净值合美金数目	进口洋货净值	进口土货净值	出口土货净值	共计
1922	0.83	13.50	16.27	9.40	11.80	37.47
1923	0.80	12.22	15.28	12.33	14.01	41.62
1924	0.81	10.98	13.55	14.16	17.17	44.88
1925	0.84	12.94	15.40	13.34	18.20	46.94
1926	0.76	15.40	20.27	14.09	16.21	50.57
1927	0.69	13.16	19.07	14.72	18.51	52.30
1928	0.71	10.64	14.98	20.92	16.40	52.30
1929	0.64	10.07	15.74	15.53	16.91	48.18
1930	0.46	10.46	22.73	13.76	16.74	53.23
1931	0.34	3.72	10.95	19.42	13.80	44.17

最近 10 年宁波主要进口洋货数量表：

年份/名	煤油 （美加仑）	纸烟 （千支）	糖（担）	本色粗细 市布（匹）	水泥 （担）
1922	3467600	494800	361400	257100	14900
1923	3503100	420800	164600	215200	6700
1924	4224300	433900	360500	228600	2300
1925	4493200	336100	429900	188300	1100
1926	3980600	314800	414800	178000	4400
1927	4077800	267400	317100	109300	—
1928	3783100	360900	429000	83200	780
1929	4368500	135800	370300	63400	1700
1930	3353500	52500	334300	40900	100
1931	1805900	30100	341900	16000	—

1922 年及 1931 年宁波主要进口土货数量表：

货　　名		单位	1922 年	1931 年
纸	烟	担	13100	49400
水	泥	担	17400	148600
糖	品	担	18300	16700
本色粗 细市布	匹	198700	424400	

　　查本期贸易，报经海关之货值，1922 年土货出口净值（包括所有直接输出外洋及运往通商口岸之货物净值在内）共计关平银 1180 万两，洋土货物进口净值，则达关平银 2567 万两；1931 年，出口净值增为关平银 1380 万两，进口净值升至关平银 3037 万两。

　　本期之中，宁波一带工厂，相继而兴。兹将其概况，分别列举于下：

　　和丰纱厂，1905 年设立，资本 900 万元，锭子 23200 枚，年产粗纱 27000 包。

　　正大火柴公司，1912 年设立，资本 6 万元，年产 12000 箱。

　　通利源榨油厂，1924 年设立，资本 8 万元，年产棉油 15000 担，棉饼 8 万担。

　　中国卷烟公司，资本 1 万元，年产 3000 万支。

　　粹成洋伞厂，资本 3 万元，年产伞 12000 柄，手杖 6000 支。

宁波永耀电灯公司，资本 100 万元。

镇海明明电灯公司，资本 67500 元。

宁波四明电话公司，资本 30 万元。

针织厂 25 家，针织机计 4500 至 5000 具，年产丝、棉、毛各种衫袜，共值银 400 万元。丝织厂数家，其中规模最巨者，每年制品约值五六十万元。

罐头食品公司数家，资本共计 6 万元，每年产品约三四十万元。

皂烛厂数家，每年产品约值 35 万元。

铁器铁工厂数家，内以宁波工厂为最巨，资本 24000 元。

草席厂多家，每年制品约值 20 万元。

此外，手工制品种类甚多，如丝质、蒲草及金丝草帽、草帽缏、蒲席、花边及锡箔等，规模虽小，随处皆有。

浙海关的税收

中国近代海关的税制和税则，是与列强签订不平等条约后所强加的。

清道光二十三年（1843）十月八日中英签订《五口通商附粘善后条款》，"海关税则"是其中重要部分。

1843年的新海关税则分《出口税则》和《进口税则》两大表。出口税则分12大类，68个税目。进口税则分14大类，104个税目。进出口货物中属于从价税的，其税率分"值百抽十"与"值百抽五"两个税级。"值百抽十"的都属进口货物，税目不多：1. 香料等物；2. 木料，如红木、紫檀木、黄杨木等；3. 铜、铁、铅、锡等类，如白铜、黄铜等。

凡出口货物在新税则内未载的，都属"值百抽五"。

新税则的进口免税货物有金银类，各种金、银洋钱，锭银，洋木、洋麦、五谷等。出口免税货品有金银洋钱及各种金钱类、瓦砖、瓦片等造屋之料。

这一税则在后来与宁波进出口货物关系较大的是：1. 茶叶新税率每100斤为2.5两银子。比旧税率增税15倍有余。2. 湖丝、土丝的增税率达85.19%，进口棉花增税率达166.66%，船钞方面改革最大，新税则将原来的按丈输钞改为按吨位计算。

咸丰八年（1858年），清政府与英、法、美、俄分别签订了不平等的《天津条约》。同年11月，又被迫在上海签订了《通商章程善后条约·海关税则》。修订后的税则分类大致相同，但税目则增加了。进口税则仍分14类，税目增加73个，连同原有的104个共177个"进口药材类"中增加了"洋药"等税目，鸦片用"洋药"的名目公开进口，进行贸易。出口税则仍分12类，税目增加106个，连同原有的68个共174个，而船钞的税率则大为减低。

1843年的税则中并未订有免税品条款，仅列载了为数极少的免税品目。

1858年的税则中专门订立了免税品条款，列举了为数众多的免税品目。茶税和丝税是中方与英方（法、美）谈判中的难点。最后维持茶、丝旧税率不变。自 1858 年税则订立后，世界物价的总趋势是上涨的，原定从量税折成从价税，税率实际上在相对下降，因此，列强借口阻挠修订，竟实施了 40 年之久。

太平天国十一年，清文宗咸丰十年（1861），太平军李世贤部占领宁波，在波设天宁关，按太平天国的总政策，采取了轻税的税率。从今仅存的一张天宁关监督潘起亮发给船商李贤三的完纳钞税的"天字第伍百肆拾"号执照：净棉花 30 包，毛重 2880 斤，纳钞税计划内银 2 两 3 钱有奇。时棉花价每包 28 元左右（1860—1864 年价格），税率为 0.5% 左右。如按 1860 年涨价前 9 元 1 包计算，税率仅 1% 多些。税率极轻，但鸦片不准买卖。

天宁关存在时期很短，太平天国不久也告失败，鸦片输入合法化。

光绪二年（1876）中英签订了《烟台条约》另议专款，规定鸦片输入中国口岸时，由海关封存，在按照每 100 斤向海关交纳进口税 30 两，并纳厘金 80 两之后，就可以运销各地，不再交厘税。从光绪十三年（1887 年）起，海关开始洋药厘税并征。光绪二十八年（1902）八月二十九日签订新税则和《善后章程》。修订后的进口税则分为 17 类，新添 3 类，增加 21.43%；税目 682 个，新添 505 个，增加 285.31%；其中从价税 117 目，从量税 565 目。由于科学技术的进步产生了许多新的货品，新货品不断进入国际贸易的流通领域。为适应国际贸易的需要，促进了进口税则的分类从粗向细发展，税目也相应地增多。

其次，大部分进口货品的新税率确有所提高，其中某些货品的税率增长幅度较大。如进口宁波港的乌木、黑檀木，每 100 斤旧税率的 0.15 海关两提到 0.2 海关两，增长幅度为 33.3%；向宁波港进口的铅块，每 100 斤由旧税率的关平银 0.25 两，提高到关平银 0.285 两，增长幅度为 14%；而进口的奢侈品如珊瑚，增长为 1010%。

新税率高于旧税率，基本上达到"值百抽五"的水平，比起其他国家来，仍然很低；又次，新修税则的免税品范围大为缩小。除了粮食、金银等的免税进口是清政府传统的鼓励进口政策外，仅为"印字书籍、水陆各图、新闻纸等均准免税放行进口"。再次，查禁吗啡，在 1902 年中英《续议通商行船条约》第十款规定：英国方面应允：禁止吗啡任便贩运来华。中国方面应允：凡领有英国执照的医生如运吗啡进口，应在本国领事署内具结保证自用或为某医院专用；英商药铺也应在本国领事署内具结声明，非有外国医生药方不得出售，且此项药方亦仅限于小量出售；各该医生如运吗啡进口，应照税则纳税后，请领海关专单，方准起岸放行。凡英人贩运吗啡进口，有未领单者，应将其货充公；中国亦禁止中国铺户制炼吗啡。

1902年新修税则第一款规定海关估价的方法：

1. 进口货物的估价均以进口地的市价为准。市价的银两则按该口岸的平色为准，然后照此平色合足关平银若干核算。此项合足关平银数目的市价之内，已包括了值100抽5的进口税和银行、洋行等经手的手续费7两，应在估价112两之数扣除12两，方为起岸的实价，再按50%抽税。

2. 如该货在报关前售于华商，应视真正合同上所载的价值总数即为市价，按此抽税。

3. 如该货按某国出口价值并加运费、保险等各费，以此价值售于华商，也可作为市价，照此抽税。

4. 该货在报关之前并预售于华商，应由海关检验和估算它的完税价格。

光绪二十七年（1901），浙海关50里内常关——浙海常关总关和镇海分关及沙头、小港二口归税务司管理。但这些常关仍然使用旧税则向进出口土货征税，税率均为从量税。如"宁大关经制巡栏照票费"规定："奉化鸟山船项"，毛竹费每只（船）112文，竹片每只360文，箩篓每只112文，杂木每只（船）72文，加：官单每纸钱54文。

"镇海日经制巡栏照票费"规定：蕃薯干，每只船钱156文；鱼鳖鲎等，每只船钱36文。这是一种以船计量，以船只分类的原始征税办法。

1914年5月，国民政府财政部通告各关厘订税则，要求50里内外常关，此照海关税则折半征收为标准，改订税率。而当时浙海常关的税率，仅为新税则的58.5%，而浙海关50里内外常关在1916年才推行新税则。

1918年1月5日—12月20日，修订税则委员会修订了新税则。修订后的新税则中增编了号列，便于海关的验估、征税、统计等工作，也便于商人向海关申报。新税则按英文和日文条约本，货物分布匹、五金、杂货三大类；每类之下分若干门；每门之下便是各种税号，共有598个号列，其中从量税416号，从价税178号，免税4号。税则分类改进后，税收负担亦趋合理，税额有所增加，浙海关于1919年7月实行该新税则。

修订后的《税则章程》第一款中，对估价办法作了修订，在原"市价"之前，加进"批发"字样，改为"其价则以该货批发市价之本埠通用钱币为标准"。其第四款增列了鸦片烟、罂粟子及其他毒品的禁运条款。

1922年，在中国关税自主的呼声下，华盛顿会议达成了《九国关于中国关税税则协定》，3月31日在上海成立修改税则委员会，于9月底完成。

新修税则的货物分15类582个税号。税率"增至商约中规定的切实5%

之数"。普通货物一律按值抽取 2.5%附加税；对某种奢侈品得增加附加税，但不得超过按值抽取 5%。浙海关于 1923 年 1 月 17 日正式实行新修税则。

1928 年 6 月 15 日，国民政府发表宣言，废除不平等条约，美国、德国、英国、法国及欧洲各国相继承认中国关税自主。

1928 年 12 月 7 日颁布了第一个国定进口税则，税则将进口货物分为 14 类，718 号列。税率自 7.5%—27.5%七级，凡税率表未载明的各货品，均按 12.5%征收除正税外，另行征收附加税。附加税采用七级等差税率。新税则的平均税率为 8.5%。浙海关在 1929 年 2 月实施新税则，1930 年，全年进口税为 1928 年的 245.8%。

1930 年，国民政府的国定税则委员会重新制订进口税则，并进行关税改革，于 12 月 29 日颁布，1931 年 1 月 1 日施行。进口货物分 16 类 647 个税则号列。进口税率分 12 级，即 5%、7.5%、10%、12.5%、15%、20%、25%、30%、35%、40%、45%、50%。平均进口税率 1931 年为 14.1%；1932 年为 14.5%。关税改革的主要内容是：1931 年 1 月 1 日裁撤厘金税和子口税。1931 年 6 月 1 日，撤销了浙海关管辖的所有 50 里外的常关分关。

复进口税裁撤后，由此口至彼口之税，改称为转口税，转口税先对用轮船装运的货物征收。

1931 年 5 月 7 日公布"国定出口税则"。6 月 1 日实行。1931 年出口税则的货物分为 6 类，270 号列。从量税税率大多为 5%；从价税大多为 7.5%。

关税改革的另一重大措施是，计税单位由海关两改为海关金单位。国民政府于 1930 年 1 月 15 日公布命令："自 2 月 1 日起，征收海关进口税一律改用海关金单位，不复按关平银计算。"海关金单位由政府规定它的含金量，海关金单位值 60.1866 厘克（0.601866 克）纯金。折合当时美国金元 0.4 元。由于海关金单位与银元、银两等的折合率有变化，所有各大口岸由该口税务司规定每日的通用汇率为海关金单位的折合率。

中央银行还出售关金汇票，给商人缴纳关税之用。1 海关金单位的售价为 0.40 美元，每 100 海关金单位另收 1/8 美元的外加费用。合计 0.40125 美元。

1931 年 5 月 1 日，中央银行又发行海关金单位兑换券——关金券，以完纳进口税。

1933 年 5 月 22 日，国民政府宣布废止 1931 年旧税则，实施 1933 年新税则。新税则税号分为 672 号，增加 25 号列，以第一类棉货及其制品增

23 号列。税率有较大幅度提高，最高税率以 50% 提高至 80%。但一年后即夭折。

进口（正）税

近代海关的进口（正）税，在清代中晚期，它和出口（正）税一起通称洋税，或者称为"进出口洋税"。是户部和总理衙门在财政收支及支付赔款和偿还外债时的一个项目专有名词。自清咸丰十一年（1861）浙海新关建立起，至同治十年（1872）的 12 年间，由于海外进口贸易完全被洋商垄断，因而进口（正）税完全由洋商完纳。其后，才有少数华商参与洋货进口贸易，1874 年以后日渐增加。

按照国际惯例，进口（正）税素有海关第一税之称。但因受到不平等条约的钳制，近代中国的进口税是世界上进口税率最低的国家之一。尽管浙海新关建立以后的 15 年中，进出口净值和海关税收基本上稳步上升，同治十年（1872），在已开放的 15 个通商口岸中居第五位。然而本期内每年的土货出口额都超过洋货进口额，宁波口成为全国少有的出超港口。这是由于宁波的开埠和浙海新关的建立，加快了浙海关腹地经济商品化的过程（当时浙海关的贸易直接辖区为浙江全省），同时也在一定程度上提高了居民的购买力，增加了对洋货的需求。然而，由于土货出口的猛增，出口税的增加迅速；使进口税在浙海关关税总收入的比率逐年下降。

光绪三年（1877）四月一日，根据中英《烟台条约》规定，温州开辟为商埠。瓯海关税务司的建立，加之芜湖也相继开埠，使宁波口岸失去了南部和西部的腹地市场，进口贸易受到一定的影响，进口税也随之下降。但由于鸦片税收递增，浙海关的税收总数随之大增，而进口（正）税（不含洋药税）却继续下降。

光绪二十二年（1896）十月，根据中日《马关条约》规定，杭州开辟为商埠。杭州海关的建立，使宁波口岸失去了西北部广大的腹地市场，浙海关辖区缩减到仅剩宁波、绍兴、台州三府，使贸易和关税趋向萎缩。如光绪二十六年（1900）进口（正）税仅止关平银 59114 两，不及出口（正）税的 1/4，仅为关税总数 686180 两的 8.7%。

由于内地生产的发展，刺激居民购买力有所增长。光绪二十七年，进口税增至关平银 87826 两，为关税总数 674975 两的 13% 弱。

光绪二十八年（1902）计征华商进口税关平银 25379 两，洋商进口税 71290 两，共为 96848 两，上升为当年关税总收入关平银 668991 两的 14.4%。

光绪二十九年征进口（正）税关平银 120341 两，占浙海关总税关平银 694567 两的 18%强。

光绪三十一年（1905），直接进口洋货估值关平银 280 万两，其中糖占 160 万两银子，由香港转运来的吕宋青糖为主。征收进口（正）税关平银 117555 两。光绪三十三年（1907），由于大量的西贡米进口，进口税增至 154128 两，为本世纪初至 1920 年以前的最高纪录。而后逐步下降，以 1912 年为最低点，仅关平银 68506 两。主要进口美国面粉和美国煤油，并进口墨西哥银洋 1397520 元。

1913 年，直接进口的洋货估值关平银 289 万两，征收进口税 114852 两。占该年浙海关总税收的 23%强。洋货的分国纳税额为：英商 69192 两；法商 95 两；日商 7890 两；挪威商人 433 两；中国商人 37212 两。

1915 年洋货进口估值关平银 2928890 两，征收进口税 101895 两。由此可见中国的进口税远远低于"值百抽五"的最低税率。自 1910 年至 1920 年，浙海关进口税从未达到 12 万两。

1921 年，进口税猛增至关平 182529 两。但以后几年又有所下降。但由于关税总收入仍在低谷时期，因此进口税所占的比重却有所增加。如 1924 年征收关平银 149876 两，占税收总数 487346 两的 30.77%。这是由于鸦片禁绝以来出现的健康现象。

近代浙海关税收长期低落的原因主要是税率过低，如 1925 年由外洋及香港进口的洋货估值计关平银 515 万两，由通商口岸进口的洋货估值计关平银 1040 万两；然而该年度进口（正）税仅关平银 168096 两。1926 年由外洋及香港进口的洋货估值关平银 814 万两，由通商口岸进口的洋货估值关平银 1222 万两；而进口正税则仅征关平银 166916 两。1927 年由外洋及香港进口的洋货估值关平银 1001 万两，由通商口岸进口的洋货估值关平银 915 万两；而进口正税仅征关平银 156971 两。由于本年度始征附加税及奢侈品附加税；而于烟、酒及煤油又征收特捐，因此进口正税相应减少。另方面关平银与美元的折汇率历年下降：1925 年，每关平银 1 两折合美元 0.84 元；1926 年降为 0.76 美元；1927 年降为 0.69 美元；1928 年回升为 0.71 美元。

1928 年由外洋及香港进口的洋货估值关平银 596 万两，由通商口岸进口洋货估值 910 万两。仅征收进口正税关平银 160426 两。

北伐完成后，国民政府对于除日本以外的主要国家都签订了关税新约，他们承认中国享有关税主权。于是在 1929 年 2 月 1 日实施《1929 年国定进口税则》。使进口税的平均税率达到8.5%。这是浙海新关开关以后68年来第一次大幅度增加税收。事实如下：

1929年，宁波口岸由外洋及香港进口洋货估值关平银680万两，由通商口岸进口洋货估值关平银900万两。征收进口税关平银284042两，比上年增加77%。

1930年，宁波口岸由外洋及香港进口洋货估值关平银14995735两，由通商口岸进口洋货估值关平银7813737两；征收进口税关平银394320两，比上年增加38.83%。比前年增加146%以上。

1931年1月1日实施《1931年国定进口税则》，税率大幅度提高。因此，洋货进口值减少50%。1931年度由外洋及香港进口洋货下降为估值关平银3824670两，由通商口岸进口洋货下降至估值关平银7281678两，扣去洋货复出关平银155660两；洋货进口净值关平银10950688两。如果依汇率折合美金，1929年关平银每两折合美元0.64元；1930年折合为0.64美元，1931年折合为0.34美元。因此：

1927年进口洋货总估值折合1322万美元；

1928年进口洋货总估值折合1069万美元；

1929年进口洋货估值折合1011万美元；

1930年进口洋货估值折合1049万美元；

1931年进口洋货估值折合377万美元。

然而，1931年进口税却增至关平银860889两，在本年度浙海关总税收中占77.85%。

1932年，直接进口洋货估值关平银7294126两，比上年增加350万两。进口税增至关平银1007387两。

1933年3月，浙海关按总税务司署令，废止关平银，税收改用银本位币"元"，155.8元合关金100两。本年直接进口洋货3106318两，进口税增至关平银1283631两，占本年度总收入1663044两的78%以上。因实行1933年新税制，税收增加。1934年直接进口洋货估值590万元，进口土货估值2190万元。因之，1934年的进口税也随之猛增。1935年，直接进口洋货810万元，进口土货1530万元。但因1935年修订税则的税率有所下降，因此税收下降9%。1936年直接进口洋货减少至180万元，而进口土货为1690万元；税收则略有下降。1937年，洋货直接进口估值210万元，进口土货达2070万元。而由于上海"八·一三"抗日战争爆发，使税收有所影响。

出口（正）税

出口（正）税是对本国商品出口所征的关税，古代宁波出口贸易中收入的关税，主要货物为丝织品、瓷器、茶叶和海产品。

1843 年中英关于关税的税则谈判中，中国代表耆英认为："所争者茶叶、棉花耳，余小必校也。"最后议定，茶叶由旧征每担税银库平 1 两 3 钱，增至关平 2 两 3 钱；棉花由旧征每担税银库平 1 钱 5 分增至关平 4 钱。因而，对以茶叶、棉花出口为大宗的宁波口岸来说，浙海关的出口（正）税成为关税总收入中的主干。开关初期，土货出口量急剧增加。但自咸丰十一年（1861）至同治十年（1872）间，土货贸易出口的经营者大多是洋商；或者中国商行借用洋商的名义经营；所以，在此期间浙海关缴纳出口正税的都是外国商人。1872 年是土货出口额最高的年，进出口净值关平银 1800 万两，而土货出口超过了关平银 1000 万两。在当时已开放的 15 个通商口岸中占第五位。全年税收总计 826739 两，占全国新关税收总数的 7.13%。虽然洋货的进口额一直在稳步上升，只有个别年份略有下降；然而本期内每年的土货出口额都超过洋货进口额，使宁波口成为全国少有的出超港口。土货出口以前主要是鱼、盐两大宗货，本期新增本地产的棉花和大部分为过境的茶叶；作为原料的明矾和手工业产品草帽也大量出口。而土货出口的经营者已大多数是中国商人。1873 年，华商开始缴纳关税，以后逐渐增加。

根据中英《烟台条约》，光绪二年（1877）四月一日，温州开辟为商埠，欧海关税务司建立；接着，芜湖也相继开埠。宁波口岸失去了南部和西部的腹地，如皖南的祁门茶叶改从芜湖出口，使宁波口岸的土货出口贸易受到较大的影响，建立在此基础上的浙海关税收也随之下降。后来，由于宁绍台地区生产的发展，逐步弥补了失去南方腹地的损失，税收也逐年增加。1895 年的出口正税收入，竟达到有清一代中浙海关税收的最高峰。

根据中日《马关条约》规定，光绪一十一年（1896）十一月杭州开埠。杭州海关的建立，使宁波口岸失去了西北部广大的腹地，使贸易和关税渐趋萎缩。然而出口正税在海关税收总收入中仍占首位，有举足轻重之势。

如光绪二十六年（1900），出口正税关平银 275977.823 两，为浙海关关税总收入的 40%以上。

1905 年出口正税关平银 220577.819 两，占浙海关关税总收入

615877.301 两的 35.8%。

1910 年出口正税关平银 324296.026 两，占浙海关关税总收入 45227.382 两的 64.44%。

1915 年出口正税关平银 322592.649 两，占浙海关关税总收入 485476.881 两的 66.4%强。

1920 年出口正税关平银 174008.822 两，占关税总收入 337408.437 两的 51.57%。

1925 年出口正税关平银 278106.143 两，占关税总收入 541489.196 两的 51.36%。

1931 年固定税则为保护国货出口，1932 年出口正税在浙海关关税总收入中下降至 1.16%。

复进口税

复进口税即沿岸贸易税（Coast Duty），其税率为进口正税之半，所以习惯称为复进口半税（A Half Dutyon Reimportation）。它是外商在中国通商各口间贩运土货时所纳的国内关税。

浙海关在咸丰十一年（1861 年）开关后，于 1862 年才开征洋商复进口半税，当年仅关平银 7847 两。次年即增至关平银 44193 两。1873 年，招商局轮船参加货运，中国轮船才得到复进口半税权。该年浙海关初次征收华商复进口半税关平银 274 两。1875 年即增加到关平银 6934 两；1886 年增加到关平银 22368 两；而该年洋商复进口半税下降为关平银 1100 万两。此后，华商一直超过洋商（除 1895 年因中日战争除外）。但因洋商的起步较早，自 1862 年至 1911 年的 50 年中，浙海关所征复进口税：华商为关平银 729977 两；洋商为关平银 931233 两。1931 年 1 月 1 日，奉国民政府财政部令，浙海关停征复进口税。

洋药（鸦片）税

洋药税是咸丰八年（1858）订立的中英《天津条约》所规定的一种税收，是侵略者为取得鸦片贸易合法化而设置的税种，是具有十分严重的殖民地性质的税种。同治元年（1863）浙海关对洋商的洋药税（鸦片）才单独立项。一直至 1867 年，每年收税仅数万元。主要的鸦片税当时由宁波"北门厘捐局"所征收。以后，征收的鸦片税在浙海关总收入中所占的比例不断增大，征收洋商的鸦片税曾占关税总数的 28%。自 1874 年开始，增加了华商的洋药税。1876 年，洋商洋药税和华商洋药税占浙海关全年税收总数的 35% 以上。1863—1910 年 48 年中，共征华商、洋商洋药税银 6748457 两。1913 年明禁鸦片，洋药税取消。

洋药厘金

洋药厘金，是对进口鸦片征收的厘金。清王朝与英国通过不平等条约把原来属于内地各关卡征收的这一税收改由海关征收，再一次扩大了海关税务司征收内地税厘的权力。光绪十一年（1885），中英签订《烟台条约续增专条》，制订征收洋药（鸦片）税厘的办法：鸦片输入中国口岸时，由海关封存；在按照每 100 斤向海关缴纳进口税 30 两，并纳厘金 80 两之后，可以运销全中国，不再缴纳任何税厘。从 1887 年起，浙海关即进行洋药税厘并征。1888 年，华商、洋商的洋药厘金占浙海关全年总税收的 40% 弱；1898 年占 40.7%；1890 年占 40.3%；以后其比重逐渐下降。

民国成立后，1913 年取消洋药厘金。

子口税

子口税是常关税的一种，是资本主义列强通过两次鸦片战争强加于中国的由海关征收的一种国内税。其性质属于内地过境税，英文名为 Transit Duty。口岸海关称"母口"；内地常关、厘卡的所在地称"子口"。征收子口税后，即可代替常关税和厘金（厘金税），所以子口税又称"抵代税"（Commutation Charge）。因其税率为进口正税之半，又名"子口半税"。换而言之：凡进口洋货运销中国内地，或出口土货从内地运销国外，除在口岸海关完纳进口或出口正税外，另缴 2.5% 的子口税，便可免除口岸与内地之间所经各常关、厘卡应征的一切内地捐税。

英国首先在中国建立子口税制度，并攫取了这一特权。咸丰八年（1858）中英《天津条约》第二十八款和《通商章程善后条约·海关税则》第七款，对子口税的税率和缴纳方法作了具体规定。子口税有两种：一种是运洋货入内地的子口税，税率为进口税率之半，按从价课税的货物，每值 100 两征银 2 两 5 钱。凡洋商运洋货从通商口岸入内地，经进口岸海关检查，确系原货，一次缴纳进口税和子口税后，随由海关发给进口税单，名为"运洋货入内地之税单"（Transit Pass Inwards），该货便得放行。此后经过各关卡时，应将税单呈验，由关卡查核单货相符，即盖戳放行，无论远近，一律免征税厘，也不收任何手续费。另一种是洋商往内地购买土货，须先向本国领事申请，由领事向海关监督署领取"购买土货报单"，（Transit Pass-Memorandum）。该报单由三联组成，通称"三联单"。洋商在内地购买土货之后，运抵最靠近装船口岸的子口时，缴纳子口税，方准该货起运上栈。待装船出口时，再完纳出口税。

浙海关的子口税征收，自 1861 年至 1872 年间，征收的客商对象全系洋商。咸丰十一年（1861）五月开关，十二月九日因太平军进入宁波而闭关，半年之间尚收子口税关平银 28830 两。1862 年 5 月，太平军撤离宁波，浙海关恢复。在 7 个月半的时间，征子口税关平银 25392 两。1863 年全年征子口税达 65481 两。1864 年创造历史最高纪录，竟达 111506 两。1565 年和 1566 年又回到 64973 两和 61319 两。1867 年又回升到第二个高峰，子口税关平银 79795 两。次年下降 1/3 以上，为 45323 两。1869 年又下降 1/3 以上，仅 26723 两。

同治十一年（1872），两江总督曾国藩认为：发给进口子口税单，不以申请人的国籍为转移，宁波口岸最早响应，全国只有镇江关和浙海关两个口岸执行了这个原则。1873 年开始，浙海关的"内地子口半税"统计中已不分华、洋商人。但子口税收一直在下降，1873 年至 1575 年，从 29956 两下降至 19755 两，1885 年竟下降至 10977 两，仅为 1864 年的 9% 左右。其主要原因是由于上海商业日趋繁荣而洋商的子口税大多已在上海江海关完纳。光绪十年（1885）七月九日，浙海关税务司葛显礼致函江海关税务司好博逊，询问关于布匹等货物发证内运问题。7 月 16 日，江海关税务司致函浙海关税务司葛显礼说：

1. 在上海凡货物持有子口税票运往内地者，一律按照进口时同样予以查验；

2. 凡凭子口税票运往内地的货物，在发运前不得改换包装；

3. 迄今为止，尚无将 1 包或 1 件货物的部分内容申请子口税票者。

一直到 1897 年，浙海关子口税才回升到关平银 27745 两。1903 年回升到关平银 39321 两。

光绪二十九年（1903），英商请领"运洋货入内地之税单"2137 张，华商领 27852 张，运往内地洋货估值关平银 2145647 两。

光绪三十年（1904），英商请领"运洋货入内地之税单"2296 张，华商请领内地税单 20786 张，英商单子多于去年，而华商单子少于去年。运往内地的洋货估价值 1608443 关平两。征收子口税共 36417 两。由于本地棉布销售增多，英国、美国、印度的匹头布和棉纱进口减少，惟日本货依然如故，土货出内地的，寥寥无几。

光绪三十一年（1905），由于商人随地纳捐比在浙海关领内地税单更为便利，因此，"运洋货入内地之税单"仅有20411张，其中有935张系专运单，均为中国机器厂所造以及所出之货，土货出内地，仅发给"三联单"13张，系乱丝头蚕茧。本地子口税仅征27477关平两。

光绪三十四年（1908），"运洋货入内地之税单"大为减少，因华商申请此单抵达内地的目的地后，仍然有厘卡收厘捐，如报厘捐，却随处可以取巧。子口税本年征关平银34026两。内地运出土货所发的三联单系同镇海之式，共23张，计棉花2731担，报运出口往日本。其中有150担，超过了6个月的限期，未曾运出，将所押税银罚充厘金。

由于从上海直运货物至绍兴府的日益增多，1909年，洋货请子口单运入内地之贸易减少。因领有上海子口单的货物路过宁波，海关仍要求纳半税，所以改道。本年子口税关平银29003两。

宣统二年（1910），洋货领有运照运入内地者估值关平银138万两，运照（子口单）数为22210张，征子口税关平银23793两。1911年，洋货领有运照运入内地者，本年共估值关平银约1464000两，领运照数为19488张，征收子口税关平银22423两。1912年，洋货领有运照运入内地估值共计关平银1456703两，领子口单21914张，但没有人领三联单运土货出口的，征子口税关平银20568两。1913年，洋货运入内地估值关平银2005450两，发出运照共29776张，计子口税共收关平银24985两。1914年，洋货领有运单运入内地总数估值关平银2039706两，发出子口单计28973张，所收子口税计30129两。

1915年8月中旬起，因本省匹头认捐问题，布匹类运内地者停运6星期；因此运入内地之洋货减少。本年估值关平银1674240两，共发出运入内地子口单20666张，征收子口税关平银17501两。

1916年，运入内地领有子口单的洋货数量大为减少，估值关平银760676两。在发出子口单13855张总数中，赤糖及车白糖占46%；棉货类占34%；煤油占10%；纱藤占10%；大半货色运入浙江省内地，其余分运安徽及江西两省。子口税共收关平银16881两。

1917年领有子口单的洋货共估值关平银749237两，发子口单10606张，征收子口税关平银11992两。子口税数目之少，为从前所无。因匹头认捐已定。1918年，入内地领有子口单的洋货，本年有所回升，共估值关平银988893两，所发子口单共12173张，共收内地子口税关平银16474两。1919

年，运入内地领有子口单的洋货估值比去年增 6%；征子口税关平银计
16292 两。领有子口单 11069 张，其中往浙江省内地 18721 张，往江西省
304 张，往安徽省 318 张，领有运单的机器仿制货 1726 张。

1920 年征收子口税关平银 12894 两，1921 年为 17872 两，1922 年为
21014 两，1923 年为 24484 两，1924 年为 31464 两，1925 年为 32236 两，
领发出子口单 14998 张，另加机制洋式货物子口单 5373 张。

1926 年，本年计发子口单 13173 张，多数为输糖、靛浆、拷皮等，货
价估值关平银 1097236 两。领有运单的机制洋式货物估值 408710 两。运照
4826 张，半年征收子口税关平银 28681 两。1927 年计发出子口单 12119 张，
多数为输糖、煤油、人造靛及沙藤。征收子口税关平银 23960 两。1928 年
计发出子口单 5702 张，因为子口单要纳很重的印花税，所以减少，征收子
口税关平银 20599 两。1929 年海关税子口单输入内地的洋货估值关平银
1043348 两，发出子口单 3085 张，征收子口税关平银 9367 两。1930 年海关
凭子口单输入内地之洋货估值关平银 996832 两。发出子口单 2362 张。征收
子口税关平银 8046 两。1931 年 1 月 1 日，国民政府下令裁撤厘金税和子
口税。

表 2-5　　　　　　　　　　1861—1948 浙海关历年税收统计表

年份	税收总计	年份	税收总计
1861	296682.780	1906	590347.100
1862	112403.582	1907	686466.733
1863	352945.869	1908	677078.907
1864	395323.440	1909	614529.345
1865	393925.000	1910	545227.382
1866	424953.000	1911	452080.959
1867	452601.714	1912	449993.449
1868	567908.811	1913	483454.700
1869	690353.078	1914	536976.062
1870	689409.608	1915	485476.881
1871	718354.741	1916	479835.506
1872	803138.194	1917	390963.853
1873	751202.750	1918	405544.883
1874	769923.313	1919	412610.946
1875	732403.759	1920	337408.437

续表

年份	税收总计	年份	税收总计
1876	719590.145	1921	465042.298
1877	723300.422	1922	100863.284
1878	597514.474	1923	415906.277
1879	657215.812	1924	487345.826
1880	677399.440	1925	541489.196
1881	764640.748	1926	509525.575
1882	691741.219	1927	493971.458
1883	645214.403	1928	468607.388
1884	710468.878	1929	697859.889
1885	747439.357	1930	799831.439
1886	738888.623	1931	1139125.539
1887	848922.347	1932	2134717.02
1888	1182230.822	1933	1591023.16
1889	1155954.767	1934	3571633.47
1890	1181812.494	1935	3470053.99
1891	1225366.487	1936	1910813.41
1892	1256772.604	1937	2547784.54
1893	1277986.481	1938	3526321.43
1894	1186850.099	1939	3720134.80
1895	1240342.629	1940	5661574.49
1896	1205189.867	1946	53997610.96
1897	832405.326	1947	269840430.00
1898	735555.484	1948（上半年）	2577291305.92
1899	800870.750	1948（下半年）	886.59
1900	686184.188		
1901	674973.339		
1902	668991.282	注：	
1903	694567.164	（1）1931 年以前单位关平银两。	
1904	682176.348	（2）1932—1948 年上半年计数单位法币元。	
1905	613877.301	（3）1948 年下半年计数单位金圆元。	

表 2-6　　　　　　　1900—1933 年浙海关税收分类统计表

年份	进口税 出口税 复进口税 船钞	内地进子口税 内地出子口税 药土各税 药土厘金	转口税进出 口税附加税 救灾附加税 附征赠捐	税收总额	指数
1900 年 （光绪二十六年）	59011.400 275977.825 38980.001 3893.900	26876.224 76757.138 204685.700		686184.188	134.67
1901 年 （光绪二十七年）	87825.989 248269.582 41437.831 5137.100	33049.898 70705.350 188547.600		674973.339	132.47
1902 年 （光绪二十八年）	96648.140 280884.688 630776.368 7109.100	30844.986 60744.000 161984.000		668991.282	131.29
1903 年 （光绪二十九年）	120341.149 249535.562 35607.657 6897.600	39321.432 66299.864 196563.900		694567.164	136.31
1904 年 （光绪三十年）	111936.601 242358.396 45326.205 6705.700	32783.715 66299.381 196766.350		682176.348	183.88
1905 年 （光绪三十一年）	117554.905 220577.819 41840.235 6678.900	28651.379 54175.763 144398.300		613877.301	120.48
1906 年 （光绪三十二年）	132778.712 227235.486 36716.222 7397.000	31009.129 42330.151 112880.400		590347.100	115.86
1907 年 （光绪三十三年）	154127.853 282245.867 35683.858 11437.600	39129.555 43866.000 116976.000		686466.733	134.72
1908 年 （光绪三十四年）	163780.235 302377.090 41127.067 10647.900	33643.015 39621.800 105820.800		667078.907	132.88
1909 年 （宣统元年）	139453.583 304705.359 36904.941 12341.800	28250.662 28059.000 74824.000		614539.345	120.61

年份	进口税 出口税 复进口税 船钞	内地进子口税 内地出子口税 药土各税 药土厘金	转口税进出 口税附加税 救灾附加税 附征赠捐	税收总额	指数
1910 年 （宣统二年）	85827.759 324296.026 45061.551 12552.100	21890.718 —— 15163.425 40435.800		545227.382	107.01
1911 年 （宣统三年）	75149.996 274218.227 37522.342 9951.400	22423.424 —— 9308.272 2077.034	23497.298	452080.959	88.72
1912 年 （民国元年）	68506.010 311844.015 35669.563 12703.400	20568.681 —— 200.500 510.250		449993.449	88.31
1913 年 （民国二年）	114851.640 296561.606 36707.658 10347.800	24985.996 —— —— ——		483454.700	94.88
1914 年 （民国三年）	119595.463 324605.545 49911.515 12937.500	30129.039 —— —— ——		536976.062	105.38
1915 年 （民国四年）	101891.716 322592.649 31697.838 11792.900	17501.778 —— —— ——		485476.881	95.28
1916 年 （民国五年）	116526.273 306273.039 29990.863 10163.600	16881.731 —— —— ——		479835.506	94.17
1917 年 （民国六年）	87595.555 263981.287 26739.714 106564.800	11992.353 —— —— ——		390963.853	76.73
1918 年 （民国七年）	111706.555 243927.287 25158.750 8278.400	16473.891 —— —— ——		405544.883	79.59
1919 年 （民国八年）	113482.897 247958.093 27511.480 7366.100	16292.382 —— —— ——		412610.946	80.98

续表

年份	进口税 出口税 复进口税 船钞	内地进子口税 内地出子口税 药土各税 药土厘金	转口税进出 口税附加税 救灾附加税 附征赠捐	税收总额	指数
1920 年 （民国九年）	113102.587 174008.822 28948.245 8545.600	12894.183 —— ——		337408.437	66.22
1921 年 （民国十年）	182529.285 185267.607 34385.305 9537.900	17872.741 ——	—— —— 35413.361	465042.298	91.27
1922 年 （民国十一年）	152104.751 179851.723 31927.675 11835.000	21008.112 6.082 ——	—— —— 4129.941	400863.284	78.67
1923 年 （民国十二年）	119691.396 218760.964 35974.401 15995.500	24397.132 86.884 ——		415906.277	81.63
1924 年 （民国十三年）	149876.275 251124.145 41157.203 13722.900	31416.765 48.538 ——		487345.826	95.65
1925 年 （民国十四年）	168095..977 278106.143 39782.406 13927.900	32234.146 1.708 ——	—— —— 9340.916	541489.196	106.27
1926 年 （民国十五年）	166915.804 240053.871 43337.865 13905.700	28681.465 10.720 ——	—— —— 16620.150	509525.575	100.00
1927 年 （民国十六年）	156971.252 258972.552 32123.281 20880.200	23959.990 3.707 ——	—— —— 60.476	493971.458	96.95
1928 年 （民国十七年）	160426.355 224565.999 42200.837 20804.500	25599.053 10.644 ——		486607.388	91.97
1929 年 （民国十八年）	284042.189 327479.730 58251.419 1719.500	9367.051 —— ——		697859.889	136396

年份	进口税 出口税 复进口税 船钞	内地进子口税 内地出子口税 药土各税 药土厘金	转口税进出 口税附加税 救灾附加税 附征赠捐	税收总额	指数
1930 年 （民国十九年）	294320. 824 317795. 352 56586. 596 23082. 200	8046. 167 —— ——	140096. 596 2834. 488	799831. 439	156. 97
1931 年 （民国二十年）	860888. 988 116910. 567 18394. 900		217909. 930 38342. 030 63664. 450	1139125. 539	223. 56
1932 年 （民国二十一年）	1007387. 010 16648. 450 26313. 100		212458. 279 65009. 955 65009. 955	1370164. 970	268391
1933 年 （民国二十二年）	1283931. 521 16976. 136 19958. 543			1663044. 389	326. 39

说明：本表单位关平两。

经费支出

近代浙海关税收支出主要为国用项、省用项和关用项，而国用项是最大的部分，包括户部指拨的和清皇室专用的各项费用。

一、解部

户部是清代掌握全国财政大权的机关，国家税收和分配的权力都集中于户部。解部是国用项下第一个重要项目。其来源指京饷 4 成洋税，5 成 2 厘（52%）华商税和洋药厘金等项。由于 1861—1866 年第一季度，浙海关收入的 40% 偿付英法赔款，又有部分作浙江省军政费，因此这几年暂不将关税收入解户部；仅在 1865 年解户部库平银 1 万两。而在 1866 年上半年，英法赔款已偿清。1867 年第二季度开始浙江省军政费不在浙海关划拨（本年第一季度开支 3 万两）。1866 年上半年解部关税库平银 141668 两。1867 年为 405061 两，为当年分配总计库平银 601655 两的 67.33%。1869 年增加到库平银 514098 两，为当年分配总计库平银 677412 两的 70%；为当年国用项总计的 85.56%。1872 年为浙海关解缴户部税收最多的一年，高达库平银 700937 两，占全年分配总计 884072 两的 79.314%；占当年国用项 783520 两的 87.557%。以后逐年下降，至 1880 年，浙海关解部为库平银 281251 两。自 1867 年全年解部至 1876 年止，10 年间浙海关共计解户部库平银 5061790

两，占其间国用项库平银 6035598 两的 83.706%。自 1877 年至 1886 年，浙海关 10 年间关税上缴户部为库平银 2602524 两，占其间浙海关上缴关税国用项库平银 5514478 两的 47.19%，下降率为 56.38%。其下降部分主要分配在：1. 1876 年开始划拨的海防经费——清廷正开始筹建"三洋"舰队。2. 1877 年开始划拨的出使经费——清廷开始进行正常外交活动，在英、法等国建立大使馆。

自 1887 年至 1900 年的 14 年间，浙海关共计解户部库平银 1835000 两。仅占其间浙海关上缴国用项下的 17.628%。下降原因主要为：大部分税款拨作偿还外债；其次是：从 1887 年开始以浙海关税收部分划拨，做浙江省军政经费——主要是筹建新军之用。

自 1901 年至 1910 年的 10 年间，浙海关仅解缴户部税收库平银 9 万两，仅占其间浙海关上缴国用项下库平银 4764928 两的 1.889%。因为浙海关上缴清政府作国用项的税金，大部分用以偿付赔款和日益沉重的外债，已无款解缴户部。总计自 1865 年至 1910 年的 46 年中共解部库平银 9740982 两。

二、中央政费

这是清廷各衙门的行政经费。中央政费由海关拨解的有总理衙门及外务部经费、出使经费、总税务司经费等项。户部指拨各海关船钞及罚款的 3 成解总理衙门作为同文馆经费，实际上总理衙门的费用都取之于这项拨款。1901 年（清光绪二十七年）改总理衙门为外务部，仍用此项拨款，如有不敷，由出使经费项下拨解。浙海关税务司建立以后的头 4 年，因偿付英法赔款和支付浙江省军镇压太平天国的军费，未向朝廷缴解中央政费，但 1865—1910 年的 46 年中，浙海关拨解中央经费共计库平银 1453124 两。

三、皇室经费

皇室经费是指清朝皇帝一家的衣、食、住、行等各项费用。清初定制，户部综核天下之钱粮，内务府备内廷之供应，各省地厅、关税、盐课正项皆输之户部，各项额外盈余交内务府，各动各项，不相牵混。自 1866 年（同治五年）起，户部每年指拨各省、各关一定数量的银两解内务府应用。分担皇室经费的海关有江海、粤海、浙海等 11 处海关。其中浙海关从 1865 年至 1910 年的 46 年中，共计解缴皇家经费库平银 414793 两。

四、偿付赔款

赔款是资本主义列强以武力威胁的方法强暴地掠夺中国财富的一种方式。第二次鸦片战争之后，中国政府向英国、法国侵略者各赔款白银 800 万两。除户部直接偿付英法各 50 万两和由粤海关偿付英法各 333333 两（10

万英镑）作为撤军条件外，其余部分由江海、粤海、浙海等 11 关，以所收洋商进出口税和洋药税的 4 成，按结扣付英法各 2 成。浙海关税务司自 1861 年 5 月 24 日起至 1868 年第 21 结（1866 年初）止，偿付英法赔款计库平银 598.528 两。

1874 年，浙海关偿付日本抚恤库平银 5 万两。1882 年甲午赔款偿付俄人 10 万两。

1901 年，浙海关偿付顺直教案赔款 4 万两。1902—1910 年，偿付庚子赔款库平银 399471 两。至 1910 年止，浙海关共付赔款库平银 1188.000 两。

五、偿还外债

1888—1894 年，浙海关解还外债"福建海防借款"计库平银 777510 两。

1891—1895 年，浙海关解还外债"神机营怡和借款"计库平银 990889 两。

1895—1897 年，浙海关解还内债华商借款计关平银 114561 两。

1896—1910 年，浙海关解还外债俄、法、英、德四国借款 5779000 元，至 1910 年，浙海关共计解还外债 7547399 两。

——节选自宁波海关编《宁波海关志》，第 185—210 页，

第 290—294 页，浙江科技出版社 2000 年版。

浙海关之船舶监管

1861 年浙海新关成立后，同年 5 月颁布《宁波口各国商船进出口、起下货物、完纳税钞章程》，规定：各国商船进宁波口以后，浙海新关有权进行监管，派关员监视。限定洋船停泊范围为：甬江内自外国坟地至浮桥并盐仓门为界。又限在进口 2 日内将船牌呈交领事官或海关。

1862 年 7 月，经协议增订一款：凡外国船不准将压载之物抛入水内，违者罚银 50 两。

1862 年 7 月，经协议增订一款：无论何项枪炮皆不准施放，违者罚银 50 两。

1863 年 6 月，经协议增加一款：凡船进口，须照总扞手派定地方停泊；派船应将头冲、外头冲二物收入船内，候离开别船之后，方可仍照原式安置；该船应将最下之横担转移向上；该船须挨次停泊所有港之东西两边，并须预留本地船行驶地步；凡商船后面拖有小舢板，如遇损坏情事，该船自理；凡商船停泊处，须于中间留一行驶之道；凡商船停泊，应离开浮桩；凡有因海关事务，均应报明税务司。

1861 年 5 月 22 日—12 月 9 日，受浙海关监管的进出船舶共 584 艘次，运货 65185 吨。其中英船 220 艘，美船 78 艘，法船 40 艘，其他船 248 艘。

1862 年 6 月 4 日—12 月 31 日，受海关监管的出口船舶共 539 艘 61043 吨。其中英船 260 艘 34432 吨；美船 137 艘 10415 吨；法船 51 艘 3183 吨，宁波船 38 艘 1818 吨。其他船 53 艘 11195 吨。

其时，一些外轮船长非常跋扈，不肯遵守章程，自行其事，遭到浙海关的适当处分，如 1864 年，招宝山号船长克立，打骂巡丁，罚银 73 两；印第安号船长卜得，未领红单出口往定海，罚银 200 两；美丽号船长地得，往不通商口岸贸易罚银 139 两。

1863 年 1 月 1 日—12 月 31 日，受海关监管的进口船只共 1374 艘 229782 吨。其中英船 557 艘 107696 吨；美船 294 艘 28724 吨；法船 56 艘 5386 吨；宁波船 155 艘 7929 吨。

1865 年浙海关颁布《浙海关轮船往来宁沪专章》，规定：商人欲派轮船往来宁沪航线，须先报明税务司；轮船进入宁波口，须候海关巡丁到船后，方准起货、搭客及起卸行李等事；轮船由镇海经过，遇有客商上下，轮船必须在本关卡房码头对面暂为停止，以便稽查。进口停泊后须将船牌送海关，待发还船牌后，方准出日。这是监管客货轮的章程。

1868 年 12 月颁布《宁波口引水分章》，规定外国船必须用宁波口引水员引水，照章付费。

1874 年，在宁波港停泊的国际货船为 73 艘。其中英船 37 艘，美船、德船 14 艘，瑞典和挪威货船 4 艘。

自 1863 年至 1874 年的 12 年间，浙海关监管进出口中外船舶共 17456 艘次，货运总吨数为 5025396 吨。

1878 年，总税务司颁布《海关总章程》，规定：进口船只应于抵港后 24 小时内向本国领事馆呈交船舶证明书，由其代报关；同时，船长应向海关呈递载货清单及卸货申请书，海关凭此签发卸货准单；出口船舶也须申请装船准单，货物装船完毕，船长应向海关呈交出口载货清单，如有复出口货物，也应在清单上列明；船舶应向海关办理登记，未办理登记的船舶非经特许不得装卸或转运货物；船舶结关后仍在港超出 48 小时的，应重新报关。1888 年开始，浙海关对往来宁波港的轮船实行常年保结制度，货主在具结保证所有货税，在结关后一定期限内全部完清后，可先予结关出口，外商的保结由领事馆签证，一年登记一次。

自 1875 年至 1896 年间（除 1878 年未统计外），各国进出宁波口轮船共 16146 艘次，其中英国轮船（除 1878、1879 年等二年未统计外）共 6522 艘次，船泊总吨位计 15466580 吨，其中英国轮船计 6260181 吨。

直到 1876 年，受浙海关监管的美国商船艘次一直在宁波港占首位；但从 1877 年开始急递减少，到 1885 年，年仅 126 艘次；而以 1886 年起，已从监管记录中消失。直到 1900 年再出现于监管记录，为 56 艘次；1901 年为 102 艘次，62596 吨；1902 年为 22 艘次，12182 吨，从此一蹶不振，长期在 6 艘次以下。

1900 年 5 月初，英国商船"黄河"轮未经浙海关同意，擅自进出定海，浙海关监督下令将"黄河"号轮扣留。江海关税务司史纳畿为之开脱不成。

据浙海关理船厅统计：自 1897 年至 1913 年各国进出宁波口的轮船，最多的年份为 1910 年的 1779 艘次；最少为义和团活动期间的 1900 年，计 772 艘。17 年中共为 19442 艘次，平均每年 1144 艘次。

在进出宁波口的外国轮船中，英国轮船均居首位，17 年共计 6516 艘次。平均每年为 383 艘次，其中最多的 1907 年为 465 艘次；最少的是 1900 年的 330 艘次。轮船吨位 17 年共计 8260079 吨，平均每年为 485887 吨。其中最高的 1913 年为 623156 吨。

据浙海关理船厅统计的 1875—1896 年（其中 1893—1896 年无外国帆船统计数）外国帆船进出宁波口情况：英国帆船计 216 艘次，美国帆船 237 艘次，德船 169 艘次，西班牙船 128 艘次，泰国 30 艘次，丹麦 23 艘次，法船 4 艘次，奥地利船 2 艘次，共计 809 艘次。

1897—1913 年，受浙海关监管的外国帆船进出宁波口情况：英国 150 艘次，法国 52 艘次，日本 6 艘次，共计 208 艘次。

1896 年以后，宁波内河航道开放，据浙海关理船厅统计：1897—1913 年宁波出入内河轮船、机帆船及部分帆船情况：德国船计 5511 艘次，英国船 461 艘次，日本船 32 艘次，共计 6004 艘次。

1914—1920 年，据浙海关理船厅统计宁波口进出口各国轮船情况：英轮 2375 艘次，最多为 1914 年的 370 艘次，589426 吨位；最少为 1919 年的 308 艘次，521596 吨位；平均每年为 339 艘次。美轮 206 艘次，最多的 1919 年为 72 艘次，17230 吨位；最少为 1916 年，仅 4 艘，2306 吨位；平均每年 29 艘次。日轮在 7 年中共 136 艘次，平均每年 19 艘次。挪威轮船共 46 艘次，平均每年 6 艘次。其他外国轮船 2 艘。总共进出口 2765 艘次。

1918 年 6 月 26 日，浙海关颁布《宁波理船章程》，共 7 类 30 条，又附以《浙海关理船厅通告》3 条。它是浙海关理船厅为监管外国商船及其辅助洋式船只的华船面制订的。其内容比较全面：

1. 精确地划定了港区、划分了各种船泊的停泊地段。

2. 除对一般商船加强管理外，又对装运特殊货物的船只——装运易燃物品、爆裂物品的外轮——进行严密的措施，特别加强管理。

3. 加强了防疫检验工作，将载有传染疾病者的外轮，进行隔离停泊。

4. 加强了港内的清洁卫生工作，不准外轮将煤灰、污秽等物抛弃江内。

5. 加强了港内的避碰，防火等安全措施。

1921—1930 年浙海关按普通行轮章程出入口之船只统计：行海轮船共 14158 只次，计 24356221 吨位；洋式帆船 1225 只次，计 144079 吨；总计 15383 只次，24500300 吨位。

1921—1930 年，浙海关按内港行轮章程出入口之船只统计：英船 286 只次，22538 吨；捷克船 2 只次，198 吨；日本船 14 只次，4946 吨；挪威船

2 只次，1522 吨；葡萄牙船 2 只次，5460 吨；中国船共 98228 只次，7207077 吨：总计 98537 只次，7236827 吨。

1921—1930 年浙海常关出入口的民船共 104361 只次，68054726 担。其中来自：台湾船 39 只次，36600 担；北方船 2493 只次，8576166 担；江苏船 21566 只次，13892884 担；福建船 8595 只次，16150543 担；浙江船 75168 只次，29398573 担。

以发展趋势来看，行海轮船逐年在增加，船只数约增加 50%，吨位约增加 60%。而航海的旧式帆船却逐年在减少，10 年中减少 1/2；其吨位减少 40%。内港轮船的数量也不断地持续增加，10 年中船只数约增加 100% 左右，吨位约增加 60%。而其中外国船只不断地减少，中国船只快速增加。

表 2-7　　　　1861—1948 年浙海关监管进出港船舶艘次、吨位统计表

年份	往来外洋		往来国内		共计	
	只	吨	只	吨	只	吨
1861.5.22 —12.9	1087	122105			1087	122105
1982.6.4 —12.3	1410	160763			1410	160763
1863	3198	503459			3198	503459
1864	2837	595666			2837	595666
1865	1816	509034			1816	509034
1866	1311	366488			1311	366488
1867	1318	356595			1318	356595
1868	1142	428027			1142	428027
1869	1060	394512			1060	394512
1870	973	380928			973	380928
1871	884	384094			884	384094
1872	9770	427580			9770	427580
1873	946	432650			946	432650
1874	889	410990			889	410990
1875	1084	539039			1084	539039
1876	929	487732			929	487732
1877	1097	634030			1097	634030
1878	1091	493670			1091	493670
1879	1158	597296			1158	597296

续表

年份	往来外洋		往来国内		共计	
	只	吨	只	吨	只	吨
1880	1113	606136			1113	606136
1881	1048	656376			1048	656376
1882	1129	679213			1129	679213
1883	1066	685770			1066	685770
1884	1068	738404			1068	738404
1885	890	556532			890	556532
1886	1142	753094			1142	753094
1887	1059	779247			1059	779247
1888	1111	764441			1111	764441
1889	1126	771789			1126	771789
1890	1363	1052663			1363	1052663
1891	1406	1220297			1406	1220297
1892	1161	988859			1161	988859
1893	1054	918288			1054	918288
1894	972	904579			972	904579
1895	991	962766			991	962766
1896	1178	985312			1178	985312
1897	1133	968083	710	44670	1843	1012753
1898	1101	987519	1025	64695	2126	1052214
1899	1100	998787	1607	92631	2707	1091418
1900	1100	996383	1606	96406	2706	1092789
1901	1113	985896	1806	101730	2919	1087626
1902	1134	1041952	2082	125468	3216	1167420
1903	1186	1073878	3089	182914	4275	1256792
1904	1186	1066550	3864	226163	5050	1292713
1905	1273	1045958	4509	224998	5782	1270956
1906	1259	1226273	3788	237856	5047	1464129
1907	1538	1731245	4298	304646	5836	2035891
1908	1459	1696972	3734	289857	5193	1986829
1909	1589	1868923	3668	326284	5257	2195207
1910	1950	2314273	3626	375580	5586	2689853

续表

年份	往来外洋		往来国内		共计	
	只	吨	只	吨	只	吨
1911	1690	1900373	3914	397012	5604	2297385
1912	1626	1861575	5241	436386	6867	2297961
1913	1760	1942801	4628	360005	6388	2302806
1914	1762	1961226	5987	494305	7749	2455531
1915	1825	2070969	6386	510140	8111	2581109
1916	1570	1855702	5212	504413	6782	2360115
1917	1552	1866254	6422	602616	7974	2468870
1918	1485	1797255	6394	525228	7879	2322483
1919	1398	1710281	6697	548803	8095	2259084
1920	1179	1690216	6731	558927	7910	2249143
1921	1243	1703985	7317	560549	8560	2264534
1922	1454	2157098	6761	569908	8215	2727006
1923	1467	2329981	6891	643140	8358	2973121
1924	1473	2342645	7432	711128	8905	3053773
1925	1423	2171395	8565	676739	9988	2848134
1926	1545	2360623	9210	704690	10755	3065313
1927	1730	2858757	9573	717058	11303	3575815
1928	1729	2940738	16062	927739	17791	3868477
1929	1617	2835916	13414	861220	15031	3697136
1930	1702	2829227	13329	870850	15031	3700077
1931	1861	2921179	12485	1059361	14346	3980540
1932	50	73040	2220	3061416	2270	3134456
1933	35	49634	1981	2927768	2016	2977402

表 2-8　　　　　　　1904—1928 年浙海关进出境旅客人数统计表

年份	华客		洋客			统共（人）
	去客	来客	去客	来客	共计	
1904	225119	215236			1863	442218
1905	198563	196389				394896
1906	405859	411813			1885	819557

年份	华客		洋客			统共（人）
	去客	来客	去客	来客	共计	
1907	522515	520949			2188	1045652
1908	538891	539977			1851	1082767
1909	571880	564830			2085	1138795
1910	799137	795881			1746	1596764
1911	817735	772741			1622	1592148
1912	777759	740647			1138	1519544
1913	826699	821200	613	891	1504	6649412
1914	860502	875511	912	159	1071	1736013
1915	923576	941014				1864590
1916	979692	2004212				1983904
1917	936081	958282				1894363
1918	883460	900717	1081	134	1215	1786473
1919	869008	875844	1344	223	1567	1746763
1920	926081	918635				1844716
1921	978103	983794				1961597
1922	1005476	1034681				2010157
1923	1050901	1015593				2066494
1924	1120213	1117543				2237756
1925	1069286	1089749	1091	354	1345	2159035
1926	1180745	1190196				2373377
1927	1235742	1233565	964	115	1079	2471080
1928	1376967	1431131	775	364	1139	2810012

——选自宁波海关编《宁波海关志》，第151—153页，
浙江科技出版社2000年版。

宁绍、三北轮船公司的创办

何国涛

虞洽卿先后创办过宁绍和三北两个轮船公司，对民族航运事业的发展有过贡献。

在宁绍公司未创办前，行驶于宁波与上海航线上的轮船，多由洋商私办或政府官办，如英商太古公司的"北京"轮，法商的"立大"轮，招商局的"江天"轮，等等。这些轮船的船主、大副、老鬼（轮机长）和稽查等高级职员，都是洋人。他们对待睡统舱的贫苦乘客，不当人看待。每次查票，旅客坐在席地铺上，他们在旅客身上任意践踏；见有已睡下的旅客，则用皮鞋脚乱踢，如稍加反抗，反而多踢几脚。虞洽卿初次从三北去上海，在轮船上也亲身受到过这种虐待。并且，这些轮船的票价也太贵，即使睡统舱，每人也得付大洋一元，那时一石米才卖四五元。所以，虞洽卿在上海一有地位，就以宁波旅沪同乡会名义，多次向各轮船公司要求改变虐待旅客作风和减低统舱票价为5角。但各公司不予理会，互相订立密约，坚持不让。虞洽卿交涉了一年多，毫无效果，才下决心自办轮船公司。当时，由虞发起，联络绍兴帮商人，先买来一只宁绍轮，不久又买进一只较小的甬兴轮，合资组成"宁绍轮船公司"。据民国二十五年交通银行《纪念册》附录《中国轮船公司简明表》载：宁绍股份商轮有限公司创办于1909年[①]，资本150万元。1914年，公司自造了一艘3582吨的新宁绍轮，规模更扩大了。

公司办成，轮船买好，停靠的码头一下子还无着落。那时，黄浦江两岸均为太古、怡和、日清、三菱、汇山、其昌、公和、祥华、顺泰、三井各公司、洋行占领，造了码头。浦东不宜于泊船，而且也多被外商或招商局所征用。虞洽卿初向外白渡桥东东洋（三菱）公司码头商借不成，又向三德堂租借洋泾浜外滩（今天文台轮渡码头），也不成，只得再设法向十六铺以南一带借码头。从十六铺到关桥，本是大达轮埠公司的租用地，大达公司在沪的主要股东陆伯鸿又是天主教徒，与法商东方公司关系密切，为维护东方公司利益，哪里肯借。虞洽卿没办法，最后靠南通张謇帮忙，分头向两江总督兼南洋通商大臣衙门和农工商部请愿，才总算借到大达公司所占的十六铺一段，自建码头和栈房。诸事完备，宁绍轮船开始航行沪甬，主要业务是搭客，另外兼接货运。

宁绍轮最早出售的统舱客票，每张只收小洋5角。当时，宁波人都愿乘宁绍轮，主要倒不是为了票价多少，而是想争一口气，借此抵制太古的"北京"，东方的"立大"，招商局的"江天"。故大家非等"宁绍"轮客满，决不去乘三公司的船。后来，三公司合谋，把统舱票价从每张1元跌到每张2角，另赠每位旅客揩面毛巾一条，目的想把宁绍公司搞垮。宁波人立即动员起来，组织航业维持会，捐集10多万元现洋，贴补宁绍公司。宁绍轮统舱票价每张3角，宁波人情愿多出一角钱乘宁绍公司的船。后来，船票交给航业维持会出售，商人货运也都装"宁绍"。自"新宁绍"代替"老宁绍"航行沪甬线后，"老宁绍"和"甬兴"改走汉口，华商货运也一直尽量装宁绍公司的船。宁绍公司在宁波人的齐心支持下，基础逐渐巩固。

宁绍轮船公司虽由虞洽卿带头发起，但他却不是主要的股东。虞洽卿主办的轮船公司是"鸿安轮船公司"和"三北轮船公司"。

"鸿安轮船公司"，码头、栈房设在浦东烂泥渡，拥有两只走汉口的"老爷船"，一只叫"德兴"，一只叫"长安"，以慢出名，人称"忘记德兴"，"错落长安"。公司本与一位机器老工人出身的徐小秘合办，以后不知如何，名存实亡了。

"三北轮船公司"创办于民国二年（1913）。它最初有慈北、镇北、姚北三轮，自宁波航行镇海、余姚，所以称为三北轮船公司。三北本属虞洽卿故乡，创办三北轮船公司，是为发展桑梓水上交通事业。

三北公司创办时，只有20万资本，其后增资到100万元。后来三北公司买进宁兴轮，开始航行沪甬一线，业务更旺盛，虞洽卿经营三北公司的诀窍，是尽量买进旧船，用五六万至10万元左右的价格买进一艘，经过修理，油漆粉饰一新，再向四明银行做抵押，贷款15万或20万元，继续用低价买进旧船，复经修理后抵押给银行贷款买新船，如此循环不息，三北公司的船只也就越来越多。第一次世界大战爆发后，外国商轮多数调回本国运输军火，在华外轮一时大为减少，出现了船少货多、水脚涨价的局面，这使三北公司发挥船多的优势，趁机赚了不少钱。后来，他干脆变卖掉房地产充实三北公司的资本，从100万增至200万元，买进的旧船当然也就更加多了。

虞洽卿的嗜买旧轮，一方面使三北公司的旧船连年添加，另一方面也使公司的债台越筑越高。第一次世界大战结束后，外商势力卷土重来，航运外轮顿时增多，营业竞争激烈，水脚运费骤减，三北公司立即受到沉重打击。那时，该公司全部资财只值债额的十分之四，营业收入不敷开支，濒临破产倒闭。有人劝他把三北公司全部财产出卖给外商，从速了清债务，免得愈欠愈多。虞洽卿没有答应，竭力支撑，处境更险。以致他开出的一张支票，往往要退回十多次才能兑现。当时银行为了顾全他的面子，总是在退票理由上仅写"请与出票人接洽"。他的经济信用尽管一落千丈，由于在社会上尚有地位，故而虽陷屡退支票的困境，仍能维持三北公司不倒。到民国十六（1927）年以后，蒋介石上台，允许他发行三北公司债券，三北公司才摆脱了困境。

抗战爆发，三北公司的轮船多数逃往长江上游，得以保全。抗战一胜利，华商船只唯"三北"一家独多，公司再次发了大财。不过，其时虞洽卿本人早已身死重庆，把公司一切后事遗留给儿子慎恩、慎懋去处理了。

　　　　　　　　　　——选自宁波市政协文史委编《宁波文史资料》第九辑

附录　新宁绍轮船初次开往宁波纪

宁绍公司向上海瑞镕厂新造之新宁绍轮船于阴历九月二十七日第一次开赴宁波，观者几达千人，船上备有谋得利西乐一队，是日午后四时鼓轮开行，岸上燃放大小纸炮，连绵不绝，船中铺位宽敞，装潢洁丽，上下客使共有百余人，伺候周到。正买办何立卿君、副买办魏翻章君均老于航业，故所订规则，井然不紊，凡船中应用之具罔不举备。二十八日晨四时抵镇海，停轮一小时，七点半钟抵宁波码头，江干预搭彩楼一座，满悬灯彩，高张旗帜。当时西乐迭奏并放大小纸炮，全体商团站立，欢迎者如堵，当有活动机器摄影以留纪念。午后二时，货物卸清，展轮至山北，因该处系该公司总理虞洽卿之里居，不论何人，均可搭轮往游，是以船中几难容足。是晚八时，仍驶回宁波，彩楼满燃灯烛，并放焰火，继而船上试演探海灯，光耀夺目，观者甚众。至二十九日午后四时，开回上海，离码头时仍放纸炮相送，颇极一时之盛也。

　　　　　　　　　　　　——选自《申报》1914 年 11 月 18 日

表 2-9　　　　　　　　　停泊老外滩之外海轮船一览表

公司名称	船名	停泊地	到达地	备注
招商局	新江天	江北岸	上海	

公司名称	船名	停泊地	到达地	备注
宁绍轮船公司	宁绍	江北岸	上海	
三北公司	宁兴	江北岸	上海	
太古公司	北京	江北岸	上海	
宝华商轮公司	宝华	江北岸	温州	
永安商轮公司	永安	江北岸	温州	
新海门商轮公司	新海门	江北岸	温州	
黄岩商轮公司	黄岩	江北岸	黄岩	
宁海商轮公司	南海	江北岸	黄岩	
海宁商轮公司		江北岸	黄岩	
东海商轮公司	东海	江北岸	衢山	
宁象商轮公司	宁象	江北岸	宁海	
甬象商轮公司	朝阳	江北岸	宁海	
象山商轮公司	象宁	江北岸	宁海	
普兴商轮公司	普兴	江北岸	普陀	
定海商轮公司	定海	江北岸	普陀	
三北公司	三北	江北岸	三北	
三北公司	姚北	江北岸	穿山	
三北公司	镇北	江北岸	龙山	
岱山轮船公司	嵊山	江北岸	嵊山	

海关与商行之间的媒介——报关行

李政

　　在旧社会的所谓"三百六十行"中，有一个非常特殊的行业，那就是"报关行"。

　　说它特殊，一是这个行业只有在设置海关的城市或港口才存在。例如上海有"江海关"、宁波有"浙海关"，所以在上海和宁波就有报关行。没有海关的城市，就没有这类名称的行业；二是这个行业存在的时间较短，不像其他一些行业有悠久的历史；三是这个行业，几乎用不到什么本钱，只要领得开业执照，招聘若干名办事人员，弄一二间"店面"，摆几张桌子，就可以"开张大吉"了。

　　报关行实际上是海关的"寄生物"。由于海关负有对进出口货物、邮递物品、旅客行李、货币、金银、证券和运输工具等进行监督检查之责和征收关税、查禁走私的任务，因此凡进出口的货物，都得事先向海关申报货物的品名、数量、金额、起运地点并交验规定的单据、证件和缴纳税金，方能装运，手续十分繁杂，且海关的查验人员经常要向货主寻麻烦，找岔子，在手续上一有疏忽，就会发生宕运现象，甚至货物被没收。所以一般商人怕麻烦，不愿与海关直接打交道，特别在鸦片战争之后，我国的海关关权落入列强手中，在宁波的浙海关全由英人管理，外国人有10多名，货物进出口都由洋人检验，华人雇员，仅供差遣。这些外国人，趾高气扬，根本不把中国人放在眼中，一有不当，拳打脚踢。海关人员，说洋话、写洋文，又规定填单申报，要一律使用英文。因此，国内一般的进出口商人，亟需寻找为他们代办报关手续的机构，以免直接与那些外国人打交道；而海关方面，鉴于每天申报进出口的商贾众多，也希望有一个中间性的代理机构，代办货物报关手续。于是，报关行业，就应运而生。货主只要向报关行提供与货物有关的单据、证件、收货行号的称谓、地址，缴纳手续费和运输费、杂费，就可以为客户代办报关手续。而通过报关行代理的进出口货物，无论是运输、装卸、检验，都比较方便、安全。所以报关行颇受商贾欢迎。

　　值得一提的是，这种报关行往往兼营转运或者与运输行相联系的业务。一般客户都贪图方便，除了要求报关行向海关办理进出口手续外，也要求报关行代办货物转运。报关行在接受货主委托后，负责到底，安全、妥善、按期把货物送到收货行号的手中。当然，特殊情况也是有的，如沉船、翻车、或遇风暴、大雾这些非人力所能挽回的事故，造成损失，双方货主对报关行或转运行也会原谅的。货物在转运过程中难免会失窃或流失，报关行自然也托词推向客观。所以报关行或转运行很少有赔偿之事。

　　宁波的报关行起于何时，已无案可稽。据一般说法，当在 1901 年清光绪二十七年。当时尚为数不多，以后，随着交通的便捷和进出口货物的增多，报关行或转运行也随之增多。到了 1937 年，在宁波的报关行计有信昌、新记、西兴、立昌、玮升、泰昌祥、诚丰、茂昌、永泰安记、利源、和记、屠牲记、汇源、新源、裕丰亨、协顺、余顺公、隆裕、元顺公、义和丰等 21 家；转运行有宁绍、越利、慎大、源记、公益、福大、汇通等数家。这些行号，大多集中在江北岸中马路和桃渡路一带。抗日战争开始至 1941 年宁波沦陷前，由于沪杭等地早已沦陷，加上铁路中断，长江水运不畅，湘、桂、黔等地的货物，改道由宁波转口，宁波成为全国性的吐纳口岸，除了宁波到上海（租界）航线外，还有宁波至浙南诸港，宁波至香港与华南诸港，宁波到东南亚诸港之间，一时轮船往来川流不息，进出口货物大量增加，报关行和转运行，似雨后春笋，纷纷设立，骤然增至 100 余家。当时进口的货物，大部分是卷烟，纱布、颜料、百货、肥皂、矿油、橡胶、五金、植物油、化肥、西药、文具、化工原料、食糖等，每天平均在万吨以上；出口的货物有：外省外埠到宁波转口的纸类、锡箔、棉花、茶叶、桐油、绍酒、烟叶、中药材、蚕茧、麻、香粉、瓷器、火腿、皮毛、竹器；宁波本埠出口的竹木、山货、草席、蔬果、药材、草帽等，平均每天在 5000 吨以上。报关行业务繁忙，可说是宁波报关行业史上的黄金时期。……

　　报关行的资本不多。所谓资本，也不过指行号的用房、办事用具而言。报关行的人手也不多，每家报关行只有六七人到十数人而已。除了老板外，就是一名账房，若干名"跑街"和若干名学徒。报关行的业务兴旺与否，主要依赖于"跑街"是否得力。"跑街"的责任是四出兜揽生意，把各地商贾准备运出的物资拉到自己的报关行，代为报关和承运。这就需要这些"跑街"人头熟、关系好、兜得转、能说会道，使货主们乐意交付托运。这些"跑街"的工资，有固定的，也有采取提成或拆账形式的。例如某位"跑街"兜来一批生意，运出以后，就根据这批生意的总收入与报关行拆账。拆账标准并不统一，有二八、三七、四六不等。但跑街们也有自己的打算，有时候把这笔生意拉到这个报关行，有时候把这笔生意拉到那个报关行。看哪家的"油水"多而定，所以有的跑街是"一身多职"。至于学徒，因不用支付工资，仅供膳宿，又便于差遣，一些重活、杂务，都落在他们身上。所以报关行的老板们，都乐于收学徒。至于报关行的老板们自身大都是能说会道，长袖善舞，交游广阔。他们的重点笼络对象是海关人员、码头组织头儿、轮船上的有关人员和其他运输单位。每逢端阳、中秋、除夕等大节日，老板们免不了设宴请客，即使在平日，也要拉他们上酒楼、妓院、呼五喝六地玩乐。

报关行的收入，一是手续费，一是"外快"。所谓手续费，就是货主要向海关申报出口，由报关行代理，当然要付给手续费。手续费的多寡没有统一规定，也没有收费标准。货物数量多，件数多的收费廉，数量少、件数少的收费贵；老买主收费低，新买主收费高；关系密切的收费少，关系疏远的收费多。一般是按货物价值 2% 到 10% 收取手续费。至于关税、车船运输费、装卸费、上栈费、轮船的舱位费以及其他各种杂费支出，都要算在货主头上，不在手续费之内。所谓"外快"，一是多算运输费。例如一批绍酒要运到宁波下船出海，从绍兴到宁波的运输过程中，有许多环节，上船下船，上栈过驳，等等，从中多算一些费用，作为报关行的"外快"收入。二是少报多算吨位。例如某货主有 10 吨货物，在向海关和轮船申报数量时，说是 8 吨，少报 2 吨；在向货主收费时，说是 11 吨，多算 1 吨。这样，从中可以多计算 3 吨的舱位费收入，作为报关行的"外快"。三是"活动费"收入。例如暗示货主：在报关时，下船时，要与关员和船员打交道，向货主索取钱物，或说要对关员或船员"请客"，货主为顺利通过报关和下船手续，也只好照付不误。其中所得钱货，支付了一部分，截留了一部分，也作为报关行的"外快"。这类"外快"收入，往往超过手续费收入，是报关行"生财之道"的主渠道。

对报关行来说，海关这一道关是比较难过的。20 世纪初，海关掌握在外国人手里，关员多为外国人，虽有华人雇员，但多无权力。有时候，一批货物要装船下海出口，平常是交托华人雇员查验的，一旦这些外国人心血来期，要自己查验，事情就麻烦多了。他们不但要查数量，查规格，有时候还要一件一件地开包检验。货物等着要装船，轮船的开驶时间是有规定的，经过这么折腾，就要耽误装船时间，尤其是那些蔬果类或鲜活货品，更是耽误不起。碰到这种情况就要设法"疏通"，向这些外国佬道歉，忍气吞声。外地进口货物，到埠后也要经过海关检验，方得放行，如果与关员的关系不佳，即使是一些明显的白糖、砂糖，他们也要拿插子扎入糖包抽取样品，故意找你麻烦。所以海关这个关口，是很难过的。正因此，报关行从业人员平时对海关关员（包括华人雇员）阿谀奉承，极尽拍马之能事。

——选自宁波市政协文史委编《宁波文史资料》第九辑

附录　浙海关对报关行的管理

19 世纪 60 年代，当报关行、报税行成立之初，浙海关要求他们在海关注册。

1898 年 2 月，浙海关税务司拟在江北岸设立工程局。各报关行自愿每家捐助银行 100 元，以作建设基金。共集资银洋 1550 元。

1919 年以前，浙海关并未对报关行进行严格的管理。1918 年秋天，浙海关发现宁波泳康报税行行长胡运权有涂改关单，以多报少的偷漏税款行为。海关为此函致香港有关单位，调取近 3 年内香港报运出口货物数目清单，逐款核对。发现香港出口单据货物斤量多；而宁波进口时报税货物斤量少：查实泳康报税行自 1916 年 9 月起，至 1918 年 11 月止，共计偷漏税课关平银 1188 两，除已补缴关平银 522 两以外，尚欠税款 666 两。浙海关向鄞县地方审判厅上诉追缴。

1919 年 5 月，浙海关颁布《浙海关报税行注册章程》。规定：

1. 报税行必须在海关注册，注册须下列手续：准备保举信，由商铺和钱庄各一家作保；或者由宁波报关业公会会长签署。

2. 呈由写明报税行经理人姓名、籍贯、住址。签名式样及该行图章，先呈海关。

3. 报税行负责人只准一名。

4. 报税行须要遵守本关章程。验货时，须准备足够数量的小工，起动货物。

5. 如货物尚未确实可验，报税行不得预递报单。

6. 报税行如违犯关章，除照章惩罚外，并在其注册簿内记过一次，记满 3 次即除名。

7. 货物报税须出于商人自愿，各报税行不得垄断。

8. 原有报关行均照此办理，自通告之日起 30 日内仍不履行保结手续，海关不予承认。

1918 年，浙海关税务司克立基曾取缔部分报关行，规定以 24 家为限。1919 年 10 月 7 日，副税务司钱蔚良致函浙海关监督，建议继续开设新报关行，但必须遵守《报关行章程》。

1932 年 4 月 30 日统计，宁波现有报关行、报税行 42 家，其中 37 家为宁波报关行同业公会会员，同业公会已经向浙海关缴纳保证金 1 万元；其余 5 家系单独注册，各缴纳保证金 750—1500 元银洋，5 家报关行共计缴纳法币 4500 元。

1932 年 4 月，施行新的《浙海关管理报税行规则》，规定每一家报关行须向海关缴纳保证金为银洋 2000 元。

——选自宁波海关编《宁波海关志》，第 161—163 页，
浙江科技出版社 2000 年版。

浙海关与宁波金融市场

　　关平银两是清代至民国初期海关收税时使用的计量单位，也称海关两。海关每年税收统计数字，分关平两和司马平两等两种。大事记均统用关平两为单位，每一司马平两折算关平银 0.899 两。

　　从 19 世纪 70 年代起，世界银价持续下跌。金银比价由 1873 年的 1：15.95，下降到 1894 年的 1：32.56；1898 年更下跌到 1：35.03。清政府的巨额外债、赔款均按金镑计价，以白银偿还；银价下跌造成的所谓"镑亏"，成为清政府的额外沉重负担，波及海关。1898 年，总税务司以海关洋员薪俸按银发给，以银换金，亏累甚大，因此将洋员增薪。

　　而金融市场更趋混乱，商民不堪其苦。洋商在上海大量收购白银，熔铸成银条外运，造成宁波市场现银奇缺，比价混乱。1910 年，清政府批准度支部拟定的《银本位币制则例》，规定以元为国币单位，一元银币重库平七钱二分，含纯银九成。

　　1913 年 5 月，浙海关税务司湛参规定宁波市场的金融比价。——平色：每关平银一两，实收甬市江平银 1.0583 两；即江平银一两，按 0.944 兑规元，照市价折收现金，由中国银行宁波支行委解汇丰银行。1918 年 7 月 16 日，实行按上海市沪平评定银元价格，革除现水，致使各商行以停市相挟。中国银行宁波支行与同益银公司协商后，请示税务司：建议照沪平明取汇银每百两为 0.15 元。如洋厘七钱二分零七五规元，银白两即合银洋 138.75 元，另加水脚 1 角。即以规元银（沪平）111.4 两折合关平银 100 两。而银洋 154.67 元折合关平银 100 两。所有每日银元价格由海关记录在簿，至月终统扯核计，作为下月核收的银元价格。由浙海关税务司出公告颁布，均照此执行。

　　1929 年开始，关税收入不再转汇上海英商汇丰银行。浙海关税务司与中国银行签订合同，以关平银 1000 两，折合沪平银（规元）1114 两。银行所收各项税款仍按关平银计数。如无浙海关税务司书面允准，不得任便增减。所有由关平银折合本地币制的比例，须在海关及银行门首公布。以本月内逐日记录上海规元（沪平）之洋价，折合本地江平银，再以江平银折合关平银。

1932 年 2 月 29 日至 3 月 8 日宁波金融市场的兑换率为：

法币 100 元＝沪平银 72.55 两

沪平 100 两＝法币 137.836 元

沪平 100 两＝江平银 94.40 两

江平 100 两＝法币 146.013 元

关平 100 两＝江平银 105.83 元

江平 105.83 两＝法币 154.52 元

关平 100 两＝法币 154.52 元

事实上浙海关门首的汇兑率挂牌指导宁波的金融市场。

1933 年 3 月，废止关平银，改用银本位国币元：关平 100 两＝国币 155.8 元。

1930 年 2 月 1 日起，征收海关进口统一改用海关金单位。一单元含金量为 0.601868 克。

——选自宁波海关编《宁波海关志》，第 325—326 页，
浙江科技出版社 2000 年版。

表 2-10　　　　　　1900—1933 年宁波金银进出统计表　　　　单位：关平两

年份	进口出口	金条砂等	银			铜币	总计
			条及元宝	币	共计		
1900（清光绪二十六年）	进口	13392	260742	507797	768539		78213
	出口		31131	1694307	1725438		1725438
1901（清光绪二十七年）	进口		125314	490393	615707	5300	621007
	出口		131512	2125032	2138183	5300	2143483
1902（清光绪二十八年）	进口		56318	184413	240731		240731
	出口		30623	788247	818870		818870
1903（清光绪二十九年）	进口		63303	338430	401773		401733
	出口			1170434	1170434		1170434
1904（清光绪三十年）	进口		38998	68518	107516	66230	173746
	出口		4750	477667	482417		482417
1905（清光绪三十一年）	进口		2000	127896	129896	106280	236176
	出口		673625		673625		673625

年份	进口出口	金条砂等	银			铜币	总计
			条及元宝	币	共计		
1906 （清光绪三十二年）	进口		681760		681760	45160	726920
	出口		7500	1173018	1180518		1180518
1907 （清光绪二十三年）	进口			2726656	2726656		2726656
	出口		500	2210987	2211487		2211487
1908 （清光绪三十四年）	进口			2200944	2200944	13334	2214278
	出口			2076333	2076333		2076333
1909 （宣统元年）	进口			229400	229400		229400
	出口		4099	234066	238165		238165
1910 （宣统二年）	进口		4350	47483	51833		51833
	出口		14800	180933	195733		195733
1911 （宣统三年）	进口		12580	756375	768955		768955
	出口		15000	1712532	1727532	28	1727560
1912 （民国元年）	进口		1600	931681	933281	136	933417
	出日		3300	1012681	1077981		1077981
1913 （民国二年）	进口			319521	319521		319521
	出口			657153	657153		657153
1914 （民国三年）	进口			783150	783150		783150
	出口			555666	555666		555666
1915 （民国四年）	进口			549088	549088	3000	552088
	出口			98357	98357		98357
1916 （民国五年）	进口			779933	779933		779933
	出口			86667	86667		86667
1917 （民国六年）	进口			291600	291600		291600
	出口			85999	85999		85999
1918 （民国七年）	进口			479000	479000		479000
	出口			242667	242667		242667
1919 （民国八年）	进口			252000	252000		252000
	出口			662667	662667		662667

续表

年份	进口出口	金条砂等	银			铜币	总计
			条及元宝	币	共计		
1920（民国九年）	进口			420234	420234		420234
	出口			84667	84667		84667
1921（民国十年）	进口			680521	680521		680521
	出口			86667	86667		86667
1922（民国十一年）	进口			576667	576667		576667
	出口			128000	128000		128000
1923（民国十二年）	进口			345000	345000		345000
	出口			80000	80000		80000
1924（民国十三年）	进口			433670	433670		433670
	出口	6000		188800	188800		188800
1925（民国十四年）	进口		125000	520000	645000		645000
	出口			104534	104534		104534
1926（民国十五年）	进口			133333	133333		133333
	出口			94667	94667		94667
1927（民国十六年）	进口			1208667	1208667		1208667
	出口			221000	221000		221000
1928（民国十七年）	进口						
	出口			6667	6667		6667
1931（民国二十年）	进口			266667	266667		266667
	出口			153333	153333		153333
1932（民国二十一年）	进口			790757	790757		790757
	出口			96277	96277		96277
1933（民国二十二年）	进口			449294	449294		449294
	出口						
说明	本表单位为关平两民国十八、十九两年均无记录						

表 2-11　　　　　1933 年位于老外滩之银行一览表

银行名称	总分支行处别	本埠创办时间	地址	附注
中央银行	办事处	1933 年 4 月	江北岸外马路	

续表

银行名称	总分支行处别	本埠创办时间	地址	附注
中国通商银行	分行		江北岸外马路	
中国银行	支行	1914 年 5 月	江北岸外马路	
四明银行	分行	1923 年 5 月	江北岸外马路	
浙江地方银行	分行	1932 年	江北岸外马路	

——选自《鄞县通志·食货志》

外商保险公司在宁波

冯予青

　　随着洋货源源运来宁波倾销，外商保险公司也跟踪而至。最早是英商太古洋行保险公司、德商协和洋行保险公司。之后，英商太阳保险公司、巴勒保险公司、连纳洋行保险公司、安利洋行（设保险业务）、美商柏生洋行保险公司、加拿大保险公司、美亚保险公司以及德商德华洋行、日商裕先保险公司等相继而来，这些公司洋行皆来自上海，在宁波或设分公司，或设办事处、代理处。他们的经营方式一般罗致熟悉地方情况的老宁波为掮客，分头兜揽投保，业务分房产、生财、货脚各种，分保与连保均可。

　　起初，外商保险公司在宁波缺乏信用基础，商店一般都抱着观望态度。经过一段时间，看到某些商号投保遭遇意外，保险公司能坚守信用履行赔偿，遂逐渐相信。加上当时宁波街道狭窄，商店多系木结构房子，鳞次栉比，又没有防火设施，一旦发生火灾，蔓延迅速，为害颇烈。为了保障财产，免受意外损失，商店纷纷向保险公司投保。

　　保险业的兴起，弊端随之而来，同业之间相互竞争，钩心斗角。他们任意提高掮客佣金，诱使掮客们鼓弄三寸不烂之舌，为其四处游说，兜揽生意，不法者则从中取巧舞弊，花样百出，也有一些投机外商开设空头公司，假保险之名，行诈骗之实；有的洋商仗势凌人，胁迫无能官府，诬陷遇险投保户，赖掉赔款，商民受害，无处申诉。以上种种，时有见闻，现就记忆所及，略述如下。

　　1. 1920年，美商上海柏生商行保险公司在宁波江北岸外马路设立办事处，代理人为李定芳。他们一开业，就宽放佣金。当时，其他公司给掮客佣金为10%，最多者为15%，而该公司则提高到20%。掮客们见有利可图，纷纷为之吹嘘兜揽生意，一时，柏生办事处门庭若市，一月之中即收保险费3000余两。谁料不到一年，上海柏生洋行突然倒闭，该行在上海及其他各地所骗得的钱财，悉数给柏生洋行经理美国人席卷而去。宁波代理人李定芳闻风后，知道自己经手的保险单多数分散在外，要办理退保回单，必须付出巨款，自己无能为力，又想暂时稳住，但一旦遭遇赔款，更是无法对付。他左思右想，感到自己在宁波站不住脚，就横下一条心，逃之夭夭。一大批投保户就这样被骗去大量保险费，下文全无，只听说代理人李某与另一掮客逃沪后相偕赴日，两人都在日本大地震时被海啸卷入海中，葬身异域。

2. 1921 年，美籍商人史带在上海创设美亚保险总公司后，又拉拢华人买办设立了该公司所属的新大陆、花旗合群、全球、美丰、美兴、信孚等六家保险公司。不久这六家公司就在宁波找到了代理人，设立了代理处。章松官代理"花旗合群"，楼兰生代理"新大陆"，徐富顺代理"美孚"，丁义良代理"美兴"，边文卿、李政和代理"信孚"，后来又增设"全球"代理处。美亚仗此几家代理处，把宁波的保险业务大半控制在他们的手中。当时药行街君子巷有药行正在筹备，经掮客管梅卿、郭和甫从中游说，该药行遂向"花旗合群"投保 18000 两。不料未满一月，该药行尚未正式开业就突遭火灾，依例保险公司应处理这笔赔款。可是，代理人章松官恐怕自己刚接手便要公司赔偿巨款，会影响前程，便耍阴谋串通上海买办盛春荣，向美亚总公司史带密告，诬蔑该药行纵火图赔。史带见此既可不理赔款，又能在宁波施展下马威，便亲自来甬，致函宁波海关监督交涉员要求惩办药行经理。交涉员慑于外人势力，便移文法院，法院遂传该药行经理归案。遭灾者变成了被告，一笔赔款就这样被颠倒黑白赖去。从此以后，美亚所属公司遇有赔款，皆由他们自己决断，赔与不赔，随心所欲，严重地侵犯了投保者的权益。1922 年冬，双街（今江厦街）发生大火。起火者益泰南货店，曾投保"花旗合群"火险 7500 两，其受灾贴邻同益南货店，在"新大陆"保火险 9000 两。这两家保险公司均隶属美亚总公司。火警发生后，美亚总经理史带派助理史密斯偕翻译来甬"视察"，他们装模作样地查看一番之后，便跟"花旗合群"代理人章松官等密商，听取章的献计，诬称双街火灾是贴邻同益纵火，同益南货店投诉无门，不但得不到赔款，还险些吃了官司。

3. 1922 年，上海日商裕先保险公司来甬，设办事处于江北岸同兴里，聘李象卿为经理。该公司开业后，通过掮客兜揽了一些业务，是年年底灵桥门外发生火灾，曾在裕先保火险 2500 两的新恒昌南货店悉遭焚毁。事后，该公司派员来甬检查账簿，答应要赔款，但该员返沪后，杳无音信。新恒昌股东黄阿信起疑，亲赴上海探问真情，原来这裕先公司范围极小，仅一两个人应付门面，访问多次，均不见日籍主管人。无奈只得返回宁波，延方浏生律师提起控诉，告李象卿以不理赔款。法院为此开庭审理，李象卿推责任于上海裕先公司，审问几次，未能解决。最后，法院以刑事诈骗罪判李象卿监禁一月，逮捕入狱，但新恒昌2500两赔款总未能领到。裕先保险公司宁波办事处从此声名狼藉而歇业。

4. 1925年秋，上海开设了德商德华洋行，办理进出口及保险业务。不久，也在宁波设立代理处，委严云卿（即严肃）为代理人。严年青干练，善于交际，营业日有起色。两月后，德华洋行德国人偕翻译来甬调查市况，视察保户，当天便赠给严云卿奖章一枚，表彰他业务办得出色。严得此褒奖，更加积极为其推广业务。保金源源汇往上海。谁料到了次年春冬，洋人主子携带巨款，鸿飞冥冥，德华洋行以负债累累宣告倒闭。宁波代理人严云卿至此时已上缴保险费近万金，所经手的保险单为数甚多，无法退保，抱着侥幸心理渡过难关。不期是年秋末，中山东路中段（大池头）大火，投保德华公司1000两的徐同兴骨牌店被焚，必须赔款，严云卿为了顾及自己信誉，只得自认晦气，多方张罗赔偿了600两。

5. 1926年，上海美商加拿大保险公司也宣告倒闭。该公司开业时，曾在上海各大报刊登巨幅广告，大吹大擂，并在国内通商各埠都建立其分公司或办事处、代理处等，宁波一地代理者有苏安卿、李晋甫、徐富顺等数人，投保者亦不少。开业第一年，上海各埠被刮去达百余万。周年之后，情况起了变化，由于范围越来越大，赔款事屡屡发生，收支渐趋不平衡，洋人眼看已经到手的巨款将源源吐出，于是便携款潜逃，公司宣告倒闭。投保华人毫无保障，宁波受骗者也只好自食苦果。

除了上述种种骗局之外，洋商保险公司还乘危急时机，任意提高保险费，巧取豪夺。1938年，镇海口封锁后，上海至宁波轮船都停泊于镇海口外，货物进出须经驳船驳运，水面险情环生，报关行、转运行为减轻自己责任，要求货主投保水险。这时，已歇业多年的美商美亚保险公司，恃美国当时处于中立国地位，趁机复业，承保水险，但定价昂贵，每千实收1.4元（限平安险），超过他公司数倍，然当时战云密布，经商者无奈只得投保美亚，着实被刮去一大批钱财。1938年底，一艘投保的铁驳船在镇海口外触礁沉没，大宗物资损失，美亚应赔2万余元。此事发生后，美亚即借端又一次大涨保险费，铁驳水险高达每千实收20元。此种保价，实为保险业有史以来所未见。

——选自《宁波文史资料》第九辑

表 2-12　　　　　　　　1933 年位于老外滩之保险业经理处所一览表

公司名称	分公司或代理人	地址
中国保险股份有限公司	分公司	江北岸中国银行
华兴水火保险公司	代理处	江北岸通商银行
四明公司	分公司	江北岸四明银行
公裕公司	代理人	江北岸玛瑙路
长利公司	代理人	江北岸玛瑙路
宝丰保险公司	代理人	江北岸同兴街
公平公司	代理人	江北岸首善里
巴勒公司	代理人	江北岸首善里
通易信托公司保险部	代理人	江北岸同兴街天一会内
太古公司	分公司	江北岸太古洋行
宁绍商轮公司水火保险部	分公司	江北岸宁绍商轮公司
保兴公司	代理人	江北岸扬善路、宁绍公司
中和公司	代理人	江北岸卢家弄 40 号
先施保险置业公司	代理人	江北岸扬善路 19 号
先施人寿保险公司	代理人	
永兴公司	代理人	江北岸卢家弄 40 号
宝隆公司	代理人	江北岸卢家弄 40 号
祥泰公司	代理人	江北岸同兴街
美最时公司	代理人	江北岸同兴街
华安水火保险公司	代理人	江北岸宁绍公司
安旗公司	代理人	江北岸庆元里
美兴	代理人	江北岸美孚行

说明：甬埠保险业皆是上海各保险公司之经理或其他公司设立代理人，以兜揽附近各处之保险生意。惟华商经营者殊不及外商之多。以保险类别言之，最多为火险，次则寿险。若水险、信用险及兵灾盗窃等险，可谓绝无。

——选自《鄞县通志·食货志》

宁波邮政

宁波有 15 家邮传行，传递往来上海和其他地方的信函和包件。服务出色但收费昂贵。寄出信函和包裹必须到宁波的主要局、店和办事处办理，而寄来的则投递到收信人手中。发往上海或以远地方的邮袋和从上海寄来的，都通过每天的轮船交一位由各邮传行联合出资雇用的信使负责。与轮船签约按固定的每天费用送邮件。发往上海以远的邮件，交给相应的邮传行负责，并转发至目的地。雇用本国的小船运送邮件往本省内地，更容易到达。邮资，按照路远近和难易程度而多少不一，往上海的一封信和小包邮资是制钱 70 文，往杭州 100 文，往天津 200 文，往北京 400 文。小船装邮件往绍兴收费 30 文，往杭州 40 文，一封信最高收 400 文是远至云南、四川地方的。1885 年前，往上海的邮资是 50 文，在法国舰队出现在镇海时上升至 100 文，且迄今未下降至原来的水平。

有大量信函的官商机构与邮传行签约，按每月规定钱数或按降低的费率传送邮件。邮资或由寄件人或由收件人支付，但除去邮件是发往非通商口岸轮船不到达的地方外，规定一半由寄信人付，另一半由收信人付。不使用邮票，但寄信人等要在信封上写明邮资是否全付、半付或留待收取。内有钱款的信件或小包往上海的，每 100 元收费 300 文到 500 文。所有进出口岸的邮袋均在海关开拆查验，应税物品要完税，有时还有增加罚款。但对只运送小件的邮传行，还是比较放松自由。

这些邮传行的经营都很经济，经理在大的机构每天得制钱 600 文，会计 300 文，小雇员所得还要少。每一机构雇用 10—15 人。

中国尚未开办国家邮政，此时不宜仓促预言在近几年内会成立这样的机构。如将来建立了邮政机构，应主要归功于前道台薛福成和税务司葛显礼先生，因为在总税务司指导下，他们在宁波发起并组织建立邮政的工作。海关的邮政处在某些口岸起了有益的作用，但其职能还远远不及一个正规的全国机构。葛显礼先生所采取的步骤旨在将此邮政处发展成为全国机构，如目前一样，作为海关的一个附属单位运作，但在上海应有专门办公处所和职员。

经过 1884 年至 1886 年几年的耐心工作和研究，葛显礼先生拟定了详细计划，包含全国邮政局的建立和管理，具备当今全面发展的邮局职能，吸收现存在中国的各外国邮局的工作，中国邮票为外国所承认，如果可行的话，中国并最终加入邮政联盟。该计划为中国高层权威批准，但遭到上海的外国商团的反对而暂时被搁置。

——节选自墨贤理《浙海关十年报告》（1882—1891）

在本 10 年的末年，宁波的大清帝国海关的职能有很大的扩大。1897 年 3 月，大清帝国邮政开创，置于税务司指导之下，该机构的规模和重要性正稳步增长。除了邮政公文和会计事务由税务司公署管理并有一名洋人邮政员以外，邮局的一切日常工作全由华员办理。目前的雇员共有 30 到 40 名。由于开办了许多邮支局和代办所，加上地方上的费率降低，因此邮件日渐显著增多。但大清邮政的工作总的说来特别是邮政向内地发展的工作是充满忧患。要快速发运邮件，要雇用能干可靠的人，要考虑经济来取得邮政用房，这一切都需要邮政局长予以极大的关注。无疑在短短几年内将看到这项伟大而有益的工作成功发展，如同世界各地一样，获得满意的结果。

——节选自余德《浙海关十年报告》（1892—1901）

邮政。宁波邮区寄发函件，本期由 3000 件增为 4000 余件，包裹亦自 6000 件增至 8000 件，其间 15 年曾达 10600 件。所收邮政储金，1923 年共计银 9000 元，1931 年增为 52800 元。收发汇票总额，1922 年共为银 460400 元，1931 年增为 1021000 元。本埠寄发邮件，其自沪埠转由航空邮寄者，增加甚速，1931 年计有 1 万余件矣。

电信。本埠电报局收发电报，1922—1928 年间，平均每年约收报费 3 万元。1928 年杪，无线电报台成立，有线电费减轻，收入遂少。迨鄞县至温州、海门及杭州等处长途电话敷设完竣，电报事业，益形萧条，计 1931 年收入数字，仅抵 1928 年半数而强，用资开支，犹感不敷焉。

四明电话公司用户，本期由 600 增至 1750，电话费并未增加，经营颇称得利。1931 年间，每股分派红利 8 厘。至上述长途电话，系由交通部与浙省建设厅共同管理，经营完善，用者踊跃。

建设委员会于 1928 年杪在甬建设无线电报台一座，八阅月后，交由交通部管理。通报以来，营业鼎盛，观夫收入激增，可资印证，计 1929 年收入电费银 16000 元，1931 年增为 25800 元，有线电报因蒙影响。该台发出消息，经上海接转，可达非洲比属刚果（Congo）。

——节选自安斯迩《浙海关十年报告》（1922—1931）

宁波电话公司自民国九年（1920）改组以后发展颇速，目下计有接线机 21 座，电话机 1500 具。去年夏季，宁波与本省各重要城市间均已装设长途电话，并于杭甬之间架设双线，俾资扩充，其每次通话费系按路程远近公平规定，办理殊臻完善。

——节选自《宁波口华洋贸易统计报告书》（1930）

英美烟公司操纵宁波卷烟市场概述

陈　燕　璋木子

　　外国卷烟输入宁波，约在清光绪初年，即 19 世纪 80 年代左右。先是美商大美烟草公司在江北岸车站路开设分公司，继之英商颐中烟草公司在江北岸外马路设分公司，开始推销卷烟。但当时城乡广大消费者，仍习惯于吸用旱烟和水烟，对来自国外的卷烟不感兴趣。尽管公司方面大做广告，号召吸烟者改吸卷烟，但一则积习较深，二则出于对外国人的某种"戒备"心理，所以问津者不多。事未多久，发生美国人在旧金山谋害华侨劳工一案，举国震动，群情愤慨，掀起全国性的抵制美货运动，声势浩大。大美烟草公司首当其冲，其产品遭到城乡消费者的抵制，无人问津。该公司于是采取偷天换日之计，勾结英商颐中烟草公司，成立了国际托拉斯组织的英美烟公司。宁波两家分公司也合并改组为"英美烟公司宁波分公司"，以英商头衔作挡箭，蒙骗顾客，又派出推销员四出宣传。宁波城内各主要街头，时有该公司的推销员声嘶力竭地大做广告，招揽顾客，并把散装香烟抛掷赠送，散落满街，任令取吸。他们越是这样做，越是引起人们的怀疑和注意，销售不旺。

　　为了垄断宁波的卷烟市场，英美烟公司宁波分公司不得不找寻在宁波的代理人。结果，他们看中了当时宁波百货业的巨头丁忠茂，聘请他为该公司顾问，又指定丁氏开设在灵桥门的老源记百货店，为英美烟公司"哈德门"牌卷烟的总经理处。丁忠茂经验丰富，交游广阔，遂使英美烟公司的业务蒸蒸日上。每月"哈德门"香烟的销售量约 3000 箱（每箱 5 万支），多时达到 1 万箱。每推销 1 箱，公司付给丁忠茂佣金 1 银元，并在公司写字间为丁氏设置座位。

　　丁忠茂为英美烟公司经营卷烟十余年，收入累累。到 1925 年发生"五卅"惨案后，全国掀起抵制日货的伟大爱国运动，宁波各界爱国人士亦纷起响应，"外争国权，内惩国贼"的口号响彻云霄，"提倡国货，抵制日货"的号召深入人心，人民群众纷纷起来抵制、检查、焚毁日货。老源记百货店在这场运动中，也被愤怒的群众捣毁，宣告关店歇业。这期间，设在上海的英美烟公司，也不得不将自己的英美牌照撤销。接着，他们勾结广东巨商陈伯椒，利用他开设的永泰和烟行，总揽英美烟公司卷烟在全国推销大权。不久，宁波也设立了一家"万生"烟行，经理为陈景康，地址在江北岸中马路，承包了永泰和烟行在宁波的经销业务。

在老源记经销英美烟公司卷烟的时候，已组有64家批发网店。老源记倒坍后，群龙无首，这些批发店无所适从。英美烟公司遂通过永泰和烟行，重新把这64家烟纸批发店组织起来，成立一家名叫"甬益公"的烟行，又把"甬益公"烟行和万生烟行合并，组成"万美"烟行，从而垄断了宁波的卷烟市场。万美烟行总资金为7万元，其中万生烟行名下占4股，出资2.8万元，甬益公烟行占6股，出资4.2万元，经理仍为陈景康，副经理为华全美、陈凯旋等人。地址改设在江北岸外马路。

当时宁波有几家较大的烟纸批发店，如灵桥堍的"顾顺记"，老板是顾多益，江东后塘街的"章万裕"和"胡协兴"，老板是章云山和胡万兴，江北岸的"华万昌"，老板是陈凯旋，灵桥西的"万茂"，老板是华全美，浩河头的"坤源"，老板是高绍康，还有东门口的"大有利""大有亨""大有祥"，鼓楼前的"协大昌"，公园路的"源润"，西大路的"一言堂"，等等，都成为万美烟行的股东。

除宁波市区外，万美的推销范围还扩展到宁属各县。如慈溪的"刁裕隆"，镇海的"镇生泰"，鄞县的"宝华"，奉化的"奉华"，等等，都是英美烟公司推销产品的据点。

为了发挥这些批发店推销卷烟的积极性，万美烟行把股权、销售与分配密切结合起来，采用派货制度，把烟纸店分成大同行和小同行，大同行派货数量多，推销压力也重，但推销的英美卷烟愈多，好处也愈大。若遇物价波动或货源紧缺，还可取得优惠派货权，所以这些大小同行都积极推销英美卷烟。

1935年前后，这些大同行在既得利益的基础上，为巩固地位计，由顾顺记老板顾多益牵头，筹募基金，成立宁波市烟纸业同业公会，在碶石街自建房屋，其中万美烟行出资约三分之一，顾多益任第一任会长。抗战开始，上海沦陷，英美烟公司被日本军管，该公司在宁波的推销权益，也随之被与敌伪有关系的"万康"烟行所攫取。

英美烟公司之所以能够在华立足并取得巨大利润，自然有主客观因素，但其中最主要的，有下列几端。

一、依仗不平等条约霸占市场

1920年前后，军阀卢永祥督浙时期，通令浙海关向洋商征收"子口税"。英美烟公司宁波分公司联合英商亚细亚火油公司宁波分公司等洋商，要求英国驻宁波领事署向北京政府提出抗议，并拒绝缴纳这项新税，英领事馆支持英商意见，借口这是一个全国性的外交问题，坚持须获得北京使馆的批示，方可执行。他们还用书面向浙海关进行交涉。在不平等条约的庇护下，此事拖延至1923年才得解决，而三年的税款则全被赖掉。

北伐以后，国民党政府裁撤厘卡，把卷烟消费税改为产销税，即从向卷烟零售商店征税，改为向卷烟生产工厂征税。工厂生产的卷烟缴税出厂后，可行销全国，不再收税，所以也称统税。这件事又遭到英美烟公司的反对，拒缴税款。国民党政府屈服于洋人，只得把原定的出厂"五级"税制，改为"二级"税制。由于这种统税是按数量征税，而不是按价格征税，同一级别内各种档次的卷烟担负着同样额度的税款，这就造成生产高档烟占便宜，生产低档烟吃亏的弊病。英美烟公司生产的大都是高档烟，当然大占便宜。例如当时在宁波盛销的华成烟公司"美丽牌"香烟和南洋烟公司的"长城牌"香烟，比英美烟公司的"白锡包""红锡包"（俗称大英牌）售价要低一到二倍，而按二级税制，上列四种卷烟都缴纳同样税款，吃亏的当然是南洋与华成。这样，便有利于英美烟公司压倒竞争对手，霸占中国市场。果然，南洋和华成两家在宁波的分公司，没有多久就被迫收歇。

二、依靠雄厚资金排挤同行

英美烟公司为了独霸中国卷烟市场，往往采用种种毒辣手段来排挤同行。例如中国南洋兄弟烟公司出品的"马车牌"和"长城牌"香烟，当时在宁波比较风行，影响了英美烟公司出品的"仙女牌"和"老刀牌"的生意，于是英美烟公司就生产一种针对长城牌的"天桥牌"，针对马车牌的"大炮牌"。当时长城牌香烟每包（十支装）为6个铜板，天桥牌的售价也只卖6个铜板一包（十支装），但天桥牌的烟丝质量，却与价值10个铜板一包的"前门牌"相仿，原吸"长城牌"香烟的消费者当然乐意改吸天桥牌香烟。英美烟公司资金雄厚，亏蚀一点无所谓，南洋烟公司难与竞争，长城牌香烟销路衰落，生产停歇。等到南洋和华城这两只牌子在市场上被摧垮后，英美烟公司的天桥牌和大炮牌也就不再生产了，从而使仙女牌和老刀牌重新占领了市场。上海华商和兴烟厂曾出过"时髦牌"香烟，也一度在宁波盛销，威胁英美烟公司的仙女牌销路，英美烟公司采取同样的手法，出品"燕子牌"香烟，把时髦牌打垮后，就停止生产。

三、以质地优品种全扩展销路

由于历史悠久，资金丰厚，英美烟公司生产的卷烟质量比较讲究，得到消费者的欢迎。卷烟的质量分内涵和外观两个方面。外观包括包装上是否优良，图案是否精美，烟支是否松紧合度等；内涵则为烟丝的色、香、味。有句土话："茶要吃新，烟要吸陈"，英美烟公司生产的卷烟，就是选用陈叶原料。当时在处理烟叶的时候，还没有使用人工发酵法，完全靠自然发酵，即把当年收割的烟叶，买来进仓后储存一两年，在寒暑气候影响下进行醇化。醇化后的烟叶，色泽变黄，香味芬芳，青叶味减少，从而提高烟丝质量。但要这样做需要相当的资金，这对资金较少的华商烟厂来说，是难以办到的。外商在一些烟叶主产地自行设置烤烟厂，对收购上来的烟叶再一次进行烤制加工，使烟叶的含水量从16%—20%降低到10%以下，保证烟叶在储藏过程中不致霉烂变质，也是华商厂家所望尘莫及的。不仅如此，英美烟公司还在香烟的制成品上下功夫，保障香烟的质量。原来刚卷成的香烟，其香味不可能较快表露，需再醇化一段时间，始能浓郁芬芳，英美烟公司因此把卷烟成品仓储数月后再投放市场。一般烟厂，限于资金周转，也不可能这样做。英美烟公司的包装也十分讲究，每十支卷烟用铝箔纸裹装，外套图案精美的纸盘，50盒装成一小纸盒箱，100纸盒（5万支）装入一木箱，木箱内衬有薄锌皮，经过抽气密封，犹如听装卷烟，既有利于储存和醇化，促进烟支的色香味，更使经营单位的职工，多有一笔包装箱的额外收入。

英美烟公司生产的卷烟品种多，迎合各阶层消费者的需要，也是他们的取胜之道。该公司生产的高档烟，有白锡包、三炮台、茄立克、三五牌等，还有专门为妇女卷制的"三九牌"；中档烟有前门、红锡包等；中下档烟有老刀、品海、五华等；低档烟有仙女、哈德门、红狮、红屋、黄金印等。品种之多，招揽消费者层次之广，亦为其他华商厂家所难以办到。他们的包装规格也别出心裁，有50支的听装，也有50支的扁盒白版纸装；有20支软包装，也有20支硬包装和铁盒装；有10支的软包装，也有10支硬包装，花色繁多，任凭选购，这就扩展了销路。

四、巧施多种手段拉住顾客

英美烟公司为了扩大市场，拉住顾客，煞费心计，运用多种手段。除了一般的在报纸上登广告，在各处墙头上绘制巨幅的香烟招牌画，及印发大量招贴画外，在推销初期，他们还派人在闹市地区向来往行人边宣传、边送烟，以白吃白送引诱人们上钩。接着，又以"空壳换烟"来兜揽买主，就是买主吸完一包香烟后，每包空壳子可调换一支同样牌子的香烟。他们还以"柜台狮子"招徕顾客，就是根据"红狮牌"香烟的商标图案，制成瓷质的狮子模型，送到各烟纸店里置于柜台上，在模型上搁置着一盘燃着的盘香，购烟者买到烟即可就地取火吸烟，吸引了不少买主。

　　还有如附送画片。英美烟公司在推销中档货如"大英牌"香烟时，每包衬有精美画片一张。这些画片有时作了编号，成套印制，有各色各样装束的美女，有《三国演义》中的人物画，也有各种鸟类、禽兽等图画。大人购烟，孩儿们争着要画片，也助长了香烟的销场。

　　此外，英美烟公司还利用交通船（当时宁波城乡没有汽车，交通全靠小汽轮及帆船），在船舷、船篷上绘制他们生产的香烟商标图案，雇人沿河推销香烟。在挑香烟的箩担上，也漆绘各种香烟牌名，雇人挑着担子在城内串街走巷推销。这种做法起到宣传与推销两方面的作用。

　　由于上述种种因素，英美烟公司的产品长期地操纵了卷烟市场，攫取了巨额利润。仅 1931 年到 1941 年这 10 年，英美烟公司共榨取 3.8 亿多美元的利润，其中汇往国外的就有 3.55 亿美元。经济掠夺，何等惊人！

——选自《宁波文史资料》第九辑

甬路开车志盛

本月二十二号为浙路甬段开车之期，天气晴明。自何家弄至车站一带旗帜晃漾，军乐喧闹，道旁观者如潮如海。会场高搭彩棚，柏叶联缀，设有正副理事席及男宾席、女宾席，各军队驻点、各商团驻点、各学校驻点，布置秩然。交通部、浙都督暨各司及浙江旅沪学会均派代表莅会。宁波旅沪诸公乘轮来赴者、西宾参观者、男女来宾之观礼者不下二千余人。本埠军界则有常统领、顾旅长及各军队，自治界则有县议会、城自治会诸君，商界则有商务总会各商团及各业代表，警界则有陈警察长、江北分署余巡官，学界则有各学校教职员、学生。九时行礼，由王东园君司令，齐呼：浙路万岁！民国万岁！总统万岁！先由正理事汤蛰仙先生宣开会词。次由公司代表孙福阶君报告甬路之进行。次由交通部代表张思仁君、浙都督代表张兆辰君、各司代表黄越川君先后演说。大概以实业之发达必根源于铁路，今日甬路发轫实为忻幸云。次由顾旅长演说，云敝人向在杭州，仅见一拱宸桥极短之铁路，未几而杭嘉告成，未几而杭沪告成，推源其故，皆由拒款风潮所激而成。今者甬线开车，客货运输甚便，足见汤先生办路确有经验。又云俄之西比利亚铁路为极东军港而设，今象山军港亦为最要地点，由此进行即为我浙军行铁路之先声。当今民国时代，尚望各资本家竭力扶持，添集股本，则浙路不难克日成功，军队瞬息可通，始可以言御外。议论颇警辟，听者动容。次由常统领、顾旅长委林瑞甫君致祝词。次由鄞县沈知事演说，略谓凡事必由阻力始发生毅力，浙路之挫折几于不振。诸君须知经若干之风潮始由今日，且浙江为中国南北洋海岸线之中段，故我浙铁路不但为浙江计，即为中国计，其关系匪浅。今日之欢迎非为汤先生一人，非为浙江一省，实为人人各有切近之关系。次由总工程师濮卓云君演说，全国铁道之规划，宁波为重要点之一，杭广、杭嘉、杭沪诸线总汇于宁波，宁波为铁路之中点也无疑，语均扼要。次由浙江旅沪学会代表王清夫君演说，云今日为全浙铁路行开车礼，余为代表全浙旅沪学会。浙江铁路杭嘉通车时余曾请汤先生行开会礼。先生以千风万潮无兴味之可言。诸位须知浙路为两浙人民保全疆土起见，每经一次挫折即增长一次进步。满清夺汤先生以去，今民国成立汤先生任事未久而甬路开车不日可以通车曹娥。因浙路拒款之风潮引起全国革命，股东皆为光复伟人。惟为山九仞，功亏一篑。故浙路全凭诸父老维持，譬如造宝塔只少结顶，幸共努力。庄谐并作，简要明通，拍掌如雷。次由宁波旅沪同乡会代表陈锦棠君致祝词。次由各商团代表王冰生君演说，大致以今日浙路开车与商界大有密切之关系，我商团幸躬逢其盛云。旋因时间局促各团体祝词不及遍致。复有崇敬小学校、毓材学校唱歌，商团奏军乐，求是学校唱歌。次由汤正理事委田澍霖君代致答词。至登车奏军乐已十一时二十分矣。先后开一列车两乘，十二时至章桥车站，早有陈设，到者为灵阳乡自治会章桥商团商口，章桥马泾洋墅警察民团，集成、崇德、东汇、龙江四学校开会欢迎。十二时三十分抵洪塘，慈溪音乐会全部在车站欢迎，由公民会诸君招待至洪氏宗祠小憩。至一时开车回江北，沿路鸣炮脱帽，欢欣鼓舞，实为千载一时之盛云。

浙路公司以甬段已于今日开车，其营业发达获利当可操券，惟尚须筹募公债百余万，藉资赶筑以促进行。当由顾旅长、常统领、沈知事、吕统领暨就地士商盛省传君等十五人发起募集浙路公债会。其知单缘起，云全浙铁路发起公债券，信用卓著。兹因甬段开车，需款孔亟，余上两邑踊跃购募，我宁为交通大埠，尤应争光乐输，以尽桑梓义务。同人等为维持路事起见，爰定阴历十一月十五日午后一时假座商务总会汇议，届时务希驾临勿却云云。想宁波多热心家，当必踊跃争光也。

——选自《申报》1912 年 12 月 25 日

附录　税务司谈杭甬铁路

杭甬铁路已成，宁波一段计长 48 英里，本年营业颇有增进，计载旅客 1205920 人，装货 1031200 担，收银 346109 元，上年计旅客为 1055180 人，载货 903881 担，收银 335213 元，两相比较，本年各数俱有盈无绌。

——节选自来安仕《宁波口华洋贸易情形论略》（1917）

沪杭甬铁路之甬绍段，本年旅客货件俱称发达，据路局报告，该段本年共载旅客 1314140 名，货物共 80920 吨，自宁波至孔浦一小段，乃新修者也。本年 9 月 1 日始通客车，每日开行 4 次，其自曹娥江至杭州一段，前因所需桥梁材料受欧战牵制，扣留于青岛未能建筑，现此项材料虽经释放，然工程停滞，落成之日尚遥遥无期，诚憾事也。

——节选自葛礼《宁波口华洋贸易情形论略》（1919）

沪杭甬铁路本年毫无新建工程，仍以曹娥为终止之站，虽人人皆望其速通杭州，然尚无切实进行之筹划，据公司报告，本年宁波曹娥段，共载旅客1299672 名，载货 75868 吨，比之去年两项各少 5%。

——节选自甘福履《宁波口华洋贸易情形论略》（1920）

宁波草帽出口业的兴衰

草帽出口前景看好，本年出口 2614400 顶，比去年上升了 1375300 顶。是乃由本地广大沼泽地区所产之灯芯草茎编织而成。草席出口 659232 张，却比去年共减少了 171335 张。

——节选自《浙海关贸易报告》（1874）

宁波出口品中之扇子也享有盛誉，并占有一定地位。去年出口近 100 万把。另外一项手工业产品即草编制品也是宁波出口产品之一。原材料是灯芯草，与山东或欧洲所采用麦秆、稻草之草缏不同。宁波之蒲席一项之出口，本年比去年就增加 30 万张之多。这些产品许多是运往厦门、广州以及海峡殖民地。另外，宁波之手编草帽是项很有外销前途之产品，行销美国、新加坡、澳洲等地，颇受欢迎。想一想草帽只卖两分零些钱，简直与赠送一样哩，怎么不吸引买主呢？

——节选自《浙海关贸易报告》（1875）

草帽——这项手工业制品发展之快，应回顾一下它的发展史，才能得知其趋势和前途。10 年前 1868 年之发物时仅不足 4 万顶，价值也约为 400 海关两，从宁波出口。过后三四年 1869、1870、1871 及 1872 年这几年之海关统计中均不引人注目。到了 1873 年出口额达 1239000 顶，约 12400 海关两。翌年，1874 年又翻了一番；到 1875 年竟达 4098000 顶，货值超过 51000 海关两；到 1876 年回落至 3444400 顶，46000 海关两；到 1877 年骤跃至 13725000 顶，183000 海关两——竟超过五年前之 10 倍以上。为此，编草帽用之原材料灯芯草茎就普遍培植起来也。连种稻谷的田里也选作灯芯草之种植基地点。入秋后，把田整成长行，行距间隔 1 英尺，把此草以束将根栽入土中，灌水并以后需勤于洒水，此草极需水分生长甚快，来年开春后即能高达 4 尺。春风吹来时即见田间是绿油油、草浪滚滚，美不胜收。至夏初，即可刈割，置阳光下晒干至棕黄色即可。按宁波之草帽编辫成帽乃是妇孺之专业也。参与此项手工业者是成千上万，此外，还有以此草茎用来编草席者也。草帽发往伦敦主要是供欧洲大陆诸国，发往纽约者则除美国南部劳动者外还有一部分是运销南美洲、拉美诸国。也有一部分经漂白后供纽约等地之富裕者之用。由于1877年大量出口倾销后市场已出现呆滞。这与茶叶以及还有许多行业情况与结果一样，需求多了出口量就扩展，那么，老毛病——拼命追求数量，重量不重质，一味生产，结果是粗制滥造自欺欺人，自断后路。今后，下年可以预测是个回落之年也。

——节选自《浙海关贸易报告》（1877）

草帽。正如上一报告中预料的那样是回落。奇怪的是仍有如此大之出口。

草帽出口表

	单位	1874 年	1875 年	1876 年	1877 年	1878 年
数量	顶	2614400	4097800	3444391	13724822	11251000
货值	银两	25997	51381	46410	182626	174388

——节选自《浙海关贸易报告》（1878）

草帽。自从1877年之大量出口已超过1300万顶，到本年约出口4054000顶，预计6万海关两。前几年，草帽畅销达到顶峰时，每顶可在国内得到20至22文，但是到了去年由于上海库存充足，需求也就并不殷切，编帽手工业者只得每顶8至10文矣。

——节选自《浙海关贸易报告》（1879）

草帽仍是出口重要产品之一，从年初的情况看似有回落；至8月突然来了一大批订单，至年终依然是供不应求。此业尽系妇女从事，据称，相当利厚。年内连草席也出口兴旺，小批小批出口的每张长达40码之地席。由于售价极为低廉，该项出口前景看好。

——节选自《浙海关贸易报告》（1881）

关于草帽，其中一绠编成者本年回升增长达399000顶，而二绠帽却回落40万顶，也就基本相抵。另外那三绠帽由于价廉有了极大之增长，计增长2639000顶，其中一半以上运销勒阿弗尔港，其余则销伦敦。去年很赚钱但货主们啧有烦言，说买方挑剔过严，尽把好的拣了留下次的，等等。今后一、三缏草帽有望增大出口矣。

——节选自康发达《宁波口华洋贸易情形论略》（1886）

草制品中草帽总出口数几乎已增长到了近 270 万顶。各种品种之增长如下：其中一缏帽增长了 120 万顶，二缏帽增加了 88.4 万顶，三缏帽增长了 58.6 万顶。由于产品畅销，不愁卖不出去。生产者发觉那些编织得又快又松的草帽也同精工细制的一样容易脱手，当然编制者就尽量赶快而放松了对质量的讲究。而草帽市场里已形成"不怕编织差，只怕没有货"之局面。这样一来，由于产品日益增多几乎已到泛滥之地步，而某些简直编织得实在太差，那就真正是成为卖不出去的积压货了。事到这一步，忽来转机，许多发货人或收货人纷纷拒收定货，为的质量太差。这类货不要说是外销，连内销运上海也销不出去矣。这叫自走绝路。

——节选自康发达《宁波口华洋贸易情形论略》（1888）

草帽，在 1882 年是一项重要商品，但是现在却下跌到无足轻重的地步。它们由稻草和灯芯草编织，有三种，分别称之为单缏、双缏、三缏帽。最后一种最贵，约值 7 分钱，最贱的一种不值 2 分钱。这三个品种的出口，在 1882 年是 12221400 顶，货值关平银 104959 两。而且这个数字一直维持到 1889 年，来一个大跌，到 1890 年几乎崩溃。1891 年曾有复苏迹象，当年出口 1652350 顶，货值关平银 17212 两。在 1882 年，几乎整个出口是三缏品种，但 1891 年 2/3 是便宜的品种。该项贸易的衰落，据说全由于供应的草帽质量低下，无法在欧洲销售。

——节选自《浙海关十年报告》（1882—1891）

草帽出口 4810870 顶，计值关平银 36617 两。此业起伏甚大：1882 年出口 1200 万顶；到了 1888 年 1400 万顶；1889 年就大有降落；到了 1890 年就完蛋了；而到了 1891 年又重新开始为 1652350 顶；1892 年为 2129500 顶；1893 年 2614200 顶；1894 年 280 万顶；1895 年则为 2413390 顶；1896 年 2189572 顶。

——节选自穆麟德《宁波口华洋贸易情形论略》（1897）

在最近五年间，有一种商品具有很强的需求，就是在宁波和邻区广泛种植的一种灯芯草编制的帽子和席子。好多年前，就兴起这种草帽和草席的大贸易，但是最终需求远大于供应，以致上市的质量低劣，工艺粗糙，许多批货物检验不合格遭退货，因此以后完全停滞，使一项能够雇用成百妇女和儿童的工业受到伤害。现在已特别注意到货物的尺寸和质地，草制品的工业和贸易又再次复苏。1892 年，约 200 万顶帽子和 100 万条席子出口，货值达关平银 25 万两。这些货物主要销往法国和美国。这所谓的席子是圆形的，制成女帽，在法国每顶可售到 50 到 70 生丁。

——节选自《浙海关十年报告》（1892—1901）

纯地方制造业需要机器甚少或不要，却依然存在。主要行业之一是制草或编草帽，由产于宁波附近的灯芯草编制的。草帽是由妇女、儿童或男子在雨天田里活歇工空闲时间打辫编制。宁波人以其在此特殊行业的巧手著名。草帽出口逐年增加，多数运往巴黎。现有一家法国洋行在此设立，有位法国专家协助并进口了日本的木刨花片，其色泽、纹理、质地均优于当地灯芯草，生产出草帽更加细致光亮，而大大改进了这项工业。这项地方工业发展一大障碍是操作工人不够清洁，似乎不可能使他们懂得帽子上稍有污迹即不可销售。其后果是几千顶帽退货而实际只有 0.13% 真正干净适用运往国外。

——节选自《浙海关十年报告》（1902—1911）

席草收成丰富，但因春雨缺少，未能十分长大，因此做大草帽不免阻碍。单丝、三丝草帽销场颇佳，出口数目亦盛。从前草帽畅行椒眼帽，现畅行单丝、三丝帽，运往欧美作女帽之用。木丝刨花帽，乃日本木丝所作，销场甚稀，此帽均系女子所做，并不光洁，且不合式样，退回之货过多，故价目亦随之而昂，难得获利，次等刨花帽尚有生意。

——节选自柯必达《宁波口华洋贸易情形论略》（1912）

草帽为出口大宗之一，大为减少，只有 3229396 顶装运出口，上年乃有 6633911 顶，大部分装运欧洲销售，故此次欧洲开战，草帽业受剧烈之影响。

——节选自湛参《宁波口华洋贸易情形论略》（1914）

帽业统计，奇绌可惊，查民国元年输出额，达 1200 万顶，本年则仅有 150 万顶，即与上年相较其短少计草帽 150 万顶，木片亦不下 50 万顶。推原其故，识者谓华工不求精巧，所织之帽其粗陋殆类米筛，而于大小广狭又少注意，近时沪、甬二埠以及美国之承办商人，因买客嫌货粗劣定而不取，以致存积待售者比比皆是。况自欧战发生以来，水脚高涨，货位难得，此种粗贱庞大之物欲其输入欧洲各国，其难几同被禁，然制作不精实为第一原因，不然美国买客何至拒绝提货，彼此交易当方兴未艾也。

——节选自来安仕《宁波口华洋贸易情形论略》（1917）

草帽一业，于本口颇为重要，兹特详论之如下：查前清同治六年，本埠已有草帽出口，妇孺之辈以编草帽缏为业者何啻累千，而尤以法商永兴洋行所雇者为夥，该行在甬开设，已历 40 年之久，帽业之发达与有功焉。夫草帽事业，在昔年于本口商务中，已占有一席地，当时编织装置均有外人监视，经此数十年之经验，出口既良，销路自广。诅料华工自恃昔年销场之畅，渐渐草率从事，几致该业一蹶不振，良可惜也。且欧战期中，水脚保险等费靡不飞涨，兼之军事扰乱，运输不便，如斯种种，于帽业贸易俱大有窒碍者也。幸年中三个月间，大有恢复原状之象，获利亦颇可观，将来水脚渐减，草帽进口复为欧洲各国所不禁，则明年出口运往美、澳二洲及英法诸国者，为数当不少也。

——节选自克雷摩《宁波口华洋贸易情形论略》（1918）

帽业一项，足称发达。欧战停后，各国既弛其入口之禁，则销路自广，去年贸易论中已预述及之。至今年，草帽之销欧洲者，足占 8/10。木花帽则全销欧洲，所有欧战时代未能输出之存货，为之一空，较之上年草帽多 320 余万顶，木花帽多 57000 顶。木花帽系用日本木花编成，以停销日货之故，殊无进步可言，本年输出之数，悉系上年存货，苟无停销日货之举，其数当更不止此，因无编织原料，遂有供不应求之叹。

——节选自葛礼《宁波口华洋贸易情形论略》（1919）

1920 年，草帽一项出口数目，由 4491942 顶增至 5216156 顶，其中 4/5 系法商永兴洋行采运出口，内有织花帽 20 万顶往巴黎、纽约，按草帽销场以纽约为最，惟美国汇兑不佳，其所定之帽均为次等，惟大半尚未售脱，欧洲市面大略相同，以洋价高抬无利可图，由此推测，其前途诚未可具乐观也。此外意国币价汇兑低落，亦为帽业衰败之一原因，若长此不改，欧美等国将改由佛罗兰士购办，缘其价格较廉而货品亦较佳于本口所出之货也。木花帽，本年出口共 119486 顶，去年为 132420 顶，此等木花帽昔年皆用日本原料纺织，后以停销日货之故，该业竟为全然停歇，业是者，试以本地木花代之，乃获如是优美之结果，可谓幸矣。

1921 年，草帽一项自 5216156 顶减至 4854049 顶，惟至年底之时因汇兑略有起色，是以美国亦来定货。手织线网一类，与贫苦女工极有生机关系，本关出口货物，亦添入此项名目，本年出口共值 130697 两。

1922 年，各种草帽，因汇兑得利且欧美各处需求日多，故其出口能自 4854049 顶，增至 10968479 顶，实为数十年来最高之销数。

1923 年，各种草帽因国外汇兑率高涨，故出口总额由 10968479 顶减至 9093807 顶，但本年秋间，此间著名商行曾有一时接收定货单甚多，大有应接不暇之势。本埠出品虽统称之曰草帽，惟所用原料种类颇繁，有用麻及棕树之纤维者，有用普通蒲草者，间有用纸为原料者，俟织制成帽，即可为巴黎或纽约市上大商店中之陈列品。其他新奇原料，无论为国产或来自多卜洋，无不一一试用。最近出口中以稻草制成者最有成效，光泽可爱，而问其价值，则每顶仅银三分耳。

——节选自甘福履《宁波口华洋贸易情形论略》（1920—1923）

1927 年，蒲草帽及草帽计自 4014648 顶，值关平银 203139 两，激增至 4971279 顶，值关平银 315692 两，以应欧美活泼之需求也。此项制帽工业给大多数人以雇用之机会，尤以女子为多，兼有在家中工作者。

1928 年，各种草帽增多 325572 顶，以应外洋需求，但运销外洋之草帽现已免纳关税，故此项工业虽见发达，然于关税则不复有何等裨益。

——节选自郭本《宁波口华洋贸易情形论略》（1927—1928）

蒋锡侯（1875—1936），乳名瑞生，字介卿，号萧绪，系蒋介石胞兄。浙江省宁波府奉化县（今奉化市）人。清宁波府学廪生。民国初，毕业于四明专科学校法政科。初任台州地方法院推事。1917 年，广东大元帅府建立后，任广州地方审判厅推事。1921 年春，任广东省英德县县长，于年底辞职回乡。1928 年 5 月 25 日，任浙海关监督兼宁波外交交涉员，达 7 年之久。1931 年 12 月，兼任浙江省政府委员。

蒋锡侯任关督期间，主张振兴民族工业，开拓国际市场，要求民族工业产品免征出口税。1928 年初，前任浙海关监督署曾向国民政府财政部呈请："宁波草帽织工业请援案免税。"并于同年 2 月 27 日获得财政部批示："对于各种草帽及各色草帽缏所有应征一切税厘应自令到之日起，概予免征。"
然同年 4 月 14 日，浙海关税务司郭本意见："拟以嗣后宁波出口草帽及草帽
缏，凡有报告运销外洋者，暂时仍在本关完纳出口税。……侯江海关验明单
货本符。"限一年内来本关退税。

金丝草帽为宁属各县主要家庭手工业，产品畅销意大利、法国及南欧。
因此，蒋锡侯接任后，于 8 月呈文财政部：由宁波报运出洋草帽出口，经宁
波草帽业协会先期呈送证明书到海关监督署。由署查明无误。随时将证明书
函送海关，即予免税放行。税务司不同意这一办法，要求商人并付押金。蒋
锡侯提出：由关督署发"出口草帽证明书，及草帽协会保结函"，就可以免
费出口。结果照此办理。

——选自《宁波海关志》，第 108—109 页，浙江科技出版社 2000 年版。

自洋纱输入，家庭纺织破产之后，吾甬最普遍之妇女家庭工业厥维编帽
与织席。……此外，有提花一业，于家庭风中亦占相当地位，最近数年更有
进展。提花亦曰刺绣，起先由药行街仁慈堂之天主教徒传授女工，渐增至千
余人，以手帕、椅套、台面等出品为多，运至国外，高价销售。法人经营此
业，颇多秘密。嗣邑人知之，起而效之，迄今业此着，有二十余家，工人二
千余名。散处镇、慈及各乡者，亦凡千余人。工资以件计，如裙、衫、裤
等，每件自二角至四元不等，普通每人每月约得十余元。提花之先，又须写
花，则由男工充之，每件工资五分。此种提花业，全年营业额亦在数十万之
间，有益民生，实非浅显。

草帽业之兴，迄今凡二十余年，妇女以编织为生者不下十万口，行商数
十家，贩户二千余人；运销外洋，值千余万元，其关系民生之巨，可以想
见。乃海关征收出口税，向由关员人以估价，数年之间，增加倍徙。民国十
七年（1928），帽商涌丰、坤和、嘉泰、泰丰等不堪负担，呈请海关监督公
署转呈财政部，免税出口，奉令照准。嗣通令免征范围，以运销外洋者为
限。然本县草帽皆转上海方运国外，应先完出口税，等出洋时始将原税领
还，手续繁重。因由帽业组织之协会呈准浙海关，凡由协会报关运沪之草
帽，保证免税出口，在十二个月内，不为转口出洋，担保完税责任。海关、
帽商咸称便利。及浙省开征营业税，以对业征税，不获宽免；又以装运他
省，须以零售率征收重税。复因种种关系，以致日渐凋零。观浙海关所载，
十六年（1927）出口数量为四百九十余万顶，十八年（1929）为二百十万
余顶，十九年（1930）二十年（1931）平均各一百五十万顶，二十一年一

月至六月，仅二十九万一千余顶。其估价自二十三万两（1930 年）而降至万两（1932 年）。今则编织最精之帽，亦不过二元左右。综此情形，帽业衰颓，一落千丈，若不及时补救，则此全浙可以视为民食所依之家庭工业，殆将完全消灭。

衰落原因，草帽商自民国十九年（1930）以往，国外经济衰退，国内金价飞涨，莫不受其影响。昔年台属、余姚等处，行商林立，今则关闭殆尽。本县帽商加入公会者，原有二十余家，截至二十一年（1932），则仅有八家，营业尤见清淡，可谓凋零已极。其所以致此之原因，其显见者为：（一）缺乏团结，外商垄断。外商订货，多系隔年预定而不预付定款，亦不订立契约。货期到后，往往托辞退货；若到期而交货不足，则履行商赔偿损失。货款非至装船后不给，即付亦只八成，余款等货到目的地后再付。故外商可不用资本，坐而收利。惜草帽同业缺乏团结互助，猜忌彼此，减价争售，因而外商得乘机多所吹求，以冀杀价。又有所谓代理人者，一方向洋行兜售，一方向帽商或各乡定货，一转手之间，可以享受九五回扣之利。而若辈销售数量高出行商之上。（二）受各国保护关税之影响。本县所产草帽，皆销往欧美各国，而近年各国相率行保护关税政策，所受打击甚大。（三）日本草帽竞价。日人善于模仿，鉴于数年前草帽业之盛，以为有利可图，遂仿制而故抑其价，以相竞争。（四）粗制滥造。土产草帽，品质参差，无一定等级之厘定，乡间妇女，手艺既熟，不免生弊，有偷工减料等事发生，以致信用大减。（五）不知振作求精进。草帽业交易额如是之巨，工人如是之众，已如上述；而外界之侵略剥削又如是其剧，身当其害之帽业，宜如何振作精神、联络同业，组织强有力之团体以相抗衡，始克有济。乃全省草帽业不此之图，因循苟且，甚且自相侵轧，予外商以苛求机会。甬埠帽商于民国十七年间，因请求免税，始组草帽业协会，旋改称草帽业同业公会今虽正计划改善与扩充等问题，无如积重难返尚乏显著之效。至若台属、余姚等处，则公会现方成立，犹未能言及改进也。

——选自《鄞县通志·食货志》

第三编

治安市政

英国领事馆的纵容包庇

段光清

咸丰二年壬子（1852）

正月，复闻抚宪往宁波招抚海盗布兴有。余曰：浙境自此不得安靖矣。又数日，更闻奉化县以征收钱粮，乡民滋闹，县官逃至府城。余署朋友私议曰：恐要调我东家去也。后数日即有八百里文书至，调余赴鄞县任。以鄞县开征，乡民滋事，烧毁府县衙署，调余往治。……

宁波自夷人通商以后，武官骑马顶戴行市上，人多笑之，谓遇夷人，则弃顶而逃命，见百姓，则戴顶以扬威，所以武官上街多不戴顶，自裁减马粮以来，武官并无骑马者矣。

夷馆虽在江北岸，而城内有天主堂，南门外有夷人住屋，凡作夷馆通司与服役夷馆之奸民，靡不藉夷势以挟制衙门；而本地无赖，又每每勾引若辈以鱼肉平民。余偶行街上，有乡人肩负草鞋，哭诉余前者，因偶过夷馆门外，有人向买草鞋，即将草鞋置夷馆门外墙下，买者已去，乡人尚在墙下串钱，夷馆服役者出而见之，喝骂不应将草鞋置此，一面着人传地保将乡人送县，钱文、草鞋俱被收去。地保至，阳为劝解莫回夷官，免其送县受责，将千余钱留下，以草鞋仍与乡人。余问地保何人，差役有知之者。问乡人：地保分钱乎？答曰：今日却未见分钱，特常与服役夷馆者为耦，诈我乡人，众所知也。

余着差役传地保至，问何以留下钱文。答曰：已讨草鞋与他，免其送县，故只留下钱文。余问何不送县。答曰：恐太爷责他。余曰：受责有钱，彼亦心愿。地保问余：受责何以有钱？余曰：尔若将伊送县，尚敢留下钱文乎？地保不言。余大骂曰：狗党所为，我已尽知，尔之助夷人勿送，又还其草鞋，盖欲乡人速去，尔好向狗党分钱也。此等事行之想非一次，从实供出，免遭毒责。地保亦无他语，但曰：不敢。街上聚而观者在旁小语曰：平日依仗夷势，无恶不作，地方官由来不敢过问，那知段太爷竟敢问焉。余骂地保曰：夷人欺我华人，凡我华人，无不痛心切齿，尔亦华人，乃竟仗夷人以欺本乡平民，是夷人本属犬羊，尔更乐为犬羊爪牙，天良何在！遂喝重责小板四百，两腿血淋，地保尚伏地未起，服役夷馆之人，方持领事名片来，为地保说情。余告之曰：已责过矣。地保乃县署充役之人，受责亦是常事，归语尔领事，以后地保有事，尔领事不必过问也。

后数日，夷领事自至余署云：馆中失窃，要余严追贼赃，先曾有照会至署，余曰：领事照会来，我已饬捕缉拿，尚未获案；且县中失窃亦多，岂可以限期而获。余语声颇高。领事自言曰：我非聋子，何必如此高声。余曰：我与上宪言，声亦如是，今与领事言，岂能另备低声乎？何吾国上宪犹不谓吾声太高，尔国领事翻谓吾声太高也。领事乃不辞竟出，余家丁及幕友皆忧之，谓夷人必从此生衅。

西洋马领事不通中华语言文字，专以诈人为事。通司卢天锡，亦宁波人，遇事生风。时天旱米贵，有商贩米数百担漂洋而来，天锡指为盗船，聚无赖多人，将米搬入家祠。商至余署呼冤，余随至江北岸查勘。见米已堆积卢姓祠堂，余命差带卢天锡至署，责之曰：即系盗物，亦当起入官署，岂宜归尔家祠，况本非盗乎？本应责尔，念尔乃夷馆通司，略存体面，仅予管押，速将米还商，免其严办。夜有西洋副领事至署，谓我拿盗船，何以不办强盗，反将我通司管押。余曰：尔通司指平民为盗，硬抢客货，应得何罪？仅管押在此，尚是存尔通司情面也。副领事曰：我国通司，县中敢管押乎？余曰：虽作尔馆通司，亦属本地百姓；百姓犯法，官不能办，我亦无以为地方官矣。副领事闻余言，置帽于几，立而言曰：尔知我国有黑老虎乎？（黑老虎者夷人兵船也，言其能噬人也。）尔敢言三声不放我通司，我放出黑老虎，看尔放也不放！余曰：平民无端被诬为盗，客货一空，我因畏黑老虎，出脱犯法之人，地方终不得安；我不放尔通司，尔放黑老虎，亦不过地方不安，亦是地方合当不安。莫说我敢言三声不放，即百声不放，我亦敢言之。副领事取帽戴之，不顾而走，自语曰：勿后悔！余曰：若此所为，我又何悔。余幕友谓余家丁曰：东家闹出大事矣。其实在宁波通商不止一国，余料其断不敢用兵船在内江开炮！后果又挽人来求余放出通司。余曰：米还商，可从宽办。天锡知余不能恐吓，遂将米还之商，余亦放出天锡，责之曰：人即不善，岂遂可以肆害同乡。尔看夷人对我中华如此无礼，而从不见甲夷加无礼于乙夷，非我族类者，且知爱及同类，何尔乃我族类，专欲害及同类也。后再如此，决不能赦。天锡叩头而出。

……本府保举实授宁波府，保余开知县缺，以同知升用，随补西防同知。

咸丰三年癸丑（1853）

二月院试，本府有事进省，委余提调。

本年七八月，京城御史吴次平——名若准——有保余奏折，谓宁波之事，官兵临之而不胜，以一新到县令治之，民既帖服，魁犯亦拘，并征收本年钱粮，毫无迟误，此诚不可多得之员，若听其人久沦令牧，未免可惜。该员虽任浙江，臣实未曾见面，但家乡有人来京，众口同声。皇上将折录寄浙江巡抚，着其酌量保升。廷寄到浙，抚宪保余升授宁波知府，业已专折入告。折内有云：知其贤而不能举，大非人臣事君之道。以该员保升知府，原于例有未符；然臣为朝廷得人，故不惜破格保之。是以皇上授余宁波知府，亦有后不得援以为例之旨。……

十一月，署宁绍台道张松泉死，抚宪委余以知府署道篆，管海关税务，兼摄鄞县事。

——选自《镜湖自撰年谱》

宁绍台道关于巡捕房档案

一　宁绍台道禀浙抚请添派外国巡捕
查逐各国流氓帮贴经费文（1865）

　　窃查宁波地滨海口，五方杂处，中外通商，良莠不齐，防范稽查，不容稍涉疏懈。自浙江全境肃清各路，撤散之游勇洋兵及海外无业流氓，每附海舶，往来宁沪二处，甚至中外勾结，则敢在外江内河同劫商旅。节经捕拏惩治、出示严禁窝屯会营派拨兵勇巡船，梭织巡缉，并照会各国领事，一体示警。因宁防各勇全裁，提标领兵悬未补足，地方大觉空虚。复于上年十月，禀奉护抚院批准，就地选募练勇三百名，分路巡缉，即经遵办，具报在案。数月以来，商民赖以稍安。讵本年正月二十后，城外江北岸上下白沙等处，查有各国黑鬼流氓，形同乞丐，潜居冷庙破船，或十数人一处，或数十人一处；查其来历，言语不通，殊非良善之类。职道即与英法美三国领事、新关税务司会商禁止。据该领事、税务司都称此种流氓多系别国下户，并无该管领事驻宁。不道伊等约束，禁之不听，驱之复来，恐非中国兵勇所能捕尽。添派外国巡捕兵卒，严密巡逻，制之不敢滋事，使之无所希图，庶几不逐自去。惟添派各国巡捕，每月薪水需洋银八千余元，至少亦需七百元。曩者军兴，江北岸曾派巡捕洋兵防守，系由该处客户、居民、洋行献金捐助，暨抽收房租津贴。现在客户均已迁徙，房租归官抽收，各居民洋行每月仅可助洋四百余元，已属尽力，总计尚欠洋三百元，外国无款可垫，坚请宁波捐局每月帮补洋三百元，以二月为始，等流氓散尽，再行酌撤等语。职道复与众绅密筹。事关紧要，若不允其所请，各领事借口推诿，渐弛其禁，该无业流氓势必无所忌惮，抢劫横行，隐为地方之患，除严令巡缉勇丁，城门具兵，加意稽察防闲外，理合将会商添派外国巡捕帮贴经费，各缘由据实禀请宪台察核，可否由宁局按月帮贴洋银三百元，以资协巡之处。仰乞批示遵行，实为公便。同治四年二月十二日。

浙抚批：

如禀，准予每月帮贴经费洋三百元，仰即严饬实力巡缉，一旦流氓散尽，停结具报，毋任冒滥。如有兵勇借端滋事，即严拿究办。

二　宁绍台道照会英法美三国领事及林税务司葛参府添加巡捕请会议详复文（1867）

窃照江北巡捕一事，原因地居海滨，为中外通商之处，每有外国游民勾结抢劫扰累商人，所以设此巡捕以为除暴安良之举，不特与中华有益，亦且使外国商人安静，诚良法也。所有缉捕经费，向由洋商捐缴，因恐不敷所用，议为中国按月津贴洋钱三百元，行之已有数年，地方赖以相安，颇能著有成效。前于五月间，以洋商生意渐就清淡，纷纷关闭歇业，不能再捐巡费。欲将巡捕停止，原属出于实情。惟本道之意，以为巡捕有益地方，断不能以吝惜小费，遽行言撤，曾经照会在案。嗣与英国费领事相晤，意见相同，而接法国席领事照会，议论亦相吻合；惟所议由中国按月添加巡费二百元，连旧定三百元，共成每月津贴五百元一节，现准英法领事示，以二国同心，特委嘉翻译同葛参将作为总巡捕官，前往江北岸地方，带同散巡，轮流换班，缉捕所有。本道添加巡费洋钱二百元，汇同原定洋钱三百元，仍照旧章，由本道按月发交税务司散给。彼此议辩之意，如出一辙，自可定见矣。惟查外国向有一官不当两差之例，但葛参将现在虽经中国派有统带卫安勇之差，而差使甚简，操演之事，半日可毕，此外并无事件；而于巡捕一端，尚可兼管。但既兼当巡捕之差，若不酌给薪水，未免事涉偏枯，殊非体恤之道。但竟公然详请开销，又恐以一官两差，有干宪驳，只得在于现定加添洋二百元之内，酌量派出若干，作为总巡薪水，以酬其劳。惟查冬腊二月，曾有添雇巡捕并加雇安勇前赴江北岸巡缉之事，现既以此为定，即应永为定例，断不能再言加增。惟总巡捕统率散巡缉捕，责有定规，如有疏虞，即不能置身事外，倘或将来隆冬之时，恐有宵小窃发，勇不敷巡，亦应在于该参将原带卫安勇一军之中，酌量派拨若干，前赴江北帮缉，不得再援上年之例，仍请另雇。此不特慎重，地方亦可节省经费。但此项经费究竟现开，洋商能否捐缴帮助，应归各国领事官自向劝办，本道概不置问。而本道惟就中国所帮贴，新旧并计，按月已至洋钱五百元，不为不厚。惟所添之二百元，可否按期发交税务司，归并原定之三百元，转给开销；抑或将此二百元另行提出，送交贵领事开发，亦须会商定议。再，总巡薪水既议在于加给之二百元内分给，究应分给若干？亦应由贵领事筹定，并同原定之二百元通盘议定。总巡一名，每月究应派给薪水若干？散勇七名，每月各应支给工食若干？一并查议照复，以归核实。合再备文照会，为照会英法美领事官，即希查照，督同林税务司并葛参将，即将文内所商各层再逐一查议。即望明白会衔照复过道，以凭转详办理。同治六年七月初三日。

三　宁绍台道照会英国法国领事
议复巡捕请商酌示复文（1867）

顷接贵二国领事联衔照会以复设外国巡捕一事，饬委葛参将管训亦无妨，但应有定章，嘱照前送章程仿照饬行所有。现定每月巡费洋五百元，内拟总巡一名，每月给洋八十元；散捕五名，每月给洋四十元；写字一名，月给洋二十元；零用月给洋二十元；管巡委员月给洋七十五元。并欲本道另拨卫安勇或五名或十名，当赴江北常住巡捕房内，倘遇非常之事，帮同巡捕其无条约各国之水手等人，及与外国交涉滋生事端，或在船或在岸，皆以外国巡捕所司之事。如有两造皆华人争殴各节，应自投该管官审断。本领事素知先前巡捕之洋系交税司转给，现议另设新法，莫如将费洋统交中国银号，汇与管巡委员发给交账。等因准此，足见贵领事办事认真，筹议妥善，本道不胜喜悦之至。惟所云巡捕另有定章等语，查此项章程，前准来文，既以四年间曾经议有数款，抄录移送在案，现今调卷批阅，款款皆属妥协，自可即照此章办理，设或因今昔情形稍有不同，其中尚有略宜参酌之处，亦祈贵领事再为核议示复。又查散巡应受总巡节制，而总巡又应听委员督率。葛参将职分较大，办事奋勇，应即由本道委令，充当管训巡捕委员之任。惟查中国委带兵勇，向例系一文一武，武则统队，文则管饷。所有此项帮贴巡费，从前原系发交税务司散给，今一旦改为统交银号汇发，似与旧章不符，且银号系属商人，并非官员，亦不便责令管饷。今本道复议新添委林税司作为文委员，令其管发捕费之事。又来文明所云散捕五名，本道改为四名，计酌去一名，即以多余之一名作为总巡所有。总巡薪水每月仍给洋八十元，散捕减去一名，每月计省洋四十元，应请留税务司，以作外国巡捕案内一切公用之款。至所云本道派拨卫安勇五名或十名，移至江北岸帮办，以符所嘱等语，本道自当遵照迳饬葛参将带勇十名，带往帮办。又来文所议巡捕委员月给洋钱七十元，以及散捕、写字、房租、零用、医生、柴油等项，按月应给用之款，来文均属妥协，一概照办，相应逐细备文照复。为此，照会贵领事，请烦查照。至本道所议之处，是否允当，尚望公同合议，示复施行。同治六年七月十四日。

四　英领事费、法领事席复宁绍台道文（1867）

为照复事，七月二十七日准贵道文开以江北岸设巡捕照送章程，二十二条并请查核商复等因准此。查来文有英法美三国官衔，惟美国并无领事在宁，是以无从会议。本领事阅此章程，现在尽敷紧要之用，但贵道不甚深悉。本领事前要将此章程移送本署之意，缘英法二国律例。均有准英法人代别国出力之款，若别国地方有管理英法国官不准者，则不能行。倘该管官准行，亦有限制，一如新关之英法人作税务司等，遇事属新关之事，应由贵道及总税务司并贵国家专主。倘有事与新关不涉，则照英法国平人，由领事官管办。本领事以后愿欲免启口舌，若准英法充作巡捕之事，亦应载明，庶使充当者深明何事在中国官员之下，何事系中国所保险，除此而外，仍系各国原属官所管者。明此节，最关紧要，然与巡费无涉。如贵道细详此意，即知按照本领事前请，将章程核定时移送本署，各有便益之处也。目下设法改此章程，自一至五、自七至十八、自二十至二十一各条，照如另单，略加更改，深为妥协可行。其第六条内六个月限期及扣发辛工三十元二事，刻尚未能照办。中有两难在内。一系此番初立原因细看如何；二系伊等辛工仅敷所用，故未能扣发。其十九条发给各费，本系贵道与贵道委员之事，本领事无须管问。至于二十二条，无领事官所管之人，如贵道所云应送英法美三国领事官代办等语，然三国领事各未奉到各国准将中国官员照律核办之事饬准承办，是以未便办理，特因推诿之也。惟另有一法，若在宁波如在上海之设会审公堂，讯办此等人犯，未尝不妥。请将此意细酌之。此次若照另单略改章程，设立巡捕甚为妥协。本领事深慕贵道细心任事、善于筹划，以致办理如此，理合当应将前送章程移还，并开另单照复。为此，照会贵道。请烦查照施行。同治六年八月十二日。

五　宁绍台道原送江北岸巡捕房章程

一、议北岸复设巡捕，应定武委员一名、总巡一名、散巡五名，各有辛工洋钱，以资办公。

二、议散巡捕应听总巡捕管束；总巡捕应听武委员调遣；号衣器械悉听委员定议。

三、各巡捕轮班巡查大街小路，如买食物，照市公平买卖，不得短价克扣，亦不得无端多事，扰累铺户居民，违则严究。

四、应设巡捕房一所，并设一管理人犯之所；其应用柴油火炉，均在巡费支用；其饭食衣履，均归各人自备；另设总巡捕屋一间，以便有人来往议论公事。

五、各巡捕吃饭住宿均应在巡捕房内，不得另出别处游戏。

六、各巡捕宜以六个月为限，期限届满，方准自行辞歇。每人应领辛工均宜扣发洋钱三十元，存于委员处，以备罚款。

七、江北分巡地段，其巡查大街时，兼须巡小路，统候总巡捕派定，轮流换班；禁止赌博，留意路间安静。

八、巡捕欲拿无领事官所管之外国人，均须有管带委员之执照方可提拿；如遇有领事官职外国人，必须有伊国领事官执照方准拿获。向来间有无执照亦准拿获之例者，来告之人须素知其诚实，犯事之人又有确据，庶唤巡捕捉拿方可。无照拿人，或总巡捕目睹犯法之事，不论在路在店在船，均准无执照一律拿获。

九、遇有形迹可疑之人，其身上藏物，不得借称如何得到之物，准巡捕唤其同至总巡捕处暂行管押，待次日报明委员。倘所拿之人另有诚实亲友愿为保出者，如查无大罪，亦听保出；但亦须告知委员。如无亲友作保者，毋许该巡捕私自释放，必须送交伊国之本管官处查究。

十、总巡捕当设立一册，凡遇所拿之人，须将伊之国名、姓名、所因何事，逐一注明册内，并注原告姓字住基，以便领事官不拘时刻阅看此册。每日十点钟送呈委员查阅。

十一、遇地方紧要之事，此起江北岸巡捕亦应帮同领事官之巡捕协拿人犯，不论在船在陆，均无推诿。

十二、不准巡捕收取馈送，如敢私自收取，一经察出，除罚辛工并罚保洋外，仍照章革退，不得姑容。

十三、凡巡捕均在委员之下，如有一切不法之事，均准委员酌量情形轻重，究罚辛工、保洋、斥退。

十四、管押人犯之所，不拘时刻，领事官皆可进内查看。此外，不论一切人等，如无委员执照者，概不准入。倘总巡私自放入内者，察出将总巡革退。

十五、凡遇外国船上水手逃走，许巡捕拿获管押，送交伊国本管之官办理。

十六、巡捕应禁止自早上七点钟后至晚上十点钟以前不准有人抬送污秽之物在街行走；大路亦不准设有坑厕，并令各户各照大门围墙宽窄，各家自行打扫洁净，不可堆积一隅。遇回禄，其时不在值班值巡捕，亦应听命往巡兼为救护。其现在值班值巡捕，如无特命，不准散杂分巡地段。

十七、倘委员欲另添补小章与大章，相符者准其定立。

十八、议由中国共计每月帮贴巡捕洋钱五百元，内计派定武委员月给薪水洋七十五元，总巡一名月给辛工洋八十元，散巡五名月给辛工洋四十元，共计洋二百元。写字一名月给辛工洋五十元，房租月给洋二十元，柴油月给洋二十五元，医生月给洋二十元，零用月给洋二十元，共合前数。

十九、议由中国另派卫安勇十名，交给武委员带赴江北岸驻扎，遇有要紧事帮同巡捕，一并办理，以壮声威。

二十、此次复设江北岸巡捕，实与中外商民皆有裨益，是以由中国每月帮贴巡费洋五百元，仍以税务司作为文委员，专管散放巡捕之事，俾有责成。

二十一、巡捕拿获中国匪人，即送交中国地方官查办；拿获外国匪人，即送交本管领事官查办。如拿获无领事官各国之匪犯，应送英法美三国领事官代为究办。如三国领事皆不肯代办，即送交现充文委员之税务司办理。如案中牵涉华人者，即送中国地方官会同查办，以昭平允。所有巡捕罚出之辛工保洋钱文，备作犒赏功劳。

以上共定章程二十二条，遇有章程未及载明之事，再行会同商酌办理可也。（案：原送章程本二十二条，惟蔡乃煌编约章分类辑要仅载二十一条，因无他籍可稽，故仍其旧。）

六　宁绍台道照会税务司照送巡捕房章程（1880）

本年七月十一日，准美国罗老师照会。本年六月二十二日。准葛参将文移开，自西七月三十日以后，巡捕房事务不由本参府管理，督捕歌林亦经卸事，旋于六月二十九日准贵道照会内开，自西八月初一日起，巡捕房事务由本道自行办理，各等因准此。查是案前经前道文暨驻宁各领事同定章程在案，由来已久。今贵道改行自理，所有前定巨细章程，未知有何变易？本领事自当预闻。况巡捕房远在江北，贵道未能躬亲其事，当必有督捕之人等责成。倘有中外交涉事务，庶可向督捕理问。迄今未准照会督捕归于何人，若事实奔诉，贵署西人诚恐未便。况贵道有时因公晋省，亦有暂时离宁之时，兹准前因合行照会，请将一切改办缘由，望速照复，并准英国固领事函询暨德国梅领事照同前由，各等因准此。本道查江北岸巡捕房前委葛参事兼管，现因裁减各项经费案，内将卫安勇教习华生裁撤，而葛参府训练事繁，捕房一切不能兼顾，是以本道照知葛参府，停止兼管，由本道自行办理，业经函照各国领事在案。查巡捕房经费从事宁郡牙厘局按月拨给洋三百元，后增至五百元，现既奉文节省经费，卫安勇已经裁减，巡捕房亦不得不量为酌减。本道因思捕房经费既议改减，捕房用项势须概行节省。总巡捕歌林每月薪水较巨，是以将其裁撤，并令筹给洋叁仟陆佰元，作为回籍犒赏之资。除宁郡局每月仍支给洋五百元，内以三百元作为巡捕房经费；其二百元每月提归所垫歌林之款，俟十八个月将垫款还清后，则宁郡局即可每月开支三百元，以昭节省。本道原欲遴委一职分较小之中国官员，接办捕房事务，因前教习华生在宁波多年，人尚谨慎，从前葛参府回国时，曾代管捕房事务一年有余，并无遗误，故即以华生作为巡捕房督捕，管理一切，遇事仍秉承本道而行，自接办以来，亦尚妥当。如各国商民有被人欺凌受害情事，一经领事照知，自应彼此商办。遇有外国贼犯，华生当解送驻宁领事衙门收管。如需整改巡捕帮拿外国贼犯，领事衙门尽可函致华生，请其出力帮助可也。所有同治六年所拟章程，今昔情形不同，现由本道因时制宜，酌量并作十条，除出示晓谕，并将章程抄送各国领事外，合将章程抄录备文照送。为此，照会贵税务司，请烦查收备阅可也。光绪六年九月十九日。

七　江北岸巡捕房章程十条

一、巡捕房系本道禀拨厘金设立，以资保卫江北岸中外商民，所有从前一切章程，现在悉作废纸。

二、现在雇募巡捕，业已敷用，将来或应增应减，随时酌量。各巡捕应听从前卫安勇教习华生管束，即用华生为督捕。所有歌巡捕衣帽，由该督捕定式，使人易于辨识，应用器械亦即酌定。巡捕日夜在酒吧分巡地段查拿匪类，禁止赌博，保卫中外商民及房舍屋产，并须巡查烟馆，留意地方安宁；统候该督捕分派，轮流换班，遇事必须报照督捕。其饮食住宿，均在捕房，不得无故出外游行；不得私押私放、私收馈遗。如买食物，公平付价，不得短少，更不得无端生事，扰累铺户居民；倘有因此受累者，系外国商民，赴领事控告；系中国商民，准赴地方官衙门控告，立予严办。该督捕亦应尽心守分，不得干预他事。

三、巡捕凡拿无领事官所管洋人，须有督捕执照；有领事官所管洋人，须有该国领事官执照，方准提拿。向来间有无照拿人之例者，来告之人须督捕素知其诚实、犯事之人又有确据方可。或经督捕亲见犯法之事，不论在船在岸，均准无照登时拿获。如商民间有无赖之徒在街滋事，或铺户居民被匪抢劫偷窃，均准通报捕房查缉，倘被拿之人有诚实亲友愿为保出者，亦听保出。

四、巡捕拿获中国匪犯，除由中国照例办理外，如拿获外国匪人，应交该国领事衙门究办。如该国并无领事驻宁，即应询问该应归某国领事官代办；如该国并未与中国立有约条，则应报由新关税务司商同地方官办理。案中犯牵涉华人者，地方官会同查究，并准该督捕赴其本国领事官处告知情节。

五、如领事官需巡捕协拿外国匪人，该督捕一经接有领事衙门信函，应出力协助，不论在船在陆，不得推诿。凡遇外国船上水手逃走，许巡捕拿获解交该国领事衙门办理。

六、各巡捕应令自早七点钟后至晚十点钟前，不准有人在街巷挑抬秽物，大路亦不准设有坑厕，并令各户各照墙门宽窄，自行打扫洁净，不得堆积。

七、凡遇地方回禄，其时即不值班巡捕亦应听令前往，弹压查拿抢货之犯，兼为救护。其现在值班之巡捕，如未经令往，不得擅离分巡地段。

八、督捕应专立一册，凡遇所拿之犯，须将伊犯国名、姓名、住基、所犯何事，一一注明册内，并注原告姓名、住基备查。此册无论中外官绅，但是体面之人，皆可入看。

九、巡捕房管押人犯之所，其应用油水火炉，准在巡捕经费内支用。所有管押各人犯饭食，均归自备。无论中外官绅，但是体面之人，皆可入看。

十、巡捕房经费按外国月份由税务司备函请发，转给督捕，月终由该督捕将收支各账及罚款并大小案由，抄送税务司，分别开折，送道备查，罚款另具清单，悬示捕房门首。

八　宁波江北岸巡捕房原有章程及历年示禁各条

第一条，无论华人洋人，不准在江北地方放枪打鸟。（光绪十年闰五月道宪示禁）

第二条，来宁轮船尚未泊定，不准小船挑夫人等争先上船搬运搭客行李。（光绪八年十一月鄞县出示晓谕）

第三条，凡江北岸华洋行铺，不准多积火油，每行铺每日所积，不得过四箱。（光绪十一年十一月道宪饬道办）

第四条，凡兵船水手等，不得带兵器上岸。（捕房原有章程）

第五条，不准在江沿及街巷驶马。（捕房原有章程）

第六条，自晨七点钟以后至晚十点钟以前，不准粪担往来。（捕房原有章程）

第七条，自晨七点钟以后至晚十点钟以前，不准洗涤便桶。（捕房原有章程）

第八条，各粪船自晨七点钟以后至晚十点钟以前，不准在甬江一带及各码头行驶湾泊。（捕房原有章程）

第九条，粪船夜间停泊载粪，只准在砖桥三山衖头、新江桥道头、傅家道头同胜街道头、大道头、张家道头等六处。（捕房原有章程）

第十条，街巷不准小便。（捕房原有章程）

第十一条，凡厕所尿缸向外之门，皆应砌向内。（捕房原有章程）

第十二条，不准聚赌。（捕房原有章程）

第十三条，不准弃秽物垃圾下河，并不得堆积房旁。（捕房原有章程）

第十四条，客店饭店烟馆处，不准容留匪徒，夜间十一点钟以前一律关门。（捕房原有章程）

第十五条，江北岸地方宰杀菜牛之坊，只准开设一所，以供洋人食用。逢宰牛日，须先报巡捕房查验是否菜牛，方可宰杀。（光绪九年九月道宪谕饬遵照）

第十六条，江北岸段内不准开设熬煮牛油之厂。（光绪九年九月道宪谕饬遵照）

第十七条，不准在江边晾晒菜蔬及铺木片柴板之类。（捕房原有章程）

第十八条，凡向轮船揽载搭客之小船，须赴巡捕房领照挂号时并无分文使费。（光绪九年十一月道宪谕饬会同保甲委员办理）

第十九条，江北岸一带不准开设售卖吕宋等票店铺。（光绪八年八月道宪谕饬查禁）

第二十条，凡地方官衙门差役在江北岸查拿人犯，其牌票须先送巡捕房签字，协同巡捕往拿。（捕房原有章程）

第二十一条，衙门差役查拿人犯，或巡察地方，无论何项，店铺皆不准讹索。（捕房原有章程）

第二十二条，居民店铺不得稍占街巷大路，并不准搭盖过街篷，以防火烛。（捕房原有章程）

第二十三条，凡挑贩小生意人等，不得于道旁乱放堆物，有碍街道。（捕房原有章程）

第二十四条，夏季各家所豢之狗，出外须用木牌书明主家系狗项上，否则，如有人疑为疯狗，捕房即不得不将其击毙。（光绪九年九月鄞县出示晓谕）

第二十五条，商民不准在街相骂相打。（捕房原有章程）

第二十六条，凡遇火警，各水龙局必须立即鸣锣赴救，待火既灭、水马回局，应以鸣锣两声为号，以免后到之龙不知火灭，仍复前临。（光绪十一年十二月道宪谕饬遵办）

第二十七条，抢火之人拿送重办。（光绪十一年十二月道宪谕饬遵办）

第二十八条，江北岸后河不准染坊洗布，不准浸毛竹即洗秽，不准两岸占搭棚屋，不准于近水处系牛羊，及私筑泥塘拦阻行船。（光绪十年十二月宁波府示禁）

第二十九条，凡遇忌辰及照例不准演戏之日，均不准演戏。（光绪十五年七月奉道宪批示严禁）

第三十条，凡迎神赛会，不准妆扮女台报马。（光绪十三年五月、光绪十六年闰二月叠奉道宪谕饬禁止）

第三十一条，不准添设烟馆。（捕房原有章程）

第三十二条，不准引诱良家妇女荐入娼寮。（捕房原有章程）

第三十三条，每逢夏天，不准在江沿挖掘船坞及民居房屋左近运动新土。（捕房原有章程）

第三十四条，凡江北岸有吃讲茶讲烟，一律禁止。（捕房原有章程）

第三十五条，现奉道宪示禁，不准私设娼寮。（光绪二十年十月奉谕原定章程）

巡捕房遗址，现存中式三开间砖木结构三层楼房一幢，
位于江北区中马路55号，1983年9月被公布为江北区区级文物保护单位。

——选自《鄞县通志·食货志》

宁波近代史上的外国警长

龚缨晏

  1840 年鸦片战争结束后，宁波成为对外开放的"五口通商"城市之一。1842 年元旦，宁波正式开埠，三江口北岸被辟为外国人居留地。此后，西方外交官、商人、传教士、冒险家纷至沓来，不少人在宁波安家立业，生儿育女，有的还寿终于此。这样，在宁波出现了一块西方人墓园，"临江铁栅铁门，园内树木葱茏，刻有洋文之十字架墓碑林立"，当时的中国人称其为"西人坟园"。斗转星移，岁月沧桑，昔日的"西人坟园"早就变成了民众休闲的白沙公园，多数墓碑也已损毁，只有少数几块保存下来。其中一块英文墓碑，高 128 厘米，宽 73.7 厘米，厚 13 厘米，碑顶为"重弧尖拱状，拱尖处刻有十字架，正中饰外框为菱形卷草纹"[①]。此碑原先收藏在宁波的白云庄，现存宁波博物馆。碑上的英文为：

Sacred to the Memory of Jumes G. Watson Eldest son of J. C and A. Watson Born at Ninepo Nov. 16，1866 Died October 7 1887

O death Were is thy stny O grare where is thy victory. The sting of death is sin；the strength of sin is the low. But thanks be to God Which giveth us thw victory throuth our lord Jesus Christ. XV of I. Cor；55 to 57cer.

  宁波学者章国庆等将此碑称为"詹姆士·G. 沃森纪念碑"，并将碑文翻译为：

  J. C 和 A. 沃森的长子詹姆士·G. 沃森，一八六六年十一月十六日出生于宁波，一八八七年十月七日逝世。

  死啊，你得胜的权势在哪里？死啊，你的毒钩在哪里？死的毒钩就是罪。罪的权势就是律法。感谢神，使我们借着我们的主耶稣基督得胜。哥林多前书十五章 55—57 节。

  迄今为止，学术界对此墓碑尚无研究，宁波博物馆工作人员更无法进行讲解，观众只能带着遗憾从此墓碑前面匆匆而过。其实，这块墓碑与宁波近代历史上的一位外国警长有着密切的关系。我们先来探讨墓主的父亲 J. C. Watson。

鸦片战争后，中国的关税主权逐渐沦丧。1861 年，在宁波江北建立了由西方人掌控的浙海关——浙海新关（俗称"洋关"或"新关"）。在浙海新关编写的"十年报告"中，就多次提到 J. C. Watson，翻译者将其译为"沃森""华森"或"华生"。例如，1891 年 12 月，浙海新关税务司墨贤理（H. F. Merrili）报告说："所谓的宁波外国租界，即在江北岸国际航运所在地及多数外国人和几千名中国人居住的地方，多年来有一支有效的警察部队，同等地维护本地人和洋人的利益。现在，警察的总监是沃森先生（Mr. J. C. Watson）于 1880 年 8 月由道台委任的，并从他任职 17 年的英中团队转调过来。"在《民国鄞县通志》中，收录了一份题为《宁绍台道照会税务司照送巡捕房章程》的文件，所署时间是光绪六年九月十九日（1880 年 10 月22 日），其中写道："因前教习华生在宁波多年，人尚谨慎，从前葛参府回国时曾代管捕房事务一年有余，并无遗误。故即以华生作为巡捕房督捕，管理一切，遇事仍禀承本道而行，自接办以来，亦尚妥当。如各国商民有被人苦苦欺凌受害情事，一经领事照知，自应彼此商办。遇有外国贼犯，华生当解送驻宁领事衙门收管。如需中国巡捕帮拿外国贼犯，领事衙门尽可函致华生，请其出力帮助可也。"对照中文文献，不难发现，墨贤理所说的这位"警察的总监是沃森先生（Mr. J. C. Watson）"，其中文名字应为"华生"，他被宁绍台道任命为巡捕房督捕（英文为 superintendent，中译者将其译为"警察的总监"或"警察总监"）。

实际上，现代出版的许多著作都提到过这个华生，并且说他是"英国人"，只是不清楚其外文原名，更不清楚其生平简历。幸运的是，上海出版的英文报纸《北华捷报》上，有两篇关于华生的重要文章：一篇是华生去世的讣告，作为"最新电讯"刊登在 1908 年 1 月 17 日第 153 页上。另一篇是《北华捷报》通讯员所写的悼念文章《宁波已故的华生少校》（The Late Ma Jor Watson of Ningpo，以下简称《华生少校》），刊登在 1908 年 1 月 24日第 197 页上。本文以这两篇文章为主要依据，结合其他史料，对华生的生平作一简介。

华生是澳大利亚悉尼人，而不是人们普遍所说的那样是英国人。《北华捷报》的上述两篇文章说，华生是于 1908 年 1 月 16 日（光绪三十三年十二月十三日）上午在宁波去世的，享年 74 岁。据此，华生应当出生于 1834—1859 年，年轻的华生来到中国，希望能够经商发财。当时太平军的矛头正指向上海，美国人华尔在苏松太道吴煦及宁波商人杨坊等人的支持下，于1860 年建立了"洋枪队"，1862 年 3 月改名为"常胜军"以抗击太平军。

在商场上打拼两年但没有什么建树的华生，于 1862 年 4 月投奔华尔，并被任命为第四步兵团的上尉。此时，常胜军正在上海周边与太平军激战，华生显然参加了其中的一些战斗。《华生少校》接着写道："一个月后，华生及其所在的步兵团奉命来到定海，经过激烈的交战，他的部队占领了 Dzeng-kong。"我们知道，太平军于 1861 年 12 月 9 日攻克宁波城后，浙江提督陈世章等官员逃到舟山定海。1862 年 3 月 24 日，太平军渡海攻打定海，但未能成功。但宁波及舟山的地方史料都没有记载常胜军在舟山活动的历史，更没有提及这个 Dzengkong，好在左宗棠于同治元年十二月二十八日（1863 年 2 月 15 日）（曾向皇帝这样报告说："宁波府定海厅洋布辽阔，岛屿纷歧，素为盗贼出没之所。本年夏秋间，广东盗船蚁聚该厅岑港洋面，伺劫商贾，意在久踞。闰八月二十四日，花旗国副将法尔师德轮船到定海时，署定海同知刘国观及团绅林正盛、陈裕权等与法尔师德筹商，添雇轮船四只，会同官兵民团合剿。二十六日，护定海总兵印务镇海营参将袁君荣、署定海厅刘国观，率民团同法尔师德等击贼于岑港，破之。贼之逃匿海澳者，经民团擒斩殆尽，共毙盗匪七百余名，兵勇阵亡五名，团勇阵亡四十一名。"同治皇帝下令予以嘉奖："定海兵团会同花旗国轮船搜捕海盗，尚属认真，着准其择尤酌保数员，以示鼓励。"[②] 文中所说的"花旗国副将法尔师德"即美国（花旗国）人 Edward Forester，又译作"法尔思德"等），"曾在日本几家商行里做过译员和商业负责人"，1861 年加入洋枪队，与华尔、白齐文（Burgerine）一起（组成了洋枪队的"最高领导集团"。《华生少校》所说的 Dzengkong 就是"岑港"宁波方言音译。这样，法尔思德率领华生等常胜军在岑港所剿捕的其实是"广东盗船"，而不是太平军。《华生少校》一文回顾说华生是在 1862 年 4 月加入常胜军的，一个月后被派到岑港剿匪，这一说法显然有误，因为左宗棠的奏折中明确记载，岑港剿匪是在同治元年闰八月二十四日（1862 年 10 月 17 日）。根据左宗棠的这份奏折，华生无疑是法尔师德的部下。

《华生少校》介绍了华生在宁波地区所参与的一系列攻打太平军的战斗，包括 1862 年攻占慈溪（9 月 21 日）、余姚（8 月 3 日）、奉化（10 月 11 日）、新昌（11 月 27 日）、嵊县（11 月 26 日）、上虞（11 月 22 日）、1863 年攻占绍兴（3 月 15 日）、萧山（3 月 20 日）。我们知道，1862 年 5 月 11 日（农历四月十三日），即英法联军攻占宁波城的次日，约 400 名常胜军从上海被调到宁波协助守卫城门。此后，又有几批常胜军从上海来到宁波。到了 9 月 18 日，华尔亲自率领常胜军从上海来到宁波，准备攻打慈溪。虽然目前还找不到华生来到宁波的确切时间，但《华生少校》既然说他参加了攻打余姚的战斗，而没有提及他参与守卫宁波城之事，所以他应当是在1862 年六七月随常胜军来到宁波的。1862 年 9 月 21 日，华尔在指挥常胜军攻打慈溪时，被子弹击中，第二天死去。从《华生少校》的报道来看，华生在攻打慈溪时显然平安无事。此外，华生在宁波还在某种程度上参与了一些商业活动。例如，在 1862 年 12 月到 1863 年 2 月的《北华捷报》上，经常可以看到宁波"悦来洋行"发布的公告，授权华生为该洋行的拍卖业务代理签名。

华尔死后，华生继续留在常胜军中，在浙江各地与太平军作战。《华生少校》说："1863 年底，绿头勇攻打并占领了一个名叫 Wongdaokuen 的城市，此次战役，实际上保证了整个浙江省的安全与秩序。"不过，浙江省并无一个叫 Wongdaokuen 的重要城市，在现有关于浙江太平军历史的著述中，更找不到关于常胜军攻打 Wongdaokuen 的记叙。那么，Wongdaokuen 到底在何处呢？在 1863 年 10 月 31 日第 175 页的《北华捷报》上，我们高兴地读到了这样一条来自宁波的消息：本月 18 日，440 名英华联军乘坐一船从宁波出发，来到 Wan-ta-quan 岛附近的一个地方，以等候 IIIanar 和 Cockchater 这两艘战船的到来；20 日晚，全军到达 Wongdaokuen，次日清晨，从后面登岛，而一艘战船则从正面驶向该岛；葛格（Cooke）上校带着一门榴弹炮及150 个士兵前往侦察，结果只受到一点零星的抵抗；等到叛军们试图进行猛烈抵抗时，菲奇（Finch）少校带着 200 人来到了；最终，杀死了 7 个叛军，焚毁了 23 条匪船，炮位被拆毁，大炮被钉死；清军方面死亡 10 人，这些人可能是因为想寻找战利品而离开大部队，结果被杀。根据这条消息，我们可以知道，绿头勇攻打此地的时间是在 1863 年的 10 月 21 日（农历同治二年九月初九）。有了这样的线索，我们终于知道这个 Wongdaokuen 其实是"黄道关"的音译，因为在 1863 年 10 月 31 日上海出版的中文报纸《上海新报》上，有几乎完全相同的文字："宁波来信云：所有浙江洋枪队，于本月十六日往黄道关，共带兵勇四百五十名，坐艇船前往。次日轮船二只，带炮勇二百名，亦往该处。其艇船已议定聚集海岛，约定一同前往，于初八夜至黄道关。次早英兵军饬派洋枪队，带炸炮先行攻打长毛，后兵络续至，方可无害。各兵俱已上岸，英兵军即带兵勇一百五十名往关城下巡察，又派轮船往城后面查看。英兵官亲临城下，而贼后虽放鸟枪，并未伤一人。我兵见长毛俱各惊恐，速派洋枪队爬城而进，长毛见我兵奋勇争先，立即溃散。其时英兵军复派兵勇数十名，往城内抄查，所有余兵，亲带至城脚四围追逐。贼兵逃至关外，徒然聚集，欲与我处追兵攻敌，幸得添兵二百名，开放大炮，将众贼轰退。途中见贼尸七名，我兵忘（亡）去十名，大约往乡间劫抢，被长毛掳去亦未可知。此时烧毁贼船二十三号，其炮因不能带至宁波，将火门订（钉）住，以后不能施放，所有贼炮台亦全行烧毁。"③此外，在《吴煦档案》中，也有差不多的内容。这个黄道关，位于现在浙江省海盐县澉浦镇的东南，"古为杭州湾门户"，兴盛于宋元时期，清朝道光以后由于"商贾寥寥"而成废关。

英法联军于 1862 年 5 月 10 日攻占宁波后，立即着手组织了一支"由英国军官指挥、由外国人训练的华人部队"，中国人称其为"绿头勇"，因为他们以"绿布裹首"。1862 年九月，宁绍台道史致谔任命常胜军军官法尔师德负责指挥宁波绿头勇。史致谔在给法尔师德的信中说："法大人：顷由江北岸回署，适接江苏李抚宪札，所有宁波绿勇应归贵协镇统带。"④法尔师德被任命为绿头勇的总指挥之后，其部下华生大概也随之成为绿头勇的军官。华生的好友、长期在宁波生活的英国圣公会牧师慕雅德回忆说，"华生在绿头勇（Green-Caps）的组织和训练方面做出了很大的贡献"。1864 年 5 月底，清政府解散了常胜军，宁波绿头勇则几经周折，最后演变成地方武装"卫安勇"。光绪二十年十二月十一日（1895 年 1 月 6 日），浙江巡抚寿丰就说过："宁勇系从前常胜军旧部，初名卫安勇，继改为宁防勇，营制悉仿西法。"⑤这样，华生也摇身一变，成为卫安勇的教习。1876 年 2 月 25 日第 2 页的《申报》明确说"宁郡卫安营帮教师英人华生，此君固食俸中国者也"。《华生少校》一文说，1865 年，华生还参加了剿灭南田（Nendin）岛海盗的军事行动。根据浙江巡抚马新贻的报告，清兵是在该年 10 月 28 日（农历九月初九）攻占南田岛的。由于此时的华生并不是宁波地方部队的首领，所以，马新贻在南田剿匪报告中没有提到提到华生。不过，在关于宁波治安的新闻中，则可读到关于华生的一些报道。例如，1876 年 10 月，华生居住的房子"宁波盐仓门内报德观"发生火灾，但他沉着应对，避免了更大损失，《申报》为此写道："此又见华生之善于救灾矣。"1877 年，华生受到了宁绍台道瑞璋的嘉奖。⑥此外，1868 年 3 月的《北华捷报》在介绍新成立的共济会宁波分会时，提到了作为负责人之一的华生。《华生少校》还说，华生是在 1880 年之前从"上尉"晋升为少校的，但具体时间不清楚。至少在 1865 年 9 月，华生还是被人称为"上尉"。

在中国近代通商口岸中，上海"租界之行政、司法、警务诸权均掌握在外人手里"，因而"主权丧失最多"，相比之下，宁波"主权丧失较少"，因为宁波外人居留地的警务权主要是由中国政府掌握的。1880 年 10 月，原先在卫安勇中担任教习的华生，被宁波地方政府任命为巡捕房总巡捕。这样，华生就成了宁波江北外国人居留地的警长。华生一上任，即奉宁绍台道瑞璋之命查禁彩票赌博。1882 年，宁波发生中国船员与美国船员的冲突，华生指挥巡捕"谨慎保护外国侨民，没有发生激烈的示威游行"。在 1883—1885 年的中法战争中，华生奉宁波官员之命，恪尽职守。例如，光绪十年九月初七（1884 年 10 月 25 日），为了防止"奸细"从外地混入宁波，宁绍台道薛福成要求"巡捕房督捕华生于船到码头搭客上岸之际，协同插手稽查"。由于华生"督带巡捕，于江北岸周历梭巡，不间昼夜，得以匪徒敛迹，人心乂安，商民信服。他如帮设电线，保护教民各事，尤能始终勤奋，小心认真"，所以薛福成奏请朝廷给予奖励。浙江巡抚刘秉璋根据薛福成的报告，于光绪十二年三月三十日（1886 年 5 月 3 日）上奏说："仰恳天恩，俯准将宁波口巡捕房总巡捕英人华生给予四等宝星一面，准其佩带，以示鼓励。"同年六月，朝廷批准了这一请求。根据《华生少校》的记载，1894 年中日甲午战争期间，华生在宁波积极参与抗日备战，"确保了江北外国人居留地的安全与秩序"。

华生自 1880 年出任宁波巡捕房总巡捕后，为维护地方治安做了大量工作，就连上海出版的《申报》也有不少报导。[⑦]《华生少校》写道，作为总巡捕，华生的一个主要职责就是火灾救援，先后参与了几千次灭火行动。特别是在江北外国人居留所发生的一场大火中，华生连续数小时指挥灭火，结果得了重病，致使晚年失明。华生的葬礼是在他去世后的第二天下午在宁波举行的，英国驻宁波领事、浙海新关税务司辛盛、宁波巡捕房巡捕、"几乎所有在甬的外国人"以及一些中国官绅前来参加。葬礼的主持人是慕雅德牧师，主要送葬者则是华生的两个儿子，分别是查尔斯·华生（Charles·Wstson）和约翰·华生（John Watson）。根据宁波馆所藏那块英文墓碑，这两个人应当是华生的第二个及第三个儿子，因为华生的长子詹姆士·G. 华生（James G. Wstson）于 1887 年 10 月 7 日已在宁波去世。该墓碑还告诉我们，詹姆士·G. 华生是 1866 年 11 月 16 日在宁波出生的，此时华生在宁波才生活了几年，正担任宁波卫安勇的教习。1877 年，华生已成为宁波外国人居留地的警察首领，他的长子詹姆士·G. 华生却不知何故离开了人间，年仅 21 岁，可谓英年早逝。华生去世后，中文报刊也有报道。例如，广州出版的《半星期报》这样写道："宁波警察，向用外人华脱森为总巡。去岁自华死后，已改归海关道接办，曰收回警察权矣。"该文作者大概是根据外文报导而将华生译写成"华脱森"的。

宁波博物馆所藏詹姆士·G. 华生墓碑，隐藏着一个鲜为人知的外国的警长故事，它见证了近代宁波与西方世界的密切联系，见证了宁波在中国近代史上独特的重要地位，也见证了宁波在近代转型中的曲折与艰辛。今天，当宁波快速走向世界的时候，我们不应该忘却这块墓碑，更不应当忘却这块墓碑所包含的曲折历史。

注释：

①章国庆、裘燕萍：《甬城现存历代碑碣志》，宁波出版社 2008 年版，第 220—222 页。

②左宗棠：《左宗棠全集》第一册，岳麓书社 1987 年版，第 143—144 页。

③上海图书馆：《〈上海新报〉中的太平天国史料》，上海图书馆 1964 年版，第 139 页。

④中国科学院历史研究所第三所：《太平天国资料》，科学出版社 1959 年版，第 142—143 页。

⑤《筹办夷务始末（同治朝）》卷 25，影印本，第 406 页。

⑥分别见《申报》1876 年 11 月 9 日《宁城失火》，《申报》1877 年 10 月 4 日《宁波近事》。

⑦参见《申报》1889 年 5 月 21 日《甬上杂纪》、1890 年 12 月 22 日《准开戏馆示》、1904 年 2 月 8 日《月湖蟾影》、1904 年 5 月 19 日《月湖泛碧》、1904 年 5 月 23 日《四明客述》、1904 年 7 月 15 日《月湖蟾影》、1904 年 8 月 28 日《甬江秋汛》、1904 年 9 月 24 日《四明山色》、1904 年 9 月 28 日《甬江小志》、1905 年 8 月 25 日《宁波》等。

——选自《浙江学刊》2016 年第 3 期，注释有删节

四明谈屑

蜕　叟

宁波为五口通商之一，本非租界。江北向设捕房，捕头以西人充之，相沿既久，江北民刑事项，其权几全操诸西人。喻庶三（兆蕃）观察莅甬，首议收回主权，得士绅同意，磋商多时始实行。以鄞县知县郑镕为总理，吴銎为正捕头，英捕华生为副捕头。华生辞职，蒲立克斯继之。会浙省举行警政，宁波于城内简香庵故址设巡警局。江北因商埠独立，分设巡警局，仍以吴銎为正巡官，而改蒲立克斯为稽查，皆隶属于省巡警道，而受监督于宁绍台道。宣统二年，巡警局并江北警局均改为警务长公所。辛亥光复后，城内称为警察署，江北则称为警察分署。民国二年秋始改为警察厅，其厅长则由省委，而江北分署及各乡分署始统一编织矣。（按：所载事实及年份与本馆采访所得略殊，参看《政务志》制度沿革。）

——选自《鄞县通志·食货志》

附录　巡捕房改警察署

宁波之有警察，自清宣统元年收回江北岸巡捕房改称警察局始。其时，（宁绍台）道兼总办，另委坐办。英人副督捕之名仍在，但只办外人交涉事宜，无直接管理警察之权。……宣统二年，江北区警察局改坐办为正巡官，副督捕为副巡官；旋又改江北区警察局江北岸警务长公所，正巡官改称警务长，副巡官改称西教练官。……民国元年，改警务长公所为警察署。

——选自《鄞县通志·政务志》

治安案例七则

一　准开戏馆示

宁绍台道吴为晓谕事，照得江北岸馥兰戏馆前因不遵章程，于宁口通商事宜甚有关系，勒令停歇。嗣准美领事照会，以该馆停止已久，美商赔累堪怜，再三照请准予复演。本道谊难坚拒，因思戏馆为地方无益之事，或藉以筹有益地方之款。当于薛升道定章之外，续定章程三条，内有令其加缴洋六十元，送巡捕房呈道发县，以作本郡各项善举不敷之用，其余较前定章程之意更为周密。即经照覆美领事，饬据该馆主情愿遵缴复请给示开演前来，不得不从权照准，以固邦交而示体恤。除咨呈提军门照案晓示禁止兵勇闯看滋事，并札府县遵照一面谕饬督捕华生添雇巡捕认真弹压外，合亟出示晓谕，为此示仰绅商居民人等一体知悉，须知该馆既愿遵章缴款，为郡城善举，如育婴、施材、恤赘、江桥等经费，于地方损益稍可相抵，所有续添章程三条，该商均已遵照。该戏馆本系薛升道允许在先，今美领事又迭次商请，本道是以复准开演。就地绅民当所共谅，自示之后，如有棍徒藉端阻挠，并无故恃强闯扰，定行拿究。事关交涉，勿谓言之不预也，特示。

——选自《申报》1890 年 12 月 22 日

二　华洋旅社交涉之详情

本埠江北岸外滩瑞商所开之华洋旅社，自今春阴历二月初旬，经警厅破获大烟赌案之后，该商以营业不甚发达，赴沪转告洋商转禀领事，函致交涉署诘问。经袁交涉员据警厅呈报详情驳复去后，该洋商自知所营各种生涯，实与通商约章大有窒碍，无能发展，然以资本攸关，且熟悉我国官厅情形，而又有一般我国商人甘于附和，有恃无恐，赴沪设法，改悬商旗，重整旗鼓，此中内幕，明眼人自当知之。兹探悉此案发生之原因，缘本月十六日该社忽然改悬美国商旗，并于门首添设印捕一名。事为一分署郭警佐所知，以事先未奉警厅明令，接准该管领事公文，即于十七日面呈林厅长，派杨督察长会同译员陈小葆前往查询。旋由陈译员向该瑞商爱格林，诘询改悬美旗理由。当据该瑞商答称业与华经理杨少卿解除契约（瑞商因营业衰落，即使继续亦属有违警规，不愿营此生涯），另与美国人大卫德格罗订立契约，继续营业。陈译员于本日协同西稽查蒲克礼士，复向大卫德格罗询问。据称彼向瑞商爱格林以六千余元资本盘顶华洋旅社，继续营业，曾在美领事馆报明，至印人白纳省（译音）系雇佣性质，专司门役，系仿照上海商店办法云云。陈译员谓洋商开设旅社须由该管领事来文证明，并由本国官厅许可，方准营业。现在本国官厅并未接到美国领事公文，照例未便擅自悬旗营业，至雇用印人充当门役，在上海地方，恐有棍徒滋扰，乃为预防而设，此处有本地官厅保护，似可不必。该美商因而允在未接领事公文以前，将旗撤下，至印人白纳省一名，因已付给三个月薪水，且容暂缓解除，至住社之客，似难驱之他去，好在瑞商尚未正式取销，仍以瑞商名义营业云云。陈译员复拟转问瑞商询明究竟，以爱格林已于本日请假赴日，遂将查询情形，报告郭警佐。郭警佐以洋商开设旅社，向由该管领事函知本地官厅认可，贸然悬旗营业，殊出例外，况该旅馆所用之管门印人，身穿黄色服装，头裹红布，俨与租界巡捕相同，宁波虽系通商口岸，确与租界不同，洋商既有本地官厅保护，似未便任其特设印捕，致碍主权，故特于日前将详情呈报警察厅、林厅长请转呈交涉公署严行交涉，并函询驻沪领事有无该美商呈报注册，及该瑞商已否取销等情。闻林厅长据报后即将详情转呈袁某，交涉员已备文向驻沪美领事质问情形，此诚吾宁官长之佼佼者。

——选自《时事公报》1922 年 5 月 20 日

三　憨不畏法之烟赌窟

本埠江北岸刘家边地方有王阿得者（绰号恶鬼），系著名无赖，自与警厅保安队何巡长结识以来，恃其权势，在家聚赌抽头，良家子弟，入其圈套者，笔不胜述。今日竟复招诱地痞，在家买卖鸦片，并开灯私吸。邻近居民，怒不敢言。按烟赌为盗贼之媒，是所望于地方之责者。又鄞县南乡大乔地方，有任九尧、任传三、任领荣、蔡和尚等，纠集无赖，在该处演做串客，搭篷聚赌，于本月初八起十二日止。查该赌棍等，前月在该处兴篷聚赌将近两月，而该管警署置若罔闻，不知何故。又南乡徐东康地方孔生林家，专以开灯售食鸦片，前已被姜山警署已革巡长陈皋拿获送办在案。现闻孔某怙恶不悛，又复开灯售吃，一般烟鬼如三昌老头、徐领领、阿三等，每日下午在该处吞云吐雾，肆无忌惮。又姜山地方，有绰号眼药瓶者，每日聚集一班游手好闲之辈，专在下新屋长庚家，或余姚人长婆家，或口园等处，借屋抽头放赌以贪渔利，每月可收数百元之钜，贻害地方莫此为甚，未识该管警署亦有所闻否。又鄞县无赖金仁干、金雅清等，在城内城隍庙后门设赌营利，被巡逻警拿获拘署，判金仁干拘役五天，金雅清拘役十天。又无赖陈金林、刘友生、刘友土等，亦在郡庙后摆设赌摊，诱人入局，被拘送警署判陈拘三天，刘等各罚二元以儆。又闻郡邑两庙后门，为警力所不及，一般就地痞棍，设摊诱赌，无日无之。警署提不胜提，探其原因，缘虽被捉，不过轻罚了案，故遂肆意忌惮，悍不畏法云。

——选自《时事公报》1922 年 6 月 6 日

四 陆军小船帮互殴凶剧

本埠江北岸李家河嘴第一楼茶坊（即玉泉轩），坊主戴纪法（绰号阿法人），专以设赌抽头为渔利，故常有不法陆军及小船帮之滋扰事情发生。于二月间经二分署拘拿后，稍知敛迹，近日来故态复萌，一般好赌之徒，趋之若鹜。昨晚八时，楼上正在唱书之间，不知何故，有陆军干凤祥、骆良、李樟保等与茶客致起决斗。陆军以寡不敌众，致受重伤，干凤祥致被赌客由楼槛掷下，伤势最重。当由其余两陆军舁干凤祥上车，飞报二分署。张署员着警饬传坊主戴纪法到案，略讯一过，以案关刑事，即将原被告等片送检厅核办。

经郑检察官开庭审理，据干凤祥供称第三营第十连工兵，今晚在该茶坊赌博（扫老羊），有某赌客不允入局，正在争论，由坊主喝令众赌徒大肆殴打，我以寡不敌众致受重伤，甚且将我由楼上掷下，不能行动。当由验吏陈浩验明伤痕，以腰部为最重。次据李樟保供称司令部王书记护，今晚路过该处，我见楼上有殴打之声，且据众人云，楼上有陆军一人，将欲打死，我即上去排解，谁知一般茶客，不分皂白，将我凶殴，至因何事起衅，毫不知情。经验吏验明伤痕，以胸部臂部为最重，然不若干凤祥之剧。次傅骆良，据供是司令部戴参谋护兵，今晚在该楼听书，见后楼有无数茶客将干凤祥大打大追而出，我意欲排解，乃众人竟将我殴打在内，我与干凤祥素不相识，今晚之事，究为何因，亦不知情。经验吏验明腰部受伤。郑检察官审毕，即谕令各该陆军回去自行医治，一面传坊主戴纪法到庭。

据供今日下午坊内正在挖花（赌名），突有陆军干凤祥将牌抢去，后经赌客老王说妥，将牌拿回，出洋二元，我仅交他一元，至晚上坊中正在唱书，而该陆军又另邀着制服陆军三人，便服陆军三人，上楼寻隙，并将茶壶掷及某茶客头上，致起众忿，故而殴打。我见势不佳，报告二分署，二分署拒不受理。回至坊中，而各茶客已星散无踪，该伤陆军，则乘车至二分署报告矣。究竟何人所打，我实不知。问毕，郑君以戴某聚赌滋事，罪实难宥，谕令发押，俟侦实后再行起诉，遂退庭云。

又一访函云，本埠江北岸李家河嘴第一楼茶坊（即玉泉轩）名虽茶坊，实则以聚赌抽头为生涯，其赌徒多为一般小船老大。昨晚七时许，有某妇亦同场聚赌，因细故致与小船帮大起口角，旁有陆军数人，代抱不平，与小船帮为难。继则互殴，因陆军人少，势不能敌，有陆军因无逃路，即从楼槛跃下。而小船帮等趁势复将板凳等凶器掷下，该陆军即狼狈而逃，赶至鼓舞台，召集同事多人，奔至复仇，而小船帮已鸟兽散。计伤陆军干凤翔、骆良、李樟保三人，或在头部，或在肩部，或在脚部，轻重不一，经岗警飞报，二分署派同长警多人，将受伤陆军，并拘获茶坊主戴纪法（即阿法人）一并解送法院究办矣。

——选自《时事公报》1922 年 8 月 31 日

五 英商旅馆勒令停止营业

本埠江北岸外滩，华洋旅社旧址之宁波大旅馆，为英商唐乃克所开设，未经立案之前，即悬牌营业，后经驻京英公使批斥不准营业，仍复阳奉阴违。该管警佐郭眉寿，以该洋商如此玩疲，殊属有关国体，遂于前日傍晚密派译员陈筱葆，率同巡长龙在田，至该旅馆检查有无容留旅客。当查得前进洋房，住有杭州官产处长刘君，后进南部，住有香客妇女数人，而唐乃克则在沪未返。陈君等回报后，郭警佐即传该旅馆副理华人徐达三到案讯质，严令将住栈旅客当夜一律迁出，勒令停止营业，并罚洋十元，以为违警章者戒。徐某一一照办，始于九时许释之而回。故昨日该旅馆门首，贴有"油漆房屋，暂停数天"八字，实为掩饰耳目之计云。又闻该旅馆股东为叶某、陈某、董某等数人合股，而新宁绍代理船主某西人，亦假予唐乃克洋一千元，作为资本及生财之用，其□头据则在唐乃克处。此次警署勒令停闭后，该股东等已赶赴上海向唐交涉矣。

——选自《时事公报》1922 年 11 月 12 日

六　华洋诉讼审讯

甬埠江北岸草马路英人普士地住宅，于一月十五夜被劫。旋于一月廿八日，由该管二分署在草马路六间头地方小屋内，查获盗犯李得胜、李永兴二名，在董家河嘴，查获陈阿五、张阿庆二名，在周家桥查获林阿林一名，在平阳码头拿获王阿三等三名，均解厅转法院究讯等情，详志本报。兹因此案查原告系英国籍，事属华洋诉讼，于十六日下午特在县公署集讯，由县知事江恢阅，及法院刑庭推事冯忠，民庭推事王仁湛为审判官，楼杞为书记官，交涉署特派张叔驯为视察员，英领事率同翻译员亦莅庭观审，旁听者二百余人。至二时开庭，即传原告普士地上庭，嗣因该英人不谙华语，由其妻屠氏代理，将被劫情形，先后供述一番。供毕，王审判官，即出赃物皮匣角洋铜钉等件，交屠氏及普士地认看，是否所劫之物。旋由屠氏察看后，答谓惟有金四开角子及铜钉一枚，系我家之物，余皆不是等语。王审判官据供后，即令屠氏等人退庭，遂将盗犯等一一传讯。然均反前供，不认有行劫情事，且谓前在二分署供出有共同行劫情事者，是系屈打承招等语。江审判官以该盗等之供词，与在警所供词均不相符，不可不加以研究。后由于审判官令各犯一一供词画押，并由江审判官云，今日本案辩论终结，现将尤凤佩等五人，仍交原保外，其余各犯，均解看守所一并听候法院宣判可也。审毕退庭，已六时矣。

——选自《申报》1924 年 6 月 19 日

七　大捕西人住宅劫案中盗犯

甬埠江北岸草马路乘石庙前西人普士地住宅，于阴历本月十五日夜被劫一案，已志本报。兹悉是案经二分署张署员悬赏通缉后，于二十六有台人蒋志刚报称，探得草马路六间头地方小屋内，有关于该劫案嫌疑犯逗留等语。张署员得报后，立派长警多名前往，当场拿获盗犯李德兴、李永兴二名，继至董家河嘴拿获陈阿五、张阿庆二名，又在周家桥下拿获林阿林一名，又二十七日上午十时许，该署长警同探员等，在平阳码头拿获王阿三、潘阿四、江聋口三名，先后带署，经张署员一一严讯。据李德兴供称，太平人，住草马路六间头做草泥班，至外国人抢劫案，我曾与江聋□起意，事后分得花旗银洋三元不讳。余犯亦多直供不讳。而该西人之花司尤凤培，亦被盗攀供通同。张署员据供后，即连夜派同干警一并解送署究办。

——选自《申报》1924 年 1 月 30 日

税务司谈治安

　　所谓的宁波外国租界，即在江北岸国际航运所在地及多数外国人和几千名中国人居住的地方，多年来有一支有效的警察部队，同等地维护本地人和洋人的利益。现在，警察的总监是沃森先生（Mr. J. C. Watson），于 1880 年 8 月由道台委任的，并从他任职 17 年的英中团队转调过来。在沃森任命以前，警察部队在库克上校率领下，虽得到道台支持，但接受条约国领事的管辖，计有一名洋人督察长、两名洋人巡长和 12 名本地人警察。本地人警察是从英中团队带薪抽调，由道台拨给警察部队每月津贴，作为办公费为 500 元以及罚款。现在存在的警察部队只受道台的命令，有固定的规则和章程加以管理。规则和章程并经常补充完善。警察部队，现在包括一名洋人总监、一名洋人巡长、三名本地人警长、十六名本地人警士、一名本地人翻译和一名本地人文案。1880 年，每月拨给办公费津贴减少到 400 元，该款加上罚款和各种人士付给的特别保护月费，已足够维持该警察部队，还可积累两个储备基金，发给年终奖和退休金津贴，还可作慈善捐助。目前基金存款已累积超过 5800 元。

　　警察部队的管辖权，现已扩展到当地居民和非条约国的侨民。在租界内，除非持有道台、府台或通判发给的逮捕令，并由警察总监签字予以执行的警察或衙役外，任何人不得在租界内捕人。领事馆经过申请，可以将警察部队交其支配，协助逮捕工作。违法行为性质严重者送交中国当局处置，但情节轻微者由警察总监处理，在警察所门外公告栏内公告案件详情和处理决定。警察的职责是：维持租界内治安和清洁，报告军舰的到达和离去（供道台知晓），登记出租船只，搜查船舶，捉拿拐卖儿童罪犯。本地人警长职责是：对警员进行巡视。洋人巡长职责是：日夜不定时巡查租界，注意警察是否尽责，还要检查供洋人消费的屠宰牛。

　　在 1884 年法国封锁期间，道台担心发生动乱，派遣 50 名士兵来租界值勤，执行警察的职责，很大程度上协助平息当时民众的激愤情绪。

　　道台在警察所内设立一家银号，租界内穷人可得到小额贷款，从制钱

200 文到 2000 文，免收利息。

有一辆外国的救火车为道台所供，停在警察所内，配备了 20 名工役，遇有火警协助警察灭火。

下表为 1882—1891 年期间，警案的概括表，表内不包括家庭争吵以及口头斥退的细小案件：

1882—1891 年警案概括表　　　　　单位：件

年份	破坏警章	盗窃	赌博	小偷小摸	拐骗	其他	合计
1882	13	15	15	21	1	82	147
1883	12	25	29	38	78	182	—
1884	8	23	26	38	4	98	197
1885	25	35	44	35	3	100	242
1886	23	37	25	38	149	272	—
1887	11	18	27	21	5	127	209
1888	31	10	14	19	5	134	213
1889	15	12	20	15	5	103	170
1890	26	18	33	19	1	169	266
1891	32	11	30	17	2	144	236
合计	196	204	263	261	26	1184	2134

"破坏警章"包括在禁止的码头装运粪便、在禁止时间内洗刷便桶、在街头上喧闹、在街上扔垃圾、阻塞街道交通、在跑马道上系牛。"其他"包括殴打、制造混乱、砸坏家具、船停妥前登船、为囚犯传递食物。案件增加的主要原因，是租界的警力大增，因而发现案件也多。每季度的财务报告、费用支出表和采购定货簿，均译成中文送呈道台。

作为群众对警察部队有良好感情的证明，警察总监保存了中外居民和当局对警察高度评价的表扬文件。有好多回，当地居民自动来找总监，请求惩办有损家庭名誉的儿子或其他亲属，同时表示愿意承担所需费用。也有一家人来找总监，请他仲裁家庭争端。这些案件需要花费时间、耗费精力，实际并不归总监的权限。众所周知，犯人喜欢总监来处理他们的案子，理由很明显，就是他们除被衙役敲诈以外，还要被中国老爷重判。

1889 年 3 月，在宁波外国租界开设一家剧场，执照虽发给居住在上海的一位美国侨民，是由于他的姓名为该企业获得美国领事的保护，然而这种保护未有效获得。因为于次年秋天，该剧场经历一段时间的周折后，被道台下令关闭，理由是不符合发给执照的条件，并且此事未尊重他的权威。后来，他的权威得到认可，道台同意续发执照，但收费甚高。剧场重开后，在新情况下营业时好时坏，直到1891年4月演出了最后一台戏后关闭。

本省对待洋人的感情一般来说是友好的，或者至少是不偏不倚的。排外运动在本地很少有积极公开的同情者，而仅有一两次曾有过敌意示威游行的担心。1882年6月，有一位中国兵船的广东籍船长受到三名美国船长的殴打和粗暴对待。殴打起因于难以容忍的侮辱，责任在于广东籍的官员。但对其受惩如此严重，以致港内各兵船的水兵为数约500人奋起威胁要向洋人复仇，一时引起严重不安。道台立即采取措施防范一切暴力，并且警察部队在沃森少校指挥下，谨慎保护外国侨民，没有发生激烈的示威游行。而三名美国人受到罚款和拘禁的处分，最后平息了水兵们的愤怒，也消除了麻烦的忧虑。

——节选自墨贤理《浙海关十年报告》（1882—1891）

宁波著名的警察力量由道台维持多年，在原来的警察总监沃森少校明智而老练的指导下，继续满意地发挥其职责。1894年11月1日，警察总监失去了他的常任助手，警察威利于该日加入了浙海关，但威利先生仍经常协助警务。在1900年的多事之秋，许多中国人因害怕长江下游爆发战争而来此避难之时，他的工作更有价值了。那时增募了40名警士，根据宁波商人和绅士的要求在孔浦维持治安。1901年初，人心安定，大部分难民返回上海，暂时雇用的警察就随之解雇，仅例外留用10人永久加入队伍。目前，共有4名警长和26名警士，此外还有一名翻译和一名文案都是中国人。浏览一下留在局里的警案，可以发现刑事案件明显下降，从1892年的240件，到1901年的100件。警察保持原来的警惕，证明住在孔浦的华人社区治安良好。所处理的案件大都是小偷小摸、吵架、船未系泊即登轮、赌博等，以及少数侵入住宅案。

1896年，由税务司墨贤理开办的种痘所附设在警察局内，由警察总监监督管理。它在春天开诊四个月，所费开支，部分由道台开销，部分从警察局处理案犯罚金中提出的慈善基金支付。接种员为一名医务助理员，技术熟练，在开诊期间，每月酬劳20元。儿童接种痘苗者，每季约1000人。

几年前，另一机构附设在警察局内，名为便民局，是为住在孔浦的贫困华人而设（便民局的意思是穷人的银行）。该局的资金是从警察基金中支取，而工作的费用则由道台和宁波市政工程委员会开销。

在 10 年的第一年，有位行善的商人张先生建造一个成殓公所，以收殓轮船上的死亡旅客或街上的死者等。（应是早就设立的四明公所——编者）此事引起道台与口岸各领事间的长期争论。张先生先挑选了一块在孔浦后边的地，但由于周围住家反对而放弃。然后，他在英领事馆和其他住宅的下方的不远处，购买了土地并设立了殓尸所。但公众一待发觉此事，即将抗议书递交各领事。领事立即找到道台，表示对如此重要事情未与他们商量而感到遗憾，宣称对突然在这租界地设立殓尸所感到震惊，断言该设施特别在传染病盛行期间是对公众危险的来源。道台简单的答复是，殓尸所早已建成现不能迁移，这是慈善事业，危险性被大大夸大了，等等。由此引起的公文往返，反复责备，冗长不及记载。概括地说，就是中国人已充分明白该措施不合社团的胃口，急于把问题简单化，将来可能以无知为托词。道台和领事双方未达成一致，因此该成殓公所也幸运地从未加以使用，仅作为宁波富商的一个棺材存放仓库。紧接着在成殓公所的下方，基督教卫理公会教会又造了几幢房子，以致以前存在反对该公所的意见现又增加了。随着口岸重要性的增加，反对意见也将继续增加。

每年都有大小火灾发生，时有严重人命伤亡。约六年前，位于孔浦的玉石村庙（Yushichun temple）发生火灾，当时正在演唱庙戏，庙内约有观众300 人，主要是妇女与儿童，一闻有火警便疯狂冲向前门，不幸的是如同多数庙宇一样，庙门是向内开的，因为后面人群拥挤无法开门。待火烧到时，许多人已被踩死，还有更多的人则在迅速蔓延到整个寺庙的大火中丧命。火势极猛，以致在极短时间内，除墙垣外一切化为灰烬。在以后几天里，从火场找出了 200 多具尸体。因为火灾发生是由于使用煤油不当，当局便禁止在一处存放过多的煤油。每一经销商在一个商铺里，只准保存四箱。在孔浦租界，有一台救火车，由警察操纵，辅之以约 40 人，由海关银号支付工钱。在城内和江东有救火车四台，状态良好，由自己的消防队操作。消防队员们态度镇定、技术纯熟、恪尽其职。该消防队原是在大约 35 年前，由库克将军和沃森少校所组建。

——节选自余德《浙海关十年报告》（1892—1901）

审判制度的改组于 1911 年初进行。知县、道台和臬台数百年来掌握司法行政，于元月 15 日完全剥夺其审判职能，而代之以初级审判厅、地方审判厅和提法司。三者具有雷同权力是按大清新刑律依法办事，并只对刑部负责，独立于任何省级官员。

初级审判厅有权审理所有金额 200 两以下之民事诉讼以及一切较小刑事指控和扰乱治安行为，相当于英国的地方治安官。地方审判厅有对更重要严重案件的判决权。而提法司驻守杭州统辖，可视之为全省最高法庭。

1909 年 6 月在宁波城内组建一支警察部队归县管辖，取代所有地方警察、夜巡役和治安员。此新机构称为巡警局，有一队人穿着整齐划一的制服，每日由军事教官操练。经有效训练以后，这些人将无疑是人民中有教育和文化修养的有力分子。

原在孔浦或洋人居住区组建的警察力量是为整顿放荡的水手和在太平叛乱末期光顾宁波的坏分子。这支力量由道台们管辖近 40 年后归属华森上校（海关税务司之下）统管直至 1907 年去世为止。现已合并于上述的警察总部并由一名委员主管。

——节选自柯必达《浙海关十年报告》（1902—1911）

司法工作首先由 1911 年创建的两个地方法庭管理，但后来改组为审判厅和检察厅，前者审理民事，后者审理刑事案件。对两厅的判决上诉可向杭州的最高法院提出。

目前的警察厅是于 1915 年开始设立，而本地警力约有各种警衔 700 人，由宁波警察厅厅长统领。本城分为两个警区，每个警区有五个分局。警察部队的维持费部分来自财库调拨，部分得自商店捐税。除陆上警察以外还有水上警察，巡查本地区海岸和水道，管辖权扩展至所有本国船运，由外海水上警察厅厅长统管。本城警察纪律严明，有效维护法律秩序。水上警察虽尽力尽职，但机构组织少，人力又不足，难以与困扰本地区水域无数海盗相周旋。

在行使司法的方式方面，治理方法远较清代更加人道化。肉刑已少见，细小案件罚款可代替监禁。至于地方监狱制度在 10 年间则缺乏改进。新监狱尚在北城门外建造中，完工后将命名为"浙江第二模范监狱"，占地 32 亩，计划牢房 122 间，收容男女犯人 538 名。另外单独一所两层楼房，留作新监狱狱官使用。

——节选自甘福履《浙海关十年报告》（1912—1921）

老外滩捕权新闻十则

一 宁波江北岸捕权问题

宁波江北岸收回捕权实行警政，惟须暂时仍用西人，以循习惯，一年为限。闻甬道桑观察已将订委西员（英人）蒲克立斯为副巡官，草约拟定如下：（一）本道于宁波江北岸改设巡警分局，按照现行警章归总办鄞县知县管辖，遇有交涉重件，仍由本道主政。（二）该分局远在江北岸，总办未能常川驻局，派委坐办一员，帮理裁判寻常违警之中国人民，以免延误。（三）江北岸所居外国官民仍由本道订委西人督捕，以资保护。兹暂行略仿旧章，谕委蒲克立斯为代充副官职务，所有保护外国商民教士并约束训练各巡士以为责任，均应受总办坐办节制（于前项所揭外，有总办特别之命令时，必须遵行）。（四）该委西员每月薪水墨银二百元，照西历计算，于西历每月终由巡警分局给付之。（五）现定一切巡警分局规则，该委西员不得违背。（六）该委西员不得干预一切裁判权及所巡地方外之事。（七）该委西员于意见不合欲自行告退时，巡警分局应随时照准，应给薪水以告退之日为止。（八）违背第三条第五条第六条时，总办禀明本道即时解约，其薪水亦以解约日为止。（九）该委西员因疾病不能尽职解约时，于应给薪水外，酌给二月或三月，以示体恤。（十）以上九条以一年为限，限满作废。（十一条）限满续委当于三个月声明。（十二）以上条款均系草约，如订正约，由本道谕缮华文、西文二纸，各执其一（于前项所订十二条遇有疑义解释须按照华文）。

——选自《申报》1909 年 6 月 14 日

二 改岗警为巡逻班

鄞县江北一区二分署昨呈警厅文云，窃查职所辖境浮石亭地处偏僻，向无岗位，且有巨绅及洋商之家眷住宅，保护之责任亦綦重，距卢家道头之第一岗有半里之遥，若增设一岗而又无警可拨，警佐拟将比较不甚紧要之第十岗改为巡逻班，然巡逻班势必三人偕行，方足以壮声威而有实济。蒙意将应值第十岗之警于日间仍在旧处站岗，时间为上午十一时至下午八时，于夜间十时半至四时半，三人全体荷枪巡逻，其巡逻路线上至浮石亭，下至董家河嘴及李家祠堂弄，沿途经过须择偏僻小道。至于巡逻次数，周而复始，不厌其多，如觉疲倦，准于浮石亭或董家河嘴小憩，但不得逾二十分钟。依此办法，仅以一固定岗位改为活动岗，一转移间，人不增多而两处均可兼顾，是否可行，警佐未敢自以为是，理合备文，呈请仰祈鉴核指令云。

——选自《时事公报》1920 年 6 月 13 日

三　函请免裁西稽查

宁波警察厅西稽查蒲克礼士，前由省议员张天赐提议裁撤，以节经费，当经省长查察之后，令知警厅准于六月底期满时，准许裁去各节，已志本报。兹闻士绅张让三君等，昨致警厅函云，甬地海陆交通轮轨如织，江北岸码头车站，多有外人往来，加以教堂林立，外国公司货栈油池，在在关系紧要，必需洋员交接，则日久相安无事，民国以来，该西稽查属于警察节制，每年薪资在国税开支，雇佣契约每岁六月间一订，法权完密，该洋员奉令唯谨，稍知时局者，无不称善，有此雇用洋员，可免许多交涉，应请据情呈明省长，查案照复省会，毋庸置议，地方幸甚云。

——选自《时事公报》1922 年 3 月 14 日

四　又有请缓裁西稽查者

宁波警察厅所设西稽查一缺，因归并工部局暂留蒲克礼士充当此职，嗣后西稽查充任宁绍两属盐务稽核所洋所长，终年不到警厅。去秋由省议员张天赐提出质问书，以该西稽查月支薪水一百八十元之多，现在警费支绌，徒耗公费，拟请裁撤之订立合同，按年更换，完全雇佣性质，不失主权。上年张议员提出质问书，系为节省经费起见，现从长计议，意为时尚未至。日前特向大会提出意见书，请付财政厅审查，将是项预算修正，其备考栏内，仍加入西稽查一员，减去二等警正一员，三等警佐二员，二等侦探四名，依照十年度预算办理，管见所及，是否有当，仍请公决。

——选自《时事公报》1992 年 5 月 24 日

五　西稽查续行委用

宁波江北岸一区一分所，昨奉警厅令开，案查本厅委用英文蒲克礼士为本厅稽查员，原定条款至本年六月末为限，现届期满，特再续委一年，按照成案拟定条款，并加令委任，合将中西文条款及委任令令发该警佐，交由该西员蒲克礼士分别签字，并将中西文条款各一纸，呈缴本厅备案云。

——选自《时事公报》1922 年 8 月 8 日

六　江北人士会议扩充警务记

本埠江北一分驻所周署员、二分驻所郑署员，为扩充警额，及一分所改为一区署事，于前日（一日）下午假中国银行，邀集绅商讨论方法，到有陈南琴、沈思铭、朱旭昌、余东泉、何和德、金臻庠、张苑馥、施仰三、刘四海等。先由金臻庠代表周署员起言，江北一隅，华洋杂处，现时之一二两警所，警额单薄，岗位稀少，保护治安，实嫌不足，杜厅长到任后，即有扩充警额，先从江北入手之意，且以两分所向来直辖警额，路途辽远，于办事上实感不便，拟将一分所改为一区署，设警正一员，添雇员一人，二分所归其管辖，如江东二区署办法，并扩充警额数棚，每棚约月需百余元，其经费俟地方筹有的款，即可呈请警务处核准，今日周郑二署员邀请诸位到此，即系经费问题，究应如何筹划，应请讨论。经众从详讨论，有主张添四棚者，结果金以江北警力单薄，确不可讳，然为一劳永逸之计，如将草马路、浮石亭、泗洲塘三要道，均须设关，邻近岗位以能接应为止，及再择要添岗，以期周密，究竟应添警额几棚，经费至少若干，现在之收入支出情形如何，公决请周署员等造成统盘计划书，并绘制岗位地点详图，再行邀集地方人士开会筹款，遂散会。

——选自《时事公报》1925 年 5 月 3 日

七　取缔江北妓女之提议

鄞县江北公会董事郑蕴三，为取缔江北妓院事，特提出意见云，本区境内向为妓女菌集之地，自傅家弄道一等妓院迁入城内后市后，所存者除少数二等妓院外，均为三等妓院，散居于马路弄、董家河嘴、后街、山海居弄、腊鸭弄等处，延至今日，报捐营业者，约五十余家（二等约十家、三等约四十家），由警厅发给许可证，按月认缴妓捐营业。查是项妓院素为流氓匪类等之寄匿场所，关系社会治安者甚大，此为多数人所共知，固不必伸叙。惟各妓女等因营业收入低微之故，衣食住均属恶劣，不合卫生，又因接客过多，则无一不发生花柳病症。试观各妓女之手足各部，大半终日浓血淋漓，此其明证也。罹该症者，其莫大之危险有二：其一，神经衰落之人，与之接触，即成为麻痹疯狂等重症，或引起精神病。其二，遗传于子女，往往有损害生命之危，总之其遗毒社会，莫此为甚，亡国灭种之根，即基于此。吾人既有江北公会之组织，以谋本区公众之安宁幸福，对于如此毒害之妓女，自应急加取缔，以重卫生。兹特拟具办法如左，是否有当，敬请公决：甲，积极的：一、一律驱逐出境，以绝后患。二、设立妓女工厂，限令各妓女一律停止营业，入厂工作，至警厅方面，所有妓捐之损失（每月二百元强）事关警务，亦应双方兼顾，由本会设法填补。乙，消极的。一、函请警厅派员严密查禁流氓匪类之隐匿，以维地方治安。二、函请警厅设医检查各妓女菌毒，由本会派员监视，以资督促，俾成成效。三、限制以后无论何人，不得报捐设立妓院，已设立而倒闭者，不准重行开设，以祈逐渐消灭，由警厅出示晓谕，俾众周知。

——选自《时事公报》1925 年 5 月 4 日

八　郭、华二署员为江北治安划策

本埠江北岸一二两分署郭、华二署员，以江北警力单薄，一遇匪警，殊有鞭长莫及之虑，昨特拟具添加警额，及分配岗位各办法，函请江北公会讨论，设法通过，以保治安。录其原函如下：迳启者，查江北岸为通商口岸，华洋杂处，商务繁盛，轮轨往来，交通便利，居民优劣难分，旅客良莠不齐，虽经饬警检查，然百密难免一疏，以致宵小时有窃发，其原因由于警力单薄，岗位寥落，一遇警事发生，往往呼应不灵，致匪徒乘间脱逃，言之痛极。兹拟增厚警力，扼要之处，添驻分巡所，各衢口设置岗位，缩短岗线，遇有事故，俾可首尾相应，以重地方，惟常年经费，为数甚巨，省厅无款可拨，此事经前署员周郑两君邀集各绅商集议，蒙予以协助。嗣以调任，未曾妥洽。寿等前署员未竟之志，爰拟一分署添巡员一名，长警三十名，二分署长警十五名，分巡所三处或四处。事关江北公安，且前次集议诸绅现均当选为贵会会董。为此表示预算清单，函请召集会议，设法筹集，俾得早日成立，实为公便。闻该会将不日邀集各董事开会，从详讨论云。

——选自《时事公报》1925 年 9 月 20 日

九　评论：江北岸添警问题

自本埠接连发生劫案后，江北人士，遂有添加警额之主张，愚于前日时评中，曾谓此项主张，不久必成为一种具体的议案，而此种议案，又不久必可见诸实行，今一二分署之署员，已为此事，致正式公函于江北公会，由是而会议而通过而实行，只消经费问题一解决，不出数月间，便可见江北岸大街小巷之中，顿添许多身穿制服手执木棍之人矣。

有人问愚对于此事之意见如何，愚雅不欲置答，盖以愚之本意而言，此实为一种毫无意识之举动，而苟倡言反对者，则怪骂之声，必且如云而起。愚之所以评此举为无意识者，以警察之得力与否，在于质而不在于量。所谓量者，即数是也，不务求其质之完善，而惟增加其量，以为虚张声势之举，则今日社会中之有候补警察之资格者，与愿为候补警察者，固街头巷尾，所在皆是，但须招募之令一下，数千百之警察不难立致，区区治安问题，又何难立时解决。然而治安问题至今仍成为一种重大问题，一谈及治安，仍不知不觉而自然联带及警察，则可知解决治安问题之方法，决不如是其简单，而以添加警额为即可解决治安问题者，其脑筋之简单，实可笑至于极点也。

昔人之论兵曰：兵贵精不贵多，愚之论警察亦然，使宁波之警察，而尽能如去岁西门为盗捐躯之三人，则如江北岸外滩之地，有五六岗位，决不虑其不足；使宁波之警察而尽如现在西门外之保安队，则如江北岸外滩之地，即令五步一察，一有盗匪，彼亦惟有弃棍而遁耳。然而警察之中，胡为如去岁西门外为盗捐躯之三人者独鲜，而如现在西门外之保安队者，则比比皆是，此则愚亦曾言之，其因在于薪水太薄，平心而论，月给五六元之工资，而欲使其牺牲身命，尽忠职务，即令愚易地而为警察，亦必不愿，故警察之不能捕盗，非真不能捕盗，乃不愿捕盗也，欲变不愿者，而使之愿，舍厚其酬报外无他法。

即如一二分署署员之所主张，一区加三十名，二区加十五名，合共四十五名，平均计算，一人之薪工及伙食，每月可十二元，则一月之中，江北人士，须负担五百四十元之警费，以愚料之，其收效必不甚佳。盖以十二元之代价，而欲使人舍身从公，其为必不可得之数，固鉴诸前者，而可知也。然苟缩少其数为十人，而仍以如是之数目分配之，则一人平均可得五十四元一月，重赏之下必有勇夫，愚敢断言，无论如何，比较的足以引起其忠于服务之心，而地方人士，出同量之金钱之结果，必能较前者稍稍得免冤桶之名也。

——选自《时事公报》1925 年 9 月 21 日

十　江北区治安问题之集议

鄞县江北公会，为江北一二两分署署员，建议添加警额问题，由公安股召集开会，到陈南琴、徐学传、朱舜荪、金臻庠、何和德、施仰三（金代）并郭、华二署员等。陈会长主席，报告本区防务及警力单薄，并郭君等建议情形。次朱舜荪君提出整顿警务及加岗添警办法多种。金臻庠主张此事关系江北全区之治安，即将来添警加岗，其经费亦须由江北全区商铺及住户担负，决非本会少数人所能议决，鄙意应先由本会登报，征求全区市民关于整顿办法，及筹谋经费之意见，后再召集全体董事大会，就意见中参酌增损之，并拟具办法假鼓舞台开江北全区市民大会，讨论妥善方法，众均赞成，并公决限两星期，为征求意见期间。次提议临时治疫医院，因近日疫势大减，亟应结束，公决定初九日（即明日）开卫生慈善两股会议，遂散会。

——选自《时事公报》1925 年 9 月 25 日

宁绍台道关于工程局档案

一 税务司穆致宁绍台道函（1898）

迳启者，前据各报关行因一时鲁莽，停止报关，唯恐提询株连；欣闻江北岸议设工程局，办理工程局应办各事，是以各行愿各捐助一百元，以开起端而赎前衍。即抽收三文一包之码头捐，亦均愿遵照办理等情，是工程局已具规模，码头捐毫无窒碍。兹既经各行捐集洋一千五百五十元，有此巨款，未便久悬，则工程局应办之各市，宜急应次第开办。除一面布置开局外，惟恐未及周知，特先函请贵道出示晓谕。惟于本月十五日起，随同报单应缴码头捐每包三文，悬挂关前，俾众咸知。集本地之捐款，办本地之善举，所取者寡，所益者大。各行具有天良，谅无不踊跃输送，将争先恐后也。肃此寸缄严，务祈迅赐核办。顺颂日祺。光绪二十四年二月十二日。

二 宁绍台道复税务司穆函

迳复者，接来函以江北岸拟设工程局，据报关各行捐集洋一千五百五十元，即抽收三文一包之码头捐，亦愿遵办，是已具有规模，请即出示晓谕，俾众咸知等因；备悉此事，重烦清神，得以部署妥协。本道何胜欣感。除即缮办告示，随送饬发悬挂外，特此致复，顺颂日祺。

三 宁绍台道告示

为晓谕事，照得江北岸为通商码头，凡街衢道路一切应办之事甚多，虽由巡捕房清道局等随时经理，每因经费无出，遂致创议为难。上年本关税务司穆莅任以来，目睹情形，力期振作，当与本道面商，拟于江北岸设立工程局，将应行举办各事，宜条议章程，务求周妥，令各商于进出口货物每件捐钱三文，自本年二月十五日起，随同报单照数附缴，以本地之捐办本地之事。该商等所捐甚微，而于地方裨益匪浅，谅所乐从。现准函开。各报关行前因误听，阻止报关，兹闻拟设工程局，欣愿各捐洋一百元，聊以输诚赎衍，已共集洋一千五百五十元，即抽收三文一包之捐，亦愿遵照。既有此款，已具规模，应即布置开局，将各事次第办理。惟恐未及周知，请即出示晓谕，等因前来，为此示，仰商民人等一体遵照。要知众擎易举，所捐几何，无非为本埠久远，计及客商往来便利之事，其各照章输缴，无负税务司殷殷创办之美意。特示。

——选自《鄞县通志·食货志》

工程局新闻七则

一　工程局常会纪

江北岸工程局三日下午四时开常会，出席者华董事有余润泉、陈南琴、沈崇如、包之汀、汉卓云、李庆林、邬锡凤，西董事有汤医生（华美医院）、亚细亚大班、太古大班及其税务司等，将经济股提议整顿户捐以及三厘码头捐改为照税银百分之三征收二案，付讨论。金谓奉局各种设施，其路灯清道等，需费浩大，且此次江北开掘自流井三口，经费亦属不敷，而所有户捐，又多琐碎，甚有日纳数个铜元者，应行酌量增加，以裕收数而资整顿。又三厘码头捐，改为关税银百分之三征收，较为公允，且一年增加收入不少。对于各种工程，如建筑小菜场等，均可次第进行，惟此案俟户捐整顿后，再行讨论之。

——选自《申报》1923 年 10 月 7 日

二　工程局董事会纪

江北岸工程局于七日午后五时在洋商总会开十一月份常会，到者华董有陈南琴、余润泉、朱旭昌、李庆林、濮卓云、包湘涛、邬锡凤、沈崇如，西董有甘福履、巴显荣、陈筱宝等。首讨论林绶章、赵守尊二人改良江北市政意见书（从略），付众讨论。余润泉主张从新砌自流井起，迄五房桥止，先行填平，以备将来建筑小菜场之用。濮卓云主张至铁路桥止全填。甘税司以全行填平，恐于消防不利，主张自五望桥至铁路填平，而自流井及五房桥南首一带，则仍其旧，以备消防。经众表决通过，查应行填平之处，约计长三百尺，下用九寸瓦洞沟，每尺约工洋料一元二角，共计需费三千元，由工程局指定的款拨用。先由工程科从事测量，积极进行。次推林厅长、姜知事为名誉董事。次议前届议决增加征收户捐案，议决先从调查入手，由工程局分发通告，以便周知。次议外滩码头两旁，划有粉线，本以限制堆积货物，乃小工常将货物堆放线外，似碍交通，议决函请林厅长转饬一分署从严取缔。次朱旭昌报告临时防疫医院账略。散会已六时矣。

——选自《申报》1923 年 11 月 10 日

三　工程局董事常会纪

宁波江北岸工程局十二日下午四时开董事常会，出席者西董有甘福履、汤默思、巴显荣等，华董有陈南琴、余润泉、邬锡凤、濮卓云、包湘涛等，由甘福履主席宣告开会宗旨毕，即讨论提议事项：一、江北岸征收户捐案，因各户册均已造就，议决将户册备函送交道尹公署用印，并请出示布告，至十三年二月一日起，实行征收；二、填筑五房桥起至铁路桥止一带之河为小菜场，招工投标承办案，因投标者为二十余人之多，由各董事将所投各户，逐一察阅，结果以孙余生一千三百余元、黄庆记一千二百余元二户为最少数，议决以该二户为承包者，俟交工程科董事会议后再决定。次余润泉提议，拟将由李家河嘴起至五房桥止一带之河，亦填平筑路。甘主席谓鄙见拟逐步进行，今先将前次议决之案着手办起，将来再挨次议办云，众皆赞成，议毕散会。

——选自《申报》1923 年 12 月 15 日

四　江北岸小菜场现已兴建

浙海关税务司署昨（二十三日）函致警厅云，迳启者，江北岸工程局前经董事会议决，先将铁路桥至五房桥止一带河道填平，以便建筑小菜场。现拟于冬至后即行兴工，该河道中如有河岸及木柱等物，应令物主取回，如其不取，则由本工程局没收，以免妨碍而便工作，相应函致，即希贵厅长转令江北岸一二分署布告周知，并随时协助，至纫公谊。

——选自《申报》1923 年 12 月 26 日

五　纳税人宜注意工程局

本埠江北岸向有所谓工程局者，其经费以码头捐充之，凡由外进口物件，不论价值之高低，件样之大小，每件概抽洋三厘，又按铺收取清道及街灯修路费洋每月自数角至一元不等。该局设有董事十二人，华洋各半，其董事之推选或补额，均由董事会自行推补，并未经纳税人之选举或同意，换言之，实无异于私相授受。即其历年账略，亦从未公布。至其议决各事大权，多操于洋董事之手，华人不过备位而已。所望纳税人之起而注意，毋再漠然视之也。

——选自《时事公报》1924 年 9 月 28 日

六　陈声源质问工程局

本埠江北岸李家后门，自张永兴起至源通止房屋，为余懋纸号陈声源所有，因江北工程局为建筑小菜场，令其拆卸两篷，办理不公，昨特致函质问工程局云：迳启者，查李家后门沿河一带，沿街房屋，均属朝西，缘为防卸住户风雨烈日侵入计，多数搭盖过街两篷，由来久矣，警署未有干涉，自治亦无责言。今贵局有建筑食品市场之举，认数十年通街两篷为阻碍工程及交通，限令一律拆除，迳经贵局收捐人催告，迫不得已遵即将声源所经管自张永兴起至源通止所有两篷，雇工拆去，公益则顾全矣，租金则牺牲矣（住户借口减租），害私利公，尚不足惜，第顾左右，多数依然存在，不惟不拆，而且大加修筑，焕然一新，夫处同一地位之同样建筑物，同接近于食品市场，此拆彼存，办法互异，究属依据何种法例，是否徇私害公，抑或办事人舞弊，应请明白答复，否有当雇工回复原状，其拆建损失费，应由贵局赔偿，相应备函质问（下略）。

——选自《时事公报》1925 年 9 月 15 日

七　江北工程局预防蚊蝇为患

会稽道尹公署昨函鄞县知事云，迳启者，顷接浙海关员税务司函开，本工程局拟于本年夏季以前，从事扑灭蚊蝇。查蚊蝇之害，人所尽知，蝇之足部含垢藏污，有微生虫，凡食物之被其接触者，其微生虫即遗于其上，人之食此物者，即并微生虫入腹，于是疾病生焉。夏秋之时，如腹泻痛疾霍乱等症，无不由蝇而起，若能将蝇除去，则此等疾病，自不发生。至于蚊虫噬人皮层后，常使人身躯发痒，故亦应驱除以免疾病。兹本局拟将一种消毒药品，名曰"青化钙"，分给人民投入粪缸，其余公共厕所，则由本局役人管理之，此种药品能消杀蝇卵，且与粪用为肥料，其效力更富。蚊之初生，均在水面，若用未提净之煤油少许，顷入河内或水缸中，能使初生之微虫呼吸停碍而死，且所顷之煤油分量极少，其水不生臭味，仍可作有洗涤食物以及衣服之用。此项消除蚊蝇之法，系为科学家所发明，世界先进诸国，多采用之，功效卓著，不特疾病减少，且人民起居，赖增安适。本局现拟先发传单，散布人民，以期彼此互相辅助。惟恐人民或有反对，故特函请贵道尹广为劝导，俾以上办法，得以施行无碍矣。

——选自《时事公报》1925 年 3 月 27 日

江北公会新闻六则

一 江北公会昨日成立大会

本埠江北绅商陈南琴、余润泉等发起江北公会，定二十日开全体大会一节，业志本报。兹悉昨日下午二时，借普天春开会，到者百余人，公推陈南琴为临时主席，宣布开会宗旨。次由金臻庠报告筹备经过情形，并谓简章已由鄙人起草，今日之会，究系筹备会名义，抑作为成立会，请讨论，经众议决作为成立会。次即讨论简章，由金君逐条宣读，均有讨论，修改完竣（简章容后再登）。次讨论会所问题，金以财神殿为江北公产且地点适中，用作会所，颇为合宜，并议决将神座移至殿后双桂轩。该处现驻之军警稽查处，公决函请镇署谦让，殿内之巡防队，亦函请王帮带即日迁让，俾资办公，以上交由董事会执行。次议决分公安、教育、卫生、交通、慈善、经济、交际七股，共选董事六十一人。次公推李素农、屠韵笙、傅宜任、余东泉四君为投票管理员，并公推戎兴庭、王茂廷、应良彬、马良惠、陈荇荪、叶云峰、裘珠如、卢孟愉八人为检票员，开始检票，共计八十一票，并由大众议决，当选董事均不得辞职云，当选姓名另录。又定二十三日（即开四月初二）下午二时，假铁路总会开董事会，即互选正副会长，及公推总干事。又闻昨日开会时所需经费，如茶资及侍役酒资等，均由何和德君慨认，不支会款。

——选自《时事公报》1925 年 5 月 21 日

二 评论：江北公会已成立矣

江北公会于昨日宣告成立，董事业已选出，并将内部分为卫生教育等七股，以专责任，而利进行，而且开会之时，到会者竟有百许人之多，此尤为从前各区公会所未有之盛况，就此种种而推测其将来，自觉有无限之希望焉。

本埠之有地方公会，自去年始，二年以来，东南西各区公会皆已次第成立。而江北一隅，尚付阙如，此决非江北人士之所见独后，或不热心于公益，乃全由于"慎重将事"之一念。大抵无论何种团体，必挟有一种特定之目的，为其奋起之动机。而其目的愈小者，其进行愈不易，何则？目的愈小，愈足以引起人之注意，办事一有不当，即立足以招外界之指摘。譬如地方公会，既标地方以为名，则就地人士，自必不期而注意于其行动。故江东之市民，即其平日素无地方观念者，而对于江东之市民公会，亦必有相当之注意，推之西郊、南郊，莫不皆然。而目的较大之团体，如工会、商会、农会，但以职业为名而不划区域者，其结果常成为有名无实之庞然大物。无他，不足以唤起人民之地方观念而已。职是之故，地方公会之责任虽小，而因监督者之态度之严厉，万不容其丝毫放任。江北之人士，殆惟恐后日名不副实之诮，故虽明知此举之为重要，而不敢率尔从事，直至今日而始发起召集乎。

江北为本埠商业最繁盛、交通最便利之区，在宁波而言市政，自当尊为巨擘。江北公会既成立，市民之所属望者，自较之其他各区之市民对于其地之公会为尤深而且切。吾人亦深知苟江北公会能不辞劳瘁，实心实力而为江北谋发展者，江北之市政，不数年间，必可为鄞县全城之模范也。愿江北公会勉之，愿江北公会之董事诸君勉之，更愿江北之全体市民勉之。

——选自《时事公报》1925 年 5 月 21 日

三　江北公会交通股开会记

鄞县江北公会前由陈董事苻荪提议新江桥北埭戴万通等商店占地造屋，请会取缔案。昨日下午四时交通股邀集本股董事及正副会长各股主任总干事等，在傅家道头会所开会。出席者余润泉、朱旭昌（余代）、徐学传、朱舜荪、应道生、唐沛然、王荫棠、郑植生（王代）、裘珠如（陈代）、张性初（余代）、金臻庠、蔡宗黄、童葆恒、唐怀璋（唐代）、陈苻荪等，由王荫棠代表郑主任主席，报告开会宗旨，并宣读新江桥厂来（函录后）毕。金臻庠谓新江桥当年修桥费，确无的款，全赖该店屋等租金挹注，惟侵占公地，亦应取缔，然既同为公益，为双方兼顾起见，责成该厂将屋基让进，暂予变通，与源昌号屋角并齐，又因北埭较低三尺，潮涨时江水没膝，车行危险，亦应责成江桥厂填高，其所用水泥铺筑，则由工程局办理。经众讨论许久，一致通过，即公推余会长润泉与工程局及江桥厂董事接洽（另由会备函），金臻庠与一分署接洽，插标照让（亦另由会备函），并由会将议决案，咨照县议会，推唐沛然接洽。又议决此后该处改建或拆造时，须即让足。次唐董事沛然提议董家河嘴城二桥河畔，有人填筑河道，请会取缔案。公决函致二分署，即日派警禁阻，议毕散会。附录新江桥厂来函云，谨启者，敝厂因地势低落，不得已从新改造，惟经费支绌，将前面建筑街房四间，出租收花，以补助养桥之费，然浮桥乃是贵处之要道，今嘱让进，本当遵命办理，实缘工程已将完成，改让颇为不易，且一经退让，街屋出租亦颇为难，为此奉函相恳，务希顾念公益，曲予通融，照旧建筑，兹请贵会转达一分署，准予兴工，俾早落成，不胜感激，至切至祷。

——选自《时事公报》1925 年 5 月 29 日

四　江北工程局董事会议之函复

鄞县江北公会昨接江北工程局函称，迳启者，本工程局昨日下午开董事常会，曾将贵会公函意旨逐件讨论，议决如下：一、（新江桥塊公路升高修理），是案早经敝董事会议决修筑，道路由本工程局负担，江桥及桥脚工程，应由江桥厂负担，本工程局早欲预备兴工修理，然江桥厂方面，至今仍无动静。查是项工程，不能单独兴工，必须同时进行。二、（垫平董家河嘴河道），因本工程局自垫平李家河嘴河道，建筑公共菜市场工程以来，公款用罄，更兼近来抵制发生，收入大减，一时无力，且从缓再议。三、（李家河嘴河道工程延不舒齐沟渠参差不通），查公共菜市场建筑工程，与孙余生订有合同，限八月底完工，所有沟渠一层，亦已包与孙余生，建筑工程数日内即可完竣也，相应函复，即希贵会查照谅解，无任公感云。

——选自《时事公报》1925 年 7 月 17 日

五　江北公会交通股董事会纪

鄞县江北公会交通股昨日开会，到者王荫棠、金臻庠、郑植生（王代）、徐学传、朱旭昌（范逊禅代表）、应道生、方振康、陈南琴（金代）、刘镇泰、蔡宗黄、唐沛然、唐怀章、陈筱宝、李素农等，青年会代表施秉璋、倪德昭亦出席旁听，王阴棠主席。首议凉亭西南首大墙，前准李董事素农提议，应维持原状，以杜浮议，而据青年会来函，请求本会开放，以便建造市屋，维持会务，经主席将两说付讨论，金以该处凉亭，既已拆除，为整顿观瞻，及兴振市面起见，应准予开放。惟查填高新江桥北堍桥基，早经本会议决，后因工程局仅承认筑路费，而江桥厂仅承认桥上费用，其自江桥堍起至凉亭止，计路十二条，所需龙口及乱石封口等费二百五十八元，两方均未承认，以致此项工程，尚未兴筑。公决上项经费，应由青年会负担，大墙准予该会开放，建造街屋，庶几双方兼顾，通过。次议周筱甸提议各轮进口，向来倾倒煤屑，早经海关谕禁，因前办之民船，只取未燃之煤用，其已燃之煤渣，仍抛弃江心，长此以往，航行大有妨碍，请求转呈税务司，准予给照自办等情，旋由徐全泰具略到会，声明撑载煤屑之船，已经六十余年，此次周筱甸全系挟嫌妄报，请求维持生计，勿听信谰言云云。经众讨论，金以兹事体大，非实地审查不可，当公推王荫棠君为本案审查员，俟查明真相，再行覆议。次议新江桥堍源昌等号雨篷，迄未拆除，有碍观瞻案，公决再函警察厅转饬一分署，催令该号等即日拆除，以顾公益。议毕散会。附录青年会公函如下：敬启者，顷阅七月十五号本埠时事公报载有新江桥北堍加筑公墙之提议新闻一则内开（中略），窃思贵会此次拆除新江桥凉亭，实为便利交通，振兴商业，全城市民，群称善举，乃外间浮言，反谓贵会受人利用，殊出情理以外，且贵会自成立以来，凡所设施，无非为谋地方之福利，见义勇为，纯出于大公无我之心，此果为各界人士所钦感者也。查凉亭东边房屋，本系面街，三年以前，已由戴姓卖与敝会，共计平屋三间，面积三分，地方甚为狭小，如改设店铺，不仅无害市街之交通，且于两旁商店有统一之观瞻，此又合乎贵会拆除凉亭原为公众利益之本意。抑更有陈者，敝会为社会服务机关，因贵会亦属地方公益团体，同工之谊，唇齿相依，用敢备陈实情，务请予以赞许，公议赐复，实为感纫。

——选自《时事公报》1925 年 7 月 20 日

六　江北公会会议路政之结果

本埠江北公会为讨论江北区内干支各路绘图案，及填筑董家河嘴马路案，曾于前日（十日）召集交通股并第一次委员会，到者有陈南琴、金臻庠、邱虞笙、徐学传、刘镇泰、唐沛然、唐怀璋诸君。首由陈会长主席，述明江北区内何路应作干路，何路应作支路，经众讨论，分别认定具函答复（复函后）。至董家河嘴填筑马路，经委员会详细讨论，粗有端倪，惟因经费问题，须于下次董事会再行议决云。附复市政筹备处原函如下（经复者，前准贵处函开，迳启者，查本处工程计划，东首干路至老浮桥止，北首干路至新浮桥止，对于江东江北两地方之干支路，仍照从前规划，未曾计及，殊欠完备。）：兹于本月一日开会议决，请贵公会将江北区内何路应作干路，何路应为支路，首尾起讫地名丈尺，统希调查明确，绘具图说，送交本处，以便补充，而资改善等情。经敝会于本月十日召集董事会议，讨论结果，认定江北区内第一干路，自新江桥堍起沿外滩至新港为止。第二干路自桃花渡起至英领署止。第三干路自老青年会弄起至砖桥止，与新马路衔接。第四干路自竺巷弄起至浮石亭止，与草马路衔接。第五干路自傅家桥起至板桥止。第六干路原有新马路。第七干路原有草马路，第八干路何家弄外滩起至火车站止。以上干路，横阔均以二丈四尺为标准，其余均应作支路等议。准函前因，为特绘图，加以说明，函复贵处，即请查照为荷。

——选自《时事公报》1926 年 5 月 12 日

谈谈工程局

介 石

　　一地方之市政，而由外人主持之，此惟我中国有此特别之现象，除此以外，恐在二十世纪之时代，走遍世界，亦找不出第二个矣。

　　吾国之所以有此特别现象者，乃受不平等条约之束缚。自有所谓租界租借地种种名目发现，而中国市政，乃亦听命于外人，例之最著者，莫如上海。上海之工部局握有上海市政之全权，俨然为一地方自治之最高机关。上海之人民固安之若素，而外人方面，亦视为固有之权力，不肯轻易放弃，不平等条约之影响如此。

　　然而若是者，吾人犹可自将解释曰，此吾受条约之束缚，势所不得已也，一旦吾国国权伸张，不平等条约一律取消，租借地租界一齐收回，洋鬼子一齐驱出大门，则上海固仍是我之上海，其他类似上海之地，亦固仍为我之完全领土。

　　今乃竟有非租界非租借地，而其市政之设施，亦听命于外人者，则又何说以解？

　　宁波为通商口岸，通商口岸与租界租借地之区别，稍有识者，当能知之，无待烦言。宁波人固不能自办市政，驻居江北岸之外侨，乃起而为代庖，于是有所谓江北工程局者发生。顾名义而言，则江北之工程局，应即为江北人之工程局，亦即为宁波人之工程局，又孰知不然，孰知大大不然。

　　可怜，可怜，所谓"不然"者，直至三年之后方始发觉。工程局不知设立若干年，江北之市政权，不知断送若干年，而全江北人，甚至全宁波人，乃不知在宁波之江北有所谓工程局者，更不知所谓工程局者，乃为江北市政之唯一机关，譬如一家之事，早已为外人所支配，而其主人犹不知。呜呼！此又岂特可怜而已哉？此又岂特可怜而已哉？

　　其后经几度之会议抗争，乃始得到下列之结果。

　　工程局之会长为道尹，副会长二人，一为税务司，一为海关监督。

　　推加华董名额，中国人为世界最善良之民族，此外人恭维我贵同胞之语，而亦我四万万同胞之所引以自豪者也。何以见其善良？则在于能知足，例如日本以二十一条件，逼我全数承认，其后经我之几度恳求与磋商，乃保留数条，于是全国上下，即群庆外交胜利，而一方又感激日本之恩典不置，此并非吾形容之词。中国历次之外交，固莫不如是结局也。宁波人为国民之一分子，自亦不能外此例，故自此事如此结束后，人人心中，无不以为交涉业已胜利，可以适可而止，于是就表面上看，华董额数既增加，正会长又为本埠人，此后之工程局中，吾国人之权力，自然突过于外人。

吾人亦姑退百步千步而承认此为一差为满意之结果，则此后之希望，惟在于正会长及副会长董事之属于华籍者，能以地方之主权为前提，而整顿全神以赴之，使外人更无"得寸进寸得尺进尺"之机会。庶几经长时之努力，江北工程局或有完全收回之一日。

呜呼！孰知当时正会长涵之先生，正念经拜佛放生之不暇，更无暇顾及此区区之市政问题主权问题，于是而副会长而董事，亦俱漠视之。所谓江北之工程局者，实际乃仍为外人包办。

呜呼！果使吾宁波人之心目中，宁波官吏之心目中，而无所谓市政及地方之主权，则从前之抗争，实属多事，抗争而得如是之结果，更为徒然。夫岂其所争得者，仅为一正会长副会长及几个董事而已哉。即令工程局呈部职员之中，十分之九为华人，而十分之一为外人，而此十分之九者，一次不到会，一天不办公，此十分之一外人，则孜孜矻矻，视若己事，久而久之，此工程局亦必为此十分之一人所包办，而十分之九之华人，终亦必归于无形淘汰而已。

华人如此，而一方试代外国人设想，则以侨民之资格，而为宁波人出力代办市政，既无若何之权利，而其为彼祖国所挣得之权利与面子，亦复极微极微。宁波人既已起而过问，彼尽可原璧归赵，然而彼乃始终不肯放弃，此就人类根性之优劣言之，不妨即认为向上好胜之本能，而中国人则为适得其反，可以从相形之下而立见。

吾请"以小人之肠度君子之心"，宁波人之所以对于工程局而起如是冷淡之态度者，则有二种心理。

一、是为左邱明先生所谈，以为楚材晋用，本属无妨大局，而且所谓外国人者，大抵都系天生贱骨，喜欢供中国人之驰驱。中国人五千年来，向以高贵之民族著称于世界，故所谓客卿者，自海通以来，不绝于史。吾但以主人之资格，出少许之薪工，邮务电报电话轮船，矿产铁路，一切皆可以相烦彼等为我代劳，甚至如警察，如军队，如税务，一切内务行政，俱可请人代庖，我则安然而为现成之老板。此即世界上所谓有福之人类，区区之江北岸工程局，叫外人当当差，更有什么可以大惊小怪，而发生所谓主权问题。

二、则欣羡乎上海之文明，七八层之高大洋房，满街往来之汽车与电车，平滑如砥之马路，自来水家家皆有，煤气灯到处光明。问其间何以致此，则曰由于"租界"二字。于是返观吾甬，名为通商口岸，而荒僻陋劣，较之上海，不啻天壤。醉心于欧美之物质文明者，自必发生一种感想，以为宁波之所以不能如上海者，以其为租界耳。宁波靠宁波人来整理，再过百千万年，而决其一无进步，故苟能有不惮麻烦之洋大人，以其整理殖民地之本领，为我整理，使宁波之地区，渐渐而与上海媲美，自为彼等之所热诚欢迎。如是，江北而有工程局，而有外人代办之工程局，彼且以为大幸，以为至荣。呜呼哀哉，吾又何言！

充第二种之心理，则所谓共管，所谓瓜分，固惟恨其不早实现耳，否则处处皆变成上海，处处皆有高大之洋房，光明之电灯，往来之汽车，家家都备了自来水。老大之中华民国，突然而变为文明之邦，而与伦敦、柏林比美，岂非大佳？

畅言至此，请读者恕吾无状，更请一般阿拉同胞，始我无状，我之本意，惟在请阿拉同胞注意注意此"江北工程局"五字而已，毋使此五字染上他种之色彩而已。

——选自《时事公报》1926 年 4 月 16—18 日

道尹监督不愿放弃工程局

本埠江北岸工程局，在前清时成立后，因税务司带收码头捐关系，故一切措施，遂由历任税务司作主，中国官厅向不过问，而就地绅商，亦多仰其鼻息，唯唯从命。当四五年前，甘福履来甬任税务司时，因拒绝报馆记者旁听，经甬上各报大加攻讦，社会始稍注意，于是乃召集各法团各公团开会，修改章程，以会稽道尹为正会长，监督及税务司均为副会长，加推华董事名额，于是"工程局"三字，方以吾华人为主体。无如当时会稽道尹黄涵之、海关监督袁巽初，均以该局向由税司作主，历史如此，从未到会一次，坐视主权旁落，而犹以当时力争者为多事。迨后张庶询继黄来甬，亦放弃如故。闻现任朱道尹、李监督均以该局开会，从未来函被邀一次，仅于会后将议决案送道盖章。究竟该局职权如何，内容如何，迄不得知，任凭少数人意思，殊非事体。故朱李二氏拟即日会函该局，兹后遇开会时，应一律通知，以便出席与议。此后该工程局当有一番振作也。

——选自《时事公报》1926 年 4 月 15 日

附录　朱道尹出席工程局会议

本埠江北岸工程局，历次开会，向由税务司主席，道尹及关监督，名虽为工程局正副会长，而历任道尹如黄涵之、张庶询，监督如袁巽初等，非官僚习深，以洋人为神圣不可侵犯，即头脑旧腐，以国家主权为不必争回，因循放弃以迄于今。而该局每届开会，亦从未发函通知，仅由税务司名义用送信簿向各私产董事签名通知，事后将议决案送请道尹签字，即作手续已了。自朱道尹、李监督接任后，均深以该局手续缺，并亦不愿放弃主权，曾函致税司以后凡遇开会，必须发信预知，以便出席，故该局始于上月照办。本月十日（即前星期四）开会时，朱道尹亦亲自出席为主席，李监督则派代表到会。中国官厅参与工程局开会，此实为第一次。闻其议案系后河板桥倒塌，议决用水泥改建，计洋四百余元，工程包与孙余生木厂。复以原定每月开会一次，现改遇必要时召集会议云。

——选自《时事公报》1926 年 6 月 15 日

裁撤工程局西干事之舆论

本埠江北岸工程局，办理本区市政，其款项向恃码头捐收入，每年计万余元，而该局雇有中西干事各一人，办理一切。中干事为陈筱习，西干事为巴关荣，陈之薪水每月四十元，巴西干事则每月竟支一百九十元之巨，而所办事务，极为闲散，如此糜费公款，而该局华董事竟予通过，殊为可异。就地人士深为不满，早有烦言。昨日江北公会开董事会，由余润泉君托由金总干事代为提议，应由会集议讨论节省公费办法，复经到会董事卢孟愉君提同前情，各董事均以西干俸给，竟取全局收入十分之三，均为骇然，一致议决裁撤。由会函请朱道尹（即该局会长）即向该局提议裁撤。查余君亦系该局董事，竟能秉公提议，不事隐徇，使此笔巨款，用于有益之处，故颇得舆论之赞助云。

——选自《时事公报》1926 年 7 月 25 日

附录　工程局西干事未裁撤

鄞县江北公会，因鉴江北工程局西干事（巴关荣）之薪水，较中干事高出十倍，而事工责任，实均相等，不免太费，乃于日前开会时议决，请朱道尹出席工程局董事会，提议撤职，后该会开董事会时，朱道尹果将是项意见提出，而浙海关威税务司，则竭力反对。结果致未通过，然亦未将原案打消，故暂做保留也。现闻江北公会方面，尚拟竭力进行，不知究能达目的否。

——选自《申报》1926 年 8 月 12 日

浙海关税务司与工程局

1897 年 11 月，浙海关税务司穆林德会见宁绍台道兼海关监督吴引孙，商议在宁波江北岸设立工程局，负责江北岸街衢道路等修筑事务。建议在报关货物中每包抽收三文钱码头捐，以作经费。遭到各报关行的拒绝，相约停止报关。浙海关拟将为首者提讯制裁。次年二月，各报关行提出每行自愿捐助工程局筹建费银洋一百元，共计银洋 1550 元，并表示愿意遵照税务司规定，缴纳码头捐。于是在 1898 年 2 月 11 日，税务司致函道台，建议立即开办江北工程局；并由道台、海关监督出告示，从 2 月 15 日开始征收码头捐，捐款收入全拨作江北岸建设费用。此事得到道台的赞同，立即出告示晓喻民众，在江北岸设立工程局事。工程局设置在江北岸外滩，附于江北岸巡捕房，经费由海关征收码头捐以供给，对进出口货物每件捐钱 3 文。民国初年，改为征收银元每件 4 厘。

由于巡捕房捕头和工程局主事都依照海关样式，由外国人充任，权力日渐扩大，向上海租界工部局仿效，引起宁波商民不满。1908 年，士绅陈启常、袁礼敦等联名上书，要求收回主权，得到宁绍台道兼海关监督喻兆蕃的支持，设立巡警局收回警权，并改组工程局，由中国人主事，码头捐也改为由海关代征后，转交宁波地方政府。

1927 年 12 月，宁波市政府颁布《宁波市码头捐条例》规定：

凡进口货物均须缴纳码头捐。其捐率以应纳关税数目 2% 计算，但每件货物除特别规定外，至少以 5 厘为起点，至多以 2 分 5 厘为限，律依中国通用银圆征收。凡已在他口缴纳转日来币的货物，仍须缴纳码头捐，其捐率定为每估价 1000 两，抽捐 1 元。凡各项进出口免税货物，除米麦及苞米外，每件应缴纳码头捐银圆 5 厘。

具有下列条件之一者，得免缴码头捐：1. 依国际惯例应免税之货物。2. 各机关、各慈善团体及各学校运输货物，经具正当理由得本市政府特许应予免捐者。

拒不纳码头捐者，得课以应纳捐款 5 倍以上、20 倍以下之罚金。

码头捐之征收，委托浙海关税务司督同本市政府征收员办理。

码头款项用于：1. 发展江北市政；2. 辅助其他宁波市事业。

1929 年 3 月 1 日起，执行《修正宁波市码头捐则例》，规定：凡进出口货物及已在他口缴纳关税转运来甬各项货物，每件估价 1‰ 计算。但每件货物除特别规定外，至少缴关平银 4 厘，至多以关平银 2 分为限。凡各项进出口免税货物除米、麦、苞米外，每件应缴纳码头捐关平银 4 厘。

1933 年，国民政府规定：从 3 月 10 日起废除关平两，改以法币元。9 月，鄞县县政府奉浙江财政厅令：将所有码头捐，一律改征法币。捐则内定明：外海进出口货物——系指普通进出口货物而言——每件最低捐额法币 7 厘；最高捐额法币 3 分 2 厘。内港轮船装运货物，每件一律征收法币 1 分。其少数特别规定之货物，亦按例改为法币。并声明其中煤油 1 项，前因美孚等 3 个煤油公司与财政部订有协定，每 10 美加仑，只收码头捐法币 5 厘。现在该项协定业已取消，特增至 7 厘。

码头捐之征收，委托浙海关督同本政府所派征收员办理。

——选自宁波海关编《宁波海关志》，第 324—325 页，

第 217—218 页，浙江科技出版社 2000 年版。

附录 税务司谈市政

有一个公共市政委员会，俗称马路委员会，包括五名洋人和四名中国居民，警监作为名誉秘书。一切公共市政工作，在警监的管理和监督之下进行。

基金是由洋人和华人居民自动募集，已足够供道路照明、铺路、修理街道和清扫，还供应杀虫剂。正规雇用的人有两名点灯人和五名清道夫。平均一个月点灯 21 个夜晚，天亮熄灭，拿回警署清洁修理。清道夫的职责：每天上午 10 时前清扫道路，保持白天清洁，并将阴沟和便池进行消毒。清道夫在清除垃圾、积雪等以及在疫情流行进行消毒时，则必须雇用工役进行协助。

1883 年，在租界后面的河渠，由于肮脏容易发生疾病，所以彻底清理，加深并开阔。这项工程在当时浙海关税务司康发达先生促使之下由中国政府进行的，大大有利于改善租界卫生状况。

1884 年下半年，有项计划初步设计并逐步完善，主要通过科普斯先生的努力，沿江岸建筑一条堤岸，通过港区的全长，从浮桥到外国人场地。建

筑的费用，从上、下岸的鸦片和茶叶中抽取小额的款项。计划为道台批准，受到华洋商人的普遍热烈支持，几乎一致同意所建议的征款。经过初步测量和估算，开工似无障碍，工程由中国当局承担，浙海关税务司管理。虽然计划似乎已取得宁波的领事同意，但未获更高层外国当局完全赞同，取其中之一为例，反对专由中国人管理，要另设一个市政会议取而代之；另一个例子是反对筹集基金支付开支的方法。道台反对任何取代中国官方管理建设和维护所建设的堤岸的意见，而且除了征收某种进口和出口的税捐外，是没有其他筹集工程资金的办法可行的。但是，在拟议中章程征税的性质改变了，以致看来是华洋商人对鸦片、茶叶和布匹的自愿捐款，而不是税捐，而且收取捐款的工作同意置于一个委员会手中，委员会包括两名洋商和两名华商，由一位中国官员，可能是浙海关税务司作为主席。英国和美国的侨民发出请愿书，敦促北京的代表同意计划措施，然而看来同意与否已无必要，因为已不再要求商家去缴付拟议中的征税。计划工程进行到1886年5月4日，确定开始收取认捐的费用。应道台的要求，所同意的收款没有开始。不久，消息透露堤岸计划受到士绅强烈反对，为首者是位有势的翰林，向省最高层当局请求，使计划无限期搁置，最终不见影踪。

　　这个计划已经失败，沿江岸的道路仍有少数不相连的路段在各商行门前，从一家到另一家必须走进一条弄堂到后街头，再从另一条小弄回到江边。如此迂回交通，既不方便又浪费时间，导致建造滨江大道的计划在1887年又重新提起。但形式大为改变，新方案是由税务司康发达积极倡导的，就是简单地把各不相连的私人建造的堤岸道路部分联结起来，把中间的空间填补起来。各个产业的业主，有条件地为此目的，而放弃自己门前足够的地方。工程在马路委员会监督下进行，工程开支费用由道台和华洋商人出钱成立的基金会支付。工程于1888年4月完成，造成一条从税务司公署到英国教堂，全长约半英里的结构简单而外表各异的滨江道路。在工程初开始时，也遭到原来在前一年使较大工程计划失败的同一帮人的反对，但是不待工程全部完成，其价值已明显展现时，这条堤岸大道已被中国人和外国人同声称赞。

　　每年随着基金的增加，道路加以改善，添装了路灯，筑了下水道，供给了修路修堤岸的材料等。每年召开一次认捐大会，会场上秘书公布财务收支报告、完成工程报告以及对来年的要求。

——节选自墨贤理《浙海关十年报告》（1882—1891）

在 1901 年 4 月，记录在案的几乎已完工的一项事业，就是从海关到浮桥距离约近 3/4 英里长沿孔浦前岸边的江岸工程。江岸的部分工程已在前几年完成，但是加高、加宽并延长到浮桥，是由已故海关税务司穆麟德先生作为宁波市政工程委员会主席，在 1898 年到 1901 年间完成的。1898 年，税务司以个人影响说服道台开始实行码头捐制度，在江岸下地或装船的货物每件收取制钱 3 文，这项措施是他的前任许多年来都未能实现的。由于成功完成了上述巨大工程，艰难地获得了市政工程委员会大量基金，已故税务司赢得了关心本口岸福利事业人们的爱戴和感激。市政工程委员会的职能如其名称所涵，由洋人六名、华人六名所组成，税务司作为道台的代表担任主席。该委员会的事务一直进行顺利而令人满意。该机构通过扩展修筑道路、进行环境卫生工作为大众增添福利，因而始终深得民心。

自 1898 年实行码头捐并完全由华商缴付以来，已有 134000 元花费在筑江岸、卸货码头和毗邻道路，等等。全部工程都由地方承包，没有借助外国工程师。原来在杜氏河渠（Davfs canal）尚未开通时由地方当局修建的石桥，虽按英国领事馆记录，仍应由地方当局修建，但也由委员会作了彻底大修。最近又在孔浦后面横跨河渠建造了一座硬木桥，保证了与盐门渡的交通畅通。去年一年护路工作没有中断过，最近还打算由道路委员会新修 40 英尺宽一条马路，从海关后面直通老跑马场路，方便前往。这些早期宁波的英国侨民所留下的慷慨大度和公共精神的精神遗产，也进一步增加了这地方的价值。

几年前，由已故税务司和某些日本专家签订合同，在租界内挖掘自流井。曾试图打两口井，一口在海关产业的鸦片仓库，还有一口在英国领事馆。本口岸靠山比较近，原希望打到一定深度将达到基岩，会找到可饮用的水，但虽钻到了 175 英尺深度仍未实现目标。打完井之后，将水样送往上海卫生处仔细化验，却不幸发现含矿物质过多，不适合饮用。虽然说，该项试验完全失败，钱也花费掉了，但看到华、洋人民因缺乏优质饮用水而有病痛死亡的极度危险，这项尝试还是值得的。目前，中国人依赖雨水和河渠的水供应所需，而洋人则花很大的代价，从姚江边的大隐山泉取水，装专用的水船运来。

去年（1901）11 月，如在本报告中已记载的，本海关接办了宁波和镇海的两个常关和两个分所。……增加到我们部门的另一个职能，是管理宁波市政工程委员会的事务，征收码头捐，对在江岸上下的货物每件征收三个制钱，这是其中最重要的。这项工作已委交一名华员供事和两名书办，由本关支付工资，而委员会的总账目则由税务司的帮办无酬编写。同样，一切公共工程的进行，是由海关外班的一位洋员监督。

——节选自余德《浙海关十年报告》（1892—1901）

宁波设立之工程局亦仍照旧，前所筑马路自新关起直至新江桥，业已修筑平坦。沿江之巷街向无阴沟，现将沟壑开通，遇有雨水，不至淤塞。又于新关后添筑新马路一条，阔四丈，可以直达老马路，俟筑就后两旁均可起造房屋。迩闻中西人民在新马路两旁预购地基，以备将来兴造房屋之需。

——节选自余德《宁波口华洋贸易情形论略》（1902）

本口岸惟一类似市政会的组织是公共工程委员会，是由各会馆和商人自愿捐助以及装卸每件货物收捐（通常为制钱三文）来维持的，委员会尽可能小范围地改善孔浦外国人居留地的卫生条件，已完成一些实质性工作。街道灯光虽暗但确实有了照明，公厕造了起来，数量甚多，但仍不足以便利至阻止当地人随时随地粪便污染街道。下水道应该全部改造，但经费不足，委员会只得将地表下通向江河的沟渠每年疏通一次。每人可以发觉，一走出孔浦就不见有任何卫生设施。城内街道照旧肮脏不堪，流经闹市的河浜有时充满有机物的绿色沉淀。然而已有觉醒迹象，虽然还没有真正干起来，但可以觉察到人们要变革。对外国卫生观念的盲目恐惧在迅速消失，1896年前任税务司创建一所免费种痘所已使接种牛痘疫苗在下层阶层中推广，1911年在孔浦防疫所有近千名婴儿种痘。教会医院在宁波有三所，已转变几千人不只是基督徒的观念，至少也信服外国的医药。其中一家医院在1902年治疗了约6000病人，而在1911年则不少于10600病人。另两家医院也有类似的增长记录，而罗马天主教修道院所设的药房也闻名遐迩。事实上外国医药科学极受欢迎，其见证是专卖药的直线上升，其中有些还是有毒性的。相信外国医学仅是信仰清洁之第一步，看来真正改善卫生状况的工作可在短期内启动。城内有些年长者对前述公共工程委员会在孔浦所建的混凝土公厕印象颇深，已为本城制定类似计划，但告流产。纵然如此，仍是有希望的象征，使我们相信过去10年虽然在卫生改善方面只能简单写"无"字，但道德上的进步虽是无形却很大。良好种子已播下，来年定会丰收。本地区无博物馆。

道路。孔浦或洋人居留地江边已完全筑起滨江大道，连接的小巷垫高，并于1902年后又在1909年铺设下水道。1902年一条40英尺宽，2/3英里长的马路从海关背后修筑至老跑马场，铁路公司修了一条路从火车站址到滨江大道，与甬江有了直接交通。

这些道路除去最后提到一条路之外，全都是公共工程委员会所修筑，钱款来自于码头捐。城内郊区的地方官员都未曾修过一尺马路。

——节选自余德《浙海关十年报告》（1902—1911）

本埠筑有自来水井2口，以供江北岸居民以新鲜水源，一在外滩后马路旁，一近火车站，汲出之水初甚不洁，后因常用，故水质较良。

——节选自威礼士《宁波口华洋贸易情形论略》（1916）

在孔浦的外国人居留区以外，过去10年地方卫生无任何改善。城内大街是由自治会雇人临时草率打扫一下，但街区居民一般卫生习惯和知识是极落后的，如同在中世纪一样。

孔浦的公共工程委员会继续尽其可能督促维护区内现有一切卫生设施。10年内诸多改善之中，特别要提出的是该委员会为公共用水打了两口自流井。自流井水虽然不宜用作饮水，但对华人便利很多，因为他们平时不得不依赖雨水和肮脏河水解决用水需要。街头电灯也由委员会在1917年安装，孔浦的道路于1919年全面整修，花费6000多两关平银。

——节选自甘福履《浙海关十年报告》（1912—1921）

江北（即租界）工程局董事会，自1898年成立以来，对于修筑码头、建筑街道、填塞废渠、开辟市场及其他江北卫生事宜，多所建树。嗣于1927年解散，所有一切事宜，交由宁波市府接办。该局曾于江北岸挖掘自流井多处，虽其饮料未全免除微菌，但较之本埠他处人民，仍赖旧井或江水以为饮料者，其清浊之差，不可以道里计矣。埠内街衢，业经展宽，同时沟渠制度，亦加改良，惟其未经改建之处，仍属污秽不堪，有碍卫生。

——节选自安斯迩《浙海关十年报告》（1922—1931）

本埠江北岸工程局本年添凿自流井3处，于是此种公共水井共有5口，井中之水是非十分清洁毫无微菌，然较诸就近河中平民日用之水已胜万倍矣。

——节选自甘福履《宁波口华洋贸易情形论略》（1923）

本年工程局将江北岸后河填平一段，且将建公共市场于其上，以减滩上食物负贩者之拥挤。又以外滩马路仅至海关前面而止，拟延长路线与江北总会前马路相接，为筹备款项，以实行以上之计划起见，自2月1日起在江北岸征收房租捐，其捐率分每月1角、2角、5角、1元四种，此捐昔日仅向中国商铺收之，今则凡居住是地之华人，无不输纳焉。

——节选自贝德乐《宁波口华洋贸易情形论略》（1924）

本年本埠新设立之菜市场于年终竣工，费洋1万元，场中可容摊户384所。再城中已有主要之街道数处，本年已重行铺整，其铺道之石系以由附近北门及东南门之城墙拆下之石料之售价所购者，惟现时议及拆毁全城城墙之计划，以款项不足，一时未能实行。

——节选自威立师《宁波口华洋贸易情形论略》（1925）

年中本埠工程局新建之菜市场业已成立，场内能容384摊户，前之沿街设摊负贩者一应取缔，以免外滩马路之拥挤，又外滩自英国领事署以下之一段，已建筑马路，如能经费充裕，更拟再行延长下游路线。此外江北岸多处街道，本年已重行铺整且有加宽者，所有纵横江北岸境内各处之污秽沟渠，年内曾开始填平，不幸本年夏末工程局内多数华洋人员因有本埠新闻纸之攻击，自行辞职，自此之后除应修道路照常办理外，并无其他新工。现所深盼者，为江北岸境内能在最近期内组织一市政局，盖果能如是，则工程局即可归并以省骈枝。

——节选自威勒鼎《宁波口华洋贸易情形论略》（1926）

光绪二十四年所组之江北工程局董事会，果如去年报告书所预测，于本年6月中旬停止职务，其存款与职责由宁波特别市市长接收，此董事会收入之主要来源为一轻微自愿之码头捐，征自江北沿岸装卸之货物者，是项码头捐现已增高捐率，商定由海关代市政局征收。

——节选自郭本《宁波口华洋贸易情形论略》（1927）

本市之维新事业进行甚速，去年其自东门至西门之修长街道全体放宽，一部分之月城已经拆除。本年来市政之改良仍继续进行，城墙大多数业已拆除，公园建筑已底于成，街道放宽亦殊猛进。码头捐自本年1月起捐率加高后，其收入足供本埠市政经费之用者，总数计29253元，去年则为16868元。市内住屋及店铺捐之捐率，现系按照各该房屋之月租值百抽十及十五，分别征收。

——节选自郭本《宁波口华洋贸易情形论略》（1928）

市政改良大有可观，各项建设进行甚速，此皆当道锐意经营、勇于任事之功。闻在城东及东南各区并江北岸一带，尚拟开筑宽阔马路，改建新式并合于卫生之屋宇，现正计划进行中。自新江桥至鱼市之沿江堤岸，刻正以水泥铺盖，其工事亦将告成。旧有街渠，现均改换新式沟管，于卫生上大有裨益。

——节选自《宁波口华洋贸易统计报告书》（1929）

老外滩之民生

一　政区人口

1842 年至 1933 年，江北岸老外滩的政区属于鄞县东安乡白檀里，辖甬东隅八图、九图、十图（以 3000 亩为 1 图）。具体而如下：

八图：江北岸李家。

九图：江北岸引仙桥、倪家堰、砖桥。

十图：江北岸孙家、鄞定桥。

——选自《江北区志》第一编《政区》，浙江人民出版社 2016 年版。

到本年 12 月 31 日，在宁波居住的洋人共计 82 人，其中英籍 43 人、美籍 11 人、德籍 12 人、法籍 8 人、奥地利 2 人、瑞典 1 人、丹麦 1 人、希腊 1 人、荷兰 1 人、波兰 1 人和墨西哥 1 人。商行 11 家，其中 7 家英商、3 家美商以及 1 家系受德国保护者。居民中有官员 24 名、商人 17 人、专业人员 3 人、各级传教士 28 人、引水员 5 人、店主 5 人。

——选自惠达《浙海关贸易报告》（1870）

截至 1872 年 12 月 31 日，这两年来侨居宁波之外侨一如既往，并无多大变化。不包括妇幼在内之洋人（住在城里或租界内者）为 64 人，其中：英 34 人，法 3 人，美 9 人，德 12 人，瑞典 1 人，奥地利 1 人，意大利 2 人，瑞士 1 人，墨西哥 1 人。

——选自惠达《浙海关贸易报告》（1871—1872）

所有本年包括驻扎在绍兴、杭州和舟山岛上这三处的传教士在内，宁波领事管辖区内之洋人总数为 131 人。年内英、德两家洋行都有人员死亡，另外新成立一家经商洋行，迄今在宁波这口岸就有洋行 10 家。

——选自德璀琳《浙海关贸易报告》（1874）

宁波之洋人团体中洋人计有 147 人，比去年 131 人增多了 16 人。洋人中是以传教士居大多数。有许多洋人并非居住在宁波，而是在宁波辖区内，时常来来往往。年内出生婴儿计 4 人，死亡妇女 1 人。今年洋人中之流行病有腹泻和发烧，但并不普遍和严重。据悉，华人方面之情况也大有改善。死亡率不到去年之 40%，绝大多数又是那地方性流行病——疟疾。这是因为那些华人之居住地卫生太差而导致。此外，乡下简直是个大墓地，许多尸棺甚至没有入土，还有洋人之供水，不是来自山上流来之泉水就是积存的雨水，所以在宁波城里及租界里的用水也不太保险。其实，也只需每年花上四五千银元就能得用洁净之水矣。

——选自裴式楷《浙海关贸易报告》（1875）

职曾在落实宁波人口估算包括城外及近郊在内下过苦功。依据中国官方原先分区域、分户的粗略资料为基础，再以个人估算并留有适当的余地，做到"虽不中，亦不远焉"，结果得出为 26 万人。

侨民包括乡下之传教士在内，共计 152 人，英籍 76 人，美籍 27 人，德籍 13 人，法籍计 34 人，还有 2 人属非订约国国民。

——选自杜德维《浙海关贸易报告》（1879）

虽然全省也无总人口统计，但感激地方当局的信息：宁波府据信人口总数 4651667 人，其中男性 2650015 人；鄞县总人口 2642075 人，其中男性 1534156 人。该些数字意义重大，代表当局认真努力作了精确的调查。……本府外国人口约 300 人，每年变化也不多。外国官员和传教士占多数，商人很少。

——选自柯必达《浙海关十年报告》（1902—1911）

甬江北岸商埠第二次人口表现，经巡警局吴大令调查确实造报在案。兹将中外人口录下：中国籍正户男七千四百四十三丁，女三千九百九十五口，附户男三千七百二十五丁，女二千九百五十九口，外国籍男七十七丁，女六十三口，统计中外男一万一千二百四十五丁，女七千十七口云云。

——选自《四明日报》1910 年 8 月 26 日

鄞县公署，前奉浙江特派交涉员令查外侨游历传教居留人数，以备考核在案。当经江知事函请警厅调查，兹悉查复人数如下：外侨之在本埠者共计83人，其中英国人最多，共37人，有家属者21人，业皆营商，或在机关传教者。美国次之，共30人，有家属者四，女人居其18人，皆为教员传教者。法国次之，共12人，女人居其六，是皆传教者，其余丹麦三人，意俄各一人。货役共计133人，此其大略也。

——选自《时事公报》1925 年 7 月 18 日

二 天灾人祸

1871 年初期，本口贸易由于当地华人糖商莽撞投机失败而呈现萧条，连有些殷实商号之信誉亦受动摇，有难过年关迹象，因此银根奇紧，一直延至春节以后好久，市面呆滞局面无法驱散。迄至旺季，本口之商业才开始有了转机，却又遇中法之间摩擦方兴未艾，在华商中普遍存有忐忑不安、焦急等待和无可奈何之情景。当时中方已被迫而有背水一战之决心。幸好事有转机，终即化干戈为玉帛。这两年来本省已恢复到以前之繁荣，洵又返回国泰民安之太平日子矣。不论城里城外，许多商号铺子都在着手装潢门面或整修内部，连那些寺庙也都忙为泥菩萨镀金粉矣。

——选自惠达《浙海关贸易报告》（1871—1872）

1 月 3 日狂风从西北方而来，袭击宁波历时两天，本地船只、房屋遭到严重损坏……狂风所刮到之房屋被吹倒，墙被吹歪或夷为平地，许多古老高大之杉木也被连根拔起，许多财产遭损失和破坏，甚至危及人的生命。

本年入春以来至夏季气候异常干燥，连沟渠里汲来灌溉农田的水都已抽尽……宁波农民到处都去庙里求神赐雨，不但如此，连地方官员也设台点起香烛、摆上供品，恳求上苍降雨。干旱持续了两个多月后来了雨水，对庄稼来说似乎是来迟了一些，幸好还未发生霍乱、时疫，也可说是不幸中之大幸也。

——选自惠达《浙海关贸易报告》（1873）

霍乱 以下是一位从事医务工作的传教士对本人之叙述，查该人系为这方面的能人里手，并掌握了第一手之资料。考虑到这些天祸所带来之后果对宁波之贸易发展和繁荣昌盛会造成什么样的影响，洵属不可忽视者也。霍乱在此是 1878 年后期才发生的，当时仅只有少数疫例，并未引起人们之关注，延至下月中旬，疫情有所扩大也。至 9 月尾，罹虎烈拉病疫而死亡之人数骤增至令人吃惊，宁波社会上惊恐万状，至 10 月疫情才逐渐平静下来。疫疾之起因和发源引起众多医生之关注，但一致认为有虎烈拉之病菌存在且是一种活的有机体。该疫病之传播乃是按客观条件、状况是否有利于该病菌之发展变化。霍乱乃是一种间接接触传染病，也就是说，接触到潜伏病菌的危害比那接触疫病患者更为危险。这次宁波之虎烈拉流行病，很有可能来自华南几个口岸，因为那些口岸霍乱发现在宁波之前。

疫情以宁波西门和西门外郊区一度尤为猖獗，据悉，有些是整家人都罹虎烈拉而死得一个也不剩。后来就蔓延到城内各处，以后又传染到奉化、宁海、台州及其以南，尤其是沿海之乡村和一些乡镇。以后再传播到宁波西北方之余姚及其周围地区。

由于当时对遭疫病而死亡之人数，官方也无统计，一时也无法知悉，但是当西门外郊区疫病传播最猖獗时，每日死的人总是有三四十人之多。

当发现疫情时，应注意消毒灭菌，焚烧患病人之排泄物，速即隔离就医。而华人则烧香供神，临时抱佛脚就吃素念经，此外，在宁波老百姓家门口挂起"茄子"说是避"邪"。也有对患者采用"针灸"的治疗办法，然而也不见有效。说实在的，凡是有预防和治疗霍乱之信息，地方官员倒是不会阻拦，但他们也未采取像西方那样"防疫封锁线"（指传染病流行地区所实施的），并对区线内外之人士都注射霍乱预防针。

（据伍连德《中国霍乱流行史略及其古代疗法概况》记载，清末中国几次暴发霍乱，大都是英国侵略所致，经由口岸蔓延，以宁波为最烈！——编者）

——选自杜德维《浙海关贸易报告》（1878）

在 10 年内经历两次大旱，1892 年和 1896 年夏季河渠干枯，庄稼遭损，并且民间疾病丛生，死亡累累。1901 年淫雨不止，严重损害稻米和棉花收成。然而这些灾害与连续发生在大清帝国其他地区相比，其严重程度尚不足以需要政府的援助或干预。1894 年的冬季里，在未接种痘的儿童之间天花大流行，但自此后在宁、绍、台道各地建立接种疫苗的机构以来，该项疫病已大为减轻。

——选自余德《浙海关十年报告》（1892—1901）

《浮桥断》（1869）　余年十一岁己巳，四百余人同日死。出门观赛兴何豪，不料大祸从此始。鄞邑赛会迎都神，时在孟夏之中旬。笙歌嘹亮金鼓沸，五色辉煌旌旗新。是日会过甬江桥，桥上观者涌若潮。拥挤不堪桥倾毁，纷纷堕溺逐浪飘。迢遥长江夕照里，晚潮风送浪花起。中流但闻呼救声，沉没漂流靡所止。泛泛犹如凫与鸥，凄惨形状不忍视。扇巾衣履满江中，络绎不绝十余里。吁嗟欢乐出城东，霎时身葬鱼腹中。父母妻子临江哭，江干谡谡起悲风。茫茫大劫本难知，乐极生悲理如斯。

《佘使君庙火灾》（1893）　癸巳仲冬之朔日，佘使君庙奇祸出。是岁余年三十五，爰以所闻载诸笔。当日庙中庆诞辰，演剧观者千余人。梨园屈奏管弦响，五色满天锦幔新。蓦地庙中说火起，黑烟滚滚人丛里。呼号哭泣声喧器，前拥后挤争逃死。无端庙门忽自关，逃者倾跌叠如山。斯时欲出无从出，付之一炬无生还。及至火熄日已夕，死尸纷纷若新积。或卧阶下已焦烂，或立墙隅经焰炙。或因践踏出肺肠，或为倾坠破头额。最惨目者一妇人，满身罗绮粉黛匀。怀孕儿从腹下出，霎时二命死无因。传说杳渺未可信，总之劫数皆前定。忆昔甬江浮桥断，罹其殃者亦无算。今者观剧遭奇祸，骸骨纷聚作薪薨。一死祝融一冯夷，乐极生悲鉴于斯。

《小轮沉没》（1905）　孟夏之月岁甲辰，小轮惨死数千人。是岁余年四十六，哀此同日作波臣。镇海赛会四月半，吾邑往者若鱼贯。届期甬北趁小轮，兴高采烈去游玩。事先快睹小轮盈，下轻上重势欲倾。无奈诸人敢冒险，性命直如鸿毛轻。小轮离埠祸旋作，纷纷落水任漂泊。往日生同群项鸟，此时没作一丘貉。捞取死尸小轮开，犹如捕鱼踊跃来。江心寺作陈列所，惨状不一良可哀。父母妻子认尸至，哭声大作江心寺。悲风四起日无光，观者咄咄云怪事。我忆幼时己巳年，甬上观会人附膻。拥挤不堪浮桥断，顷刻冤魂逐逝川。今者小轮竟倾覆，亦为观会罹祸速。乐观不料作悲观，死者已矣生者哭。覆辙既不鉴于前，冒险寻乐愚可怜。沉溺江中孽自作，莫云大祸降于天。

——选自《鄞县通志·文献志》之陈炳翰《洁庵吟稿》

鄞江东北有桃花渡，为江流始分处也。江之北岸辟为商埠，外洋巨舶，恒聚于此，而往来宁镇间之小火轮，亦彷焉。光绪三十一年四月十日为镇海赛会之期，郡之人往观者纷如。有小轮名宁波者，晨载其人以往。乘客拥挤，船不能胜，甫离埠，即欲倾以没。其时，有后至不及登舟者，有已登舟而因事折回岸上者，有船甫沉而跃入江中者；究之，脱险者十无二三，余则尽冤从波臣游矣。郡之官吏，闻耗诣其地，急筹所以援手之策，募善泅者探入水深探焉。既出，则曰：无可援也！船中聚而毙者不知凡几，几无隙可入焉。乃改募巨舶数艘，翼其两旁，施以横木，夹而起之。复由一大轮用铁索系轮首尾，乘涨潮而拖至江滩，围之岸旁水浅处。及潮退而船身半见，乃毁船而取其尸。盖其时，溺者亲属之临江呼号，昼夜不绝者已两日矣。江心寺者，附郭之古刹也。闽商旅柩恒寄于是，与桃花渡相去里许，轮毙之尸，悉放入寺内。好事者且为之摄影，凡三百余人，以备各家人领取。其探自船底者，未尝摄焉，则由肢体零星、状貌改变，摄之亦无益也。是疫也，罹祸者达四百余人，余之戚友亦居其五，曰朱某、洪某、陈某及范式昆弟二人。呜呼惨矣！

——选自《鄞县通志·文献志》之李国磐《宁波小轮沉没溺人事》

三　教育卫生

《宁波开设中西学塾》　　中国西学日盛一日，向来通商口岸供有西塾，惟宁波独缺。近有友人昨从四明来，见江北岸设有中西书塾，创立者一系新关西友卢君，一系旗昌华友陈君，延请中西学师，分时教授。惟事方创始，来学者尚属寥寥。目下大宪广招生童出洋肄业，在上海设立格致书院，皆因西国文学日后大有用处，唯限于方隅，不能躬预其会。今宁波既设有中西书塾，则凡为父兄者曷弗令子弟入塾，广益学问，开拓聪明，俾日后尽成有用之材耶？

——选自《申报》1876 年 2 月 1 日

《论设中西合塾》　　昨日本报据四明友人来言，江北岸现设中西学塾，教读生童，系新关西友卢君、旗昌华友陈君创成此事。此二君者亦深识当世要务，而为此大有裨益之事也。夫宁波通商口岸与上海并立，止以上海海口为各路通衢，其繁华更甚于他处，讲究西学之人亦聚于上海而不聚于宁波。故自同治以来，西学盛行，在上海则有各中西人设塾教授，而官绅倡其事者若广方言馆及现在之格致书院，皆讲求西学，日盛一日。而宁波则自今日始也。从此师专于授，弟精于学，则将来习业以去者正不知凡几，而又各视其材质志量以区别应用。吾知数年之后，不思办理洋务之无人矣，且数年之内又不止宁波一处有此书塾也。顾余尚有一说素蓄于心而未之言，今闻卢君、陈君之事而窃愿陈述以商之，且愿各处有志于此诸君俯探而行之也。

夫现在教授西学，兼读中书，止以造就中国人耳。若设为中西合塾，不犹愈乎其法？如各省府义塾择广厦一所，延中士西儒各分读中西书，计中士日教西童，夜教中童，西儒日教中童，夜教西童。而所延师长，中士必多于西儒。一西儒教西书可以日给二三十人，而中士教书人家讲究读书者不过三四子弟，毋许附学。故约计一西儒所教者，中学则以二中士分教之。其束脩之数，西儒每月百金，中士半之可也，西儒每月五十金，中士亦半之可也。每一童到塾，量其家计而定束脩之数，不必定拘一格。其有产者有子弟入塾，亦必愿多致脯脩，初无勉强，再令其另输若干以贴经费，亦当无不愿也。或仿照义塾之式，分仁义礼智信等斋。其年长而学有进者升入仁义，年幼而速成者亦准升列，年长而学无成者降，至 16 岁以后，而仍无进境则令出塾。其年过十六而来就学者，酌量师之劳逸而增入兼教，作为附学子弟，与在塾子弟有间，束脩从重酌送，不收入塾中经费，而津贴其师。西人受中学，中人受西学，皆同此例。夫中人欲子弟知西学，即西人亦欲其子弟通中学，苟中人创此议而商之，西人当无不允。若非通商口岸地方，则既不得西童而教之，而仅教中童以西学，则所延之师必是从西商经营略识西文西语之徒，虽教焉，无益也！即延西士，亦大都教士之流，甚无裨也！故不如不设书塾之为愈矣。又凡西人之来中国也，非富商大贾即学士通人。中国除商贾外，读书人罕愿越海，而商贾与读书向分两途，仅能解字者犹少，况通文义乎？故西士有设馆于中土而教中人子弟者，必无中人设馆于外洋而教西童者。若能破解成见，不惮重洋至外国诸埠而设馆以教西童，则将来中学之盛行于泰西又岂可量哉？然此事极非易易，就目前以论，则中西合塾之不可以不设也。吾为此说，愿有志西学者商榷之。

——选自《申报》1876 年 2 月 2 日

卫生　对外国卫生观念的盲目恐惧在迅速消失，1896 年前任税务司创建一所免费种痘所，已使接种牛痘疫苗在下层阶层中推广，1911 年在孔浦防疫所有近千名婴儿种痘。教会医院在宁波有三所，已转变几千人不只是基督徒的观念，至少也信服外国的医药。其中一家医院在 1902 年治疗了约 6000 病人，而在 1911 年则不少于 10600 病人。另两家医院也有类似的增长记录，而罗马天主教修道院所设的药房也闻名遐迩。事实上外国医药科学极受欢迎，其见证是专卖药的直线上升，其中有些还是有毒性的。相信外国医学仅是信仰清洁之第一步，看来真正改善卫生状况的工作可在短期内启动。

——选自甘福履《浙海关十年报告》（1912—1921）

　　宁波崇德女中校附属初高两部定昨日（廿八）举行毕业式，是日下午二时半来宾到者颇众，官厅有镇使署夏参谋，县公署教育科陈竹君，警厅督察长杨禄纯诸君。兹录其秩序如下：一、开会。二、祈祷（谢牧师）。三、国语会话（初等四年生傅雅梅、孙秀英）。四、唱歌（初等四年生）。五、中文演讲，题为今日的女子（高小三年生张惠月）。六、英语故事，题为跛足的小王子（高小三年生董月娟）。七、唱毕业歌（高小三年生）。八、中文演说，题为对于学校与同学之感想（中学毕业生张文英）。九、奏琴（中学二年生李献贞）。十、英文演说，题为对于今日中国学生的责任（中学毕业生沈诗英）。十一、在校生致留别词（中学一年生曹锦云）。十二、毕业生致答谢词（中学毕业生杨雅声）。十三、唱英文歌（中学第三四年生）。十四、训词，一黄道尹太太（词录后），二石美玉女士（因女士欲起程赴沪）提前致词，三夏参谋。十五、给凭（徐校长）。毕业生姓名录下：中学沈诗英、杨雅声、王翠纯、鲍素娥、张文英、童月桂，高等毕业生董月娟、张惠明、张月香、应水云、陈翠英、楼金兰、石月兰，国民部毕业生史昭卿、李献敏、李鹤英、周敏英、张玉清、黄和德、郑玉英、卢秀凤、沈如珍、顾雅琴、贺若男、傅雅梅、徐金恩、孙秀英、石月恩、吴菊香、李小恩。十六、祝福（谢牧师）。十七、散会。十八、体操（舞蹈），初等高小部。

　　附录黄道尹太太训词如下：今日承校长之约前来参观毕业典礼，无任欣幸。吾国古时本有女学，见于礼经《内则》一篇（详言烹饪），尤重于姆教婉娈听从，而妇德妇言妇容妇工，谓之四德，著为常训，此即女学之见端。秦火而后，斯学失传，大家《女诫》，茂先《女箴》，仅采撷遗言，以为女学之点缀，故二千年来，除名门闺阁幼习《诗》《书》外，等而下之，几无复有姆教可言。盖女学之不讲也久矣。自欧风东被，学堂朋兴，而女校于是乎设立，向之患风气闭塞者，至是乃获沾文化焉。是校自开办以来，设备完善，课程优美，早已脍炙人口，诸生衣服简朴，对人和蔼，尤征教授之有方，求学之勤奋，足为女校之模范，有益社会，未可限量。而校中对于家政烹饪一节，尤为注重，与吾国古时内则之言相符，鄙人益佩立法之善，用掇数语，以为诸生勖。

　　又圣模女中学校，于前日七日举行第十次毕业礼，计中学毕业生四名，秦善林、赵毓英、施庸英、谢文兰，又高小四名、国民十三名。

　　　　　　　　　　　　　　　　——选自《时事公报》1922 年 6 月 29 日

　　卫生　本埠公私方面对于卫生设施，渐知注意。地方当局虽因经费缺乏，对于卫生设备未能充分进行，但与当地医院颇事联络，每遇传染病发生，则协同施行防疫注射，以免蔓延。当地殷户，近亦效法外国教士，热心公益，醵资设立大规模医院，并施行免费助产，以惠平民。宁波医院，大都施行免费注射，故近来霍乱、天花甚少发现。

本埠医院，已由六所增至 30 所，泰半属于私人经营，规模狭小，病榻无多，内惟八所规模宏大，设备完全。而旧有各院，期内亦多改进。华美医院尤见扩展，仁济医院则于 1931 年重修，设备崭新。本埠西医，人数激增，大都自设诊所。而各大医院训练之男性护士，资格甚佳，可领全国护士会之文凭也。

教育宁波曾有设立大学之议，但迄未实现。良以甬地密迩沪滨，该埠学府林立，而客居甬人，又属繁夥，本埠学子，不难寄托亲友，就学该地，于是本埠遂无设立大学之必要矣。

美长老会及浸礼会，在本埠设有学院四所，本期因经费困难，合并为男女学院各一所。圣道公会所设中学校，1925、1927 两年，因受排外影响，校务改由华人接办矣。查自教育部规定教会学校须聘华人主持校务及改宗教课程为选科后，各外国宗教机关以其与教会宗旨不合，大都不欲供给资金在中国办理学校。因而本埠教会学校情形，遂日趋衰落矣。

——选自安斯逖《浙海关十年报告》（1922—1931）

《江北区开办防疫院》　　宁波江北岸红十字会理事长唐沛然君、院长杨槐堂君，以现在甬地时疫渐盛，特就该医院施送血清注射以资预防一节，已志本报。前悉唐、杨二君昨日为筹办江北区防疫医院事，先期函邀江北就地官绅各界开会，到者颇众。首由唐君宣布开会宗旨，略谓，近日疫症渐盛，城内已由官绅先后发起，惟江北一区尚未有设立，殊为缺憾，现拟由红会发起，邀请就地诸公赞助此事，其办法如何，请赐指示云云。经公决一体赞成，定命曰江北区临时防疫医院，并公推费冕卿君为院长，蒋东初、余润泉、李梅五、唐沛然、张天锡、金臻庠、项士镇、姜忠文、王大敲、何福成、洪祥龄、何和德、林引笙、周一苇、裘珠如诸君为干事，兰雅谷、苏爱祺、杨槐堂、金筱梅、任莘毗、应廷佐、洪家翰诸君为义务医士，沈笑香君为文牍，衢辅之为书记，王金官为庶务，院址借张家街陈宅，定阴历本月十五日以前开办，现正从事筹备一切矣。

——选自《时事公报》1920 年 8 月 23 日

四　其他民生

《捷径争趋》　　宁波府城对面之江北岸地方，咸丰年间尚未著名，其乡人多捕鱼为业，富不过千金，贵不过千总。迨同治初洋船需华人向导，于是乡人有或为舵工，或为带水，崛起泽渚之间者指不胜屈，不及十年，拥巨万之资者若干人，晋提镇之衔者若干人。昔则鱼庄蟹舍，沿江多板屋之居，今则鸟革翚飞，平地有华堂之筑，人则纡青拖紫，市则银涌金鸣，过是乡者莫不啧啧称叹。古人云十年时事几番新，诚哉斯言。是以福州船政局之学生匠徒闻江北岸人多有以船起家者，因皆曰人亦孰不欲富贵，我已具舟楫之材，安知他日不驾而上之耶？适近日有选派生徒出洋监造铁甲船之举，各生徒皆争先恐后，且归告其家人云我辈出洋，富贵逼人来耳，又何监造之有。弹指两年，行将红其顶金其屋矣，彼江北岸安得专美于前哉。噫！费国币求人材而应募者半皆此类，有心人能不慨然。

——选自《申报》1881 年 2 月 11 日

移民　　本口岸的居民性质和职业很少发生变化。关于这方面惟一具有重要性而值得一提的是，最近开始有苦工移民马六甲海峡居留地（译者注：疑为今日的新加坡）。似乎去年在厦门招募苦工发生困难，当时注意力开始转向本口岸，因为这里可能成功开辟前往的交通。来了中国人的代理，并在相当短的时间内募定了足够人数。当时是在寒冷季节，许多劳力是出外打工的。轮船驶来时已有 500 人准备出发，部分来自宁波，部分来自镇海。官员事先已发出通知，相关事情已安排妥当，还指派了代表会同英国领事办理了通常的手续，检查了船舶和储存物料，最后确认已完全符合移民总的规则。

——选自余德《浙海关十年报告》（1892—1901）

移民　　宁波劳工乘船往国外的第一次实验，就近代而言发生在 19 世纪 90 年代。此事在上一个 10 年报告中有所提及。……然而实验证明并不成功。传言劳工在马六甲海峡受到虐待，最后有一位镇海海边小江村的富裕地主，包租了一条船开往新加坡，把那里所有的宁波人全部带回。受虐待的传言无论其真实与否深为公众所相信，有效阻止了以后的移民计划，尽管事实上生活费用不断上涨，已远超过笔者在上一个 10 年报告中所预料。

地方报刊　　本口岸地方报刊的创建还是最近的事。1906 年前宁波无日报，当时城内缙绅尝试出版一份甬报，资金菲薄仅 5000 元。由于宁波大众爱看载有京城和各省最新消息的上海报纸，该报业未满一年就因资金耗尽不得已关闭，宣告失败。

间歇三年之后，现在的《四明日报》于 1910 年 6 月 30 日在本口岸外国人居留地之江北岸首发，该报资本 1 万元，详细报道包括宁波府在内的 6 个县发生的事情。该报实际并无特派通讯员在外埠，因此京都和各省消息都摘自上海报纸。到 1911 年夏天该报日发行量达到 1000 份左右，多数订户是外埠的宁波商人，希望了解家乡情况。该报纸在经营一年之后，据报道其业务未曾扩展而资金已损半，恐怕命运不会胜过前者。但革命为地方报刊开创新纪元，革命期间报刊发行量倍增。可见小群人拥在报社门前，阅览一份当天张贴的报纸。电讯每天印刷两三次，沿街叫卖，兴奋的市民争相购买。中华民国无疑激起群众对政治的兴趣，对日报需求大增。因此可以预测，上述报刊未来前途必然成功。

1911 年 9 月 4 日新成立慈善机构名广益社，其主旨为在荒年时接济穷孩子生活。出版其第一期《宁波星期杂志》，该杂志仅小张单页，新闻极少。机构依靠许多施主的赞助维持。

——选自柯必达《浙海关十年报告》（1902—1911）

移民与迁居　据估计宁波地区给上海人口补充了 2/3，因此在这两地之间经常往来流动人潮。宁波人虽在中国各大口岸有发现，但都不太喜欢例如像厦门人和广东人那样移民国外。

物价与工资　在 10 年的最后两年中，生活费用普遍上涨，令人不安，影响到各个阶层。大米现售每石 140 斤 10 元，而在 1911 年则是 8.50 元，20 年前平均价每石不过 5 元。木柴每担从 0.90 元涨到 1.25 元，猪肉每斤从 0.23 元升至 0.29 元，鱼每斤从 0.12 元涨到 0.20 元。棉布料比 1911 年高了三成到四成，而丝绸价在 10 年中几乎涨了一倍。各行业工人的工资和大米价挂钩，因此估计在 1921 年约可比 1912 年高 15%。对宁波居民只有一点感到欣慰的是，房租未受其他生活费用上涨的影响。

地方报刊 1920 年以前每日出版的《四明日报》未有强劲竞争，发行量1500 份。但该年 6 月另一份日报《时事公报》问世，编得好，大受欢迎，现称发行量达 3000 份。

——选自甘福履《浙海关十年报告》（1912—1921）

第四编
教会活动

基督教传入宁波简述

范爱侍

　　1842 年，第一个不平等条约《南京条约》签订后，宁波被列为通商口岸之一，允许外人经商、传教。西方国家的宣教士乃接踵而至。

基督教各教派传入宁波

　　基督教（这里是指更正教，或称新教，不包括天主教）最早到达宁波的一名宣教士是荷兰信义会（后转入英国伦敦会）德国人郭实腊（Charles Gutzlaff）。他来华之初，任英国东印度公司职员。鸦片战争开始后，他先后担任英国舰队司令乔治·义律和濮鼎查的翻译。1841 年，即道光二十一年八月，英军攻陷宁波，郭随濮鼎查到宁波，担任英国侵略军舟山伪监督和宁波伪知府。他是赤裸裸侵略军的帮凶，而不是以宣教士的身份出现的。据传，他进入宁波郡庙时，看到大门内两侧有"白无常""黑无常"的并立塑像，大为反感。认为黑人下贱，不应与白人并肩而立。乃下令把"黑无常"移到"白无常"前面阶下。"白人至上"感，达于极点！

　　正式到达宁波的各教派宣教士有：

　　（1）1843 年 11 月 11 日，美国浸礼会医生玛高温（D. J. Mac Gowan）首来宁波，初在北门佑圣观厢房，继在北门外江边赁房，施医传教。

　　（2）1844 年 6 月，美国长老会医生麦嘉缔（D. B. Me Cartee）到达宁波，也在佑圣观内施医传教。

　　（3）1845 年苏格兰长老会东方女子教育会奥特绥（Aldersey，女），偕马利姊妹俩来到宁波，开设女塾。

　　（4）1855 年英国"中国布道会"戴德生（James Hudson Taylor）偕派克及卜尔顿从上海乘帆船横渡杭州湾，经由蟹浦来到宁波，在柳汀街施医传教。后脱离该会于 1865 年创立"中华内地会"。

　　（5）1848 年 5 月 13 月，英国圣公会戈柏（Cobald）、绿赐（Rusell）来到宁波，租屋传教。

（6）1864年英国偕我公会（后身是圣道会、循道公会）傅氏夫妇及梅氏来到宁波，在竹林巷办学传教。

（7）1893年英人华以利莎白（女）偕妹华路依并丁姑娘来到宁波，创立"基督徒会"。按华父为英国上议员，华本人与英女王维多利亚系同学。华凭优异的社会关系来宁波独创一会，自封为会督。

（8）1912年美国妇女倪歌胜（Nettie Nicolas）从上海带四名山东孤儿来宁波，开设孤儿院，定名"伯特利"（Bethel Home），后加入美国神召会。

（9）1918年美系基督教青年会在宁波成立。按该会为一无宗派性之基督教社会服务团体，并非为宣教团体。

（10）1928年美系基督复临安息日会在美宣教士伍子乔主持下，在宁波正式成立。按该会主张守礼拜六（安息日），不同于一般教会守礼拜天。他们并有特殊的饮食习惯。

英美诸国教会在进入中国之初，对宁波殊为重视，故争相派遣宣教士前来建立据点，开展工作。美国长老会总会在纽约开会时，还特地作出"如果他处派遣二人，则宁波必须派遣五人"的决定。从1844年到1850年的六年中，该会派到宁波的宣教士共达16人之多，足见其重视之一斑。据称原因是：宁波人民性情敦厚，较易化导云云。嗣后各教会以宁波为基地，逐渐向邻县及绍兴、杭州、湖州、金华等地发展。有的还用移民方式推广福音。

各教派活动概况

上述各教派中，以浸礼会（美）、长老会（美）、圣公会（英）、循道会（英）四会创业较早，人事阵容较强，组织力量也较健全。神召会的伯特利，传入虽较晚，但由于其信仰观点上独树一帜，故影响非小。各教会的活动，不外宣教、教育、医药及慈善诸方面。兹略志如次：

宣教方面，设堂、处、所：

位于老外滩的有：长老会的槐树堂（槐树路）；循道会的江北堂（江北岸外滩）；神召会的伯特利（草马路）。迄解放时，宁波市区包括庄桥镇在内，共有大小堂、处、所二十二个，教徒三千余人。牧师及传道人员三十余人。

各教派在创业之初，互订有口头的或书面的所谓"睦谊条约"。例如规定：（1）孝闻街、双池头、白衣巷、李衙桥，为英圣公会界；（2）城区盐仓门至北门碶桥，为浸礼会界；（3）江北岸盐仓门渡至浮石亭，为长老会界；（4）浮石亭至伯特利，转新马路，为西侨散步区。对乡间，还规定：

"凡他会已设有布道区之五里内，不得另设新堂"，"若非预先议妥，虽在工作区之二十里内，也不得推行新事业"。如此"睦谊"，无异划分势力范围。

在宁波的早期宣教士，曾创"罗马字拼音法"，以帮助教徒诵读圣经。无文化的男女教徒，只要学会二十几个字母和拼音法，就能阅读用宁波土话译成的罗马字圣经。许多人还能用罗马拼音写信。

各教会也举办联合性的宣教工作：当环球布道家美籍艾迪（S. Eddy）和龚斯德（S. Jones）来中国各大城市布道时，也来宁波布道。宁波教会还应国民党监狱长之请，每周一次去监狱布道。此外还举行过短期的电台布道。

教育方面，设院、校，先后有：

浸会中学（浸礼会办）；

圣模女校（浸礼会办，前身为浸礼会宣教士罗尔梯之妻于 1863 年开设的女校）；

崇信中学（长老会办）；

崇德女校（长老会办，前身之一是 1849 年开设的"女书房"。在此以前，苏格兰人奥特绥于 1845 年创设一女塾。1857 年本人回国，将女塾并与长老会"女书房"，更名崇德女校）；

崇德中学（长老会办的女子中学）；

三一中学（圣公会办，今第三中学，前身为三一书院）；

斐迪中学（循道会办，前身是斐迪书院）；

华英学校（基督徒会办，分男、女两部）；

甬江女中（浸礼会、长老会合办，稍晚，循道会也加入合作。前身为圣模女校与崇德中学两校。今为第六中学）；

四明中学（浸礼会、长老会合办。由浸会中学与崇信中学合并而成）；

浙东中学（浸礼会、长老会、循道会合办。由四明中学、斐迪中学合并而成。今第四中学）；

三一神道院（圣公会办，专为培养教会传道人才）；

伯特利圣经学校（神召会办，宗旨同上）；

华东圣经学校（灵粮世界布道会办，宗旨同上）；

仁爱女子圣经学校（圣公会办）；

慕义妇女补习学校（浸礼会办，专为成年妇女补习文化而设）；

圣模小学（浸礼会办）；

四明小学（浸礼会办）；

崇信小学（长老会办）；

崇德小学（长老会办）；

三一小学（圣公会办）；

仁德女校（圣公会办）；

斐迪小学（循道会办）；

斐德小学（循道会办，前身是斐德女校）。

医疗方面，先后有医疗机构如下：

浸会医院（浸礼会办，地点在北门外江边）；

惠爱医局（长老会办，地点在槐树路，后并入余姚惠爱医院）；

仁泽医院（圣公会办，地点在孝闻街，后并入杭州广济医院，即今浙二医院）；

体生医院（循道会办，地点在白沙路，后让与吴莲艇医师接办，更名天生医院）；

华美医院（浸礼会办，附设华美高级护士学校，今宁波第二医院前身）。

慈善方面（包括服务方面）：

青年会（以提倡德、智、体、群四育为宗旨，奉基督训言"非以役人，乃役于人"的格言，崇尚社会服务）；

安乐家（基督徒会办，地点在张斌桥下茅塘、收容女性孤儿）；

基督教恤孤院（长老会办，院址设西乡高桥。由中国信徒以戒除烟酒所得，发起开办，后由长老会接办）；

伯特利孤儿院（由神召会办）；

伯特利妇女爱养所（由神召会办，收容被遗弃、虐待之妇女）；

基督徒公墓（由六个公会联合举办，地点在北郊范江沿。专为安葬中国教徒之用）；

外国坟山（由宣教士自己管理，地点在白沙路江滨。专为安葬西侨之用）；

此外，抗战胜利后，宣教士汤默思等发起与中国教会负责人及社会人士联合组织"国济救济委员会"在全市开设"难童福利所"七处，由长老会宣教士施明德妻康美理负责。每天半天上课，供应中饭一餐。

回顾与前瞻

基督教是世界性的宗教。基督教之由西方传入中国，从各国人民之间的文化交流角度来看，原属正常活动，无可厚非。但回顾往事，有若干方面，有必要在此一提：

（一）基督教与殖民主义、帝国主义的关系

19世纪正是西方资本主义上升到帝国主义的阶段。基督教就是在这样特定的历史条件下，凭藉帝国主义的炮舰政策进入中国的。帝国主义利用基督教作为侵略中国的工具。少数宣教士在帝国主义胁逼中国签订的历次不平等条约中，起了重要作用的。这一事实，就是一个十分明显的例子。这样，基督教就有意无意地与殖民主义、帝国主义发生了千丝万缕的关系。按基督教宣扬的是"和平的福音"（按指神与人之间以及人与人之间的和好），它完全不应该与奴役人、掠夺人的势力联系在一起。基督教从公元635年第一次传入中国唐朝（时称景教）起，曾先后三次传入，都与殖民主义、帝国主义无关，同样有所发展。只是因扎根不深，终于随政局的变动而消亡。19世纪那次是第四次传入。我们相信，不依靠不平等条约，基督教早晚会传入中国的。因此，今天的中国基督徒深为19世纪基督教传入中国时的不光彩行径，感到遗憾。

（二）某些宣教士的真面目

作为宣教士，其来华的动机应该是宗教的。但令人抱憾的是，其中一部分人并非如此。这些人并不怀有宗教热忱，而是热衷于政治的。兹举数例于后。

（1）1844年来到宁波的美国长老会医生麦嘉缔（D. B. Mc Cartee）不久便担任美国驻宁波的首任领事、上海美国副领事会审委员、邮政局主政以及清廷出使日本钦使的"顾问"等等，成为忠实执行美国政策的代理人。

（2）1850年到达宁波的美国长老会宣教士丁韪良（W. A. P. Martin），他名挂在宁波达20年之久，但在此期间，他却长期远在北京。他曾参与《中美条约》（1855）和《辛丑条约》（1901）的签订工作。在1900年八国联军镇压义和团之役中，他也扮演了重要的角色。从而在帝国主义的侵华史中，留下了他那可耻的一页。

此外，宣教士插手教群之间讼事，干涉我国内政的事例也非罕见，在此不赘。

（3）在教会学校里，帝国主义分子阻止中国学生爱国运动的事情同样是屡见不鲜的。例如"五卅惨案"时期，斐迪中学校长英帝分子裴志腰佩手枪，站在校门口，威胁学生，不得上街参加爱国游行；三一中学英帝分子阻止学生在国家节日悬升中国国旗，而在英皇登位时，却悬升英国国旗，大事庆祝；甬江女中校长美帝分子徐美珍，命令参加市内学生爱国集会的女生（笔者之姊）登报否认，目的未达，竟扣留她的高中毕业文凭，妨碍了她的前途。这是某些宣教士的帝国主义面目的暴露。

（三）教会学校的"贡献"

教会学校中的英美籍教师宣扬西方资产阶级的腐朽生活方式，使不少青年学生产生了亲美、崇美、恐美的奴化思想，丧失了民族自尊心，向往西方，不爱祖国。这些人英语熟练，中文则常一窍不通。他们凭藉教会学校的一纸文凭，便可进入海关、邮政、铁路、洋行，赚取高薪。斐迪中学学生袁履登，获英国伦敦履登街教会的奖学金，入上海圣约翰大学肆业。毕业后，成为上海工商业界闻人，但在日寇侵占上海时期，沦为汉奸，是一个典型的例子。

当然，除了上述提的一面外，也有另外的一面。这里引用 1980 年我市第三中学（前身即英圣公会的三一小学）校庆特刊中的一段话："外国传教士来华兴办学校，当然是为他们的观点和利益服务的。但与此同时，他们也随着把西方的文化科学知识输入我国。我们的学生，在这样的学校里，虽受到教会影响，但也曾学到了一些于我们有用的东西……"

解放后，中国基督教摆脱了外国教会的控制、利用，实现了自治、自传、自养，走上了爱国爱教的道路。今天，中国基督教已成为中国信徒独立自主自办的宗教事业，从而摘掉了"洋教"的帽子，改变了自己的面貌。我国宗教界与国际宗教界的往来，也重新纳入了文化交流的范畴。现在，中国基督教徒，正与全国人民一道，在不同的岗位上，为建设社会主义祖国的物质文明与精神文明，为台湾回归祖国，为国际的反霸事业以及为国际的友好交往，积极做出自己应有的贡献。

——节选自《宁波文史资料》第二辑

美国长老会宁波差会的聚居地（在今老外滩槐树路）

清廷档案三则

一 著两江闽浙各督抚俟粤中咨行到日饬令于通商各口张挂天主教弛禁告示上谕

道光二十五年十二月二十一日（上谕档）

军机大臣字寄两江总督璧、江苏巡抚李、闽浙总督刘、浙江巡抚梁、署福建巡抚徐。道光二十五年十二月二十一日奉上谕：前据耆英等奏，佛（法）兰西夷使恳请将学习天主教为善之人免其治罪，当经准令照办。昨又据该督等密奏，该夷使喇萼呢因前往通商各口，未见出示晓谕，疑为有名无实，请俯顺夷情，以坚其信等语。愚民传习邪教，其有干例禁者，原不能不按律惩办。惟天主教为该夷所崇奉，据称意存劝善，与宵莲、白莲、八卦等教私立名目，敛钱滋事者本有不同，且夷性多疑，业已准其弛禁，而该夷所历本五口，未见明文，以致哓哓渎渎，自应通融办理，以顺其情。因谕令该督等拟定示谕底稿，通行五口地方张挂。著传谕各该督抚，俟粤中咨行到日，饬令该地方官于上海、宁波、厦门、福州海口贸易码头，夷踪可到之处，即行张挂晓谕，不准迟延。其别项邪教，仍应照常查究，毋得任令影射蔓延。将此由四百里谕令知之。

钦此。遵旨寄信前来。

二 浙江巡抚梁宝常奏为定海法教士迁入宁郡恳求添租房屋片

道光二十六年五月二十九日（月折夷务）

再，臣接据宁绍台道麟桂禀称，据佛（法）兰西国传教人顾铎德来署谒见，据称该国仰蒙天恩，准在五口传习天主教。上年九月间，蒙前道等代为租赁宁郡三法乡地方吴传钜房屋一所，俾得设堂礼拜，感激难名。惟伊来甬传教，随从较多，所租吴传钜房屋不敷栖止。上年伊将带来各人一半搬进租屋，一半留在定海寄住，今英吉利已将舟山缴纳，伊国寄住之人亦应迁让搬住郡城，但租屋窄小难容，必须添租方敷居住。查得吴传钜房后有周姓韩姓房屋两所，一共十余间，彼此毗连，可并为一宅，恳乞代租等语。该道查系实情，当饬署宁波府杨钜源、已革石浦同知舒恭受等查明该夷愿租之屋，系鄞县民周承添、韩永丰之业，现因需钱应用，正期售卖，不愿出租。该道因奏定该夷贸易章程止准租赁民房，不准价买，惟有由道捐廉将是屋买就，再行租给佛夷，庶与定章相符，而民情夷情亦较妥协。复饬该府等向周承添、韩永丰议定，屋价钱一千一百千文，立契交割，由该道衙门管业，租给佛（法）夷居住。议定每年租价钱三十千文，由顾铎德按年呈缴，写立合约，存卷作据，每年地粮亦由该道衙门捐廉完纳。其该夷所缴租钱三十千文，因上年所租吴传钜房屋，其价稍轻，原议由道捐加，今周承添等之屋系道捐置租给，毋庸再付租价，应将每年所缴租钱三十千文，即加给吴传钜承领，俾资补苴，民夷均极欢忭等情。

伏查上年九月间，佛（法）夷顾铎德求在宁郡租屋习教，当经委办夷务之六品顶带鹿泽长等，为之租住吴传钜房屋，经臣附片奏闻在案。一载以来，极为安静。兹顾铎德因英夷将舟山交还，该国之人不（在）定逗留，情愿一并迁让，搬入郡城。惟前租房屋不敷居住，恳求代为添租，察核情形，颇为恭顺。该道麟桂因业户周承添等愿卖而不愿租，即由道捐廉购买，租给该夷，以符定章，办理亦尚妥协。……

三　浙江巡抚梁宝常奏为已谕法教士不准再出告示保护习教之人片

道光二十七年七月十五日（月折夷务）

再，臣回任后，三月以来，探报夷情恭顺如故。其宁波通商之夷船，有自粤东载货而来者，多由粤海关完税，照章给予验单，无论在宁销售与载往上海，均不重征。是以本月完银只四百余两，而浙海关本税仍照收足额。臣仍饬严密稽查，不使稍有弊混。又佛（法）夷传教，照常安静，前月该教头顾铎德遣通事叩求可否再为另出告示，以保护其习教之人等语。当饬府传谕，以此项告示前暨遵旨张贴，人已尽晓，果系习教为善，自免究拿，若藉教为恶，仍由地方官治罪。何能另撰告示，致与成约不符。再三开导，伊始帖然。复札饬宁绍台道向该教头剀切说明，亦默无异议。

又本月二十四日准钦差大臣两广总督耆英咨会，佛（法）夷兵头拉别正驾兵船二只赴五口查看贸易，至时应以礼相待，用示怀柔等语。已札饬道府，遇有该兵头到来，照依办理，飞速禀报。

又定海同知傅延焘病故，容即拣员题补，现以镇海县知县毕承昭接署，并承办差役各工，亦尚稳妥。

所有现在民夷相安，海疆静谧情形，谨附片陈明，以期仰慰宸廑，伏乞圣鉴。谨奏。

道光二十七年七月十五日奉朱批：随时相机妥办。钦此。

——选自《浙江鸦片战争史料》（下），第 452—487 页，

宁波出版社 1997 年版。

天主教宁波教区简史

浙江省天主教教务委员会

　　1548 年（明嘉靖二十七年），宁波府双屿岛已建有圣母无原罪大堂和小堂六七处。是年，被捣毁，便中断了。

　　1628 年（崇祯元年），葡萄牙传教士费乐德从杭州到宁波（鄞县）乡村传教。1640 年，意大利传教士孟儒望首任宁波天主教神父，历五年，入教达 560 人，并建有神父住房。从此时起至 1845 年（清道光二十五年），宁波天主教教务（包括全省）由澳门教区、南京代牧区、福建代牧区、浙赣代牧区管理。1846 年农历三月二十六日，浙江代牧区成立。

　　第一任浙江代牧是石伯铎（Pierre Savaissiere，1813—1849），法国人，1846 年 3 月 27 日被委任，祝圣后到宁波上任，常驻定海。在定海十字路办修道院，首批修生 12 人。1849 年 12 月 19 日病逝于宁波。

　　第二任浙江代牧是顾方济（Franceis Xavier，1806—1860），法国人，他于 1850 年 12 月 22 日任浙江代牧，驻于宁波。是年，他购进了江北岸土地。翌年，开设医院、施药局和育婴堂，并开始建造小圣堂。他在任代牧之前，为药行街教堂奠定了初步的基础。

　　1854 年 5 月 15 日，由罗马圣部之令，江西田嘉璧主教与浙江顾方济主教互相调任。顾主教迎接田嘉璧主教后，于 1855 年 6 月 23 日离开宁波到江西去了。

　　在顾方济任职时，仁爱会修女于 1852 年来宁波。这是中国第一座仁爱修女院。

　　第三任浙江代牧是田嘉璧（Souris Gabriel Delaplace，1820—1884），法国人，1852 年 2 月 27 日，被委任为江西代牧。1854 年 6 月 12 日调任浙江代牧，1855 年到任。他为发展浙江教会办了许多事业。1864 年收回了杭州天主堂，1865 年重建药行街教堂，1867 年台州开教，建立了育婴院、诊所各 1 所，男校 18 所，女校 5 所，工业学校 1 所，孤儿院 3 所，医院 1 所，小堂 23 座，祈祷所 55 处，新建大堂 3 座，教友增加到 2800 余人。1870 年田主教调任北京教区代牧。

第四任浙江教区代牧是苏凤文（Edmand Francois，1825—1883），法国遣使会士，1868 年 12 月升任北京教区代牧。1870 年 6 月 28 日调任浙江代牧。同年 12 月 8 日到宁波上任。他认为天主教本身有无比的生命力，不需要依靠外力。他接任后，不轻易涉讼，积极进行教会建设。1871 年开始兴建江北天主教堂，1872 年建成，定名为圣母七苦堂。1876 年增建主教公署、藏经楼等，成为主教常驻堂，1887 年添建钟楼。1870 年在宁波城内建若瑟医院，仁爱会修女在杭州开办诊所。1871 年杭州天主教医院开幕；宁海开教；1873 年舟山朱家尖建堂等。1883 年统计，浙江代牧区的情况：大堂 8座，小堂 35 座，祈祷所 80 处，男校 33 所，女校 10 所，孤儿院 3 所，男女医院各 3 所，神父 15 人，仁爱会修女 29 人，教友 5191 人。

苏主教每年到各总堂视察一二次，具体指导各地教务。1882 年他视察教务后得病治疗未见好转。1883 年 8 月 8 日病逝，享年 58 岁。

第五任浙江代牧是赵保禄（Paul Marie Reynased，1854—1926），法国遣使会士，1879 年来华，1882 年任小修院院长兼定海本堂。苏主教逝世后，先就任代理主教，1884 年 3 月 7 日选任代牧。任主教达 41 年之久，是浙江代牧中任期最长，扩展教务、创办教会事业成绩十分显著。1926 年 2 月病逝于法国，同年四月运回宁波，葬于江北天主堂内。在对他的悼词中有这样一段话："他所创建各地教堂、修院、慈善事业、中学、小学等教会事业，硕果累累。1884 年他上任时，代牧区只有 6000 教友，任期中增加 50000人；开始只有 6 位中国神父，后来单宁波代牧区就有 37 人，经他祝圣的神父达到 59 人；拯灵会修女已有 70 人。"所办的事业中最著称的有三：一是草马路庞大的建筑群；二是先后在绍兴、上虞、衢州创办中法学校，培养人才；三是救灾工作，1912 年绍兴遭受自然灾害，严重歉收，他捐款 12 万法郎；1917 年北方水灾，浙江连续遭受台风洪水，均捐出大批救济款。他的举措获得了社会称誉，并获教皇御座大臣衔，清廷的双龙宝带，中华民国政府的嘉禾章和法国政府的荣誉十字勋章。1910 年因教务发展，为便于管理，将全省划分为浙东、浙西两个代牧区。浙东代牧区管辖宁波、绍兴、台州、温州、处州 5 个府。1924 年，浙东代牧区改称宁波代牧区。1947 年，宁波代牧区改称为宁波教区。

浙东代牧区首任代牧是赵保禄主教，他在任时最大的工程是宁波草马路的大片教会事业建设。1901 年在草马路先购进 5 亩土地，第二年又购进 30亩，后又购进 40 亩。1910 年在此建成普济院，该院创于 1861 年，初办于药行街。1907 年院长为奇佩（Gilbert），仁爱会修女，1828 年由莱伐罗（Levallois）、孙及理（Saingery）修女先后继任。1916 年保禄大修院、拯灵会总院建成，1917 年味增爵小修院和育才学校落成。草马路的教会建筑群，相当宏伟壮观。

其次的工程是，1918 年对宁波药行街大教堂进行大修，该堂长 150 尺、宽 65 尺，是 1866 年重建的。这次大修中，加建了高 122 尺的钟楼工程，由徐三东教友具体负责。修建费中募捐来的 4500 元，其中教友捐献 1200 元。

其他工程有：1911 年余姚若瑟堂奠基，浒山设祈祷所，委吴毛禄为首任本堂，建宁波白沙堂。

1912 年建松厦天主堂，绍兴设拯灵会分院，开办培德小学。

1913 年诸暨横山杨家楼建堂，樊国柱（John Fraser）扩建临海堂加建钟楼，温州开办董若望医院。

1915 年沈家门设祈祷所，东阳小西门购院设堂，平阳建露德圣母堂。

1916 年樊国柱重建天台堂，仙居购地建堂和学校。

1917 年钱库腾蛟堡建小堂。

1918 年诸暨高城头建堂，苍南林家院建小堂。

1919 年绍兴开办便民布厂，新浦设祈祷所，重建宁海凤潭堂，开办瓯海育婴堂，丽水城内耶稣圣心堂落成，枫林建新堂。

1925 年建象山吉港堂，新浦成立分堂。

1926 年台州从宁波代牧区划出，成立台州代牧区。赵保禄在巴黎逝世，继任人为戴安德（又名福瑞，1886—1967，法国人），1904 年抵华，在嘉兴文生修院攻读神哲学，1910 年 7 月 3 日在嘉兴晋铎，曾在定海修院任教 2 年，继到宁波城内传教，任大修院院长，1926 年 12 月 23 日选任宁波代牧，1927 年 5 月 10 日在宁波由胡若山主教主礼祝圣，1932 年曾受法国政府授予十字勋章。1953 年 6 月依法逮捕，次年 4 月 19 日被驱逐出境。

1927 年宁波代牧区教务统计：教友 43118 人，神父 57 人，修女 108 人，大小堂 600 余处，医院 3 所，婴儿院 6 处，中学 1 所，小学 71 所。

1929 年沈家门圣母玫瑰堂奠基。

1931 年 7 月丽水划出，成立丽水监牧区。建慈溪逍林堂。

1932 年波兰神父开始到温州，建盐舍堂。

1941 年的教友统计：宁波 5123 人，舟山 3594 人，余姚 5862 人，绍兴 2056 人，宁海、石浦 1356 人，温州 33243 人，合计 52199 人，神父 82 人。

　　……

宁波教区所办事业：

除大修院、小修院、拯灵会总会院、普济院外，还有各堂仁慈堂、拯灵会分院、学校、医院、诊所等。

药行街仁慈堂，建于 1852 年。内设孤儿院、婴儿间、寡妇院、慕道院、工作间、纺织厂、女病房及诊所、女校。由 10 多名仁爱会修女主持管理。

宁波普济院，创于 1861 年。先设在药行街，1910 年新院在草马路建成，设有孤儿院、工作间、数亩菜园、诊所和医院，由仁爱会修女主持管理。

拯灵会总院，除初学院外，办有慕道院和诊所，全由拯灵会修女主持管理。

……

学校：宁波有益三中学、培德小学、进行小学、育才小学 4 所。其他堂口一般都办有小学。1940 年统计：完小 10 所、初小 21 所、经言学校 38 所。

1940 年医院有宁波、定海、海门、温州等 6 座，诊所 7 处。

法文《宁波简讯》，从 1911 年起至 1940 年止。宁波江北岸堂办有印刷厂，专门印刷教会书刊。

——选自浙江省天主教《我存网》

近代宁波传教第一人——玛高温

谢振声

1843 年 11 月，美国基督教浸礼会传教士玛高温（Daniel J. Macgowan，1814—1893）来到刚刚开放通商的宁波。玛高温是纽约市人，肄业于纽约州立大学医学院。他既是来宁波的第一位传教医生，也是美国浸礼会在中国开辟传教事业的第一人。

来甬传教第一人

1840 年 6 月，英国侵略者发动鸦片战争，侵略军陷舟山，侵宁波。1842 年，中国被迫同英国签订了中国近代史上第一个丧权辱国的《南京条约》，使中国社会的性质开始发生根本的变化。清朝政府被迫开放广州、福州、厦门、宁波、上海等五处为通商口岸后，西医随着传教士开始传入宁波。

清道光二十三年（1843）秋天，玛高温从香港出发，途经福州，于 11 月 11 日抵达甬城。当时正值第一次鸦片战争刚刚结束，人民刚目睹或耳闻过英国侵略者在宁波烧杀抢掠、奸淫妇女的罪行，因此对洋人十分仇恨。玛高温到甬后，没有人愿意租房子给他居住，他曾笔述进入甬城时的情况："我在十一月十一日独自来宁波，在这里一个认识的人也没有，对于言语更是绝对的隔膜。要聘请一个给我翻话的也没处去找，因为那时还没有说英语的。我初次进城的时候是在夜间进去的，找着了一个住宿的地方，是个贩买行人的房子。在那里做了几天不受欢迎的客。大部分的工夫用在了竹篮儿打水般的寻求住处。我觉得民众不敢接纳我。"经过不少周折，玛高温才在北门佑圣观租到了部分房屋设立诊所，行医传教。为了适应环境，玛高温聘请了周祖濂为学习中国言语和文字的教师，开始了传教行医工作。1844 年 1—12 月出版的《中国丛报》（由美国传教士裨治文创办、后由卫三畏主持，

1832—1851 年发行于广州等地的综合性英文月刊）第 13 卷刊登过安德逊的《中华医疗传教会在华活动的进展报告》一文，内中第 373 页记载："……同样的机构在去年（1843）夏秋之际的某时，在宁波开设。玛高温医生是美国浸会的一名传教士，去年到达中国，向本会提供了他的服务。他的申请有幸被本会委员会接受……他现在正式被接纳为一名本会的医务职员。他前往宁波，那座城市被认为是一处实现医疗传教目的的好地方。……"

传教士来华传播西医，其主观目的是希望通过西医，使中国人能认识到西方国家在医学上的优势，并通过在中国人中间赠医施药，使受益人对传教士及传教事业产生好感，从而帮助他们在中国人中间传播教义。传教士还在医院里开展一些传教活动，分发宗教宣传品。他们采用的这一方法确实收到了较好的效果，为开始消除中国人的排外意识，并进而逐步取得中国人对他们的信任打下了一定的基础。如有些在医院获得治愈疾病的中国病人从内心里受到感动，自愿皈依。这为传教提供了许多帮助，使他们的传教工作取得了许多进展。

1847 年 10 月 31 日，玛高温与当年 6 月来甬的美浸礼会真神堂教士罗尔梯（Edward Clemens Lord，1817—1887）夫妇一道在宁波西门组织成立了教会，这是华东地区最初的浸会。11 月 21 日，该教会接受了玛高温的华语教师周祖濂受浸。当时从盐仓门到北门外碶桥为美浸礼会传教范围，美国基督教浸礼会在华东的事业，就是从宁波起始的。周祖濂受浸后成为传道士，后又成为宁波浸会的第一任华人牧师，曾著有《消罪集福真言》一册，散布甚广。罗尔梯在甬从事传教及教育工作，自 1863 年起担任美驻宁波领事，著有《耶稣教要略》《耶稣登山教众语录注释》《使徒保罗寄以弗所圣公会书》《使徒保罗寄加拉太圣公会书》《赞神乐章》《耶稣教消罪集福真言》《使徒保罗寄罗马圣会人》《使徒保罗寄希伯来人》《使徒保罗寄哥林多圣会前书注》等，均有设在江北岸的华花圣经书房出版。罗尔梯夫人于 1860 年在城北江滨（今永丰路原宁波十六中学址）开设了一所浸会女校，后改名为圣模女校。1887 年，罗尔梯染时疫死于宁波。

华美医院创始人

医学传教是基督教（新教）传教的重要途径，其目的在于通过治病感动百姓，逐步满足中国人缺乏医疗的需要，以最终实现基督教在中国的传播。1843 年 11 月，玛高温在宁波城区北门佑圣观所办的诊所（可称为华美医院的雏形），起初主要收治眼病患者，施行白内障切除术等眼科手术，疗效显著，受到病家欢迎和好评。在甬停留 3 个月后，玛高温离开宁波，至印度孟加拉结婚。

1845 年 4 月，玛高温在孟加拉完婚后回到宁波，并重新建院。此后一再扩建，而且还从国外得到一批捐赠，有医疗器械、书籍、图片、解剖模型等。1847 年，美浸礼会派医士白保罗夫妇来宁波协助施医传教，并在北门江边建起男病室，设病床 20 张。1848 年，医院共接受病人 4617 人次。玛高温在 1846—1848 年度报告中说，他从中国人那里学到一种可以戒除烟瘾的中药疗法，应用后果真有效。他还试图让中国医生也学习西医、使用西医。他曾在月湖书院内办班传医，对宁波的中国医师进行有关人体解剖和生理知识的特殊演讲，希望能激起他们对西方医药的兴趣和认识。这一题为"解剖学和治疗艺术的科学"的讲座，是中国大陆首先介绍解剖学知识的科学讲座之一。

当时的宁波，除眼科外，国人信任外科手术者并不多。当地人救治疾病时大部分人还是使用中医药。且当遇上霍乱、伤寒、麻疹等疾病流行时，教会医生通常也束手无策，只能给予诸如樟脑酒、芥子药膏和"补力药酒"之类的简单药方以作安慰。由于多方面原因，医院曾几度停办，在此期间玛高温就去巡回施诊。1844 年至 1851 年出版的《中国丛报》第 13—20 卷，多次刊登过玛高温有关其医院的报告节选，内容包括他向教会所作的关于医院每年治疗病人总人数、疾病类型、病因分析、病人的职群划分以及医院的关闭与重开等系列报告。

1859 年玛高温赴日本后，由白保罗主持该院。1880 年，得当地士绅赞助，添置女病室，增床 10 张，并定名为大美浸会医院，同时还施诊于奉化江口、溪口和定海沈家门。1889 年，白保罗因病逝世，由浸礼会传教医师兰雅谷（JamesS. Grant）医士任院长（其子兰安生 1890 年生于宁波，后任北京协和医学院公共卫生系主任多年，1962 年去世）。1915 年，新建病房与手术室，附设医院学校，并改名为华美医院，寓中美合作之意。1923 年，为扩大院址，医院购得土地一方，并组织委员会，在沪甬两地募集资金，共募银 9.99 万元，以所拆宁波老城墙条石、城砖兴建四层住院大楼和三层楼护士学校校舍各 1 幢。1925 年创立的宁波华美高级护士职业学校，曾培养了一大批优秀的医学卫生人才。1930 年，新院舍落成，北美浸礼会委托代表郝培德将医院财产交与中华基督教浙沪浸礼会，由医院董事会管理。华美医院医疗技术力量比较雄厚，设施先进，环境舒适，该院首任华人院长由深受兰雅谷博士赏识，该院自己培养的任莘耕医师担任。1934 年由丁立成继任院长。1951 年 10 月，由宁波市人民政府接办，改名为宁波市第二医院。该院历史悠久，是我国最早建立的西医医院之一，在中外人士的大力支持下，迅速发展成为宁波重要的医疗机构。

《中外新报》创办人

宁波地临东海，被划定为五口通商的沿海口岸之一后，英、法、美、德等国传教士、商人纷至沓来，他们在宁波除了传教、经商，同时办学校、开医院、出版报刊。《中外新报》正是在这种时代背景下出现的。1845 年 9 月 1 日，美国长老会所办的华花圣经书房（1860 年迁到上海后称为美华书馆）在甬城开设，至 1860 年，在宁波已出版的书籍确切可考者有 132 种，共出书 130 多万（1330686）册，总计印刷近 5200 万页（51755428）。其印刷数量，无论是册数还是页数，仅次于上海，远远高于广州、福州、厦门，使宁波成为当时外国教会印刷出版中文书刊的一个中心。美国传教士选择宁波创办发行《中外新报》显然与上述原因有关。玛高温当时在中国的活动比较活跃，对中国的考察比较广泛。有关文章曾刊登在《中国丛报》上，如中国平原地区的下沙现象，中国人认知时间的方法，等等。他还撰有《太平天国东北王内讧详记》一文，发表在 1857 年 5 月 9 日的《华北先驱周报》上。1854 年 5 月，玛高温在甬创办了《中外新报》（英文名 *Chineseand Foreign Gazettc*），这是宁波最早出版的一份近代报刊，也是鸦片战争后外国传教士在我国首批出版的中文报刊之一。宁波最早的中文报刊《中外新报》，与香港最早的中文报刊《遐迩贯珍》（1853—1856）相比仅晚九个月，比上海最早的中文报刊《六合丛谈》（1857—1858）要早两年又七个月。若论其出版期间，则远比这两家著名月刊为长。

《中外新报》是一份以报道国内、外新闻为主的时事性期刊，系不定期刊，每期 8 页。该刊在宁波出版后，面向全国，在当时颇有影响。《中外新报》自称"以圣经之要旨为宗旨"，"广见闻、寓劝戒"，并宣称"序事必求实际，持论务期公平"。内容包括新闻、宗教、科学、文学等方面。外国人在华从事办报活动，目的在于宣扬西方文明，借以进行意识形态渗透。而在客观上，近代中文报刊《中外新报》的出版，揭开了近代浙江新闻事业发展史的第一页。《中外新报》所刊新闻多以新闻发生的地点为题，如宁波、余姚、上海、南京、香港、天津、厦门、广东、安南、暹罗、日本、新加坡、天竺等，曾对太平天国作了大量的报道。亚洲以外的国际新闻，则笼统地加以"外国新闻"为题，或以欧罗巴、亚美利加、亚非利加等为题。这些新闻大都是转载或转摘。其中也有不少新闻以"探得"两字打头，行文用第一人称。可见当时已有一些新闻访事者。从刊登的一些社会新闻来看，新闻的触角已深入市井闾巷。《中外新报》刊登过《鄞县公案》《科场作弊案》《（鄞县）东乡案始末》等，向我们生动地展示了当时宁波社会的一个侧面。还载有《民数》《夫妇说》《亚美利加土人》《造纸法》《硝皮说》《金刚石》等文章。

《中外新报》是一份地方性综合报纸，它立足宁波，放眼全国，兼及世界，在中国新闻史上有着一定的地位。这份在宁波出版的《中外新报》，于1858年传入日本。该刊被译成日文后，改称《官版中外新报》，在日本约发行4年时间，共翻刻13册。这份近代宁波最早的中文杂志，在国内已经失存。日本出的翻刻本，虽经删节，但多少保存了一些原貌，亦是宁波"海上丝绸之路"中日间文化交流的一个例证。在宁波近代报刊发展史册上，《中外新报》占有重要的一页。

玛高温在甬期间，译有物理学书籍《博物通书》，还编撰了《日食图说》和《航海金针》。1851年出版的《博物通书》是最早向中国介绍西方电磁学知识和电报知识的书籍之一。共40页，有插图45幅，主要部分为《电气通标》译本，另附中西日历。介绍了摩擦起电和物体的导电性；摩擦起电机、象限静电计、伏打电池以及它们的制作方法；静磁现象、电流的磁效应和电磁铁；电报机及通信电缆的利用。《日食图说》在1852年出版，内容系测算1852年12月11日在北京、上海、宁波、福州、厦门、广州、香港等所见日食情况。《航海金针》于1853年出版，玛高温在序言中指出："他们（中国人）实在亟需科学上的训练，而这些科学实为我们西方国家富强之根源。如果没有科学，要想开发这个帝国的潜能，那是不可能的。当然，我们为他们翻译科学著作，不仅在促进其物质的利益，也应该借以传播基督教的真理。"该书共35页，着重介绍海上台风知识，内有大幅插图，指示台风在中国海上流向。主要目的是为中国沿海船民懂得海上行船的科学知识，少受台风之害。上述三本书均由宁波华花圣经书房印行，现今日本长崎大学图书馆等藏有玛高温著作的抄本训点本。

科技名著翻译家

1862年，玛高温回到美国，在南北战争时曾任从军医师。1867年，他再次来到中国，在上海悬壶应诊。1868 年加入上海江南机器制造总局翻译馆，边行医、边译书。他与我国著名科学家华蘅芳合作，用玛高温口译、华蘅芳笔述的办法，经过艰苦的努力，终于把《金石识别》（12 卷）、《地学浅释》（38 卷）这两部有助于"民生利用""富国强兵"的书译成刊印发行，率先介绍了近代矿物学、地质学和晶体学知识。华蘅芳是自学成材的数学家，还懂得不少其他方面的科技知识，但未学过地质学，而玛高温的汉语也不高明。因此翻译这两部地质学著作，对他们来说都是很困难的。特别是华蘅芳，由于玛高温还要开业看病，他需要到玛高温的住所去听他口述，记下来再回去整理。为了译好这两部地质学名著，他们可说是废寝忘食，付出了艰辛的劳动。

华蘅芳和玛高温于 1869 年合译出《金石识别》，翻译蓝本是美国耶鲁大学教授、矿物学权威代那（J. D. Dana，1813—1895）为大专学生写的矿物学教材《矿物学手册》。原著为简明矿物学教科书及采矿冶金工程师参考书，在 1848—1859 年间就出版了 12 版，发行了数万册，其影响十分巨大。《金石识别》全书 12 卷：卷 1 论金石结成之形，介绍结晶学的知识；卷 2 论金石形色性情，介绍矿物的物理性质，其中包括确定矿物硬度的摩尔硬度计；卷 3 至卷 10 为矿物各论，分八类介绍各种矿石的形状、颜色、性质、用途等；卷 11 论金石化学，介绍矿物的化学成分等；卷 12 金石分类之法，实际上主要介绍以吹管分析鉴定矿物的方法。

《金石识别》是中国最具史料价值的一部矿物学译著，它第一次将近代矿物学和晶体物理学知识系统介绍到中国，且为当时兴办矿业所必需，故 1871 年由江南机器制造总局出版后深受欢迎。在 1872 年、1883 年、1896 年、1899 年和 1901 年多次再版。晚清徐维则和顾燮光辑《增版东西学书录》时称"所译金石家诸书，以此为最有用"。不久华蘅芳和玛高温再次合作，以科学地质学的奠基人、英国地质学家赖尔（C. Lyell）的划时代巨著《地质学纲要》的部分内容改编，译成《地学浅释》，于 1871 年初版，首次向中国介绍了赖尔的地质进化均变说和达尔文的生物进化论。这两部科学名著都是世界知名、传诵已久的基础读物，其中文版问世，对我国近代地质学、矿物学起了启蒙作用，标志着地质学作为一门科学，在中国已确立了它的地位。

《金石识别》和《地学浅释》在江南机器制造总局用木刻版印行后，1896 年又被收入《西学富强丛书》用石印出版，对中国知识界颇有影响。梁启超在读了《地学浅释》后，称赞它精备完善，《金石识别》也被他评为极有用之书。《地学浅释》在清代曾作为铁路、矿山等路矿学堂以及其他学校的地质学教材，流行了二三十年。1898—1902 年间，鲁迅先生在南京陆师学堂附设的矿务学堂上学时，学校还在用它们作为教材。《地学浅释》一书通过地质层中的古生物化石较详细介绍了生物进化论，鲁迅先生读书时，特地把《地学浅释》全书抄写了一遍，还把书中 71 幅插图一一描摹下来。华蘅芳和玛高温还合编过《金石中西名目表》，又称《金石表》《矿学表》，由上海益智书会于 1883 年初版。这部中国现存最早的矿物学英汉词典共收录矿物学名词 1850 余个。此外玛高温曾在《格致汇编》等科技刊物上发表过《有益之树易地迁栽》等文。

首开会馆史研究

行会是为了保护本行业利益而互相帮助、限制内外竞争、规定业务范围、保证经营稳定、解决业主困难而成立的一种组织，其形式中外皆有。中国的行会究竟始于何时，尚无定论。其中有一种观点认为迟至 8 世纪末，唐代已有行会组织的雏形存在，这最初就是玛高温在其所著《中国的行会》一文中提出来的："会馆早在唐代就为人们所知了。"

19 世纪 80 年代初，玛高温被赫德聘为温州海关帮办兼医务官时，就着手对行会这一商人和手工业者带有社会性和互助性能的组织进行实地考察，他用敏锐和比较的眼光，直接观察中国工商业行会组织在社会经济生活中的活动和作用。认为不管是商人还是工匠们，只要他们联合起来就有巨大的影响力。这种巨大的影响力足以对社会的稳定造成威胁，也完全可以在官府的参与下使当地的经济平稳有序。玛高温 1883 年撰写的论文《中国的行会及其行规》（原文载《中国评论》），首开会馆史的研究。这篇文章除简短的前言外，主要是辑录了有关行会的行规。书中详细记录了一个城市行会的行规。虽然在行规中没有说明制定或修改行规需要多大比例的行会成员通过，但在每条行规的开头都有"一致议定"的字样。他 1886 年发表的《中国的行会》（原文载上海出版的《亚洲文会杂志》）一文，分为商人行会和工会两个部分，是西文著作中有关中国行会历史问题的著名文献。第一部分里的商人，包括了传统意义上的行商坐贾和新兴的银行家们。商人行会的建立以地缘为基础，业缘为纽带，在官吏的参与影响下成立，并进行运转。第二部分介绍的工会是指按照职业划分的工匠的联合会。玛高温通过实地考察，在《中国的行会》一文中，不仅简略介绍了宁波、温州两地工商行会的基本情况，还涉及有关行会的起源、行会内部的管理、功能与作用、行会与政府的关系，行会与外商的关系，这些在行会研究领域具有开拓性作用。玛高温在文章结尾时写道："在本文上述对于中国商业和工业生活的考察中，最值得注意的显著特征是他们的联合能力，这是一个文明开化的人的主要特点之一。对于他们来讲，组织和联合行动是极易做到的……"

玛高温的文章中还提及为防止火灾造成的损失，有的行会有救火车，并要求其行会成员帮助救火；有的行会规定定期利用灭火机进行灭火演习；有的茶商主动出资去投保火险。书中有关防止火灾的记载，有助于我们了解当时商人是如何防范和规避风险，这既可用于研究保险业的发展状况，也可用于考察商人的联合机制，颇有史料价值。玛高温的这二篇文章首开中国会馆史研究，迄今仍有一定的参考和借鉴价值，均已收入彭泽益主编的《中国工商行会史料集》（中华书局 1995 年版）中。

玛高温在温州任海关帮办兼医务官多年，1893 年在上海病逝。玛高温在中国生活了 40 多年，积极介绍西方近代科技知识，开辟中国会馆史研究，且为宁波新闻出版和医疗卫生事业做过不少开创性的工作，这是值得称道的。

主要参考文献：

1. 陈定尊：《鄞县宗教志》，团结出版社 1993 年版，第 13—14 页、226—242 页。

2. 邹振环：《晚清西方地理学在中国》，上海古籍出版社 2000 年版，第 85—89 页。

3. 黎难秋：《中国口译史》，青岛出版社 2002 年版，第 216—218 页。

4. 方汉奇：《东瀛访报记（上）》，载《新闻研究资料》1989 年第 46 辑，第 63—65 页。

5. 叶农：《新教传教士与西医术的引进初探——〈中国丛报〉资料析》，载《广东史志》2002 年第 3 期。

6. 王扬宗：《晚清科学译著杂考》，载《中国科技史料》1994 年第 4 期，第 32—34 页。

7. 彭泽益主编：《中国工商行会史料集》（上），中华书局 1995 年版，第 2—25 页。

8. 赵晓阳：《步济时及其〈北京的行会〉研究——美国早期汉学的转型》，载（台北）《汉学研究通讯》2004 年第 1 期，第 19—23 页。

——选自《宁波市委党校学报》2010 年第 2 期

麦嘉缔在宁波

龚缨晏

麦嘉缔，中文名字又叫培端，1820 年 1 月出生在美国的费城。他先后在纽约、费城等地学医，获医学博士学位后，曾在美国宾夕法尼亚州行医。1843 年，他受美国长老会的派遣，从纽约出发来华，第二年到达香港。1844 年 6 月 20 日，麦嘉缔作为中国医务传道会的成员，从香港到达宁波，成为第一个来到宁波的美国长老会传教士。……麦嘉缔长期在宁波行医，但对于详细情况至今不太清楚。现在一般认为，1846 年，美国长老会医生麦嘉缔得宁波英国领事馆之助，在领事馆附近赁房数间，施医传教，具体的地点是在姚江北岸的槐树路，医院名称为"惠爱医局"。

在宁波，麦嘉缔在行医之余，还撰写了许多著作。据伟烈亚力说，他中文著作有 34 部。……在麦嘉缔的著作中，最多的还是宣传基督教的小册子，就像他自己所说的那样："吾侪来中华传教久矣。有设堂宣讲真道，有印书解明圣教。"①在这些著作中，他用非常简单易懂的语言，介绍了基督教的基本教义。例如，他在《真理易知》的一开头就这样写道："前数年，予构屋数间，屋前留隙地一所，以栽花卉，为娱目之计，遂令人搬运泥土，以成园圃。其土有自田间来者，有自江干来者。及春，田间运来之土生草，谛视之，即前年田中之苗也。唯江干运来之土，毫无所生。予因悟万物之生皆有种。若无种，虽有雨以润之，日以暄之，总不能生物。故今年之谷，本昔年之种；昔年之秧，又系前年之种。递推而上，始初之种，从何而来？更思禽兽错处于地，虽赖天空之气以养之，亦必有雌雄牝牡，方可繁衍于地。递推而上，厥初之禽兽，又从何而来？至若世人之生，本于父母，父母以上又有父母，推至元始之父母，是谁所生？夫天地既不能自生，又不能无种，而生兹草木、禽兽与人，是必有生之者。而生之者，果谁乎？"他这一番推论的目的，就是要得出如下结论："太初之时，上帝始造天地，继及万物与人。"②

即使是基督教中十分深奥的内容，麦嘉缔也竭力用通俗的文字来进行解释，以使普通中国人能够明白。例如，对于"三位一体"，他是这样讲解的："圣父即所称天父者是。圣子，或曰上帝子，即吾主耶稣，基督救世主者是也。圣神，即感化人山者是也。分言之虽有三，而其实惟一上帝。"③不过，这样的解释，可能中国人还是很难明白的。

19世纪，佛教已是中国社会中普遍接受的宗教信仰了，而在浙东，佛教之风尤盛。所以新来的基督教为了争取信徒，必须对佛教进行批判和攻击。在麦嘉缔的著作中也有这样的内容。他写道："世人不知真道，如盲人骑瞎马，东走西驰。故欲求得救者，只道念经拜佛，便可解脱罪孽。"④

麦嘉缔还把佛教与基督教进行了对比，以说明基督教之优越："耶稣教无论教士、教友，其嫁娶听其自便，并无僧尼之例。盖五伦乃天父所设，僧尼无君臣父子夫妇兄弟朋友之道，是实违逆天命，不得谓之从教者。"⑤这段话中的"五伦"，是古代中国传统文化中所固有的概念，麦嘉缔借此来抨击佛教，抬高基督教。

除了撰写宣传小册子外，麦嘉缔曾翻译了基督教的一些经文。至今，我们还可读到他所翻译的《赞美诗》，共有三十多首，其中有些与现代译文颇为相似。试以《救主降生诗》为例，麦嘉缔的译文如下：

> 昔有牧者夜守羊群，坐地阒然寂静；忽上主使从天降临，顿时现大光明。
> 上主使者曰尔勿惧，勿凛尔各人心；我今报尔大喜福音，可佑尔万世人。
> 在犹太省之伯利恒，从大辟后裔生；赎救者耶稣已出世，乃从天上降临。
> 我今赐予尔一记号，致尔可知其婴；尔等可往视其襁褓，放在马槽分明。
> 天使言毕未归天上，忽现无数天军；赞美至上之真活神，赞美乃如此云。
> 永远荣光归于真神，地下平安靡尽；世间之人可受恩和，全赖救主福音。⑥

对于宁波来说，麦嘉缔还做过一件很有意义的事情，那就是收养并资助宁波女子金雅妹（中文又作"金韵梅"，英文作 YouMe－king，或 Yamei Kin）去美国留学。

①培端：《圣教例言》，第1页。

②培端：《真理易知》，第1页。该书据63年福州版的文字与此略有不同。

③培端：《耶稣教要旨》，第7页。

④培端：《真理易知》，第4页。

⑤培端：《圣教例言》，第1页。

⑥《赞美诗》，麦嘉缔译，第2—3页。这首赞美诗，即中国基督教圣诗委员会1983年所编的《牧人闻信歌》（第70首）。为了便于对照，我们将现代译文的第一段抄录如下："牧人夜间环坐草场，看守所牧羊群，忽然天使从天下降，周围灿烂奇光。牧人一见，不觉心惊，天使便说：'勿惊，我来报告快乐佳音，关系世界万民。按古预言，大卫王城，今日救主降生，耶稣基督为主圣名，即此便是明证。至尊天婴，下降世间，凡人都能亲见，身裹白布，异常卑贱，喂马槽中睡眠。'天使语毕，忽有光明，显现一群天军，赞美上主，欢乐歌声，声声飘逸幽清。'荣光全归天主真神，平安普赐世人。'自此以后，上主慈恩永远眷顾生民。"

——选自龚缨晏《浙江早期基督教史》，第147—150页，

浙江人民出版社2010年版。

附录　金雅妹——不愧为中国第一个女留学生

侯杰　谢晓晨

金雅妹不仅是近代中国第一位女留学生，而且被同时代的《纽约时报》称为"一位典型的中国进步女性""当世最古老帝国中的新女性""当今世界最杰出的女性之一"。

金雅妹（1864—1934），1864年出生于浙江宁波，父亲是当地基督教会的牧师。在她两三岁的时候，父母双双死于一场瘟疫。之后，来自美国的长老会传教士麦嘉缔医生夫妇收养了她，金雅妹便跟随养父母辗转到了日本生活，后来又到了美国，开始传奇人生。

1881年，17岁的金雅妹考入纽约女子医科大学。1885年，她以第一名的成绩在该校毕业，获得医学学士学位。接着，她又在美国继续了三年研究生的学习，并在这期间到很多地方的医院实习、工作，积累了比较丰富的实际经验。可贵的是，她不仅注重实践，而且注重理论积累和技术提升，对显微镜的医学运用很有研究。1887年，她相继在《医学杂志》等权威刊物上发表了《显微镜照相机能的研究》《论照相显微术对有机体组织的作用》等论文。在完成三年研究生学习之后，她成为了一名医生。由于金雅妹无论是理论或实践方面都比较出色，所以美国多家医院向她抛出了橄榄枝，但都被

她一一谢绝了。用她的话说，她一直坚信自己的事业是在中国。

季羡林先生曾经说过："对于中国的近代化来说，留学生可以比作报春鸟，比作普罗米修斯，他们的功绩是永存的。"而金雅妹就是这早早飞回祖国的一只"报春鸟"。

1888 年，在中国已举目无亲的金雅妹回到祖国，开始是在福建厦门从事医务工作，后来也曾在成都、上海等地为病人提供医疗服务，其间还曾到过日本和美国的夏威夷等地行医。由于健康原因，她一度在美国居住。1894年，30 岁的金雅妹与一位名叫达·西瓦尔的西班牙籍的葡萄牙音乐家、语言学家结婚，之后生有一子。但是两人的感情生活只维持了 10 年，便于1904 年离异，孩子则不幸死于第一次世界大战。

金雅妹在美国期间与社会各界有广泛交往，经常应邀出席各种集会，或发表演讲。金雅妹的演讲具有很强的吸引力，同样具有吸引力的还有她的着装。金雅妹不穿西服，而是喜欢着中式服装。她总爱在发髻上别一朵鲜花，比如大丽花、菊花，等等。在不同的场合，金雅妹所佩戴的鲜花都与她所穿着的衣服搭配得非常协调。因为许多鲜花具有一定的季节性，换而言之有些鲜花在某些季节很多，在其他季节非常稀有，所以人们猜测，她是根据能够采摘到的鲜花来选择着装的。

金雅妹在接受《纽约时报》记者采访时曾说："在中国，我们受到这样的教导，即任何一件事如果可以以十分艺术的方式去完成的话，就要尽力那样去做，而这就是为什么我要尝试这样打扮的原因。"她的话让一些美国人不禁开始反思他们所习惯的西方式的生活缺乏了一些艺术感。

金雅妹一生钟爱东方的艺术，虽然她在美国生活了很久，也游历过欧洲，但却并不崇拜西方的艺术。在她晚年的时候还向人坦言：欧洲艺术"缺少灵感、细腻和爱，欧洲艺术家不能够全神贯注在自然美中融化自己，他们要用自己的作品控制和强奸大自然"。

1905 年，金雅妹再次回到祖国行医，之后来到天津，受聘为北洋女医院（也称作女医局）的首任院长。1907 年，她又应直隶总督兼北洋大臣袁世凯的邀请，主持兴办医科学校即北洋女医学堂（北洋女医院附属医学堂，又称长芦女医学堂），为培养初级女医护人员出力。

金雅妹对于天津的医疗卫生事业贡献良多，涉足的领域很广，比如筹办红十字会、管理育婴所，等等。然而，最为人们所称道的是她将很多精力都放在了女医学堂的兴办和发展上。在她看来，在中国培养护士是一项迫不及待的工作。金雅妹觉得，中国人很需要具有和西方世界的人们一样的知识，而其中最重要的部分就是和医学以及公共卫生相关的内容。中国婴儿的死亡率很高，一般来说达到50%，到北洋女医院去的很多母亲都曾经失去过自己心爱的孩子。这些孩子的夭折大多都是由于基本的医疗卫生知识的缺乏，而女医学堂就是要培养护士去传授这些知识和技能，从而减少婴孩的死亡。其次，她也希望通过大批的护士去引导国人养成健康的生活方式。此外，金雅妹也注意到，中国的女性对男医生心存厌恶，有一种抵触情绪。这是因为中国女性大多受传统礼教束缚，观念保守，恪守"男女授受不亲"的信条，不想与男医生有任何身体的接触，而女护士基本上可以避免和解决这个问题。金雅妹还深知教育的重要性，所以在接受纽约记者采访时特别强调："只有教育可以将中国人从那些错误概念的束缚中解放出来，通过我们的护士、我们这些与公共机构有关联的人（事实上我们正在那里努力），希望可以带去最有用的信息。"

金雅妹为北洋女医学堂的健康成长付出很多心血。该学堂学制两年，分产科、看护两科，讲授内容为通用药理、卫生、种痘等。金雅妹亲自为学生授课，教材选用外国编写者，培养方法、护理操作规程甚至护士服装都仿效西方，力求规范正规。但以当时中国的实际情况和客观条件而言，要想开设一些和西方同样的课程是有一定的困难的。有些在西方医学院很容易开设的课程，在中国还是禁区。故而北洋女医学堂就不能够提供完整的医学课程，因为这需要学习解剖，可解剖不仅得不到中国当局的允许，而且遇到传统的偏见阻碍。一些到过中国的欧洲或美国医生试图进行解剖，但事实证明民众并不予以支持，甚至不再信任他们的医术了。她对外国记者解释道："几乎所有女孩都只是培训为外科医生助手和护士，我们并没进行解剖。因为对中国人而言，人死后要留全尸，用刀切割尸体的想法，即使为了有用的目的都是令人反感的。"不过对于未来她是充满希望的，因此断言："我确信……（解剖）这项工作将会进行，到时候我们可以帮助中国从黑暗的困境中走出来。"

尽管受到种种局限，北洋女医学堂还是艰难地开启了天津医疗护理教育之先河，金雅妹也成为那个时期最负盛名的女大夫。

1916年袁世凯去世后，海关停付女医院和医学堂经费，由津门士绅严范孙等人组成董事会接办女医院及附属医学堂，同时接受社会赞助，使二者得以维持。同年，金雅妹辞去女医院院长与女医学堂堂长职务。金雅妹辞职离津后定居北京，继续献身于医疗工作，致力于培养医护人才并积极参与慈善事业。

捷克著名的汉学家雅罗斯拉夫·普实克（1906—1980）于 1932 年来中国游历考察，在北平结识了金雅妹。金雅妹收留了这个年轻人，而他也见证了她生命最后一两年中的光景。普实克在他的《中国——我的姐妹》一书中多次提到了待他"像妈妈"的金雅妹，并尊称她为"老太太"。

晚年的金雅妹爱好美食，她家的晚餐"久负盛名"，尤其是菊花汤，更是令人赞不绝口。"这种汤是她当着客人的面用小木炭炉子煮的。"跟随着金雅妹，普实克品尝到了许多中国美食，像味道醇正的鸡、香气四溢的涮羊肉、举世无双的北京烤鸭、炖得烂熟的老汁羊肉，等等。金雅妹买各式各样好吃的东西和食材回家，炮制出各式美食。她甚至从天津买来咸虾、咸鱼，用糖色、葡萄和杏仁干炖，再配上"颜色鲜红"的绍兴米酒，让普实克不禁感赞此酒"比我们欧洲的蜜酒好喝"。

金雅妹还特别喜欢戏剧，她常常请北京街头的流浪艺人到家里演戏。不过这位从小受外国教育的老太太对于唱词过多的戏听不太明白，所以比较喜欢听道白多一点的剧目。有贵客到访时，她还会请人来演皮影戏。

金雅妹早年就患有肺炎，1934 年她因病情恶化在协和医院逝世，享年70 岁。临终之际，她将一生积蓄全部捐给了中国的教育事业。她生前曾经表达过这样的心愿，就是希望死后被葬在海淀的农场里。她说："（在那里）我的骨灰会与土壤混合，待到他们在我坟头拍成的那堆泥土瓦解，我将成为土壤，肥沃的土壤。"如她所愿，她最后被安葬在了那片土地上，"那里很安静，在那片令人愉快的，周围有小小树丛的洼地里可以睡得很甜美，从树顶望去还可以看到西山的轮廓"。

北京协和医院一位英籍医生在悼念金雅妹的文章中是这样评价她的："她是一位经历了如此之多的痛苦和不幸的女性，孤身一人却从不因此挫伤锐气或表现出无奈。这个世界对她过去似乎太无情，更为重要的是，她竟因而为这个国家的孩子和工人的利益做了很多工作，直到生命的尽头。"在充满不幸与纷扰的世界中，金雅妹演绎出精彩人生，也赢得人们的尊敬和爱戴。

——选自《人民政协报》2010 年 12 月 30 日

爱尔德赛与中国首家女学

爱尔德赛（Mary Ann Aldersey，1797—1868），译名也为艾迪绥，首位独立来华的英国新教女传教士。她于 1844 年来到宁波，办学传教，建立了中国第一所西式女子学校，开设圣经、中文、宁波土白罗马字拼音、英文、算术、地理、唱歌等教学科目以及刺绣、纺纱、织布、制带等技能训练。《中国教育大辞典》称之为"中国最早的女学"。她在宁波定居住 15 年，终生未嫁，身许宁波，曾说："我到这里并处身于中国人之中的这一天，也是我结婚的日子，长久以来我已许配给一个深深吸引我的民族。"学生们都视她为母亲。

一

清道光二十四年，爱尔德赛女士由英来甬传道，创设女塾，招生就学，不独开甬上女子教育先声，亦为全中国第一女校也。女士为西历 1834 年（即清道光十四年）英国伦敦改组东方妇女教育促进会委员之一，道光十七年至南洋爪哇岛马都拉为华侨办女塾；二十四年，乃偕华侨中一女弟子来甬，即为之助教。时风气未开，甬人颇疑虑，裹足莫前。女士不以此灰心，卒得学生数人，豁免其学费，供给其饮食，且津贴其家属。以是渐得社会信任。翌年乃有学生十五人，后增至数十人。二十七年，美国北长老会柯夫人（Mrs. Cole）亦来甬设立女校。咸丰七年。柯夫人返国，校归长老会接办，于是二校乃合并，规模初具。……

——选自《鄞县通志·政教志》

二

外国人社区里最著名的人物是艾迪绥（爱尔德赛）小姐，她是一位和任何传教团体都没有关联的英国传教士。她天生丽质，颇富家财，却逃避了

女校上课的场景，画面左方怀抱婴儿之人即爱尔德赛（1847）

婚姻，这并不是由于缺乏追求者，因为据说她至少拒绝过一次求婚。她很早就被传教工作所吸引，但一直在家里照料上了年纪的父亲，直到他去世。之后，她在爪哇待了几年，最终在第一次鸦片战争结束时来到了中国。尽管她离开故乡时已不再年轻，但她还是学会了阅读中文。至于会话方面，如果不是面对陌生人的话，她的话是能够被自己的学生听懂的。

她不惜代价在城市中心租赁了一座大宅子，开办了一所女校。尽管在这个历史时期，这一设施显得有点为时过早，难以收到良好效果，但那依然是一所具有典范意义的学校。应她的邀请，我在这所学校主持了三年宗教事宜，因而得以对这位杰出女性的充沛精力留下了深刻印象，尽管她体质纤弱且时常患病。她给中国人——无论是基督徒还是异教徒——都留下了极为深刻的印象。后者坚信由于英格兰是女王统治，因此艾迪绥小姐被派往宁波来管理这儿的外侨社区。他们说英国领事总是遵从她的命令。……

盛夏时，她不愿离开学校到海边去避暑，经常爬上九层高的宝塔顶层，坐在那里，呼吸着海边吹来的清风，度过漫长的午后时光。这时她总是由几个学生陪伴着，这样就可以不耽误工作。她用时间非常吝啬，就餐的时候也会让学生读书给她听。她最喜欢的学生是单阿凤（Sanavong），一个20岁的寡妇，她结婚前曾经在女校读书。她的皮肤没有姐妹们那么黑，有一丝淡淡的哀愁驻留在她俏丽的面庞上，诉说着内心深处的忧郁。不过，唉！在中国的专制家庭制度下，这些悲苦并不少见。她的父母完全没有征求她的意见就把她嫁了出去。她几乎还没成年就和一个自己从未见过的男子结了婚。婚后不久，这个年轻男子就去世了，她留了下来，像佣人和奴隶那样服侍公婆。他们申饬她，认为她给家里带来了霉运。其实这是一个算命先生的错，他对照了男女的生辰八字后，预言这对夫妇将会幸福。但她的公婆想到他们的儿子成为这一错误的牺牲品，对待她仍旧非常苛刻。他们决定逼她改嫁，这样一来，就可以免受她带来的厄运，并补偿此前付给她父母的彩礼钱。但在中国的婚姻市场上，寡妇是一件打折货比其他地方更甚。那些以彩礼形式给她的数目，或者更直接地说，价格，不能让他们满意。如果不以体面的婚姻形式，他们可以把她卖出更多的钱。他们正要这么做的时候，这件事传到了艾迪绥小姐的耳中，为了挽救这可怜的女孩，她决定成为她的买主。虽然这违背了英国法律的字面规定，但正是为了体现它的精神。最后单阿凤和一位在农村传教的本地牧师结了婚。我旅行中有一次在她的住所下榻，对她作为一名基督徒主妇彬彬有礼的款待留了深刻印象。

许多这样的家庭都称艾迪绥小姐是受主眷顾的，而我可以衷心地说，在我所认识的众多献身于中国传教事业的女性当中，没有一个名字能比艾迪绥更为高贵。下面是单阿凤在艾迪绥小姐停办学校时，用她所能运用的简单英语致其恩人的一封信，它说出了双方的心声：

我最亲爱的艾迪绥小姐：

我请求您收下我的小礼物，这只是为了表明我记着您对我的恩德。我希望您能够用它，这样就表示您喜欢它。这是个中式口袋，我觉得您可能会喜欢。

愿上帝保佑您长寿，让您看到千百万罪人来瞻仰上帝的羔羊，它把世界上的罪孽带走了，而您仍然健在。

当我听说您就要离开我们这儿时，我觉得好难过！您对我就像我的母亲呀！我自己的母亲还没有您一半好，我只是一个年轻无助的寡妇和没有母亲爱护的孩子，被丢弃在这个辽阔而自私的世上。但我很快记起约翰福音第十四节 18 行的一句话，这是在我十三岁的时候您叫我记住的，那时我就要离开学校了（她当时即将出嫁）。您对我说："单阿凤，你不会孤独的，主与你同在。"

我最亲爱的教母，为我祈祷吧，这样我就可以在这个痛苦，充满罪恶的世界上成为对上帝有用的、忠实的、智慧的、谦恭的仆人。当我们不在这个世上的时候，我们将会跟我们受到福佑的主一起在天堂里安息，永不分离。

热爱您的

（签名）单阿凤

——选自［美］丁韪良《花甲忆记》，第 203—205 页，学林出版社 2019 年版。

我在宁波的日子

[美] 丁韪良[①]

学习汉语

就像其他的沿海城市一样，宁波并不在海边，而是在离海岸 12 英里的内陆，即甬江两股支流的汇集处。一个更小的城镇则以中国的方式坐落在甬江的河口。宁波这个名字，并不像人们通常所说的那样指"宁静的波浪"，而是指"使波浪宁静下来的城市"，因为这地方原本是一个遏制海盗的要塞。

通向城里的道路使人印象深刻。在河口处有一个多岩石的岛屿挡住了去路，小岛的顶部是一个筑有防御工事的寺庙，四周还设有炮台。在小岛北面连绵起伏，雉堞清晰可见的是镇海（意为"镇守海疆"）的城墙，这是隶属于宁波府的一个城镇。在小岛的另一面是一排丘陵，山上是郁郁葱葱的冷杉，它们构成了一片肥沃平原的屏障。平原上无数河道纵横交错，既可用于灌溉农田，又可用于交通运输。就像中世纪欧洲的城市一样，中国所有的城市都有城墙。这暗示着一种弱肉强食的社会状态。从政治上来说，中国的城市可分为三种类型，即行省的省会、郡或府，以及城镇——最后一类又分三等：州、亭、县。不过一种更简便的分类方法是按城墙划分为泥墙、砖墙和石墙。宁波属于最后一种：它的城墙有 20—30 英尺高，周长六英里，用巨大的花岗岩石块筑成，因时间久远而呈灰色，墙上爬满了攀缘类植物，但维

---

① 丁韪良（William Bradford Reed，1827—1916），美国基督教长老会传教士。1846 年毕业于印第安纳州大学，入新奥尔巴尼长老会神学院研究神学，1850 年被派来中国，在宁波传教长达 10 年。后去北京传教，并参与政治活动和教育事业，曾任北京同文馆总教习和北京大学前身京师大学堂总教习，清政府先后授予三品、二品官衔。他是清末在华外国人中首屈一指的"中国通"，著作等身，著有《花甲忆记》《北京之围》《中国人对抗世界》《中国人之觉醒》等书，并首次正式、全面地将国际法著作《万国公法》和外交制度专著《星轺指掌》介绍到中国。

护良好，看上去庄严肃穆，与作为背景的山峦浑然一体：城墙顶部开阔，足以驾驶一辆马车，虽然它从未被用于这一目的。那儿就连行人都很少，只有乞丐、士兵和传教士。后来在身体需要的情况下，我曾经雇了一匹清兵的马，在城墙上来回驰骋——因为宁波街道狭窄，不像北方城市的街道那么宽阔，没法在那儿骑马锻炼。

在宁波我们受到了克陛存教士的接待，但几天后他被调往上海，去参加《圣经》的翻译，只留下我们在困境中拼命挣扎。不错，我们有他的房子赖以安身，还有他的仆人们来伺候，但我们却无法用语言来表达自己的需求。我们学会的第一句宁波话是"zaban"（"柴爿"）。厨子拿来一根棍子，让我们明白他想要买一些柴火来烧饭。第二句宁波话是"fanping"（"番饼"），那厨子用手指捏成一个圈来表示钱，然后指着柴火棍子，两者间的关联就一目了然了。我们请到了一位连一句英语都不懂的汉语老师，而我们打开他学问宝库的钥匙就是一句"keh-z-soh-goi-sze"（"这是啥个意思"），这句话是一个传教士朋友教给我们的。汉语课是从实物开始的，老师先说什么关于"wongki"（"黄狗"）的话，见我们听不懂，他就牵来一只小狗，说道"这就是"，然后便爆发出一阵大笑，因为他想居然有人会愚蠢到连"wongki"都不知道。有时模仿足以代替解释，例如当他来回奔跑，时而喘气，时而鸣叫时，我们就明白"holungtsaw"（"火轮车"）是指火车。因为这位老师不能承受整天以这种方式授课，我雇用了一位辅助人员帮助我在下午和晚上继续我的学习。几天以后，迷雾开始消散，而我们随后的学习进展从一个使人厌倦的任务变成了令人兴奋的消遣。我妻子是我学汉语的伙伴，开始一直走在我的前头，直到后来受到家务事的妨碍。不过，她还是成功地学会了当地的方言，并且抽空运用这种语言说服几位本地妇女皈依了基督教。

中国人的口语可分为无数的方言：北部和西部的方言形成同一个基于官话的方言群体；而东南部方言之间的区别就像欧洲东南部的语言差异那么大。正如法语和西班牙语是在早先的凯尔特语和汪达尔语影响下所形成的，中国东南部的方言也可追溯到被文明程度更高的中国人所同化的土著部落。这种推测是基于一个在观相术上有显著差异的事实，例如福州人高耸的额骨与宁波人椭圆形脸庞之间的区别。用一两个字就足以说明这些方言之间的差异程度。"人"在北京话中的发音为"jin"；在山东话中是"yin"；上海话念"nieng"；宁波话说"ning"；福州话为"long"；而广东话则是"yan"。"潮"在北京话中的发音是"ch'ao"；上海话为"dzaw"；宁波话说

"dziao"；而汕头话是"tie"。有些方言声调柔和，有些听来尖锐，宁波话则更为悦耳。方言之间的差异是如此之大，以致有老话说："宁愿听苏州人骂街，也不愿听萧山人唱歌。"

在所有的方言中都有一个全音阶的声调，北方方言中只有三至四个声调，在东南地区的方言中则囊括了全音域的八个声调，而在宁波周围的华中地区，只有一两个声调是值得注意的。按照威妥玛[②]的看法，北京话中的三种声调可以用下列三个句子的语调来加以说明："James is dead."（"詹姆斯已经死了。"）；"Is he dead?"（"他死了吗?"）以及对这个问题的回答，"He is dead."（"他死了。"）。还有"ground-nut"（"落花生"，重音在第一个音节）和"ground nut"（"磨坊的场地"，两个音节都有重音）这两个词组，它们之间的发音不同也有助于理解汉语发音中一个必须受过教育才能觉察到的细微差异。这种细微差异对于理解的重要性可以用一位在福州居住过的英国朋友的经历来加以说明。在学了一两个月汉语之后，有一天早晨他要厨子去买18个"yangmi"（"杨梅"），即一种类似梅子的水果。让他大吃一惊的是厨子回来时气喘吁吁地挑着一担羊尾巴——这种既大又肥的羊尾巴被视为珍馐佳肴，一面还向主人表示歉意，因为他在街上跑了大半天也只找到了12个羊尾巴。这些"羊尾"与作为水果的"杨梅"在宁波话中发音相同，只是声调有差别。

为了进一步说明问题，我还可以谈谈下面这件事：在北京时，有一天我按老习惯派一位随从从同文馆到总理衙门去，打听那天有哪些大臣在衙门里。他过了几分钟回来后，用了三个音节，或是用一个音节的三种声调禀报说："Hew2，Hew3，Hew4"（"徐、许、续"）仅此而已，别无其他，因为总理衙门的九位大臣中，那天刚好只有这三位在衙门。我没法揣测老天爷为什么安排了这么件事，除非是特意为了给我提供一个例子。宁波话只有口语，无法写成汉字；而汉字是一种表意文字，语音的音值很不确定，所以我们不得不尽力而为，用无所不包的罗马字母来加以表达。

由于没有任何课本或词汇表来指引我的学习——宁波的传教使团还没有出版过任何此类读物——我只好创建了一套自己的拼音系统。我以德语的——或者更确切地说欧洲大陆语言中的元音作为基础，做了一些修正，很快就编出了一套音标，使我能够复制出老师嘴里说出来的话。我突然想到，应该教他以同样的方式把他的话写下来。这轻而易举就实现了，因为我们新聘请的那位叫路的老师接受能力很强。一两天后，他就能写下单独的词组，一星期以后，我就从他那儿收到了一张书写工整的便条，请我们到他家去共进"tiffin"（"午餐"）。这种拼音系统的清晰性和简便性使我喜出望外，所以我就在早餐桌上高调展示了这套拼音系统。一个已经在传教使团工作了七年，并且被人们称作"预言家"的传教医师，用冷嘲热讽来打击我的积极性。宣称假如他教会一个本地人做这样的事，他"绝不会认为自己做了件'haoze'（'好事'）"，即有价值的事。接着我向安立甘会的哥伯播义、陆赐和岳斐迪等人展示了我的拼音系统，接连拜访他们，并解释我想用这套拼音系统来教本地的中国人写罗马字母。他们对此表示了最热情的赞赏，完全认同一位本地人已经学会写拼音的事实，并且由此预见到推广这种拼音方法的重大意义。就在1851年1月这个令人难忘的一天结束之前，我们组成了一个学社，其宗旨就是为了确定一个用以把"宁波口语"写下来的拼音系统。其他的传教士也陆续加入这一运动中来，最后，就连那位曾经对我冷嘲热讽的医师，也以热情和富有成效的合作弥补了他先前的冷淡。

下一步就是筹备并刊印书籍。请人用角质材料刻了一副罗马字母活字后，我教会了一位年轻人用它们在识字课本的每一页上盖印。这种识字课本是以中国称之为"雕版印刷"的方式印制的，虽然字迹粗糙，但应被视为是新学问的萌芽，因为它虽然当时仅限于在宁波地区的传教使团内部使用，但也发挥了很大的作用。

当地的中国人看到自己的孩子只学了几天就能够阅读，都感到十分惊讶，因为他们学汉语往常要经过数年的悬梁苦读。70岁的老婆婆和不识字的仆人和劳工在皈依基督教时都发现这种拼音的方法能使自己张开眼睛，用生来俱会的母语阅读上帝的圣经。这种新方法的优点是如此明显，以致我有时想象它也会在不信教的中国人之间传播。尽管到目前为止，这个期望还没有变成现实，但类似的试验在厦门和上海也已成功进行。

这套拼音系统应该在官话上试验一下，因为中国近一半的地方都说官话，不过，官话已经有了汉字记载，因此没有寻求另外一种载体的迫切性。假如试验结果令人满意的话——几乎可以肯定会这样——谁知道哪位开明的君主是否会给予大力支持，使得用罗马字母写成的汉语成为公共教育的媒介呢？实际上，蒙古的忽必烈汗据说已经做过类似的尝试；但这样的一个事业若要成功，单凭皇权是不够的。

宁波话虽然既动听，又容易学，但它毕竟局限于一个方圆50英里的地区内，约一二百万的人群中，这之中有30万人住在城里或郊区。在宁波南面，它经由与其同源的吴方言，渐渐与多音调的闽语相混合。在北面和西面，它则与官话语族中刺耳的送气音融为一体。

在应用我们新的拼音文字时，要把每一个音节分为声母和韵母，如把"ning"拼为"n-ing"；"hang"拼为"h-ang"；"long"拼为"l-ong"；等等。韵母在所有的情况下都是元音，如"ba"中的"a"。因此，新的拼音字母表包含了一系列声母和韵母，总数不到50个。掌握了这些音素之后，将其进行组合就像拼写只有两个字母的单词那么简单。这种巧妙的简化方案是由哥伯播义和陆赐这两位先生提出来的；他们也是借鉴了汉语字典中一种粗略的注音法，而后者是中国人从印度的佛教徒那里学来的。康熙皇帝在其回忆录里还自豪地提到了他介绍这种注音方法的功劳。下面这两行儿歌是由麦嘉缔医生撰写，并且用罗马字母刊印的（每个音节都编了号，以帮助比较）：

> "Laeng-lakeh-pansiao-siaonying,
>
> 　1　　2　　　3　　　4　　　5
>
> Ngoiaotchng-lawoihsing."
>
> 　123　　　4567
>
> "来，俫拉格班小小人，
>
> 　123　　　45
>
> 我要得傣话一声。"
>
> 　123　　　4567

用宁波话刊印的最有用的一本书，是由蓝显理编纂的一部圣歌集。我也为这部书写了两三首赞美诗，它们至今仍在被传唱；但该书中的大部分赞美诗是由我哥哥孟丁元撰写的，他特别擅长于押韵。学说宁波话，或是学说任何一种汉语方言，与阅读汉字书写的文言文相比，都是一件轻而易举的事。正如麦都思博士所说，汉字诉诸眼睛，而不是耳朵，它不该被称作language，而是occulage，每个汉字都是由一个不同的字符来表示的，而常用字就有五六千个。这些字符与其发音之间的关联具有很大的任意性和不明确性，以致任何分类法都会显得不全面。于是学习汉字便成了一种死记硬背。汉字起初就像古埃及文一样，是象形文字；但很快就进入了一个表音的阶段，尽管它后来停留在了一个字形发展受到抑止的状态，并没有一个字母表。

我不得不从学习方言着手，以便自己能跟别人交流，以及逐步探索汉语中更高一层的奥秘，我将把这个表意文字系统称作"书写语"。学习汉语六个月之后，我第一次试着用汉语来布道。蓝亨利先生建议我用祈祷作为布道文的开场白；我并不反对这么做，但我回答说，我恐怕很难用这么蹩脚的汉语来请求上帝使任何人皈依基督教。又过了六个月，我已经有了相当大的词汇量，可以自由地跟别人交流，在学汉语满一年半以后，我撰写了第一首，可能也是我最好的一首赞美诗，开头一行是："To dzing to dzing Tien-Vu Tsing-jing"（"多请多请，天父情人"）。

反对用拼音字母将口语写下来这种新方法的一个理由，就是它往往会转移传教士们对古书研究的注意力。对于别人，它也许会产生这种影响，但对于我却完全没有。在我来华的三个月之内，即当我刚刚可以理解汉语老师的讲课时，我就开始用功地研究起书写语来。从宗教小册子和当地故事书入手，我开始研读经典，并在五年内读完了作为中国文学基础的九部主要著作。若非事务繁忙，受精力分散的影响，我本来可以在更短的时间里做到这一点。

在这一时期，我开始用书写语或经典语言来进行写作，并且用中文完成了《天道溯源》（一部有关基督教证据的论著），这本书在中国和日本流传甚广，并多次再版。我相信，在文人学士中，有许多人就是因为读了这本书才皈依基督教的。"De soli gloria!"（"荣耀归于上帝！"）。

……

在上面提到的九部经典作品中，有五部（《尚书》《易经》《诗经》《春秋》《周礼》——编者注）写于孔子出生之前的时代，即公元前 6 世纪之前。另外四部（《论语》《大学》《中庸》《孟子》——编者注）是孔子及其弟子的语录和教诲。很难指责中国的基督教徒们将这两套书与《旧约》中的摩西前五书和《新约》中的四福音书对应起来，因为两者间确实存在着类似的传承关系。但与《圣经》相比，这些汉语典籍中的宗教因素微乎其微，像是依稀可见的北极光，而非赋予生命的太阳光。它们在"上帝"和"天"的名义下，承认有一种超自然的力量，它在冥冥之中控制着人的命运，并给予人们赏赐和惩罚；但是书中却没有提到对至尊上帝的顶礼膜拜。结果就是上帝逐渐被人们所遗忘，而神的位置也被偶像所取代。然而这些古书中的道德教诲是如此的质朴纯正，除了希伯来人之外，世界上没有一个民族曾经从古人那儿继承过这么珍贵的遗产。在印度教的圣书中尚有一些不堪入目的段落，但在中国的典籍中，你却找不到任何有失礼节的东西。

……

就是在这样坚实的基础上，中国人民经过 23 个世纪的漫长历程，终于树立起来了一座壮丽的文学丰碑。它的几个组成部分分别是：

1. 浩如烟海的历史文献，它们所记录的无数史实构成了一笔空前绝后的精神财富。印度没有任何东西可与之相比拟。

2. 目光敏锐、勇于思辨的哲学家，尽管他们的推理方法缺乏科学性。

3. 创作出几乎所有抒情诗歌体裁的诗人，其中有不少可以跟古希腊、罗马的诗人相媲美。

4. 发展出现代小说体裁的小说家，他们要比西方的同行早了整整一千年。

这么一座反映人类最伟大民族之一生活的文学丰碑，难道将来不会在我们的知识殿堂中占据一席之地吗？

……

有一天，一个中国佬冲着我这样说："Assay! Spose wanchee tail pidgin?"这可是一种我从未学过的话。他会是什么意思呢？是不是他有鸽子要卖？就像我们数牛时总是用几头，中国人数鱼的时候总是说几尾——是不是他们数鸽子也用"尾"呢？通过追问，我才弄明白他是想知道我是否需要一个裁缝："I say! Suppose you want tailor business done, here I am."（"喂！如果你有裁缝活可以找我来干。"）他说的是"洋泾浜英语"，即一种在开放口岸经常被用于取代汉语的通用语。它起源于广州人无师自通学英语的实践——在那些由本地人编的自学英语的小册子里，单词的注音是不准确的，句法则根本就没有。下面这段对话可以帮助读者对于洋泾浜英语形成一个直观的印象。假如有人要去中国，他准会在吃了苦头之后发现，原来洋泾浜英语，就像任何其他语言一样，也需要花时间和精力才能说得正确，更别提要说得优雅了。

……

英国和海外圣经学会已经用牙买加的黑人英语出版了一部《圣经》；他们是否也会考虑为中国人出版洋泾浜英语版《圣经》的可行性呢？

下面是朗费罗的诗歌《细刨花》，它可用以说明如何用洋泾浜英语来改写赞美诗：

That nightee time begin chop-chop.

One young man walkee; no can stop.

Maskee de snow; maskee de ice!

He carry flag wid chop so nice—

Topside galow.

(夜幕迅速降临，

壮士大步流星

哪怕雪深冰滑，

举旗奋勇前进

气冲云霄。)

宁波场景

在宁波城护城河的对岸，有一排漂亮的平一长老会传教团的住处和学校。这地方近水而通风，住在这儿被认为比住在城里更有益于健康；然而当面临要为自己和家人找住房的问题时，我却决定住在城里。我希望能跟当地居民更靠近些。安立甘会的传教使团也在城里；他们能够忍受的东西，我们也可以。同事们都规劝我不要这么做，并且拒绝为我在城里造房子；但我和妻子不愿意改变初衷，于是便同意住在跟我们新教堂相连接的一座小房子里。那座房子原来是准备给一个负责教义问答的中国传道士住的。在那儿我度过了一生中最富有成果的六年；并逐渐开始了解当地的居民，这是远远地住在城外所做不到的。

长老会在宁波的教堂是得到纽约的伦诺克斯兄妹的共同捐助而建成的。它的奠基仪式就在我刚到宁波时举行。而且我跟传教使团的其他人一起还轮流充当教堂围墙上的看守人，以防本地的承建商偷工减料，用木头、稻草和庄稼茬根代替青砖作为建教堂的材料。这座建筑是由克陛存教士设计的，有一个富丽堂皇，带有科林斯圆柱的门廊。这教堂激起了当地居民强烈的好奇心；以至于一位有事业心的艺术家把教堂雕刻在一块木板上供人观赏，并给它起名为"新钟楼"。许多人随即慕名而来，当教堂快要建成时，他们就被允许自由进入教堂观赏内部装饰，以防止或减轻人们的怀疑。

某个星期天的凌晨，一大帮吵吵嚷嚷的人来到了我们的门口，要求进入教堂。这一次他们来的动机要比好奇心更严重。走在人群前面的是一位痛哭流涕的母亲，当我问她有何贵干时，她回答说，她的小儿子"前一天把魂灵丢在了教堂里，所以她想进到里面来，把那魂灵找回去"。那小孩曾经在教堂里玩过，但一回到家就开始发高烧（也许是因为受到太阳的暴晒），后来又陷入了谵妄状态。说胡话即被当地人视为丢了魂，而丢魂的原因被归咎于仰望教堂的穹隆，或是孩子从爬上去的某个高处向下俯视。那可怜的女人坚信丢失的魂灵就像一只受惊的鸟儿，仍在教堂内盘旋，他们拿着一捆这个小孩的衣服走进教堂，就开始做祷告，祈求那"迷失的灵魂"（"animula vagula"）落在那堆衣服上，并回到它原来的栖息之处。做完这些祷告，人们便起身告辞，确信他们已经捉住了迷失的灵魂。

宁波人对待我们的态度很友好，因为就像他们所说的，宁波居民曾经在"鸦片战争时期受到了英国人的善待"。在一次发生在河口的战争之后，宁波城落入了英军手中，当地居民感到非常惊讶，因为他们没有受到劫掠，而是得到了保护。在战争发生之前，他们曾经惊恐万状，因为他们既害怕"红毛蛮夷"，又同样恐惧那些清兵。他们现在总是不厌其烦地说那位前香港的传教士郭实腊医生是如何受命接管宁波府衙的，以及他如何事无巨细地主持公道。即使英军士兵只是偷了一只鸡，他也会命令士兵把鸡还给失主，或给予赔偿。这种友善态度不仅使我们在街上散步时感到安全和愉快，也为我们打开了许多中国家庭的大门。

一位殷实的士绅邀请我们去他家传道。他信奉儒教，但并不像儒教中大多数人那样容忍偶像崇拜。他说，听闻我们正在开展讨伐偶像的运动，所以希望我们劝他家的女人们不要再信佛并停止去寺庙烧香。地方当局经常贴出官方告示，禁止女人们去寺庙参拜菩萨，而且还有一位皇帝写书规劝女人们不要烧香拜菩萨。但无论是威胁还是劝告，似乎都毫无收效。我们的这次传道也没有显得更行之有效。

我们的房子总是对来访者开放的，有时，来自五个不同行省的陌生人会齐集在我们的客厅里。我们住宅的周围还有衙门和官员的住宅，许多官员都来进行礼节性的拜访；而他们的夫人们也跟我的妻子互相来往。我很快就发现，当地的方言对于这一社交圈子显得有点不太适合，所以我就开始学说官话，它不仅是宫廷和官场上使用的语言，而且也是不同地区间人民相互交流的通用媒介。学习官话并不困难，因为宁波话跟它十分接近——实际上，它们的关系是如此密切，以致宁波人不用花功夫去学，就能勉强说几句官话。我的官话老师后来成为一个基督徒，并且为把福音书带到华北起了很大的作用。

教我们说宁波话的路介臣老师也从我们这儿接受了基督教，并且成了一位传道士。他贤惠漂亮的妻子最先跟他一起成为基督的信徒，后来他的妹妹也这么做了。最后是他母亲，这位过去曾经强烈反对他改变信仰的虔诚佛教徒，也入了基督教。当儿子刚开始请求她的同意时，她还说："等我死了，然后你要是愿意，就可以烧掉我这把老骨头；但只要我活着，你就决不能跟洋教沾边。"路介臣老师既不强健，也不勇敢，但他非常真诚；上帝这一次又给了他恩惠，使他能摆脱孝道的束缚，后者在中国经常阻碍信徒对上帝的虔诚。有许多后来成为基督徒的人都对传教士说："请让我先埋葬了父亲的尸骨再说。"我很高兴能告诉大家，儿子的祈祷终于占了上风，这位老太太后来对耶稣基督的热心正如从前对菩萨一样。

大约同一时期皈依基督教的还有秦某和谢某，前者是我雇来印刷汉语拼音文字的工人，后者是他的朋友。他俩对基督教都很虔诚，尽量以自己的能力过一种圣洁的生活，并且通过参加宗教仪式的实践来积攒德行。

谢先生的情况值得多说几句。最初从朋友处得知基督教的概念后，他就来我这儿盘根究底，但其心态跟大多数所谓的质询者都不相同。他争强好胜，能言善辩，但从本质来说，却是通情达理和愿意服理的人。就像尼科迪默斯那样，他单独一人乘夜幕降临之时前来，随身带着一张写有他疑问和问题的纸。有一天晚上，他带来的不是问题，而是一封写给他哥哥的信，后者在清军大营担任一个很有油水的官职。他在信中这样写道："近三个多月以来，我一直在审视耶稣的宗教。我已经对传教士盘诘了许多难以回答的问题，但是他对所有的问题都做了令我满意的答复。我知道这个宗教是真的，并下决心要做一个基督徒。"他哥哥没有对此做出强烈的反对，但他未婚妻的家庭在没有归还聘礼的情况下就毁了婚约，这可是对他坚定信念的一个严重考验，尤其是如他所说，"听说新娘子长得很漂亮"。更严重的是，他的老板（当时他是瓷器店的伙计）也威胁要辞掉他。然而最令他震惊的还是他母亲口口声声要打死他。他勇敢地承受了这三种不同形式的诱惑，舍弃了新娘，辞去了工作，并且忍受了一顿毒打，最终仍未放弃基督。在他接受洗礼的那天早上，他母亲用威胁和乞求都不能使他回心转意，于是便赶来求我看在她作为母亲的份上，不要给她儿子做洗礼。我没有对她的请求做出让步，而是成功地平息了她的怒气。我派这位勇敢的忏悔者去负责学校的工作，他在教书的同时，还认真地研读基督教神学著作。他后来成为并且至今仍然是一大批本地传教士中的佼佼者，拥有高度的"仁慈、坚忍和精明"，这三种品质被杨格非教士誉为传教士成功的三要素。

这些年轻的信徒在被接纳到并非我担任牧师的教堂之前，还要经过一个考试，而他们的答卷由于涉及"三位一体论"中基督人格化奥秘，而差点给他们的指导者带来麻烦。他们的回答因被认为带有撒伯里乌主义的论调而遭到反对。对于阅卷人来说，信徒的这种说法被归咎于无知，而我却被指责为犯了错误。上海传教使团的两位成员在听说了我的左道邪说后，分别给我写来了规劝信。其中有一封是我的朋友克陛存写来的，信中的语调节制而理性，使得我们能够在互相交换了许多信件之后，也没有穷尽这个话题，或是伤了我们之间的和气。

我家住在城里的好处之一，就是我能够在我们的城市教堂中主持晚祷会。一个有200个座位的小礼拜堂里经常座无虚席，其中大多数人是工匠和手艺人。他们在干了一天活以后，就来听我讲述基督那些引人入胜的寓言。当他们起身离去时，我不止一次地听到他们相互之间说："这个故事真是比戏文还好听。"在大礼拜堂，也就是我们所说的新教堂，我的听众更为经过精选。他们大部分都是受过教育的文人，其中有些是老师和其他传教使团的本地传道士们。由于感到需要有一本为基督教教义辩护或提供证据的论著，我就决心自己动手写一部，即在第三章里提到过的《天道溯源》。我一边在心里考虑该书的主题和提纲，一边把它们作为晚上讲道的话题——不仅是表达我的观点，而且是跟听众一起来进行讨论。每天早上我就将前一天晚上已经加热和锻造过的话题内容整理成形。我没有遵循任何权威，没有从教科书里翻译过任何内容，而且在我的讲演中也很少提及那些教科书。由于内容和形式都从情境中来，所以最终得到的是一部鲜活的，适合于中国人趣味和需求的书。

......

宁波城中心有一座规模宏大的寺庙废墟，在它破败的大殿里，昔日的辉煌已经荡然无存，只剩下两排庞大的泥塑，每边各有九个，这就是十八罗汉，如来佛被神化了的弟子，有一天，我发现那些罗汉的眼珠都不翼而飞，只剩下凹陷的眼窝。"他们的眼睛到哪儿去了？"我转向身后聚集着的人群，问道。

"它们是用珠宝做的，所以有贼把它们偷走了。"有人回答。

"这些难道就是你们寻求保护的神灵吗——既然是神，为何连自己的眼珠都保护不了？"

听到这犀利的讥刺，他们都哄然大笑起来，于是我便告诉他们是上帝创造了我们的耳朵和眼睛，并且赋予我们以悟性——以及我们可以寻觅并发现上帝。

再没比偶像崇拜的荒诞无稽更容易引起中国人开怀大笑，但同时，也没有什么能比说服他们放弃这些偶像更困难的了。据我所知，有的传教士专门靠揭露偶像崇拜的荒唐可笑来博得听众的笑声，但是我想他们要是能够揭露令人悲哀的那个方面，也许能给听众留下更深的印象。柯珀不是曾经说

过吗:

> 变着法子逗乐令人怜悯,
> 解救灵魂者才值得尊敬。

我的一次旅行是去奉化,这是离宁波约有 50 英里的一个山区,那儿好斗而粗鲁的山民据说对洋人深怀敌意,以致我的汉语老师路先生也不敢陪我去,因为他估计我会遇上麻烦,沿着甬江的南部支流溯流而上,我发现在进入山区之处江水太浅了,所以不得不把船换成了竹筏,因为毛竹的每一节中间都是空心的,所以浮力很大,那儿所有的交通运输和旅行都是借助这种轻便的筏子来完成的,可能是由于陆路的状态太差。如果有大量便宜的毛竹,在美国的一些小河里使用这些吃水仅两三英寸的竹筏也会很有益处。用拉纤或撑篙的方式逆流而上时速度很缓慢,但顺流而下时,人们便可坐享其成,任凭湍急的河流推着筏子一泻千里,但也得时刻提防潜在的危险。

在奉化郊外一座建成已有八百年的木结构古庙里安顿下来后,我便进城去找一个能够讲道的地方。我一边向人们打听此事,一边把小册子散发给他们。"来吧,"他们说,"我们带你去贡院,你可以在那儿给我们讲道。""难道你们的官员不会反对吗?"我不想蒙受被赶出来的羞辱,便谨慎地问道。"不会的,"他们回答,"是我们建造了这个贡院,所以我们有权利使用它。"

占据了那个有四五百个座位的军营式建筑后,我花了两三天时间,将福音传递给那些源源不断涌来的人群,一会儿对他们重复一些固定的说教,一会儿又对他们进行个别的指导,或是驳斥反对者的吹毛求疵。

场景与事件

乞讨是对中国最大的危害之一:佛教鼓励乞讨,每一个和尚都得经过一个化缘乞讨的阶段。在每个城市里,乞丐们结成了一种帮会,每个成员都听从一个丐帮帮主的指挥调遣,通过向帮主交纳规定的贡物,就可以买到向路人强求索要的特权。我妻子曾经好几次试图帮助年轻的乞丐走上正路,介绍他们从事体面的职业。有许多人逃走了,因为他们宁愿过那种不受约束的乞讨生活,但其中也有两个成了诚实的手艺人。有一天,我看见一个面目清秀的小孩在街上乞讨,我就叫他跟我回家。他一溜小跑地跟在我后面,想讨得几个铜钱,但他的前景其实远比这更好,因为我在考虑送他上学或是教他学一门手艺，可惜他并不知道，但回转身一看，那小鬼已逃得无影无踪。可见信仰和耐心对得救是怎么的重要。

习俗使得叫花子们能够对路人纠缠不休，直到他们得到至少一个铜钱，相当于十分之一美分，有时候人们可以看到乞丐们采用堵住店门、敲钟、吹喇叭，或是展示不堪入目的脓疮等手段，强迫别人满足他们的要求。有的传教士不赞同这样的施舍方法，于是拒绝在街上给他们钱。我每次都给钱，尽管并非出于最高尚的动机，而是因为，第一，我得打发走那个叫花子；第二，避免因拒绝施舍而使自己的心肠变硬；第三，为了做给别人看——我违背基督的训诫，目的是为了不让别人以为我无情，从而损害基督教事业：有一次，一个穿着讲究，跟一帮家伙站在路口拐角处的年轻人，想用向我大声乞讨的方式来逗大家开心，我头都没回就扔给他一个铜钱，结果惹得他们一阵捧腹大笑。

......

在宁波，我开始研究吸食鸦片所带来的后果，只要我仍待在中国，就不可能放弃这项研究。我得出的结论是，抽鸦片对于中国人来说，是一个不折不扣的诅咒。我并不确定抽鸦片是否比西方人的酗酒更糟，但这两种恶习所造成后果的对比是非常鲜明的。酒精使人变得狂躁不安，而鸦片则使人变得安静和冷淡；酒鬼喝多了酒就会犯罪，而鸦片鬼在没鸦片抽的情况下才会犯罪。酗酒是一种社会罪孽，醉酒则是一种公害；抽鸦片至多是个人在家里放纵的罪孽，就连在鸦片馆里也只是烟味有点呛鼻，对眼睛、耳朵没有太大的刺激。酒精会使人满脸通红，鸦片则使人面如死灰。烈酒会使人肿胀和肥胖，鸦片却使人极度消瘦。在大多数情况下，醉鬼可以依靠意志力来戒酒；但是抽鸦片的习惯是一种疾病，如想彻底戒掉，毫无例外地全都需要药物的帮助。使一个人堕落成为酒精的奴隶，需要多年的时间；而鸦片则只需几个星期或几个月就足以使人上瘾。鸦片不能用来取代烟叶，后者被中国所有的社会等级都当作是一种几乎无害的消遣，鸦片鬼也少不了抽烟；也不能代替喝酒，后者始终会被消费，即便是偶尔抽鸦片，也会使人不适合从事大多数行业。清军曾一度打发走了上千个鸦片鬼，因为无法胜任行军打仗。长此以往，这种毒而诱人的鸦片会削弱人的力气，麻痹人的头脑，当然也会缩短人的寿命，虽然买鸦片的费用合计起来数目惊人，但与吸鸦片后必然会随之而来的寿命和精力的丧失简直无法同日而语。

应当指出，上面这些笼统的说法，大部分都是有例外的，我见过有的人抽鸦片才几个星期就进了坟墓；我也认识别的人抽鸦片之后还活了30年，但并非身心没有受到损害。我的一个仆人就属于这后一类，他50多岁才来我家当仆人，平时既勤快又忠诚，但后来却因为长期抽鸦片不治身亡，因为他的胃已经被鸦片所染黑，再也不能消化食物和药品。顺天府府丞成林曾告诉我，他抽鸦片是为了抑制丧子的悲痛，但此后不久他便死于流感，而倘若不是他抽鸦片的话，这种病本来是可以用鸦片治愈的。

我见过许多聪明伶俐的学生毁于吸食鸦片。在抽鸦片上瘾的早期阶段，往往很难觉察到它的害处；但这种害处最终将会显露出来。我有一个学生曾被派往法国去担任公使的译员，但他为了解除来自家庭的烦恼而染上了鸦片瘾，最终死于吸毒，临死之前，他称烟枪为他唯一的安慰 "Mon plaisir unique"（法语："我唯一的快乐"）。另一个学生在被派往俄国时，因吸食鸦片而骨瘦如柴，脸色蜡黄，然而几年后他回国时身体却长胖了，浑身充满了活力。他对我解释说，这个变化源于戒掉了鸦片瘾，他说："我不得不放弃，因为那儿根本就没有鸦片。"烟枪最初被视为快乐的源泉，或是激发情欲的手段；到了后期，它便成了解除痛苦的工具。

我花了很大功夫收集的几十个病例，都说明抽鸦片这一习惯的有害倾向。英国议会中一个委员会最近发布的一个报告则认为，这种药物在印度的使用具有正面效果。假如他们对中国做专门的，而不是附带性的调查，他们报告的结论就会完全不同。中国人对于鸦片的看法可以由一个中文小册子里的三幅图得到清晰的传达，它们分别表现了一个鸦片鬼的过去、现在和未来。在第三张图上还有一段简短的题文："鸦片之为毒甚巨。吃旱烟则一手多空，吃水烟则两手皆忙。至吃鸦片而全身皆囚也，废时失业，败坏身家，而昏迷不醒。"

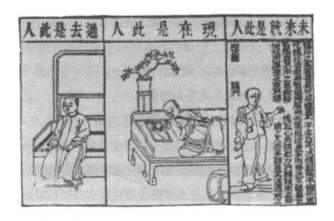

传教士们目睹鸦片给人民带来的巨大危害，全部谴责它。中国官员们近来也时不时做一些努力，以挽救一部分人不再受日益泛滥的鸦片之害。左宗棠将军下令禁止在中国西北地区种植罂粟，并销毁了现有的罂粟，山西的沈巡抚也下达了同样的禁令。这些和许多类似的努力都是为了防止鸦片这种毒品成为一种人人都能得到的本地产品，但这些措施对于那些可以购买进口奢侈品的高官和富人并无参考价值。假如清朝的官员们能够精诚合作，协同一致，那么即便在鸦片进口合法化以后，他们仍然可以抑制这种恶习；但他们从未采取过任何联合行动来保护公众的利益。现在再要禁鸦片为时已晚，中国国内的鸦片产量已经达到进口量的五倍或十倍，而外国的鸦片贸易正在萎缩和衰退。发人深省的是日本严格禁止鸦片在国内的使用，因为它眼前有中国这么一个活生生的教训。伊藤博文子爵告诉李鸿章，日本准备在台湾彻底铲除鸦片，这是笼罩在中国未来上空最浓重的一块乌云。《北华捷报》在1895年5月31日的一篇论述进步的社论编者按中指出："中国方面的昏昏欲睡是消费毒品所带来的一种病态的感觉。"

丁尼生在写下面这些诗行时，难道在心里想的不是中国吗？

一个所有事物都一成不变的国度；

船的龙骨周围尽是苍白的面孔……那温和而忧郁的贪图安逸者来了。

假如一个国家的大多数统治者都像下面所描写的那样，在心里暗暗哭泣，那么这块国土又怎么能够改变呢？

别管我们。向罪孽开战难道就会给我们带来乐趣？永不休止地去攀登那陡起的波浪，难道就会带来安宁？

究竟有多少中国人受到了鸦片的危害，这根本就说不清楚，因为每一个地区的情况都不尽相同——有些地方的人将鸦片排斥在某些场所之外；而在另一些地方，尤其是在鸦片的产地，每个人的脸上都挂着那惨白的印记，就连妇女也不例外，有一些本地的宗教团体竭力反对这种罪孽，但鸦片就像洪水一般在不断地上涨，要阻止它增长的最美好愿望——虽然我们怕这种愿望难以实现——就在于基督教影响的不断扩大。随着基督教的传播，一种更为健康的道德情绪将被唤醒，它的影响力将远远超出教堂的范围。

假如有任何人想知道清朝官员是否将鸦片视为一种无害的药品，以及他们是否应对英国表示感激，就请他读一下恭亲王及其同僚于1869年写给英国公使的一封信的选段。当时鸦片作为上税的进口商品已经有十年的时间，这封信的目的是为了劝说英国停止将鸦片输入中国，而中方也提议禁止本地的鸦片生产。一旦鸦片的供应被堵住了源头，它所带来的罪孽就会因缺乏营养而寿终正寝。这样做，会使得中国单单在外国鸦片的税收上就令每年损失1700000英镑；人们在试图阻止中国日益增长的鸦片危害方面确实做到了不遗余力。

"鸦片是致命的毒品，"这份官方文件说，"它对人类极其有害，是破坏两国感情的最严重挑衅，我们认为阁下对此都了如指掌。"清朝的官员和百姓都说英国输入鸦片是因为它想叫中国灭亡，因为他们说，假如英国的友谊是真诚的，而且英国完全有选择生产和输入任何其他产品的自由，那么它为什么要坚持在全中国传播这种害人的毒品呢？

"还有人主张，采取积极禁烟的手段来制止鸦片贸易。可尽管那些罪犯得到的惩罚是咎由自取，但旁人还是会说，是外国商人引诱他们身败名裂，这样的做法将会激起公众对于洋人的憎恨。另有一些人建议，作为一种暂行的办法，取消对种植罂粟的禁令。这样我们不仅可以剥夺外国商人的利润主要来源，而且我们也可以增加岁入。我们很难说，作为最后的对策，这样的事是否会发生。但我们非常不愿意解除这样的禁令，因为一个正确的治国方略应该体念上天的仁慈，并且试图除去任何危害人民的罪孽。只顾增加岁入，任凭人民遭殃——这样的做法将会导致上天的惩罚和人民的谴责。"

由于得不到英国的合作，他们被迫批准国内的鸦片生产。然而，人们担心这个方案并非只是"暂行的"。

传教问题

对中国政府，这意味着，我们怎么能把传教士活动产生的种种不便最小化；对一部分官员和民众，这意味着，我们怎么能把他们全部赶走；对基督教列强的代表，这意味着，政策与职责在多大程度上要求我们予以干涉，以保护传教士及其皈依者；对传教士及其支持者，这意味着，以我们所能支配的手段，如何取得最大的效果。

中国现代传教的历史，始于博学的耶稣会士利玛窦及其同事。他们于1582年时冒险航行，终于抵达中国。种种困难貌似不可战胜，但在他们的学识、圆通与传教热情面前一一化解，此后一个世纪，基督教深深植根于帝国的土壤中。伟大的康熙皇帝甚至有望会接受新信仰。但他们的成功招致了反对。多明我会作为一种不安定因素到来后，与耶稣会发生冲突，降低了后者的声望。罗马教皇谴责中国圣人崇拜的上帝，禁止祭祀作为中国社会秩序基础的祖先，结果疏远了亲王和民众们。1724 年，传教士被赶走，皈依者遭到流放。散布在广大内地的基督徒小社区得以保存，只是由于清朝官员对禁令的施行不够协调一致，现在仍然这样在中国，正如在罗马帝国一样。一个省份在疯狂迫害基督徒，另一个省份的基督徒却安然无恙——又四分之一个世纪过去了，最高当权者并没有取消禁令的倾向，反而时断时续地执行禁令。鸦片战争结束时，仍有许多忠实的基督教徒在流放之中。

在此期间，少数传教士成功地隐身在基督教村庄里，他们冒着生命危险到那里，以安慰和鼓励受迫害的兄弟。1844 年中法条约签字后，流放者被召回，禁令被撤销。并不是清政府有义务这么做，而是在法国公使的请求下颁发特殊诏令所给予的恩惠。在英国公使的请求，该诏令被解释为新教同样享有豁免权。启动宗教自由新时代的荣誉，归于法国、英国的大炮摧毁了贸易障碍，但 1842 年签订条约时只想到贸易。的确，要求绝对的宗教自由当时也许并不策略，但他们在胜利时为什么没有想到勇敢的传教士及其忠实的信徒呢？晃动一个手指头就足以去掉他们头上的达摩克利斯之剑，为不光彩的战争增添些许光彩。

这是解放过程的第一阶段，传教士因此享有不小的特权，尽管这些特权只是不受条约规定的恩惠。新教徒在五个通商口岸立稳了脚跟，从那里他们可以前往内陆进行长途旅行，虽然名义上限制在方圆 20 英里以内，而天主教徒在所有的省份则一无窒碍。"亚罗号"战争开启了下一个阶段，即条约规定保证完全免于各种限制：传教的潮流汹涌而至中国；而负责 1858 年谈判的人要么同情传教事业，要么见解宏阔，认识到任何由皇帝和清朝官员任性而为的解决办法不会令人满意。这真是崇高而宏伟的景象——全球诸列强消弭信仰差别，共同举起盾牌，保护基督之教。中国发现，不拒绝他们的要求对自己有利，基督教传教团的特权得到重大拓展。要再一次感谢法国，尽管得到的方式可以说比一般外交程式更加模棱两可，中法条约的两种文本之间存在歧义，中文文本有一项条款，保证罗马天主教传教士在内地购买土地和建造房屋的权利，而法文文本没有。我不知道是谁首先使中国官方注意到这一歧义，但在二十五六年之前，总理衙门请我译出该条款以资比较时，我以为总理衙门意在不承认篡改文字确立的特权，因为歧义之处原则上以法文文本为准。但迄今为止，他们没有这么做，原因很明显，篡改的文字是中文，他们没有理由抱怨被骗了；他们也没有表现出要拒绝新教徒享有天主教徒的权利两个教派的传教士都被允许建立永久居留场所，只要地方上不反对这么做。的确，美国或英国传教士在内地请求确认一项购买时，地方长官有时反对说条约中并无此类规定，但那是官员的无知或偏执，并非条约权利的权威解释。只要上诉北京，总理衙门总是承认"最惠国待遇"条款的效力。那一宝贵的小条款，是开启运河水闸的杠杆，使得水从高地流入我们干枯的盆地。我们理应享有英国人或法国人享有的所有待遇，因为我们的条约签字比他们早了几天，如果有人遗憾如此重要的特权完全是派生的（一些传教士希望我们的条约就此做出修改），让他想想扬子江的航行，在北京建立使馆，以及一半通商口岸的享用权，也都是派生的。没有外交官会认为把这些列入新条约是明智的，因为那样的话，我们必须做出让步，进行补偿，而现在我们则是无偿得到的。地方上的反对常常妨碍这些权利的行使，这多半源于清朝官员。法国公使柏尔德密先生（M. Berthemy）1865 年签了条约，规定购买房产完结前不必面官，他认为这下抓住了要害。衙门同意了他的意见，规定了传教士以那条篡改条款为基础行使权利的方式，由此条款的有效性不会再成为问题。由于某种原因，那一条约沉睡了 30 年；现任法国公使施阿兰先生（M. Gerard）刚刚成功地使其恢复了生命力，美国公使无疑会帮助他维持其效力。田贝上校在发给我们驻上海总领事的快信中，解释了美国传教士对条约的运用，称："购买房产之前必须得到地方政府的同意，废除这一规定适当与否，当然没有问题。"

地方官把新的传教团消灭在萌芽状态的最常用办法，是拒绝同意后者购买房屋，并对所有参与购买的有关人员均打板子。从此以后，这种事不会经常发生了，但了解中国的人不会以为它将完全停止。

大家都知道，法国自封为在中国和土耳其的天主教使团的保护者。最近，德国和意大利公使均表示质疑那一称号，至少就他们各自国家的使团而言。还有人做出努力，在大清帝国与罗马教廷之间建立直接联系，由罗马教廷取代法国照管信徒的权利与委屈。但是，罗马教皇缺乏力量执行权利、补偿委屈，不可能同意担任教民的保护人，除非他需要时可以借助某一列强的武力实施他的要求中国方面会欢迎教皇的代表，如果它可以借此消除教会问题中的法国因素——否则就不会欢迎；法国公使与天主教使团建立了良好关系，由罗马教皇的使节或特使取代法国公使，在中国政府决定扶植而非阻碍基督教的传播之前，是不符合天主教使团的利益的。

梵蒂冈直接代表的问题最近讨论很多，但并不是一个新主意。20 多年前，一位法国公使就在北京向我提起过，目的是想知道中国政府会如何看待这一建议。他本人十分支持，认为可以为法国使馆省去无数麻烦，同时增加教会的声望。他的情绪反映了法国政府的倾向，当时法国政府总体上非常反对教皇统治制度。

1881 年，我参加了教会与国家关系的一系列讲座，由雄辩的阿道夫·弗兰克教授（Adolphe Francke）在法兰西学院主讲。其中一讲是关于政府与基督教传教团的关系。我记得很清楚，教授谴责废除教皇与政府协定将传教使团弃之不顾的提议时，感情激烈，态度恳切。教授列举了法国担当神圣职责的种种好处，他的结束语给人印象极深，其中宣称"如果法国失去理性，放弃那一带来影响和荣誉的职责，新教德国已做好准备，代替它出任天主教使团的保护者"。

从那天起，法国官员的情绪就发生了变化。只要有坚持下去的借目，他们就不会放弃传教使团保护者的身份。如果中国官员希望法国放松对 100 万左右天主教信徒的控制，他们的手段是错误的，就像北风使劲地吹，企图迫使旅行者脱掉斗篷一样徒劳。除了将斗篷裹得更紧，旅行者还能做什么呢？

传教士的一大优势，是他们可以诉诸 1891 年皇帝颁发的引人注目的诏令，它确认了传教士传播信仰的权利，并严禁针对基督教的骚乱。诏令值得引用；但官员们把它扔到一边，根本不以为然，他们知道那不是圣上愿望的自然表达。诏令说：

> 各国传教载在条约，曾经降旨饬令各省随时保护，历年已久，中外相安。
>
> 至泰西之教本是劝人为善，即从教之人，亦系中国子民，仍归地方官管辖，民教本可相安。总因不逞之徒，捏造无根之言，藉端滋事，此等奸民，所在多有。著各直将军督抚出示晓谕居民，切勿轻听浮云，妄生事端。

有很多地方官发布了令人满意的通告，这表明他们并不全部反对传教士。下面是南京道台的通告：

> 道台与省府长官微服私访了本地每一个教堂，并命令各地长官亲自查访各传教据点，与传教士谈话。我们还微服私访了医院、学堂等等，它们都是出于好意。抱着真诚救人的愿望建立的国人亦有乐于向善者，

但尚无超过传教士者。尔等不得编造谣言。（1895 年 7 月 4 日颁布）

这份证词不是道听途说，因而其价值大大增加除了秘密访问传教团（通告原意如此），转发这一通告的通讯员还告诉我们"三个星期前，地区长官邀请我们传教区的所有人参加晚餐，礼遇有加"。

杂志编辑评论道："关于传教工作与影响有许多据认为是很有根据的判断，这一通告实际上对此做出了迄今为止最有说服力的回答。"

那些声称"传教士都是坏蛋""他们弊大于利"的人，可曾像这位中国官员那样，"亲自查访"后再作结论？他们或许在中国沿海地区来来往往，询问过领事、商人和水手，但他们访问过教堂、学校、医院吗？他们调查过传教士的意见与经历吗？美国驻华公使田贝上校已经这样做了，下面是他的判断，见于他 1895 年 3 月 22 日给国务卿的快信。新教和罗马天主教他都谈到了，他说："我次为没有人能够反驳一个显而易见的事实，即中国人大大受益于他们中间传教士的工作。我能够并确实说，在华传教士无私奉献；他们的生活是纯洁的；他们非常敬业；他们的努力大大传播了科学、艺术与文明；他们领导着所有慈善工作；他们的确造就皈依者，这些皈依者因此精神受益。"

这是一个诚实而有才干的人由十年经历得出的判断，田贝上校初到中国时，对传教士及其工作抱有偏见，因此这一判断更有价值。八九年前我参加的一次会议上，他在演讲时公开认错，把他观点的转变归因于在中国各地参观传教据点时的所见所闻。

还有一个重要的问题，即来华传教团取得了多大程度的成功？近 30 年来，我一直从外部观察，没有与任何传教团的联系使我的判断带有偏见。我能证明他们确实有进步，其实反对活动的增加就是最好的证据：我认为，已经取得的成果使我们有理由期盼在不远的将来会有更引人注目的成就。许多现有的工作性质如此，其效果表面上看不到。比如去除纽约港入口一个称作"地狱门"的危险礁石的工程，粗心的观察家会报道说，相对于所花费的公共资金，此项工程的效果并不明显。然而水底深处，礁石根部正在钻上孔眼，等时间一到，炸药点燃，将在多年准备之后把整个礁石送入云霄。

但是，可见的结果完全与采用的手段成比例。我 1850 年初到中国时，发现新教教会有一两百名皈依者，1895 年已经扩展到五万五千名至六万名。这个最低的估计，与 1890 年的三万五千名（通过某种人口普查所得数据）相比，可以看出增长率。教堂或教徒组织的数目距离一千不远。其中的数百个配有本土牧师，而福音布道者的数量也大大增加了，他们有自由旅行权，以便在新地方传播福音。教会学校，一些是学院，培养了大批适合担任此项工作的年轻人。许许多多教会学校的学生被选派进入在天津的新大学，这种需求肯定还会增长。比起外国因素的倍增，这一本土介质可期望更多，当然在相当长的时期内还将需要大量的外国传教士，他们会在教育与监管工作中发现充分施展的天地。不存在传教士过量的危险，只要我们的传教协会不接纳训练欠火候、不够资格的人。虚弱无知的男女来中国不合适。除了别的条件，他们必须信仰坚定，心中充满圣灵。

为了证明文明的种子正在撒播，我想提到已故的勃朗博士，他去日本传教前，在马礼逊教育协会的支持下，主管香港的一所学校，他的学生之一容闳把一大批年轻人带到美国去接受教育。另一名学生唐景星领导组织了中国新的轮船招商局，现在教会学校有成千上万的学生，还有什么不能期望的呢！

我要补充一句，中国人现在使用的现代科学教科书多数都归功于传教士；中国一位著名学者因此认为（前文已有引用），基督教传教团要比外国贸易使中国获益更多。

一位年老的传教士登船前往传教地的前夕，曾在我眼前举起一件像是精致鸟笼的东西，让我猜里面装了什么，我说："我不知道。也许是位仙后，因为它看起来像一座宫殿。"他回答："的确是座宫殿，盛着一位王后，我要把蜂后带到印度，去改良那里的蜜蜂品种。"

多么美丽的基督福音象征，它拯救人性于野蛮，使此生更加丰富和甜蜜，并预先体验那无限美好的来生。

——节选自［美］丁韪良：《花甲忆记》，第 39—435 页，
学林出版社 2019 年版。

附录　丁韪良在甬传道著作

丁韪良有了一套"宁波方言拼音方案"，不仅很快解决了语言问题，而且到了第二年，还用宁波方言写出了一部书，书名是《Di-li shu lin van-ko-hkwu-kyingz-fiyiu-tin kdng tsing》（《地理书连万国古今事件》）。这是一部介绍世界史地的著作，于 1852 年在宁波出版，共 185 页，1859 年在宁波又重印。1853 年，他又在宁波出版了《Di gyiu du》（《地球图》）一书。

除了宁波方言的拼音著作外，丁韪良在宁波还出版了一些汉字著作，如

《天道溯源》（1854 年）、《喻道传》（1858 年）、《三要录》（1858 年）、《保罪垂训》《公会政治》《救世要论》等。其中《天道溯源》最为重要，因为"它是 19 世纪中国基督教最为重要的著作之一"。从 1854 年到 1912 年，在中国共有 30—40 个版本。这部著作被译成日文与朝鲜文后，也多次重版。《天道溯源》不仅是前往中国的长老会传教士们的必读书，而且其他差会也将它列为赴华传教士的必读书。在一些基督教学校中，还将此书用作教材，以培养牧师。1907 年，此书被评为中文基督教著作的"最佳单行本"。有学者这样评价说：《天道溯源》"可以视为西学东渐的产物，即西方基督教与中国社会相结合的产物。从这个意义上，它也是基督教中国化的产物，对今天中国基督教会的传教学不无借鉴意义"。《天道溯源》是一部向中国人宣传基督教的重要作品。全书共分三卷，他自己这样介绍说："上卷言神惟一，即造化天地而主宰之者。深察物理，确有可凭。中卷言真神已降谕诏，令万国遵行。核之卷籍，揆之人心，凿凿可据。下卷言诏书中大端，详辨精察，自具明证。"

1858 年，丁韪良在宁波出版了《劝善喻道传》。此书不仅于 1863 年在上海重印过，而且还传到了日本，于 1877 年在东京重版，由渡部温以日文进行注解。《劝善喻道传》由 16 篇短文组成，具体篇目为："孝子觅父""荡子归亲""仁慈遍覆""恩义两全""苦海远离""前车可鉴""明镜无遗""分阴当惜""至老知非""托行试伙""莫恃己力""宜慎其习""顺受天命""预防死期""死后有福""魂实长生"。这部书的最后有一篇后记，说明该书的目的是为了使人们能够崇拜基督教的天主：夫人生世上，莫不自孩提始。始也，身则恃保母之乳哺；继也，心则藉师傅之启迪。故当其时，若惟知有保母之亲，而不知生育我、慈爱我、情之更切者之有吾母在也；若只知有师傅之尊，而不知顾复我、教养我、恩之更重者之有吾父在也。少长，焉而知有父母矣然？然试思吾之所以得有此身而为人者，自父母主之乎？抑不自父母主之乎？盖有大父焉，所谓天父是也。人曷不于此三者循序以进，而知所从事哉！……盖人生不过数十寒暑，其依保、傅也，数年而已；其事父母也，暂则数年，久亦毕世已耳。而人于天父，则无何死别生。这里，丁韪良巧妙地用了"孝"这个中国人所崇尚的核心价值观念，非常有力地论证了人为什么要信奉基督教的上帝。

——选自龚缨晏《浙江早期基督教史》，第 166、175 页，
浙江人民出版社 2010 年版。

华花圣经书房

龚缨晏

　　美国长老会对勒格朗活字很感兴趣，于 1836 年花五千多元特地订购了一套，以用来印刷中文书籍。美国长老会的这项中文印刷计划，主要是由娄礼华的父亲沃尔特·娄瑞组织实施的。……随着英军在鸦片战争中的节节胜利，娄瑞估计到，大清帝国的国门必将被打破，基督教将获得自由进入中国的大好机会。他于 1843 年 4 月在纽约写道："中国人像英国人或美国人那样普遍阅读《圣经》的时代必将到来"，届时，会需要数以百万计的中文《圣经》及其他宣传基督教书籍，所以需要在中国建立一个永久性的印刷机构。"如果再用木版来印刷如此浩繁的书籍，再靠手工雕刻，再用刷子来上色，这对我来说，简直是不可思议的。我们生活在一个金属与汽轮船的时代！……因此，我强烈支持这样的设想：全面彻底地试一试用中文金属活字来印刷。"[①]这样，在中国建立印刷所的计划就加快了。

　　1843 年 10 月 6 日，美国长老会派出的传教士柯理（Richard Cole）离开纽约前往中国，与他同船航行的有麦嘉缔等人。柯理出生在印第安纳州的首府印第安纳波利斯，是一名印刷专家，曾在报社工作过。他此次来华的目的是要创办印刷所，为此，他带来了在巴黎铸造的那套中文金属活字以及其他一些印刷设备。……柯理来到澳门后，建立起名叫"华英校书房"的印刷所，用中文印出了许多宣传基督教的书籍。

　　随着鸦片战争的结束，宁波等新开商埠的重要性日显突出，传教士们把传教的重心也从珠江三角洲向北转移。1845 年，柯理提出把印刷所从澳门迁到宁波去，其理由之一是宁波的费用比澳门便宜。他的提议起初遭到了反对，反对者的理由主要有：如果大批美国传教士集中到宁波，是否会引起当地官员的猜疑；在澳门，已经有了一定的书籍销售渠道，而宁波则没有；在宁波可能找不到合适的房子；等等。但最后，这些反对理由都被否决了，传教士们还是决定把印刷所迁到宁波。这样，1845 年 7 月 19 日，柯理夫妇从澳门来到了宁波，并带来了印刷机器。经过安装、调试，9 月 1 日，印刷所正式投入运行。首批开印的书籍是米怜撰写的乡村布道书，共印了 7000 份。

　　在宁波诞生的这家浙江省第一个近代印刷出版机构，其中文名字为"华花圣经书房"，其中的"华"是指中国，"花"是指美国（俗称花旗国），其英文名为"the Chineseand American Holy Classic Book Establishment Mo"。对于这个印刷所的地点，没有人讲到过。据其他资料推测，它最初大概设立在姚江北岸槐树路的美国长老会传教士们的居住区。因为丁韪良后来曾建议，要把印刷所从江北岸迁到宁波城里去。

　　华花圣经书房最初的工作人员不多，只有两名印刷工人和三名排字工人。其中一名主要的印刷工人名叫阿苏（Asuh），他的工资是每月 9 美元。根据资料记载，1845 年 10 月 1 日到 1846 年 10 月 1 日，拨给华花圣经书房的经费为 1000 美元。宁波的华花圣经书房所使用的金属活字主要是勒格朗活字和戴尔活字，此外，还有些活字是柯理自己铸造的。为了铸造活字，1846 年，从美国运来了一只新的铸字炉以及其他材料。根据《中国丛报》，1851 年，华花圣经书房已有两个印刷所和两副中文字模。

　　传教士们还组成了一个出版委员会（Publishing Committee）来管理华花圣经书房，主要职责是决定印什么书，印多少，经费开支，等等。第一届出版委员会的成员为柯理、娄礼华、克陛存。其他传教士也帮助做一些工作。1847 年年底，柯理离开宁波，前往上海。……柯理离开后，露密士担任华花圣经书房的出版委员会主席，麦嘉缔协助其工作。1849 年，从德国柏林又订购了一套铅字，而且还获得了一套完整的浇铅版设备。后来，宁波华花圣经书房铸造的汉字铅字曾经供不应求，一直远销到香港、曼谷等地。

　　1849 年，露密士离开宁波，华花圣经书房由歌德（M. S. Coulter）负责。歌德来到宁波后，很想干一番事业，为此，他着手学习汉语。但是，他不久就生病了……于 1853 年 12 月 12 日在宁波去世了。歌德去世后，华花圣经书房由袆理哲负责。1854 年，在这里工作的工人有八名，第二年有九名。1858 年，美国长老会派姜别利（William Gamble）来到宁波，主管华花圣经书房。姜别利出生于爱尔兰，早年移居美国，曾在费城的一家大出版公司里工作过，积累了不少经验，后又到纽约做过出版工作。他来到宁波时，带来了新的铅字、字模和铸字机。到宁波后，姜别利完成了印刷史上的两项重要发明：一是在 I860 年发明了用电解法铸造汉字字模，用这种方法制造出来的铅字，字形更加完美，笔锋更加清晰；二是发明了按部首排列的汉字字盘，这种字盘曾在中国被广泛采用。

　　对于宁波而言，姜别利的另一项重要事情是把华花圣经书房迁到了上海。姜别利来到中国后，很快发现，无论对于商业来说，还是对于传教活动来说，上海在中国的重要性都是无与伦比的。与宁波相比，在上海，不仅更容易购买到印刷所需要的各种材料，而且有更加便利的渠道，使印刷出来的书籍散发到中国各地。于是，他决定把印刷所从宁波迁到上海，并于 1860 年 12 月开始搬迁。这家印刷所迁到上海后，改名为"美华书馆"。它曾是"西方传教士在中国办的规模最大、设备最齐全的一家活字排版、机械化印刷的出版社，并取代了第一家进入上海的基督教出版机构——墨海书馆的领头地位"②。

从 1845 年到 1860 年，宁波的华花圣经书房共存在了将近 15 年。熊月之先生曾统计了华花圣经书房出版的著作，并推算说："在总共 14 年零 3 个月中，华花圣经书房共印 51755428 页。如果将缺少册数统计的年份，按有确切统计年份的平均数计算，则 14 年中共出书 1323686 册（不含 1845 年）。这个印刷数量，无论是册数，还是页数，都是除上海以外的其他通商口岸无法比拟的。"③实际上，宁波华花圣经书房出版的著作，无论册数，还是页数，都比熊月之的上述统计要多一点。下面，本文仿照熊月之的表格，做成下表：

华花圣经书房印刷情况（1845—1859 年）④

年份	册数	页数	年份	册数	页数
1845 年	56500	不详	1853 年	82000	2800000
1846 年	不详	635400	1854 年	84700	4012800
1847 年	52734	1819092	1855 年	112018	4602018
1848 年	164893	3994350	1856 年	不详	不详
1849 年	75850	1724700	1857 年	110800	4505600
1850 年	66400	3000000	1858 年	不详	6175460
1851 年	不详	不详	1859 年	不详	7398560
1852 年	不详	不详			

上述表格中有一些年份的统计数据需要作些说明。

（1）1845 年的数据，在熊月之的著作中为"7000"册，这个数据有误。因为《美国长老会书馆（美华书馆）纪事》说，7000 册仅是这一年所印的米怜著作，此外，还刊印了 14500 册的《路加福音》、15000 册的《使徒行传》、10000 册的《张远两友相论》。这些数字加起来，就有 46500 册。如果把这一年出版的《以弗所书》（数量不详）设定为 1 万册（因为当年出版的基督教圣经《路加福音》和《使徒行传》都在 1 万册以上），那么这一年的出版量可以推定为 56500 册。

（2）1848 年的数据是推算出来的。《美国长老会书馆（美华书馆）纪事》说，1848 年平均每天印出来的页数 13314.5 页，以一年工作 300 天算，则全年共印了 3994350 页。

（3）1850 年的 3000000 页，也是估计出来的数字。

（4）《美国长老会书馆（美华书馆）纪事》英文原书说，1859 年共印了 7398560 页，但中译本将此误写为 7395560 页，熊月之的表格中因袭了这个错误。

在宁波华花圣经书房所出的 135 种著作中，大约 80% 为直接宣传基督教的宗教著作，包括《圣经》和各种神学著作。……宁波的华花圣经书房是美国长老会创办与管理的，所以它也出版了美国传教士所译的部分《圣经》。其中，最为重要的是"高德译本"（Goddan Ts Vmsion）。

高德是受美国浸礼会的委托而翻译《圣经》的。根据他自己所写的序言，他是从 1850 年底开始翻译《圣经》的，而且还有两个中国老师协助他译经。⑤他先翻译《新约》，最先完成的是其中的《马太福音》，取名为《圣经新遗诏马太福音传》。伟烈亚力说，该书于 1851 年在宁波出版，此话可能有误，因为高德撰写的《圣经新遗诏马太福音传》引言，所署时间为1852 年。该书封面上的日期也是如此："耶稣降世一千八百五十二年，高德参订。"封面上还有这样的文字："宁波东门内、西门内真神堂藏版。"书中附有一幅"犹太国图"，以便读者能够更好地理解译文。……高德把《新约》翻译完毕后，以《圣经新遗诏全书》为题，于 1853 年在宁波出版。该译本封面写着"耶稣一千八百五十三年，高德译订""宁波真神堂敬送"等字样。

除了翻译《圣经》以外，高德于 1850 年在宁波还出版过一本题为《课幼百问》的小册子（该书后来改名为《真道百问》），以问答的方式说明了关于基督教的一些问题。……像《课幼百问》之类的宣传基督教的小册子，在宁波出版过很多。这些小册子的内容涉及基督教教义、宗教仪式、基督教史等内容。……宁波华花圣经书房出版的其他著作，多数也是以宣扬基督教为目的。这些书籍一般是免费发放的，其主要方式是：把书送到码头上，让船员们将它们带到四面八方。

华花圣经书房的创办，使宁波成为浙江省近代出版业的发源地，也是中国近代出版业的主要中心之一，它在宣扬基督教的同时，在客观上有力地推动了浙江近代文化的兴起。

①G. McIntosh，*The Mission Pressin China*，pp. 3–4.
②胡远志、景智宇：《中西文化交流的桥梁——美华书馆》。
③熊月之：《西学东渐与晚清社会》，第 171 页。
④本表根据 G. McIntosh 所著 *The Mission Pressin China* 中相关年份的报告。

——节选自龚缨晏《浙江早期基督教史》，第 184—200 页

见证中美交流的"宁波石碑"

戴光中

1998 年 6 月 29 日，美国总统克林顿在北京大学演讲时讲到了一块来自宁波的石碑，他说："从我在华盛顿特区所住的白宫往窗外眺望，我们首任总统乔治·华盛顿的纪念碑高耸入云。这是一座很高的方尖碑，但就在这个大碑内有块小石碑，上面刻着'米利坚不设王侯之号，不循世及之规，公器付之公论，创古今未有之局，一何奇也'。这些话并非出自美国人，而是由福建巡抚徐继畬所写，1853 年中国政府将它勒石为碑，作为礼物赠送给我国。我十分感谢这份来自中国的礼物。它直探我们作为人的内心愿望：拥有生存、自由、追求幸福的权利，也有不受国家干预的言论、异议、结社和信仰等自由。这些就是我们美国 220 年前赖以立国的核心理想。这些就是引导我们横跨美洲大陆登上世界舞台的理想。这些就是美国人今天仍然珍惜的理想。"

　　这块被克林顿称为"150年前美中两国关系沟通的见证"的宁波石碑，呈长方形，高1.6米，宽1.2米，被镶嵌在美国华盛顿纪念碑第20级的西边墙上，是纪念塔上唯一的中文石碑。碑刻全文如下：

　　　　钦命福建巡抚部院大中丞徐继畬所著《瀛寰志略》曰："按，华盛顿，异人也。起事勇于胜广，割据雄于曹刘。既已提三尺剑，开疆万里，乃不僭位号，不传子孙，而创为推举之法，几于天下为公，骎骎乎三代之遗意。其治国崇让善俗，不尚武功，亦迥与诸国异。余尝见其画像，气貌雄毅绝伦。呜呼！可不谓人杰矣哉。米利坚合众国以为国，幅员万里，不设王侯之号，不循世及之规，公器付之公论，创古今未有之局，一何奇也！泰西古今人物，能不以华盛顿为称首哉！"
　　　　大清国浙江宁波府镌耶稣教信辈立石
　　　　咸丰三年六月初七日合众国传教士识

　　克林顿的演讲，引起了国内舆论一阵热议，而宁波文化界更因碑文的最后两行——"大清国浙江宁波府镌耶稣教信辈立石　咸丰三年六月初七日合众国传教士识"——讨论尤为热闹。话题主要是：为何由宁波府赠送而宁波没有相关记载？其中跟传教士有什么关系？是谁选择了《瀛寰志略》这段言论？此碑又是何时由何人运抵美国的？

　　其实，细读这两行文字，那些疑问都不难解释。美国为建造华盛顿纪念

碑，于 1833 年成立"国家纪念碑筹建协会"，并开始广泛募捐。1848 年
7 月 4 日，纪念碑第一块奠基石安放。毫无疑问，这个消息只能由美国传教
士带给宁波的基督教徒们，并提出赠送礼物的建议。所以，此碑既不是
"中国政府作为礼物赠送美国"，也不是"由宁波府赠送"，而是皈依耶稣教
的宁波信徒和来甬传教的美国牧师共同商议制作并赠送的。

其次，是谁选择了徐继畬《瀛寰志略》的言论作为碑文，这是关键。
此碑此文，让美国人知道了中国人对于华盛顿的高度评价和尊崇。不过美国
政府关注的是碑文及其作者，特地向美驻华领事馆询问，总统约翰逊请人临
摹了一幅华盛顿的肖像，送到中国，命美国驻华公使蒲安臣当面交给徐继
畬，以致谢忱。于是在 1867 年 10 月 21 日，蒲安臣在北京举行了一个隆重
的赠予仪式，互相致辞，热闹非凡。但是，试问：如果此碑不是选定此文镌
刻为碑文，中美关系交流史上还有这一佳话吗？

那么究竟是谁选择的？有人以为出自张斯桂之手。此说虽无确凿证据，
却也八九不离十。

徐继畬所著《瀛寰志略》10 卷本，在 1848 年问世，与此碑制成仅相隔
5 年。当时的美国传教士们还处在学习汉语阶段，而宁波的基督教徒也以文
化素质低下草根文盲为主，十之八九无缘阅读《瀛寰志略》。惟有张斯桂，
是最有可能读过《瀛寰志略》并且赞同这段的评论之人。他是江北马径村
张家才子，国学造诣精深；又近水楼台，最早接受欧风美雨的洗礼，与老外
滩的传教士过从甚密。特别是与丁韪良，亦师亦友，互相学习，取长补短，
并且学以致用，成为中西文化交流融汇互利双赢的典范。张斯桂因此也是最
早"睁开眼睛看世界"的中国人之一，无论学识还是人脉，都是决定碑文
的不二人选。而作中国最早引进西方民主思想的标志性言论，无疑与基督
教教义相合，理所当然得到了传教士的认可赏识。

最后，此碑是在何时由何人送达华盛顿的？1865 年 11 月 23 日，美国
驻华代理公使卫三畏在给美国国务卿西沃德的信中，详细介绍了徐继畬及其
《瀛寰志略》之后又说，此碑"十年前已从宁波送到华盛顿纪念碑"。也就
是说，大约在 1855 年送达华盛顿的。而在美国国家公园管理处所存档案中，
有一封玛高温在 1865 年 2 月 22 日发出的信件，信中声称："我已很荣幸地
将一块捐赠的花岗岩石碑送到了你们那个崇高而虔敬的纪念碑处，那块石碑
是在我的提议和协助之下，由在宁波的美国差会里的中方基督徒们所准
备。"这一说法虽无佐证，却也八九不离十。玛高温是鸦片战争后最早在宁
波居住的美国传教士，也是华美医院（今宁波市第二人民医院）创始人，

1855 年时任美国驻宁波副领事，由他送交似乎也顺理成章。

1884 年 12 月，华盛顿纪念碑封顶，从此成为美国首都的标志性建筑物。纪念塔内墙壁镶嵌有 188 块由私人、团体、各城市、各州和其他国家捐赠、镌刻着华盛顿故事的纪念石碑，其中就有这方诞生于 1853 年的"宁波石碑"，成为见证中美两国交流沟通的永久性实物。

——选自《江北文史》2022 年第 2 期

《甬报》琐谈

周律之

19 世纪末至 20 世纪初，宁波前后出现三种同名报刊——《甬报》。第一种是 1881 年 2 月，由英国牧师阚斐迪主办；第二种是 1898 年 10 月，由德商洋行创办；第三种是 1908 年，由甬上名流张让三创办。这是继《中外新报》《宁波日报》之后，在宁波有影响的三种早期报刊。……《德商甬报》戴士清先生已撰述，第三种《甬报》尚未检到原件，兹就我所见过的《甬报》现存 13 卷略作介绍。

《甬报》创刊时，1881 年 2 月 19 日出刊的《万国公报》第 672 卷载有《新出甬报》消息一条，称《甬报》1881 年 2 月（光绪七年辛巳正月）创刊。在宁波出版。由英国牧师阚斐迪邀李小池太守创办，慈溪徐漪园任主笔。现存 13 卷《甬报》，正是从创刊号开始的全年合订本。因光绪七年有闰七月，故全年为 13 卷。月出一卷。

《甬报》为书册式，页高 25.5 厘米，宽 13 厘米，用塞连纸单面对折铅字印刷。有边框，中缝有"象鼻""鱼尾"，"象鼻"印"甬报"二字。每卷 8 张 16 页，可装订成册，如线装书。第一页为封面，在边框内用二条直线分开，居中印老宋体"甬报"两大字；右侧印"光绪七年×月第×卷"；左下侧自第二卷起有"美华书馆摆印"字样（第一卷无此六字）。正文占 15 页，用大小两种宋体铅字（相当现在的老 4 号和老 5 号）排印。正文多用大号字。小号字则用于告文、注解或文章超篇幅间。每页直排 18 行，每行 36 字，计 678 字。每卷约一万字左右。分"选录京报""中外近事"、议论、译文、告白、杂俎等项目。

发行范围，据《书馆告白》称："外埠如上海、镇江、南京、芜湖、九江、汉口、宜昌、重庆、牛庄、烟台、北京、天津、湖州、常州、温州、台湾、淡水、厦门、福州、汕头、广州、琼州、北海等处均有寄卖。此外，各埠有欲购阅者均函致宁波江北岸钰记钱庄，《甬报》馆照寄。"从这里可以知道，《甬报》虽是一份地区刊物，但影响面很广。

通览《甬报》13 卷所载内容，触及面广泛，大致有以下几条主线：

一、记述了"洋务运动"在宁波的一个侧面。从创刊号开始，"中外近事"一栏以头条位置，连续报道了清政府派员来浙江加强海防，巡视镇海炮台，增援兵员，购置枪支，在宁波设立支应局、火药局、制造局，试制生产水雷、子弹等军火消息。

二、透露了洋货倾销、鸦片输入的状况。报道西方各国推销军火、机器、洋药、呢布等消息，有关鸦片泛滥的信息、言论、征文、告白等文章更是连篇累牍。从中透露出鸦片之害已蔓延全国，遍及穷乡僻壤，令人触目惊心！据记载，1880 年在宁波公开贩毒的鸦片行就有 32 家。

三、反映了当时我国边境面面受敌、危机四伏的局势。连续发表有关中俄局势、"防日末议""中国宜固边围说"等言论文章，可以看出帝国主义各国虎视眈眈、沙俄强占我国大片领土、日本侵占琉球半岛的紧张时局。

四、此外，也传播了西方一些科学技术知识，如电气行船、雷船新法、人工致雨、奇墨印书、治疟妙药，等等。

由此看来，《甬报》是一份纯新闻报刊，已不像《中外新报》那样，带有点布道色彩。这和外国传教士在中国的地位起变化相关。19 世纪中叶，那些外国传教士需要拿着十字架，对中国人进行潜移默化的说教。到了 19 世纪 80 年代，随着西方殖民主义者在中国的统治形成，他们的地位已凌驾于地方官吏之上，毋需再披着"宗教"的外衣，像玛高温、应思理那样赤膊上阵，孤军作战，而可以委托地方官，指使文人墨客，按照他的"旨意"行事。变成洋人—官吏—文人—商人四合一联盟作战。这比《中外新报》的创办者要高明得多。

《甬报》的高明之处，还在于主办者、主笔者均躲在幕后，从不露面，文章的作者、译者或不署名，或用什么"杞忧子""惕世子""昌穆生""湘波钓徒""吴国男子"之类化名，由中国人出面，用中国人的口气，仿佛站在中国人的立场上，处处为中国人着想，以显示其客观公正。然则"司马昭之心"处处可见。

《甬报》从第一卷至第十卷，连续发表 10 篇"劝戒鸦片说"，这在吸毒泛滥的当时，自然深得民心。倘以鸦片大量输出的"大英帝国"出来作如是说，就会令人感到滑稽和惊诧。因此，他不得不借中国人之口。然而，细细读来，便可觉察到它的"用意"——并非在劝戒吸毒，而是在劝阻中国人由鸦片蔓延而引起对英国侵略者的强烈愤懑和反抗。这十篇论说，可以概括为四个字："请君息怒"。文章把鸦片之害归结为三个原因：一是中国人天生羸弱多病，"鸦片入口能暂为解救，然病去瘾深"，不能自拔；二是鸦片"既不能使之不来，又不能戒众不食"，于是清政府加征税厘，反造成鸦片输入公开合法；三是鸦片产地的印度，"华人归咎于英美之贾"，使"我国蒙不洁之名"（这里大英帝国终于按捺不住，跳将出来！）。很清楚，"鸦片十说"旨在为英国侵略者开脱罪责。

《甬报》的字里行间，"大英帝国"处处以"救世主"的面目出现。请看：

"……英吉利人劝造铁路，便中国之行旅；劝买军火，便中国之御敌；劝开金银等矿、购火轮、装电线以便中国之获利；买卖洋药、呢布，各国均有好处，带至中国，而中国人究不识其好处之所在……"

它借中国人之口，歌颂大英帝国给中国种种"恩施"，而中国人恰恰不识好歹！

《甬报》虽也发了一些介绍西方科学技术的信息，这些信息，好多类同广告。试看一则"机器浚河"的消息，结尾是这样写着："倘能广购机器，实力图之，费省工速效可立睹。"这不就是广告语言！有人认为《甬报》"以积极宏扬西方科学文化为其宗旨"，这是被它的表象所迷惑。

从历史的观点看《甬报》，有一点值得一提，那就是《甬报》的新闻观。

《甬报》第一卷刊有《新闻纸论》《新闻纸后论》。开宗明义地说：

"泰西各国之有新闻纸也，上可以明国政之是非，下可以见民情之善恶。大可以表山川之险要，小可以载庶物之新奇。其事虽微，其益甚厚溥。泰西各国之君相知之，各国之士庶知之，各国之官吏商贾亦知之。因之流布日广，销售日多。独至中国虽知之而不能尽之；中国虽行之，而不能广行之。何哉？盖中国自秦汉以来君国之权甚尊，臣民之分甚卑。处士清谈盛朝不取，庶人未议禁典所严。从未有知新闻纸之有事必书，无辞不达，足为世人口碑。而比文书之直笔者。虽中外通商已久，新闻纸创于中国近十余年，而中国人之视新闻纸非曰谏言谤书，即曰街谈巷议，流布不能广者，职此故也。"

第三卷又发表《申报质疑》，以答读者问的形式出现，回答了当时世俗眼光看待《申报》——对新闻报纸的责难和疑虑，为《申报》歌功颂德。

这些言之有理的议论文章，具有资产阶级的民主观，对于长期处于封闭式的封建主义统治的中国人民来说，不能不说是振聋发聩，为兴办新闻事业

"开风气之先"。

综观《甬报》，不乏记述当时社会变动的史料，对当时人们了解中外大事，对现在我们研究近代历史、新闻史有一定的价值。

——选自宁波市政协文史委编《文史资料》第十四辑

宁波光复前后之斐迪学生

陈里仁

宁波江北岸斐迪学校是一所英帝国主义办的教会学校，从创办到那时已有 50 年历史，披了宗教外衣，以办学为名，对中国人实施奴化教育和引诱学生入教。那时学生有 130 余人，校长英人雷汉伯，教导主任本国人袁履登，向来对学生采取高压手段，不许学生自由集会和参加校外政治活动。自从 1907 年绍兴大通学堂发生校长秋瑾烈士牺牲事件后，浙省满清官吏阿附清廷意旨，对本省一切学校，认为是革命来源地，所以倍加注意，防范极严。斐迪当局恐学生参加革命党，课程里没有兵式体操，只准学生在课外活动时候踢足球、打木球、拍网球等，作为体育锻炼。

公元 1911 年 3 月 29 日，广州革命党人起义，围攻督署失败，黄花岗 72 位烈士壮烈牺牲，报纸发表消息后，斐迪同学们都义愤填膺，革命思想也日益浓厚起来了。大家认为中国要富强，就必须推翻腐败的满清政府，因此校中阅报室每天午饭后有许多同学去阅读，尤其对有关革命的消息最感兴趣。然而那时同学们的爱国思想亦有差别，中学部同学的思想多数比较热烈；大学预科和大学部有些同学比较冷淡，他们认为只要学会了外国语，毕业后到上海去做买办或洋行职员，可以拿高薪；还有一部分教会子弟的同学们，认为革命成功了，外国人赶跑了，于他们教会没有好处。其中也有少数人赞成革命的。

1911 年上学期中学部学生，向史地教员朱昌珪老师要求，在正式课程之外，讲解《扬州十日记》和《嘉定三屠记》等历史，这些史料都是记述满人统治者入关时镇压和屠杀汉族人民的情况。这位朱老师秀才出身，年龄将近五十岁了，可是他的思想比较别的老师进步得多。平时他研究《孙文学说》一书，此书即三民主义的基础，颇有心得。他又喜欢阅读《明季稗史》，这书都是揭发满清进关后残酷行为的。果然朱老师接受了我们的要求，每天在正课讲解完毕后，就开始讲解上述史料。同学们听了，对满清政府更加愤恨起来。校长雷汉伯在巡视教室时候，只知道里面朱老师在教读正式课程，一点也不知道里面正在研究革命文史资料。

这年下学期开学后，我们中学部三、四年级同学，包括我在内。一起共有十余人，姓名尚能记忆的，如马宗德、马宗裕、姚传法、戚正成、刘颐年、胡咏骐等。大家商量要想参加革命，必须学习兵式体操；担任做敢死队去丢炸弹，必须先学会跑步。校里既没有体操教师，怎么办？我们决定请马宗德同学担任教师，因为他是杭州陆军讲武堂附属小学毕业的，《步兵操典》一书已学过了。我们每天早操二小时，时间是早晨四时卅分至六时卅分。至于学校作息时间是六时卅分起床，两不妨碍的。每天早晨由二位同学轮流手提火油灯喊人起床，以免失眠迟到。

10月10日武昌起义一声炮响，有些省份响应了，那时同学们欣喜万分。有一天，二年级同学金贤绍接到上海友人邮寄一信，信背标题年月日处，写着黄帝纪元4609年某月某日。从这点来看，上海学生界革命热情非常高涨。可是这信收到后，被教导处知道了，当天晚上将金贤绍喊去，袁履登对他训斥一顿，说："现在宁波尚未光复，这事倘被满清官厅知道了，是很危险的，要将你当做革命党逮捕去，岂非白送了性命？"同时责了三下手心，以示薄惩。

农历九月十五日（1911年11月5日）那一天，宁波光复了，同学中杨觉曾、金贤绍二人首先割去了发辫。随后一星期内大部分同学陆续割去，可是尚有一部分不肯割的。有几个同学组织一个"敢死队"专剪同学们辫子，有软剪、硬剪、偷剪种种办法，结果剪去了二十多条。有些同学为什么不肯割发辫呢？他们当时思想情况：第一种是本人胆小，有害怕心理，恐怕将来满清反攻过来，辫子剪去了当作革命党人。第二种是家庭父兄是清廷官吏或科举，很顽固，不许子弟剪辫，因此不敢违抗家长命令。第三种是教会牧师、传道师和洋行职员的子弟，对革命不感兴趣，暂时保留辫子，意存观望，待全国光复再剪未迟。这说明，我们一般同学对革命认识和思想情况，在剪辫子一件事情上都反映出来。同时还有一件可笑的事，有一位姓应的同学，他不肯剪辫，将发辫盘作一髻在顶上，戴上了一顶鸭舌帽来遮掩，我们软劝硬说，他始终不肯剪辫。有一夜，我们乘他在床上熟睡时候，一刀割去大半截。次日发觉后，方把剩留的一部分肃清。

11月7日宁波军政分府成立了，教导主任袁履登担任外交部副部长。在那一天，我校全体同学排队到军政分府道喜。从这天晚上起，接连三夜举行提灯会，庆祝宁波光复。

——选自宁波市政协文史委编《宁波文史资料》第十一辑

推广爱养所之筹款声

鄞县江北岸新马路伯特利妇女爱养所，自美女士倪爱胜、英女士卫安福等，创设以来，已十载于兹。各县之老弱妇女到所求收养者，日渐加多，爰拟扩充所址，建筑新屋，以资庇护，该所附近有基地八亩四分零，本系甬绅张天赐所有之产，价值万金。倪女士等知张君勇于为善，向之承购，并乞减价。张君亦以该所为养老恤孤之慈善机关，理应赞助，只得减收承租地价洋四千七百廿元，允将此地作为推广该所之用，该女士以地既购就，而建筑之费，尚无着落，爰商由会稽道尹、海关监督、姜知事、谢衡窗、费冕卿、陈南琴、余润泉、袁履登、周仰山、张性初、倪椿如、陈伦孝、施秉璋等若干人，发起募捐建屋之事。兹录道尹等发出之通启如下：

盖闻博爱施仁，上帝有好生之德，矜孤恤寡，圣贤垂治世之经，恻隐之心，人所同具，慈善之举，义不容辞。慨自革命以来，兵戈相寻，灾荒迭告，哀鸿遍野，惨不忍闻，此固志士仁人所当触目伤心、垂怜而援手者也。甬上伯特利妇女爱养所创自民国元年，由美女士倪爱胜、英女士卫安福等热心毅力所组织，以收养流离失所之妇女为职志，老稚并恤，教养兼施，孤女长成，妥为择配，迄今十载，成绩卓然。惜乎限于经费，地处狭隘，屋少人多，不能广容来者，女士憾之。爰乃四出劝募，筹划更新，既得地于甬江之滨，庶几足资发展矣。惟是渠渠夏屋，岂独力之能支，累累多金，藉众擎而易举，在女士产非中土，尚具拯饥救溺之忱，矧吾侪口属同胞，应有急起直追之义，倘蒙慷慨君子、慈善大家捐助囊资，襄成善举，则活人既众，积德靡涯矣。

——选自《时事公报》1922 年 3 月 15 日

教会学校

崇德女校（1844—1952）　道光二十四年（1844），英国基督教循道公会传教士、东方妇女教育促进会委员爱尔德赛到甬设教传道，同时，在城内祝都桥竹丝门内大屋开办一所女校，爱尔德赛自任校长。其办学目的是培养中国的基督教徒。开设课程主要是圣经、国文、美术等，并学习缝纫、刺绣。爱尔德赛为吸引学生，采取豁免学费，供学生膳食，津贴学生家庭等经济措施。当年入学仅数人，次年才增至15人。道光二十七年（1847），美国北长老会派教士柯夫人到甬亦设立一女校。咸丰七年（1857），爱尔德赛任满回国，两校合并，归长老会接办，定校名为崇德女校，校址在江北岸槐树路，后改名崇德中学（设中学部和小学部）。民国十二年（1923），中学部与圣模女校中学部合并，定名私立甬江女子中学，1952年2月改名浙江省宁波女子中学。小学部改为独立的崇德小学，1951年由宁波军管会接管，改名槐树路小学。

崇信义塾（1845—1867）　清道光二十五年（1845），美国长老会传教士麦嘉缔在宁波江北岸槐树路设立崇信义塾（今宁波四中办学史上的最早源头），为浙江境内最早的男子洋学堂，其课堂教学中英文并重，并参用宁波话授课。开设有圣经、"四书""五经"、作文、书法、算术、英语、天文、地理、唱歌等10门课程。清同治六年（1867），该校迁杭州，改名育英义塾，即后来之江大学的前身。光绪七年（1881），美国长老会在原校舍续办崇信书院，民国元年（1912）改为崇信中学。

崇信中学（1881—1923）　光绪七年（1881），北美长老会又在江北岸槐树路原崇信义塾旧址，开办崇信书院。民国元年（1912）改为崇信中学。首任校长为美国籍人士励德。民国七年（1918）后由美国人梅立德继任。至民国十二年（1923），经长老会与浸礼会两教会协议，崇信中学与浸会中学合并，改名为四明中学。

四明中学（1923—1935）　民国十二年（1923），美国浸礼会和长老会集议，为利于管理，提高质量，将各自所办浸会中学、崇信中学合并，改名四明中学，由美籍梅立德任校长，设初中部于北门外碶桥浸会中学旧址，高中部于江北岸槐树路崇信中学旧址。次年，梅立德回国，由国人樊正康出任校长。民国十九年（1930）被省教育厅取缔。民国二十四年（1935）与斐迪中学合并，改名浙东中学。

浙东中学（1935—1952）　民国二十四年（1935）夏，美国浸礼会、长老会及英国循道公会协议，为充实办学力量，联合建立校董会，把所办的四明中学与斐迪中学合并，定名浙东中学，校址设在斐迪中学旧址，校长为诸暨人寿子鲲。民国二十六年（1937）抗日战争爆发，乃设分校于奉化、诸暨等地。民国三十年（1941）4月间，宁波、诸暨先后沦陷，学校停办。民国三十四年（1945）11月复校。1949年10月，天主教会所办益三中学并入，学生达530余人，破除旧规，招收女生，实行男女同校。1952年12月，由人民政府接管，改为公立，定名宁波第四中学。

浸会中学（1855—1923）　美浸礼会传教士马高温于道光二十三年（1843）到宁波传教，当时适在鸦片战争不久，宁波人拒绝借房子设教堂。于是他先在宁波行医，后治愈一士绅疾病，士绅让给他西门内大街上二间街房设教堂（即以后真神堂地址）。咸丰五年（1855），浸礼会传教士卫克斯、罗培生二人即在教堂内开设一私塾。光绪六年（1880），迁到盐仓门内，定名养正书院。民国元年（1912），由郝培德把养正书院迁到北门外碶桥，改为浸会中学。校长为美国人卫福恩。民国十二年（1923），与长老会办的崇信中学合并，改名四明中学。西门口原址设小学，先称浸会中学附小，后又改为四明中学附小。

斐迪中学（1860—1935）　斐迪中学前身是斐迪书院，是英国偕我公会（后改循道公会）于咸丰十年（1860）创建。当时办在竹林巷（今解放北路北端），为一学塾（时称大书房）。同治六年（1867），传教士阚斐迪到甬，将学塾迁到开明讲学堂院内，称斐迪书房。同治十三年（1874）阚斐迪将书房迁至江北岸槐树路（即盐仓门对江）。过了十余年，书房又迁移到老外滩巡捕房侧（原太古码头附近），时学生增至20余人，始定名"华英斐迪书院"。光绪十六年（1890），书院又迁到周家桥河边（原里马路何家弄斜对面）一邬姓民房内，主持学校工作为牧师牧作霖。光绪二十九年（1903）英教会派雷汉伯到宁波任院长。光绪三十二年（1906），斐迪书院在江北泗洲塘建成校舍，迁入后改名为斐迪学堂。民国十二年（1923）雷汉伯辞职养病，始由英人斐茨继任，民国十六年（1927）停办。民国十八年（1929），由热心教育事业的前毕业生袁履登、徐学传发起，组织校董会，于次年复校，正式定名为斐迪中学，并报教育部批准备案。学校推袁履登为名誉校长，陈里仁为代理校长。民国二十四年（1935），经英美两国教会协商，与四明中学合并，改名浙东中学。

益智学堂（1903—1909）　光绪二十九年（1903），美国基督教长老会传教士费佩德与镇海小港人李微五洽议，由双方出资合办益智学堂。次年在宁波江北岸泗洲塘河边建立校舍，越一年落成，费任监堂（校长）兼教授。后费佩德由教会派往杭州主持育英书院和传教事务，光绪三十二年（1906）由李氏出资接办，聘江迥为校长，教师有励延豫（中文）、曹某（英文）等，学生40余人。宣统元年（1909），李氏因经费困难停办，将校舍校具捐赠清政府海军部作为办海军学校之用，但未办成。民国元年（1912），由宁波军政分府收回，改办宁波公立中等工业学校。

中西毓才学堂（1903—1927）、益三初级中学（1945—1949）　光绪二十八年（1902），天主教浙江教区主教法人赵保禄，邀请在上海的圣母小昆仲到甬办学，签订为期5年的办学契约。光绪二十九年（1903），天主教宁波教区以庚子赔款及旅沪甬商捐款共4万多元，在江北岸草马路建造三层教学大楼一所。是年2月，上海圣母小昆仲会士安东尼等三人至宁波，先在药行街天主堂内余屋招生上课。4月首任校长安琪林到甬，主持学校工作。学校开设课程有教义、英文、法文等。9月新校舍建成迁入，定名中西毓才学堂。光绪三十二年（1906），曾发生学潮，是年第一学期结束，安琪林被迫辞职。后校长由巴斯卡尔及儒理安相继接任。光绪三十四年（1908）底，因与上海圣母小昆仲会签订的契约已满，且办学中问题较多，学校无法维持而停办。宣统元年（1909）2月，调衢州中法学堂法籍味增爵会和安当任校长，学堂复学。6个月后，由于教会神父干预学校行政产生矛盾，和安当办学信心不足，学校停办。宣统三年（1911）3月，调胡若山去江北天主堂任职，由大修院院长戴安德兼任校长。民国五年（1916），大修院院舍落成，单独分设，校长由神父沈毅臣担任。民国十六年（1927），北伐战争胜利，国民革命军占领宁波后，学校又停办。民国三十四年（1945）8月，抗日战争胜利后，天主教会决定恢复毓才中学，组成以当地士绅周大烈为董事长的校董会，校董有戴安德（法籍）、汪焕章、冯纯馆、金臻庠等。教会方面拨1000亩地产作为基金，聘请邵规箴为校长，校名为益三初级中学。因学校使用汪伪时期教科书问题，浙江省教育厅不准立案，勒令停办，校长邵规箴辞职。后经校董会对校务作了整顿，另聘舒其谁为校长。民国三十五年（1946）秋，省教育厅才获准立案，校名为益三初级中学。宁波解放后，于

1949 年 10 月并入浙东中学。

崇信小学（1881—1951）　光绪七年（1881），美国基督教北长老会麦嘉缔又在江北岸槐树路原崇信义塾旧址，开办崇信书院。民国元年（1912），改为崇信中学附设小学部。民国十二年（1923）崇信中学与浸会中学合并，改名四明中学。小学部单独建校，定名崇信小学，址在江北岸卢家道头。宁波被日本侵略军占领期间学校曾停办，校舍由汪伪政府办江北镇镇立槐树路小学。抗战胜利后，崇信复校。民国三十五年（1946），教会决定校舍借给浙东中学，崇信小学并入崇德小学。民国三十六年（1947），中华基督教会培灵团契设义务小学于府侧街。次年，仍用崇信校名，当时仅设 2 个班级初级小学。1951 年 2 月，第五难童福利所并入，学校负责人为金志莲。同年春，由宁波军管会接管。后停办，学生分到附近小学读书，教师由文教局分配到其他学校工作。

培德小学（懿德女子小学，1912—1949）　培德小学前身为江北岸天主教堂所办的经言教理诵习所，创办时间约在民国元年（1912），后定名培德小学，专收男生。民国五年（1916），又在江北岸慈母堂内创办懿德女子小学，专收女生。民国二十八年（1939），两校合并，校名仍为培德小学，校长史济仁。当时是一所具有一定规模、设备较完善的完全小学。1949 年 5 月宁波解放。是年秋，因国民党政府的空军对宁波市区狂轰滥炸，培德小学又处在新江桥北堍交通要道处，学校附近多次落弹，烧毁商店多间，居民外迁避空袭，学校停办。最后一任校长为神父柴日昶。

斐德小学（1920—1952）　前身为斐迪女子小学，英循道公会创办，创办人阚斐迪，地址在江北岸中马路。具体开办年月不详，据民国九年（1920）7 月 8 日《时事公报》报导："江北岸泗洲塘斐德学校于 7 日上午举行毕业典礼，由校长雷汉伯主持。"可见当时已改名斐德学校，并迁到泗洲塘。民国二十五年（1936），《鄞县教育机关一览》载有"斐德小学，教职员数 11，学级数 7，学生人数 208，经费元数 3450"，在当时已是宁波市区一所规模较大的小学。民国二十九年（1940），鄞县城区小学校长名单中，斐德小学校长为国人金体镕。民国三十年（1941）4 月至民国三十四年（1945）8 月，宁波被日本侵略军占领期间，曾改名白沙小学，抗战胜利后恢复斐德小学。1949 年 5 月，校长为刘雯仙。1952 年毓才小学并入，由当地热心教育事业人士组成教育委员会接办，改名新生小学。1956 年由市人民政府接办，改名宁波市白沙路小学。

毓才小学（1927.8—1952.1）　创办于民国十六年（1927）8 月，为法国天主教会所办，创办人陈尤传神父。是年毓才中学停办，在泗洲塘附近居住的教徒利用中学部分校舍，先办经言班，把教友子弟集中起来，学习经言教理，兼读国语、常识、算术等课，逐渐具备小学雏形。民国二十四年（1935）前后，正式开办毓才小学，向鄞县政府登记备案。由神父陈雄为主持小学工作。民国二十九年（1940）由丁菊贞任校长。次年4月，宁波沦陷，学校曾停办。民国三十四年（1945）8月，抗日战争胜利后复校，校长仍为丁菊贞。1949年5月，宁波解放，学校由地方热心教育人士组织教育委员会管理。1951年上半年，基督教办的伯特利小学有3个班级90名学生并入。伯特利小学校舍作为毓才小学分部。1952年，调整小学布局并入斐德小学。

伯特利小学（1931—1951）　创办于民国二十年（1931），由美国基督教神召会女传教士倪歌胜创办，校址在江北草马路。1951年由宁波军管会接管后改为毓才小学分部。

——选自《江北区志》第 25 卷《教育》，浙江人民出版社 2016 年版。

邬志坚演讲外国人在中国传教问题

宁波青年会演讲国际问题，其前二天情形，业志昨报。兹续记第三天演讲情形如下。昨晚七时半开会，到者 60 余人，由上海邬志坚君演讲，题为"外国人在中国传教问题"，讲辞大要略谓：未演讲以前我先要声明的，我们研究一种问题，必以客观的眼光和科学的精神。今晚所讲题目，我们第一要问的，就是外国人为什么到中国来传教，有人说外人到中国传教，是帝国主义的先锋，此说是否确实，我们必须仔细研究。当外人初次到中国传道的时候，经过许多困难，他们背井离乡，远适异国，不仅要受外国人的反对，本国人亦极不愿意。然而他们冒着万险，不远千里而来，其目的到底是为宣传福音，所以有这种牺牲的精神，我们如知道外人来到中国传教的目的，那么他们在中国所做的事业到底是什么，我们必须明白的。据我所知者，外人在中国所做的事业，有四种：一、设立礼拜堂传教。二、开办学校。三、慈善事业，如办医院、红十字会、孤儿院等。四、社会事业。有人说外人所做事业，都含有文化侵略的意义，但据我所观察，除传道事业被中国社会所反对以外，其余大都受人欢迎，不无裨益于中国。假使此种事业，都有文化侵略的意义，然此等文化之侵略，究具何种意义，此为我们所应研究者，大概一国文化之发达，与国家之强盛，有两种要素：一、吸收新的文化。二、保存和发展固有的文化。我们从历史上都可证明，如罗马，如英国，如日本，如中国的历史中，都有相当的证据。反而言之，能保守文化或只知吸收别的文化之国家如印度，如朝鲜，如埃及，均为显著之事实。

然则外人在中国传教，为什么发生问题呢？因为时代之不同，传教之方法有错误的地方，据我所见的，有五点：一、民教冲突的问题。二、教会管理权未有全归中国人手中。三、教会的仪式不合于中国。四、讲道方法的错误，不能使知识阶级满足。五、各教会名称之不同，容易引起外人之误会是也。当此时代之中，如欲解决此问题，以我所见，必须实行三种方法：一、修改国际间不平等条约，因为自从 1839 年鸦片条约以后，外国人到中国来传道，实在都与此种条约间接地发生关系，外国人一方面是靠强权兵力为后盾，到中国传教，一方面却要讲福音的精神事业，不免双方有束缚牵制之处，其原因就是受不平等条约的影响。二、应收回外国人在中国制产之权，在欧美各国都不许东方人有制产之权，而外人在我国则不然，不仅在通商大埠制产，即内地亦到处皆是，此时我国政府应即规定一种法律，外国人亦应自动的将产业完全让给中国，以表示其友谊无他用意之真心。三、中国现在应即创立中国化的基督教会，因为我们所需要的是宗教的精神，耶稣的人格，并不是外国传来的教会仪式派别，等等，此为我们中国人所应觉悟者也云云。

——选自《时事公报》1925 年 7 月 10 日

浙海关十年报告

光绪八年至十七年（1882—1891）

浙海关税务司　墨贤理

浙江省内有下列传教会：

（1）罗马天主教

外国传教士，男性 13 人；外国仁爱会修女 23 人；合计 36 人。

中国仁爱会修女 6 人；皈依者 9000 人。

（2）美国浸礼会

外国传教士，男性 7 人；女性 6 人；合计 13 人。

中国基督徒，450 人；中国神甫，26 人。

（3）美国长老会（北方）

外国传教士，男性 4 人（3 人已婚）；女性 3 人；合计 7 人。

中国基督徒 97 人。

（4）美国南方长老会

外国传教士，男性 4 人（3 人已婚）；女性 3 人；合计 7 人。

中国基督徒 97 人。

（5）英国圣公会

外国传教士，男性 13 人；女性 6 人；合计 19 人。

中国基督徒 1042 人；中国神职人员 7 人；中国教师 51 人。

（6）英国联合循道宗自由教会

外国传教士，男性 4 人；女性 2 人；合计 6 人。

中国基督徒 631 人。

（7）中国内地教会

外国传教士 22 人；中国牧师 61 人；中国基督徒 1200 人。

外国传教士：罗马天主教 36 人；新教徒 74 人；总计外国传教士 110 人。

本国教徒：罗马天主教 9000 人；新教徒 4225 人；总计中国传教士 13225 人。

光绪十八年至二十七年（1892—1901）

浙海关税务司　余德

浙江省有下列传教会：

（1）罗马天主教

外国传教士，男性 20 人；外国仁爱会修女 26 人；合计 46 人。

中国神甫 14 人；中国传授教义人 81 人；中国仁爱会修女 52 人；皈依者 13900 人；新教徒 4800 人。

（2）基督教会（英国圣公会）

外国传教士，男性 13 人；女性 15 人；合计 28 人。

中国基督徒 3100 人；中国神职人员 14 人；中国教师 66 人。

（3）美国浸礼会

外国传教士，男性 9 人；女性 15 人；合计 24 人。

中国基督徒，770 人。

（4）美国长老会

外国传教士，男性 7 人；女性 10 人；合计 17 人。

中国基督徒，1280 人。

（5）基督教循道宗教会（宁波和温州）

外国传教士，男性 8 人；女性 9 人；合计 17 人。

中国基督徒，2500 人。

（6）中国内地教会

外国传教士，72 人。

中国基督徒，3678 人。

中国助手（有薪）165 人；中国助手（无薪）74 人。

总计：

外国传教士，罗马天主教，46 人；新教徒 158 人；合计外国传教士 204 人。

中国基督徒，罗马天主教 13900；新教徒 11328 人；总计中国基督教徒 25228 人。

光绪二十八年至宣统三年（1902—1911）

浙海关税务司　柯必达

卫斯理宗（英国）教会于 1906 年建立一所能容纳 90 名学生的大学堂，1910 年又加以扩大，现收学生 140 名。理科硕士莱德芬先生为校长。课程一般化，但非常受欢迎，不难招到所需学生。学费按照学生是否信奉基督教而不同。信教者每年缴付 62 元，非教徒要 72 元。

民国十一年至二十年（1922—1931）

浙海关税务司　安斯迩

美长老会及浸礼会，在本埠设有学院四所，本期因经费困难，合并为男女学院各一所。圣道公会所设中学校，1925 年、1927 年两年，因受排外影响，校务改由华人接办矣。查自教育部规定教会学校须聘华人主持校务及改宗教课程为选科后，各外国宗教机关，以其与教会宗旨不合，大都不欲供给资金在中国办理学校。因而本埠教会学校情形，遂日趋衰落矣。

宁波江北岸天主堂对收回白水权之争辩

宁波江北岸之水岸线，光绪二十五年起，即为天主堂所占有。现在鄞县县政府，拓宽外滩马路，对于天主堂所占有之白水权，亟须收回。鄞县县政府发表《收回白水权之根据及经过》一文，已见15日本报。嗣天主堂以利害关系，对于上文有所声辩，断断不休，阻碍我地方行政。国运低落，在华外侨，到处皆然，岂独我宁波已也！兹将天主堂争辩原文，转录如下，愿甬人深切思考可也：

甬北天主堂驳复鄞县县政府收回白水权论点之论点：关于江北水岸线收回问题，敝堂与鄞县县政府，几经交涉，社会人士，多有未明真相。兹鄞县县政府将收回白水权之论点，登诸报端，敝堂亦不详繁赘，择其荦荦大者，据理驳复，俾社会人士，得明了此案事情曲直。一、敝堂江北外滩白水权之取得，系根据于宁绍台道之照会，且系交换而取得者。查鄞县县政府以复查前宁绍台道覆文，于赵主教让出二英丈开作公路一节，予以照准，对于二英丈公路驳岸以外之地，仍应以白水权界归堂内执管一节，未有只字提及，固未予以承认云云。查核原文赵主教允为让地筑路之条件，为驳岸以外之沿河利益，仍归堂内执管，不得被别人侵占。当时税务司虽主政工程局，而对于有条件之让地，未能擅主，故特请地方最高行政长官之核准，是税务司之据以转请者，专在此点，宁绍台道之据以核准者，亦专在此点可知，否则赵主教既允工程局之之请，而愿为让地，工程局自有权可以接受，何必转请宁绍台道之核准耶？且敝堂沿河利益之取得，系以沿河一带二英丈之基地交换而来，与因买卖契约而取得者，实无以异，自得本于所有权之作用，而排除他人之干涉也。二、驳岸以外沿河之地之解释。鄞县县政府以二英丈之外，果尚有土地，则此二丈基地，自不得谓之沿河，更无须驳岸云云，不知赵主教当时所允让者，为沿河二英丈之基地；所不允让者，为驳岸以外之沿河利益，故其照会原文于所让二英丈公路驳岸以外沿河之地之下，即继之曰仍应照旧以白水为界，归堂内执管，不得被别人侵占利益等语。鄞县县政府断章取义，安得推翻敝堂之证据耶？三、敝堂即无权占有白水权，亦因时效而取得也。敝堂既根据交换契约而取得沿河白水权之后，即从事经营继续享受利益，迄今已逾30余年，其权原甚为正当，为确实毫无瑕疵之可言。即退一步言，敝堂即无权占有，而既以所有之意思和平继续占有？30年亦得以主张因时效而取得也。四、敝堂所有水岸线之权利，非上海沿浦岸线可比照办理也。查上海市政府所收回者，仅将沿十六铺一带原署官商合办之大达轮埠公司之沿岸线，收回官办，非单独收回私人所有之岸线也，且浦西地属租界，姑不具论。而租界以外之浦东沿浦岸线华洋公司码头林立，有否收回市有之事实乎。五、敝堂办理本案之经过，鄞县县政府以敝堂张皇其词，动辄以条约交涉仍取数十年前之故态以自外，一则曰继续强占，再则曰继续私租，殊深遗憾。查敝堂之取得白水权，根据于交换契约，已如上述，何得谓为强占为私租，且敝堂一向顾全公益，并尊重地方政府之合法命令，绝未以外侨身份或旗号以自外，不特光绪二十年之让地筑路可证，即最近鄞奉路南门外汽车站及江北岸外马路中马路之拆让，无不惟命是从，他如鄞镇慈路致非法侵占敝堂基地，当以其事关公益，损失尚微，犹隐忍而未与计较也。六、附带之声明。敝堂所有产业之收益，全数拨充地方公益之用，尚虞竭蹶，除传教外，如药行街之仁慈堂、草马路之普济医院等之养老、赘恤、育婴、吟废弛医药等基金，无不藉此挹注，因此项码头租为敝堂最大多数之收入，故权衡轻重，未便轻易放弃也，且即以既得权论，亦未能无偿返还也。

——选自《上海宁波日报》1933 年 8 月 23 日

白水权属诸国有

鄞县政府为天主堂与永川公司，因岸线租金涉讼一案，嘱将本府通知原出租人及使用岸线人解除租约在于何时，及白水权问题有否根本解决各点，查卷具复等由，准此。查本府收回江北岸天主堂水岸线（亦即所谓白水权）一案，按诸公法，水岸线当然属于国家，私人绝对不许占有，按诸私法，天主堂始终无水岸线为其所有之合法契税提出，以为证明，当然不能认为私有，是以本府对于收回水岸线，无论公法私法，均无违背。初时虽由法领运向外交部交涉，然已经本府迭次查案呈奉省政府核准，咨由外交部饬遵在案，至本府收回时期，系于民国二十年十二月间，分别通知原出租人及使用岸线人等，定于二十一年一月一日起，解除租约，停付租金，令使用岸线人，于同年同月同日，向本府登记承租，嗣因种种关系，各使用岸线人，始于本年七月份起，来府承租。但此事实问题，自二十一年一月一日起，至本年六月份止，于此期内租金，依据上开天主堂实属无权诉追，准函前由，相应函复，即请查核办理可也。

——选自《上海宁波日报》1933 年 11 月 27 日

收回宁波天主堂"白水权"的经过

倪维熊

收回宁波天主堂"白水权"的斗争，是在 1927 年宁波设立市政府时开始的。1931 年市县合并，由鄞县政府继续交涉，我当时任建设科长之职，参与此事。兹就记忆所及，并查阅一些有关资料，再加上与当时任市长的罗惠侨先生交谈中了解来的情况，综合叙述如下：

1842 年，清政府被迫签订不平等的中英《南京条约》，规定宁波为五口通商的口岸之一。1844 年 1 月，作为"条约口岸"的宁波正式开埠。接着，英法等国领事在宁波江北岸一带强行圈划一大片土地，作为"外人居留地"[①]。宁波开埠后，法国在贸易方面不如英美，在传教方面却是首屈一指。法国任意曲解中法《黄浦条约》等不平等条约规定，大力扩张天主教势力[②]，以达到不可告人的目的。1860 年，大规模重建宁波药行街天主堂，1872 年又建造宁波江北岸天主堂，并乘机侵占大量土地。宁波江北岸天主堂占地颇广，面临甬江，后靠同兴街（即现在的中马路），自新江桥塊到宁绍码头一带水岸线和水面，也都在天主教堂管业范围之内，算作他们的产业，出租于人，建筑码头，停靠轮船。这就是所谓天主堂的"白水权"[③]。由于清朝统治者与北洋军阀政府讨好洋人，尽力保护天主教堂的非法特权，因此，从 1872 年建堂起到 1933 年由地方政府收回"白水权"止，江北一大段沿岸水面被霸占，享受非法利益达 61 年之久。

当时促成宁波市政府交涉收回"白水权"的主要因素有二：1. "五四"运动后，爱国运动风起云涌，人民觉悟有所提高，对不平等条约所造成的后果，感到气愤。尤其是当时离第一次国内革命战争不远，民间反帝气势犹存，所以地方爱国人士和政府中有正义感的人主张收回"白水权"；2. 当初办市政建设时，江北岸外滩还是一条狭窄的旧式石板路，轮船到埠，拥挤不堪，拓宽马路是急不容缓之事，但苦于没有经费。收回"白水权"后，可以收取岸线租金，作为筑路经费，一举两得。于是在 1927 年 8 月至 9 月间，宁波市长罗惠侨和几个同僚开始计划收回"白水权"。于同年 9 月拟订了整理岸线方案，报省核办，经省府饬知宁波交涉员分行各国领事。同年 12 月得到宁波交涉员的复函，说驻甬英国领事及驻沪法国总领事都表示反对。英国领事复文中有"本领事认为此项章程不得公使团核议，由本国驻京钦使训令到署，本领事断不能承认宁波市政府径自占据英商民拥有的产业……"④等语。当时宁波交涉员由浙海关监督兼任，约在 1928 年改由驻沪江苏特派员兼理。经宁波市政府一再催促交涉后，得到驻沪江苏特派员复文说："关于收回'白水权'案已得到外交部允许，但是所拟办法，还欠妥善"云云。市府因此又重订一份《宁波市暂行租用江河沿岸码头章程》，送到外交部，但久久没有批复，交涉就此中搁。因为当时各级政府，上自外交部，下至交涉员，都不愿多事，没有认真去交涉，只是把公事照转一番，就算了案。

1931 年市县合并⑤，当时鄞县县长陈宝麟也注意到这个问题，并认为上级对收回"白水权"，原则上既已同意，就应该着手行动。于是一面息借商款，兴建外滩马路。自新江桥堍起至何家弄（即现在的车站路）口止，全长 660 公尺⑥，把原宽仅 6 公尺左右的街道，拓宽为 19.2 公尺，一边驳宽江岸，一边缩让房屋，同时，通知各轮船公司，填报使用岸线长度，向何人承租，每年租金多少，等等，并限当年（1931）年底止与原出租人解除租约。当时，各轮船公司的资本家或代理人存在不少顾虑，既怕收回不成，得罪天主堂，又怕收回后，政府要增收岸线费用，颇多犹豫观望。经政府一再解释催促，始行填报。结果，知道出租人大部分是天主堂，只有少数地段为本国人出租，如岭南会馆等。接着，一面召集各轮船公司开会，商讨停付租金、转移押租等各项具体办法。一面制定水岸线租借暂行规则，上报省建设厅批准。但是，事情的进行不是一帆风顺，天主堂得知此事后，来函声明反对，并由驻沪法总领事提出抗议，要浙江省政府制止宁波地方政府收回"白水权"。因此，交涉进入了地方政府与天主堂之间大打笔墨官司的论战阶段。

我们首先要江北天主堂拿出取得"白水权"的证据。天主堂仅仅拿出光绪二十五年（1899）宁绍台道照复浙海关税务司的公文摄影本一件⑦，此外，没有其他足以证明江北天主堂拥有"白水权"的任何证件，只是说：在购进沿江土地的原契约上载有"白水权"以及"潮落为界"等字样，以此作为占有沿江水岸线及水面的理由。我们的驳复理由，主要有下列几点：

（一）根据通商条约，除在通商口岸允许外国侨民租地建筑医院、教堂以及居住房屋外，概不许购置土地并取得所有权，故土地以外的水岸线，更不得为外侨产业的一部分。（二）根据中国土地法规定："凡可通行之水道及公共通行之道路，均不得为私有"，本国人民尚不能以此为私人的所有物，则外国侨民当然更不能占此为私有。（三）就天主堂所提出的宁绍台道复文来看，开头叙述税务司来文中虽然提到"商之赵主教，沿河各地以白水为界，均归堂内管业，兹将沿河一带基地让出二英丈开作公路，以维善举，唯所让二英丈公路驳岸以外沿河之地，仍应照以白水为界，归堂内执管，不得被别人侵占利益……"等语。但后面宁绍台道的答复中，只对赵主教让出二英丈作公路一节，予以照准，对于所谓"公路驳岸以外沿河之地，仍应以白水为界，归堂内执管"一节，没有只字提及，当然不能作为已得认可的凭证。（四）抓住税务司原文中既说"沿河一带基地让出二英丈"，又说"驳岸以外沿河之地"，这两句自相矛盾的话予以驳斥，说："试问于二英丈以外，如果尚有土地，则此二丈基地自不得谓之沿河，更无须驳岸，既须驳而为岸，自系水陆相交。乃沿河基地驳岸而外，尚称有沿河之地，岂非谰言！"（五）天主堂说他所持证件，注有"白水权"字样，但他引用英文为"The right to the foreshore"，明明为岸而非水。我们的驳复文中说："按宁波习惯，沿河居民为洗涤及船只上落便利计，往往筑有石磡，随房屋基地卖买而转移，契载四至，其至水一面，当注明连沿江浮沉石磡在内，砌驳随意，并无诸般阻碍，以及亲邻诸色人等不得妄言有分等字样，取得白水权，只不过为证明私有之屋基到官河，并无其他人产业横阻其间，居住者可以自由开辟门户，上落船舶，不受其他私人阻碍而已。至于水面河底，自古以来都不能占为私有。天主堂实系误解地方习惯，以为沿岸在未捐作马路以前，系彼执管，殊不知捐助之后，既不能再有权利，况水面自始即不应为彼执管乎！"（六）天主堂又说原契有"潮落为界"字样，我们根据"沙涂涨出，无论水沙暗沙，已未成熟，向归官有；毗连业主均依法契载亩分为限，归他管业"的规定，提出即使原契载有"潮落为界"字样，也不能生效。（七）沿江所有码头趸船以及种种设备，都是各租户轮船公司自行建造，并非天主堂所建，天主堂实无丝毫可以收取租费的理由。我们据理驳复之后，并将经过情况报省政府转到外交部。隔了一段时间，外交部复省府说："沿河地亩之所有人，并无水岸之权利。上海市政府收回沿浦岸线一案，可照此办理。"省政府即根据此意照会驻沪法总领事，但法总领事和宁波天主堂仍坚持前议抗拒收回。省政府又将全案移送外交部交涉办理，与此同时，我们把摄成的实地照片四张，一并寄送外交部，证明原有驳岸以外，并无实地。事后一次又一次地去催促有关部门，要他们赶快交涉，直到1933年8月间才得到省政府指令，说："经外交部咨复，已照催法使转饬遵照。"我们认为此案已告段落，就将办理经过及收回"白水权"的根据在当地各报发表，并宣告收回。报纸一发表，天主堂又来一次反驳，在（时事公报）的封面广告栏内登载一篇《驳鄞县政府收回白水权论点之论点》。这篇文章的主要论点如下：

"驳岸以外沿河之地之解释——鄞县政府以二英丈之外，果尚有土地，则此二丈基地，自不得谓之沿河，更无须驳岸云云。不知赵主教当时所允让者为沿河二英丈之基地，所不允让者，为驳岸以外之沿河利益，故其照会原文，于所让二英丈公路驳岸以外沿河之地之下，仍照旧以白水为界，归堂内执管，不得被别人侵占利益等语。鄞县政府断章取义，安得推翻敝堂之证据耶？"

我们就在报上发表了一篇谈话，大意如下：

"天主堂自称赵主教允让者基地，不允让者利益，则自天主教堂亦已自知二英丈以外并无基地，至为明显。乃思词令之巧辩，单以利益为言，殊不知利益一词，本附丽于主物而生，必有主词，乃可确定，如空言利益，则究何所指？于义既不可定，于法自无所据。原照会所称：'……惟所让二英丈之公路驳岸以外沿河之地，仍应照旧以白水为界，归堂内执管，不得被别人侵占利益……'则是归堂内执管者为沿河之地，不得被别人侵占利益者乃沿河之地之利益。盖沿河之地为其主词，稍识文义者当能解之。今天主堂既亦已明瞭二英丈以外无基地矣，乃硬将利益与土地分而为二，其断章取义可谓到家……"

这是整个交涉中的最后尾声。从此以后，天主堂没有再生异议，江北岸外滩一带水岸线，就由使用岸线的各轮船公司向地方政府订约缴纳租金。一桩公案，才告结束。

注释：

1. 《南京条约》中有"……准英国人带同所属家眷，寄居大清沿海之广州、福州、厦门、宁波、上海等五处港口……"的内容。1843 年签订的中英《虎门条约》中有"准许英人在五口租地建屋，永久居住……"的规定。英、法等国侵略者，据此，侵占宁波江北岸作为"外人通商居住之地"，又称"外人居留地"。

2. 天主教传入中国后，于清康熙年间发生"中国礼义之争"，罗马教廷于 1715 年颁布禁约，康熙下令禁止天主教传播，1844 年（道光二十四年）法侵略者迫使清政府签订不平等《黄浦条约》后，强迫清政府取消对天主教的禁令，准许他们在通商口岸自由传教。1858 年鉴订的中法《天津条约》又规定"……天主教教士得入内地自由传教……中国人如触犯、毁坏教堂、坟地，地方官应加严惩……"法侵略者据此大力扩张天主教势力，以达到不可告人的目的。

3. 所谓"白水权"，实际上是宁波港的水岸线管理主权。

4. 曾在江北岸巡捕房工作过的英国人孙阿斐，霸占着江北天主堂附近的沿江地段一批房屋，也借口有"白水权"，拒不拆迁，阻碍外马路一带筑路工程。

5. 辛亥革命后，撤销宁波府，设立会稽道，统辖宁波、绍兴、台州各县，道署在鄞县。1927年，撤销会稽道设宁波市，1931年宁波市暂行取消，原市属各机关工作，归并于鄞县县政府接收办理。

6. 据民国《鄞县通志·工程志》记载：兴建的外滩马路，与江北天主堂有关系的是：自新江桥堍起，至岭南会馆房屋止，长约260公尺。

7. 光绪二十五年（1899），工程局拟将江北岸一带建筑公路。法国的江北天主堂，以将沿江基地让出二十英尺为理由，强行要求清朝政府，将新江桥堍至宁波码头的一段岸线及水面算作他们的产业。并在契约上注明"江心为界，潮落为界"等字样。当时宁绍台道官员在同年二月初四批文中写上"公路驳岸以外之沿河之地利益仍应照旧归堂内自主"。这个文件，有媚外之词，但没有确认法国江北天主堂的"白水权"。

　　　　　　　　　　　　——选自宁波市政协文史委编《宁波文史资料》第九辑

第五编

名人轶事

《口岸往事》之宁波

[英] 吴芳思

　　宁波港位于长江三角洲的南侧，是举足轻重的转运港口。数个世纪以来，沿海岸线北上的船只以及沿长江深入内地的船只汇集于此，东印度公司早已将其指定为合适的定居地点。尽管《南京条约》之后，宁波是对外国居民开放的口岸，但这一期望没有得到实现，随着上海的兴起，宁波的繁荣不再。

　　1843 年秋，在英国皇家园艺学会的植物采集者福琼①的笔下，这座城市距离大海约 12 公里，位于"两条河流的汇合之处，汇流之处形成了一条壮观的大江"。他看到河面之上：

　　　　中国人用船只搭建了一座浮桥……最简单且最精巧的发明设计，多艘停泊的大船均匀排开，横贯河道，形成桥基，其上铺设剩余的木质甲板，桥梁整体能够依据潮涨潮落，起伏有度。从这个意义上说，假如潮水不太急的话，浮桥下有足够的空间，让渔船以及渡船随时通过。

19 世纪 80 年代的宁波灵桥（老江桥）

福琼到宁波的时间比首任英国领事抵达的时间还要早几个月，他有点不知所措，不知道能在哪里或是从谁那里求得住处。

　　离开我的小船和仆人登上岸，我在这座城市闲逛，观察四周，心想或许会突然冒出一些东西为我所用。我很快被当地人包围了，在他们中间，有些小流氓，很大程度上是在战争期间被那些军人们带坏的。但是幸运的是，他们中有人懂一点点英语……他们告知我，有个"红毛人"——这是指称西方人的专用词——已经在这座城里面，他们很快将我领到直通此人住处的道路上。

　　此人便是玛高温医生，一位美国传教医师。他的"衣着具有中国特色，辫子和其他一应俱全，但我不得不说，他的打扮相当滑稽……宽大且下垂的长袍，即使让一个中国官员来穿，都过于精致，而帽子却是下人和苦力所戴的普通款式……试想一位伦敦的法官身穿裁剪精细的黑色长袍，却戴着一顶清洁工帽子"。1907年，玛高温的照片被翻印到条约口岸的一部手册上，那时他还住在中国。令人失望的是，照片上他没有戴帽子，却穿着深色的牧师服装。

天寒地冻的季节，当玛高温的房子里那些破烂的、纸糊的窗户无法阻挡寒风呼啸而入时，在宁波的福琼则把时间用来欣赏长在山坡上的野杜鹃和有钱人花园里精心修剪过的矮种刺柏、桃树、李树上。在购买一种神秘的黄色山茶花时，他被骗了。讨价还价得到两棵有芽苞但尚未开花的植株，当植株最后在香港开花的时候，只不过是再普通不过的白色品种。不过，他对宁波街市的商业繁荣印象深刻：

　　在离主街不远的地方，有很多很好的丝绸店和五金店，就像英国那些古老的建筑一样，这些商店门面小小的。门面虽小，里面却陈列着大量人见人爱的精美刺绣。这些刺绣比广东市场上的绣品要精致得多、昂贵得多，两者完全不一样。英国市场的庞大需求，诱使中国人生产出这些时尚衣物。在市场上，因为常常有英国人光顾，摆放着许多这样的东西，女人的围裙、围巾、披肩、提包，以及其他英国式样的东西，卖得最多的就是这样一些精美的绣品。

　　中国人把玉看得很宝贵，宁波也有很多玉器店，加工并出售玉器。这些玉器被雕成中国人熟悉的各种稀奇古怪的样子。很多条街上都有印染场，用最简单、最原始的办法给棉布印上一些花样，这样的印染场在全中国各个市镇都能见到。在江边的郊区，很多人从事搓绳这个行当，人们用棕榈叶可以制作出非常结实的船缆与绳索，适合帆船使用；也有人用苎麻的表皮来制作这种绳子。当然，街上还有相当数量的古玩店，陈列着各种形状的竹雕，号称可以大大延长鲜花、水果保鲜期的古代瓷器、漆器，日本舶来的装饰品、犀牛角雕制品、铜器，以及其他一些定价虚高却备受中国人看重，因而不惜重金购买的东西。

我认为宁波最独特的地方是，这儿有一条街，专门生产、出售一种很特别的家具，来过宁波的外国人把这条街叫作"家具街"。街上摆着床、椅子、桌子、盥洗盆、柜子、衣橱等，这些东西在造型上很有中国特点，精心嵌入各种木料、象牙，很能体现中国的人情、风俗，实际上，也是中国和中国人的写照。每个看到这些家具的人都会喜欢它们，但十分奇怪的是，好像只有宁波出产这些家具，另外几个通商口岸，包括上海，都见不到它们的身影。当然，这些昂贵的家具，也只有那些有钱人才用得起。

在同样寒冷的 1 月，宁波正式作为条约口岸开放，首任领事是罗伯聃。此人自 14 岁开始，先后在委内瑞拉、墨西哥以及法国等地经商，最后来到香港，在那里找了一个中国情人，并"娴熟掌握了中文书面语与口语"。战争期间，他作为传译员，同时担任英国驻华商务总监璞鼎查的下属，决然"参战"。基于这层关系，他被任命为宁波领事。与其同行的还有一位医官、两位秘书以及作为翻译助理的时年 16 岁的马理生。马理生向罗伯聃学习中文。在最初的 8 个月时间里，马理生还需要与痢疾苦苦斗争。与其他许多人不同，马理生恢复了健康，并且继续续接受领事的各项任务。

罗伯聃发现，在宁波找到合适的住处十分不易，他勉强接受了城外一处中国人的房子，到那里需要穿过稻田和小径。作为外国人定居地，宁波的吸引力似乎并不大。1845 年，除了在领事馆的工作人员之外，仅有 3 名英国人，一名商人很快就放弃了希望，移居上海，另外两位是未婚的女传教士。尽管数量上不尽如人意，性别比例上的平衡也许能让那些上海的共济会会员艳羡，他们那里舞伴的人数比是十比一。

虽说身边的支持者寥寥无几，罗伯聃仍然公布了约束条规。如果他们想要出城 3 英里以上，或者前往其他城市和村庄，再或者如果他们希望到什么地方狩猎，都需要获得他的批准。他还要求他们尊重当地庙宇、坟地以及当地居民。在罗伯聃离任之后，继任的领事阿德金发现他的同胞们"毫无优雅可言"。大部分女士称呼他为"哈德金"先生。

1854 年，19 岁的北爱尔兰人赫德[②]来到宁波，供职于宁波领事馆，成为密妥士的下属。宁波此时已有 22 名外国居民。当赫德乘船进入港口之时，"只见桅杆如林，完全看不到城市。立于市中心的一座巨塔，是城市的至高点"。他下了小舢板，登陆上岸。

> 我看到一位身穿白色裤子和鼻烟色外套的绅士；我立即判定这就是密妥士先生，他就该是这个样子。只是对英国人来说，如此唐突会很奇怪，我还是避而远之为好。虽然并不认识前往领事馆的路，但我宁愿迷路，也好过向一位我还不认识的先生问路……我继续前行；但密妥士先生瞧见了我，他略微欠身，开口问我："赫德先生吗？"我亦躬身回答："想必是密妥士先生了。"我们握过手，一同前往领事馆。密妥士先生个子挺高……他的眼睛是湛蓝色的，目光里透着野性——像极了一个躁狂者；他的络腮胡修成了法国式样（我想，是亨利四世款）……进入领事馆，我们碰到了那位著名的旅行者福琼先生。

次日清晨，密妥士领事领着赫德拜访外国人社区。和福琼一样，他被引见给玛高温医生。玛高温在传教医师的本职之外，还出版有双周刊《中外新报》，他还用中文撰写了记述 1852 年 12 月 11 日日食现象的文章以及《航海金针》（1853）。他欢迎来访者的时候，手里还拿着一本书，身穿晨袍（密妥士觉得纯属"装模作样"，尽管这比他古怪的混搭的中式服装要好一些）。赫德详细描述医生的面容："他略微有些发胖，是蓄须运动的支持者，但是反对留络腮胡，只在上唇留了小胡子。"

然后，他们还拜访了戈柏夫人。她是英国圣公会差传牧师戈柏的妻子，与玛高温医生一样，戈柏也是一位多产作家。除了许多宣教小册子之外，他还出版了宁波方言本《天路历程》，使用"罗马字母印制"。此外还撰有《给迷途者的指导》（邪恶的鸦片是宁波港外贸的主项）。"上海"的霍布森夫人，即英国圣公会传教士约翰·霍布森的妻子，与戈柏夫人在一起。"她看上去愁眉苦脸：她的上嘴唇令人印象深刻，非常宽大——紧紧地遮住牙齿，中部下垂。"接着他们去拜访了"独立"传教士，一位"十分友好的老妇人"奥尔德西小姐。从她的房子里能够看到宁波城，视野很好。在奥尔德西小姐处，赫德（不是最后一次）在戴尔小姐面前表现得像个傻瓜，戴尔小姐的父亲是中文《圣经》印刷领域的先驱台约尔。这一天结束的时候，赫德甚至因为一只纤细的足踝而心猿意马，声称"在戴尔小姐的目光中，我在宁波的不快已经烟消云散"。

他们随后拜访了罗马天主教神父。一座漂亮的教堂正在建设之中。他们发现，"所有的传教士都接受了中国服装"。卢塞尔先生（另一位英国圣公会传教士、作家，有多部使用拉丁化宁波方言印刷的著作）不在家，他的妻子卢塞尔太太不予接待，这引发了密迪乐先生的低声咆哮。"对此我能够理解为，他觉得女人十分讨厌——必须要打理头发或者戴上一顶整洁的帽子之类的。"他们继续拜访之旅，来到美国浸礼会牧师诺尔顿的家中，诺尔顿声称："他认为中文非常简单！据说那些持有这种观点的人在学习中文方面不太可能取得很多进步。"诺尔顿夫人脸色光洁，红色头发，虽然已婚，但是与之交谈融洽。

渡河之后，他们远离城墙护卫的内城，拜访了另一位美国传教士韦理哲（Richard Quartermain Way），他负责差会名下的一所男童寄宿学校。韦先生外出不在，韦夫人是"一个友善、亲切的女士"。接下来是倪维思先生，另一位美国长老会的传教士，他是一位多产写手，完成过多部中文宗教著作（他的妻子将《正道启蒙》译成宁波方言）。倪维思夫妇（两人都是20岁出头的年纪）留给19岁的赫德的印象是"年轻"且"天真"。在我们逗留期间，倪维思坐在摇椅上不断晃动。他的衣着非常随便。

拜访完传教士，接下来轮到其他领事官员。他们首先造访了美国领事麦嘉谛（MacCartee）先生，不过只有他"红唇皓齿"的妻子在家。葡萄牙领事塞尼奥·马克斯"用他的脚踏式风琴给我们演奏了一曲波尔卡。看到他对待密妥士先生礼貌有加，同时又获悉他们的关系交恶，实在令人忍俊不禁。离开领事的住处，我们前去看望戴维森先生，这个地方最受尊敬的商人……他看上去是个友善热心的人。……我们就此完成了对外国人社区的访问。这真是耗费心神的一项工作：带着不变的紧张心态，出入如此之多的房子，对每一个人说同样的话。我很惊奇地发现，女士们如此钻研，如此熟悉当地口语。他们大量谈论他们称之为'罗马化的口语'。他们试图将中文转化为一种具有传统声望的语言，我对这样的尝试很好奇"。疟疾似乎是这里最受欢迎的话题。

拜访完受尊敬的外国人之后，赫德与密妥士又会晤了中国行政当局官员：

早饭后我们动身去拜会中国当局。过河时我们的船差一点翻了。到对岸后，我们上了轿，带着随从，摆出英国领事官应有的架势和神气前进。两个戴着清朝官员仆从所戴的帽子、上面附有小小的英国国旗的人跑在前面清道，四个人抬一顶轿，还有一个仆人领班跟在后面，负责递送名刺。我们首先拜会道台，到衙门后，穿过几个院子和大厅才到达客厅。在倒数第二个门口，对方向我们鸣炮致敬。……在客厅正门附近，道台在两个下属官员的陪侍下，同我们见了面。他是一个肥胖的老头，戴着眼镜；脏手和长指甲是中国高级官员的特征，因此我用不着说他二者都有。我坐了一个上座，道台坐另一个。就座不久，仆人送上茶来；随后一张桌子被摆在厅中央，上面摆置糕点、水果、蜜饯和各种美味食品。道台大人背对着门坐；我在他右边，密妥士先生在他左边，其他官员坐在他的对面。每个人面前都放着筷子和银制的叉子，还有一个直径大约两英寸的碟子。道台伸手向前从每个盘子内取出几样小食放入我的碟中；别的官员照他的样子做；很快我的面前每种食品就都有了不少。招待确实不错，糕点很甜，蜜饯味美。我每吃完一块点心，道台伸出手指取来了同样另一块放在我面前，我对这点确实感到有些奇怪。……此后，小杯子被端上来，每杯大约能盛半玻璃杯那么多的酒，杯内盛有一种类似威士忌的酒。在座的每个人都举起杯子伸向别人说"请"，然后或是喝干，或是浅啜，侍候的人立即倒掉杯内余下的酒，再斟满。我们每喝一次都"举起杯子"并说着"请"。道台和其他官员摆动酒杯的优美动作给我留下深刻印象。密妥士先生为我翻译。一个官员问我是否喜欢酒，我说喜欢，于是某种中国酒被送了上来。这个官员劝我满一杯，我们俩每人都"喝干"，他将杯子内部亮给我看，证明自己已喝干。中国人尊敬酒量大的人；如果当时我早知道这一点，一定让他们吃一惊。在这方面谁敢夸口说能胜过爱尔兰人？几巡酒过后，我们表示不能再喝了，茶就被送到桌上；稍饮了一点便起身，密妥士先生说"告辞"。道台和其他官员送我们到轿子边，直等到我们进入轿内。起轿离去时，衙门再次鸣炮和奏乐欢送。……

注释：

①福琼（Robert Fortune，1812—1880），英国著名植物学家。1843 年受英国伦敦园艺学会派遣，来宁波等地调查中国茶业；以后又两次受雇于英国东印度公司，来华获取了大量优质茶树苗和茶籽，以及茶叶种植、制作、加工的全部秘密，从而将一个完整的

制茶产业复制到印度的阿萨姆、大吉岭等地，使得英国殖民者能够在印度、锡兰（今斯里兰卡）等地大批生产价廉物美的茶叶，在国际市场上强烈冲击了中国茶业，给中国经济造成重大损失。因此，有人称他为"茶叶大盗"。——编者。

②赫德（RobertHart，1835—1911），英国人，1853 年毕业于英国女王大学贝尔法斯特学院。1854 年，英国外交部招收去中国领事馆工作人员，女王大学保送赫德免试入选。英国驻华公使包令指派他到英国驻宁波领事馆工作，先任编外翻译、后为二等助理，实际负责驻宁波领事馆全部工作；同时努力学习中国文化，攻读四书五经，学习宁波话，成为一个"中国通"。1858 年，赫德调往广州，次年被聘为广州新关副税务司；1861 年代理海关总税务司职务；1863 年正式任大清海关总税务司，执掌海关大权达 46 年之久，为中国构建了一套近代化的海关管理体制，设立了中国历史上第一所税务学校。他还创立了中国近代邮政系统，并将灯塔、海底电缆引入中国。此外，赫德与总理衙门关系密切，常介入清政府的外交活动，参与调停、谈判及签订条约，号称近代中国最有权势的第一"客卿"。清廷授予头品顶戴尚书衔、太子少保衔，死后被追赠太子太保。——编者

——选自 ［英］吴芳思《口岸往事》，第 33—39 页，
新星出版社 2018 年版。

赫德肖像及赫德日记之一页

对宁波的最后印象

[美] 丁韪良

　　北上之行使我开始关注大清帝国的北方，并觉得应该去那儿传教。这念头促使我决定离开宁波，一个我可以由衷地说"我爱你，连同你的全部瑕疵"的城市。[作者注：俄理范（Laurence Oliphant，1829—1888）于1859年在作品里提及宁波说："毫无疑问在那些现在对欧洲人开放的城市里，它是第一流的。它也以培育出一些中国最能干的学者而著称。"] 在那里，我度过了朝气蓬勃的十年青春时光，那是一生中头脑最容易感受新鲜事物的时期，也是学习外语的黄金季节。然而我和妻子都曾为疟疾所苦，因此我们希望能够在回家看看之后，去墨西哥湾北部沿岸找一个气候有益于健康的地方换换环境。

　　为前去上海，我写信给一位宁波士绅张鲁生先生请求帮助，他最近刚买了一艘汽船。他十分礼貌地回了信："若您能够屈尊接受敝船所能提供的便利，我将十分荣幸地把您和您的家人送到上海，以此作为我国对来自远方的学者招待不周的补偿。"当我提出要付一些报酬的时候，他婉言谢绝了，这表明他信中最后一句话并非客套。

　　我和张先生认识已久，我们的关系越来越深，最后发展为多年的友谊。他是一位职业学者，继承了一大笔遗产，可被视为中国上层文人的典型。对他们来说，古代学问的知识并不会带来对现代科学的偏见，他对麦嘉缔医生的医术十分倾倒。在得知多数西药都是根据化学原理制成之后，他请求医生教他一些化学知识，甚至为此做了两大本的笔记。三年后，当我在上海遇到他时，给他看了我所翻译惠顿的《万国公法》的译本手稿，他一下子就明白了这项工作的意义，这可是中国在世界之林中占有一席之地所不可或缺的。他也预见到这本书会引起中国朝廷的重视，因此他自告奋勇为我这本书写了一篇序文，此文显示出他对于中外关系的理解，这种理解在当时是极为罕见的。序文为我的书增色不少，同样也为他开启了通往外交界的大门。他被任命为驻日副使，归国后又被指派去了北京附近的一个辖区。他的弟弟张听骊，则曾以中国公使随员的身份访美，之后又在中国驻伦敦公使馆任秘书一职十多年。我初次遇见张鲁生时，他十分年轻英俊，尽管剃着光头、留着发辫。当时他已经在科举考试中考取了秀才，如果继续那条坎坷之路的话，可能获得更高的头衔。不过，他看到新的力量已经出现在舞台上，它们必将改变旧的秩序。于是他放弃了制艺，决定从事新的行业，买了上面提到的那艘汽船，成为在私人生活中开始这项冒险事业的首位华人。

他将汽船用于航运业，但收入菲薄，不过，他很快发现用这艘船来追捕海盗更有利可图：在广阔的沿海地区，他那艘汽船的追捕范围不受任何限制。在一次往北的巡航中，他进入了胶州港，那儿的人从来没有见过汽船，他靠岸后，当地官员将其捉拿，他差点入狱。当地官员把他放了，却在皇帝面前奏了一本，削除了他的秀才功名。这倒并不是由于他触犯了任何现有法律，而是由于他驾驶"火轮船"来到这片平静的海域，惊吓到了当地的老百姓。

张先生在宗教感上是非常有缺陷的，但他的常识足以使他明白民间流行的迷信的荒谬，以及引进基督教可以给中国带来的好处。他的妻子去世不久后，他万分悲痛地来到我的屋里，说，在妻子的葬礼上，他拒绝进行一项非常重要的佛教礼仪。他认为他的妻子非常贤惠，让两个鬼将其魂魄带到阴间的仪式实在是对她的侮辱。因此，代表这些鬼的纸人没有出现在葬礼上。他后来发表了一篇文章，来证明中国从基督教传播中得到的好处甚至要远远大于对外贸易。

我乘坐另一艘中国私人汽船旅行的经历也值得一提。我 1862 年从美国休假回来后，抵达了上海。不过，我想在北上之前先去宁波，就搭乘了宁波人王先生刚刚购买的一艘小汽轮。在顺流而下期间，我便与这位幸运的船主混熟了。他说："我的小汽轮将会在两天后取道舟山返回。如果那时你已经可以启程，希望你赏光再搭乘在下的船，但如果到时候你还不能走，我也可以等一两天。所以你不必着急。"我准时回到了船上，但为了表示他的殷勤不只是口头客套，他拒绝收我的旅费。这段旅行的结束（这也是这艘小汽船在中国人管理下的首航）非常有喜剧性。离港口 50 海里时，机师报告说缺煤。这时浪很大，而我们在进入吴淞江前把最后一块煤扔进锅炉里了。机师又来问该怎么办。"我们是否应当抛锚等待过往船只的救援？""不！"船主说："说不准要等多长时间。烧掉炮座。"人们把大炮卸了下来，沉重的木炮座被扔进了火里。可是半小时后，蒸汽又不够了。"烧掉桌子。"船主说。就在人们开始动手拆桌子时，另一艘汽船出现了，解除了我们的困境。

在这整个过程中，船主始终保持着冷静和镇定，就像一位印度武士在对着他葬礼柴堆的火焰沉思。

宁波，这个让我找到了毕生的友谊，花了很长时间学习中国知识，也写出了一些我最好的作品的城市，之后我再没有回去过。回首往事，我想起了几个多少比较突出的人物。

外国人社区里最著名的人物是艾迪绶小姐（Mary Ann Aldersey），她是一位和任何传教团体都没有关联的英国传教士。（详见《爱尔德赛与中国首家西式女学》附录）

麦嘉缔医生是长老会宁波传教站的先驱者和创建人。他为人和善又富于才华，同中国人和外国人都相处得很好。他的医术使他在中国人当中享有很高的声誉。他曾经给一位因白内障而失明的人做手术，那人重见光明的时候欢呼道："我从没想到过外国人是长成这样的！"这显然是指麦嘉缔这位医生。他失明已经七年了，总是听人们把外国人叫作"红毛"或"鬼子"。有一天我协助医生做腿部截肢手术，他在缝合最后一条韧带的时候晕倒了，他的神经十分敏感，禁不住这种工作的刺激，他很早就谴责流血暴力。他曾经在东京帝国大学担任过几年讲席教授，现在，在东方度过了52年后，他仍然在日本的首都从事传教事业。

另一位宁波传教会的优秀成员是克陛存，他在宁波工作的丰碑是一座他亲自设计的砖石结构的教堂。传教士们对他的回忆则保存在他和裨治文博士共同翻译的一版《圣经》里。克陛存曾就读于西点军校，他跟哈莱克（Halleck）、包莱嘉德（Beauregard）和谢尔曼（Sherman）等人一样，都拥有美国陆军少尉军衔，这时，他在宗教信仰驱使下，成为奔赴远东的传教士。如果他能够透过时间的面纱预见到未来的话，他是否会改变决定，继续留在故乡带兵打仗，而非早早葬身于异国他乡呢？

库尔特夫人（M. S. Coulter）是汉诺威学院校长克罗的女儿，也是我童年的玩伴，真是天意使我们在这项远离故乡的使命中重逢，她的丈夫掌管传教出版，工作刚开始就病得快死了。她于是回到故乡，在教会中领导大家向南方新解放的黑奴传教。这期间她继续教育自己的两个儿子，使他们能够担当重要职位。其中一个孩子曾经是印第安纳州立大学的校长，现在则在伊利诺斯州湖林（Lake Forest）大学主持工作。

蓝显理牧师和他的太太为中国的女孩子们开设了一所寄宿学校，后者现在仍非常活跃。在进行了20年富有成果的工作之后，他长眠于当地，留下了我对他完美人格的回忆，如果"完美"这个词可以用在凡人身上的话。

　　我哥哥孟丁元牧师是我在中国传教事业的另一个伙伴。他比我年长两岁，对我来说就像是 dimidium animae（拉丁语：精神的另一半）。他的形象和我对童年和青年的回忆混合在一起。我们两个男孩子经常吵吵闹闹，有时还打架，那时我还浑然不知，对于保持家庭和睦非常重要的中国学说，不知道弟弟对兄长应当恭敬。随着年龄的增长，我们兄弟之间的感情也在加深。在学校里，我们上同样的课，参加同样的文学团体，同样坠入爱河，噢！当然不是为同一个女孩，不过她们却是一对姐妹。幸运的是我失恋了，否则我就不会有现在这位终身伴侣了，她对我的意义甚至超出灵魂上的另一半。从事了八年传教工作之后，哥哥由于喉疾而不得不退休。一次他进城传教后，回家路上要游过一条河。他游泳一使劲，结果引起大出血，这才使他意识到自己有病。其实，如果考虑传教利益的话，此事可以诞生出一个多么浪漫的故事：一个忘我的传教士冒着生命危险，每天游泳渡河去传播福音！然而，冒着打破这一美好想象的危险，真理使我不得不承认那里是有一条渡船的。而他选择游泳是因为年轻时所养成的游泳的习惯，现在，他所创作的赞美诗依然在宁波本地的教堂里传唱，而讲经堂上的牧师们也大多出自一所他曾经管理过的教会学校。杭州的育英书院宣称这所教会学校是其前身，该校最初是由裨理哲牧师开办的。

　　我最亲密的同道之一是后来到山东芝罘传教的倪维思博士。他是最早到浙江省府杭州定居传道的传教士，当然，该荣誉也可属于包尔腾主教。倪维思也是首先到山东省传教的人之一，在那里基督教传播得非常快。等到我们进行教民人数普查的时候，就可以知道他传道工作的丰硕成果。除了传教之外，他还把我们美国最好的一些水果移植到了中国。他在这方面学问渊博，是个行家里手。这项工作后来被证明是对当地人的一大贡献。他妻子是个了不起的女性，在他死后为其撰写了传记。她进入传教领域不久，就因一次致命的重病而不得不回家乡去养病。她的丈夫准备陪她一起返回。"绝对不行，"我亲耳听到她回答说，"我宁愿早点死也不愿连累你停止工作！"尽管看起来如此柔弱，她后来还是在海外又工作了将近 40 年。这期间，除了一些其他活动外，她为我们的教堂音乐中国化做了大量工作。她失去甜美的嗓音已久，但她训练出来的数百歌喉，仍在吟唱赞美诗。

　　陆赐主教、哥伯播义牧师和岳斐迪牧师这个令人钦佩的三人组构成了英国圣公会宁波传教使团。关于他们，我已经谈到过了。慕稼谷和慕雅德兄弟俩——其中一个是主教——是他们的出色的继承者。以上五人均毕业于牛津、剑桥、都柏林等名校。

美国浸礼会里有三个人值得一提：他们是圣经翻译者高德、才智杰出的内科医生玛高温和罗尔梯牧师，后者是一名优秀的学者、传教士和领事，但像亨利八世一样，他以结婚和离婚次数多而著称。

最后，我要提到两个人的名字，他们比上述诸位更声名卓著——赫德和戴德生，前者由一个初出茅庐的翻译人员发展成为著名的政治家，人称"伟大的总税务司"。他的事业在东方或者是西方都无与伦比，这将会在下文有关北京的章节里提到。戴德生是新教的"罗耀拉"，手下有许多人，并且对于他们具有绝对的权威。我第一次遇到他时，他是一个沉浸在宗教幻梦中的神秘主义者，正等待上天给他启示——这不是懒惰，而是缺乏目标，他有钱的时候就会把金钱施舍给贫苦的中国人，因此自己沦为赤贫。当传道事业召唤他的时候，他就像是变了一个人，具有了钢铁般的意志和无穷的精力，他的错误在于引导信徒向祭祖的风俗开战，而非设法改进它，不过，他建立并管理"中国内地会"的做法还是在传教史上开创了新纪元。

——选自 [美] 丁韪良《花甲忆记》，第 199—208 页，
学林出版社 2019 年版。

前出使日本副使三品顶戴特用
知府张君鲁生节略

童　华

张君（张斯桂）幼习举子业，不沾沾于帖括，常喜谈经济，留心时事，谓通经所以致用，不徒以文章报国也。自道光年间，西人滋事，各口沦陷，乃知天下从此多事。因学天文、地理、术数之学，及千古治乱之由，百家战守之具。旁搜博览，以务核实。觉文人多纸上之谈，武将少域外之观，弓弩不足敌枪炮，帆樯不能御轮舶。谓中华军政急宜改弦更张也。迨五口通商，华洋杂处，于是交结西人，讲求西学。凡水陆行军之法，炮火测量之术，与夫各国富强之由，交邻之道，靡不讲明而切究之，以备军国之用。殚十余年之心力，乃渐窥其奥窔（指奥妙精微之处），斯真可施诸实用矣。

咸丰年间，发、捻等匪蔓延数省，河运梗塞，部议专主海运，责成江浙督抚设法办理。而海盗充斥，多闽、粤、温、台帮人，惟粤帮为剧。盗以其多用舴艋巨舰也。粤帮中尤推吴胜为最剧，自称"天下都元帅"，刻有伪印，竖有帅旗，坐船巨炮，排列两层弹子，重逾三十六磅，横行海上，水师不能制，沿海口岸防堵甚严，申宁粮艘被掳三百余艘，督抚提镇皆为束手。乃合官商会议数月，迄无定论。惟张君创议轮舶庶足济事，浙抚采之，依议入奏。其折内称：部臣以为漕粮舍海运别无良策，臣以为海运舍轮舶别无良策，遂得邀准。

爰于乙卯夏季，购到轮舶。公举张君管带出洋巡缉，因再添设炮位，招募西人，布置妥当，足资抵御，而后往捕。先巡北洋，曾于石岛、复州、龙口等处三大战。盗则多以舴艋艇四十四艘，少或以三十余艘围攻一舟，俱诱出大洋与之相持。炮声震地，火光冲天，自朝至暮，无刻或息。军勇皆传餐而食。除前后击散、沉溺外，计擒获盗艇十一艘、粤匪三十名，统交登州府收管。又于营口救出申、宁、卫三帮粮艘三百余号。次巡南洋，又于石浦、岑港等处两大战。亦以广艇二十三艘来攻一舟，计伤水勇十余名，余将盗舟统行击沉，而海气以靖，海运以通。回洋之日，官商交庆，张君起谢曰：

"是役也，西人能用命，我何力之有。"遂将北洋战功，徇登州知府之请，让之该府；南洋战功让之申、宁各绅董。而于己无与焉。冬季大震，橐案请奖，折内首列其名，而奖励则不及也。

次年，撤退西人，自行驾驶。护运亦有三四战，击沉盗船二十余艘，救出商船、渔船二百余号，释放难民无算。是年奏奖，始愿保举训导。其高尚有如此者，今观其淡于名利，似不可为人分忧任难者。而不知淡泊寡营之中，仍留其慷慨有为之气，踊跃于公之志。故常人有万难之事，若向之殷勤重托，即慨然自任而无难观。

于丙辰年间，宁郡口岸突有葡萄牙轮船驶入甬江，陡向和义门外开炮轰击，与降将布姓之艇船相对敌。一时炸弹飞入城中，人民骇极，官绅无法，布弁（指诸侯）亦来求救。告以未奉宪谕，碍难代之受敌。惟有善为处置之一法耳。因往谒美国领事麦君，请其移文上海，邀一兵轮前来弹压。次日邀到，即能禁止，得保无事，郡城皆安。自此以后，七阅寒暑，日与西人往来，细究西学，斯阅历益深，操演益熟，而学术亦益进矣。

丁巳年，鄞东土匪史致芬乘间窃发，煽动乡愚、渔户借减粮为名抗拒官兵。戕及官绅，复率领土匪万余前来攻城。除官兵坚守城关，外关道段公札饬张君轮船截断浮桥，以当其冲，仅发一炮而乌合瓦解，一郡安堵。亦不自鸣有功也。又如庚申年，上海捕盗局天平轮船出巡，至黑水洋中，遇一广艇，互相炮击，势不能胜，退回申江，来请助剿，即随同出洋往寻。该艇望见烟痕，迅即挂帆顺风远飏。以时晚不及穷追，则威声素著也。后于同治十二年，以历年护运功得保举尽先知县，加同知衔。

至辛酉年，发逆窜宁，郡城失守，焚掠一空，渐逼江东，将近关署暨南北等号，各帮群泣求救。张君即岸然身任，立派团勇先行救火，且自带水勇施放，击退土匪，而焚掠顿息。又恐土匪勾引洋匪乘夜渡江、潜来肆掠也，乃与英美两国领事商同办理，派一兵轮拦截半江，两相呼应，联为一气，遂将江东半壁保全无恙。即明年，官军克复郡城，多得兵轮之助者，实基于此也。江东粗定，乃展轮往沪公干，并添买军火，意欲回宁击贼。适逢两江制宪薛公奉旨饬救浙省围城之急，随留以装载军火粮饷，航海走黄道关而去。此乃昧于关内沙线之浅，非轮船所能入，则不知地理之故也。又值时方冬至，彤云密布，朔风将起，碍难放洋，必强之使行，此不知天时之故也。敦促再三，勉从其令，一出吴淞，风雨大作，夜抵关前，飓风愈紧，沙水又浅，风帆顿折，锚铳车忽断，船遂搁浅，几濒于危。印委各员相对涕泣。次早，贼众胥来夺船，乃知杭城已陷，乍浦亦失。不得已严阵以待。挨至午后，潮涨船浮，乃能出险。复逆行而至历港避风，数日仍回申江。才得交卸，又饬迅赴松江救护郡城。停泊数日，贼逼渐近。洋将名华尔者，添发洋将来船督率，关道吴公亦添派武弁来船监军。该将弁复傲视一切，不可向迩，张君乃将轮船交卸，洁身登岸，不屑与哙等为伍。数日后，即与城内绿头勇合力击退股匪，轮船大有功焉，盖船上水勇则皆张君练成也。次年，李爵相（李鸿章）初膺署抚之任，带兵来沪，札饬张君随营差委。时方招募洋将，教练洋阵，而中国宿将狃于故常，未肯俯就洋法，常与洋将两相支吾。张君常力为劝解，故洋将知其调和之善，喜与共事，每逢操演，必来邀请。

如是者半年，复蒙曾文正公（曾国藩）辟召，乃赴皖营，先委阅火药局，次则委阅军械所，又委练洋枪炮队。乃教以步伐止齐，并放开花炮子之法，教成试之，颇称灵便。则中国之能放开花弹，不自近年金陵始，实自癸亥皖营始也。奈教成后，士卒都被武弁带去，仍舍其新而因其旧，实为可惜。此时金陵亦报克复，遂爽然自失，即便辞归故里，遂其初服。

次年，文正公奉命东征，其袭侯欲招之随行，亦不果往。再越一年，左爵帅（左宗棠）在闽省马江奉开船政局，特命委员来招张君。旋闻左帅有西征之行，故不果往。

辛未冬，船政代理大臣夏复命委员来招，遂感激而愿自效焉，乃偕胞弟斯枸同到船署，先委阅海图局，继则仿造水雷、电信两事。八越月而成，试之颇灵。兼请文将军、李提督驾莅马江，看验试放，俱邀赏鉴。文将军则云："将来可用作防堵天津之用。当告知直督李爵相，则更佳"云云。其时宇内安堵，尚难奏准通行，故谨于船署试用耳。则是中国之水雷电线，亦不自今日始，实自壬申闽省始也。凡署中各厂事务及轮船操演、生徒学习等项，局员有未谙者，文肃（沈葆桢）不惮下问，张君则对答如流，故独蒙青睐。其后则有事必偕，无役不从焉。张君感其知遇之恩，常以无可报德为恨，遂于船政出力。案内奏请，循例送部引见，并恩于录用。嗣文肃公拜巡防台湾之命，统兵东渡，人尽求差，而张君则否。虽多人怂恿，亦不为动。至于爱方启行之日，即命之偕行，则知遇之深，亦自信之确也。到台之后，沈帅调遣周到，布置完密，乃嘱副帅潘公夏道暨张君及随员等带领亲兵，驰抵台南琅峤向倭谕话。而其枭帅傲不为动，随员人等无以为计，惟拟请空回也。张君独以为易办，可令枭帅猛醒，乃遣一巡捕官授之话，言如展喜受命于展禽者。然单骑往告枭帅，即肃然起敬，自请当来请罪，即于次日来谒，与言福祸，怡然顺理，遂相安于无事。嗣后乃得一意招抚生番，凡夏道所到之处，必与之偕；即其所不到之处，必遣之往。故全台前后，足迹几遍焉。而于生番叛服之情洞烛其幽隐。即以是年剿服番社案内保举同知。次年恭赍《台湾生番全图》进京。蒙总署奏请通晓洋务，堪备使才，遂送部引见。奉旨候选同知，后以知府用，旋即乞假回南。

是年冬季，内阁奉特旨同知张斯桂赏加三品顶戴，充出使日本副使。其时张君闲寓申江，久违乡里，本地官访问无着，详请浙抚，征之金陵督署。明春始奉到沈文肃公饬知，乃应命而起，先谒督辕，沈文肃公令其恭赍《台湾番社全图》进京，遂奉命偕正使出使日本，常和衷共济，恪恭将事，不至陨越贻羞。任满回京，庶无忝厥职云。特旨以知府即选送部引见。

迹其生平真知灼见，恒越庸流。与言时事，多如其所料。故知交中皆笑其淡言微中，亦可以解纷云云。其于中国从前成败利钝之故，则筹之弥熟。当镇江大营将溃之先，风声渐紧，曾与当道论事，谓："大营一溃，则苏杭可危，盖先购浅水轮船十艘配齐大炮以备救援乎，约需银六七十万。"当道以无此巨款辞，乃叹曰："苏杭若陷，何止六七百万，何惜此小费为。"及次年，苏杭戒严，当道复来商议云："今有此款，可以筹办否？"答曰："寇深矣，势迫矣，轮船达不及待，我亦无能为役矣！惜哉！"他如咸丰季年，天津西人滋事，军机处字寄署督薛公饬将和战两策，从长计议，迅即覆奏。当是时，张君曾随同众绅董谒见薛宪，请其力主和议，专擅顶奏。奈薛宪不敢决断，惟迎合主战者之意，依违入奏，遂兆庚申之变。例以《春秋》责备贤者之义，薛宪不得辞其咎云。都议张君熟悉洋务，斯能议见达到。如近年琉球、越南、高丽等国诸事，皆其所逆料之而直言之者，惜不能如其言而预防之耳。又如台湾东南有二岛，一名红头屿，一名火烧屿。尝请沈钦差招募渔户，前往开垦，并派佐杂人员往莅其事，庶足保全。嗣因急于撤防，无暇经理，后无人议及，今若再不开垦，恐将来有垂涎者矣，不出数年，当有明敌至。

其筹中国富强之策，曾有《柔远策》十余篇，上之曾文正（曾国藩）、李爵相（李鸿章），零《有自强条陈》上之沈文肃公（沈葆桢），皆当今之急务，为西国之所有而中国之所无者。其《崇论宏议》传诵一时，就中诸大政，皆创见创闻之事，其时风气未开，故未能广行。然曾文正先行其二，如开制造局于沪地、遣生徒于美国是也。沈文肃则用其二，缓其三，如兴屯田于卑南，筑郡城于台北，皆如其议以行之。至基隆山之煤、金堡里之矿、台北府之铁，群知所以开之，张君独谓善开之则有益，不善开之则有损。沈文肃暨王抚宪悉欲委之办理，而因两公皆内渡，乃力求辞职也。惟李爵相具大手笔，建大勋业、如造水雷、广电线、立制造局、开轮船厂、设水师学堂、购铁甲轮船、拟造火车铁路及武弁学院等类，皆与张君一二十年前《条陈》中事相符合，且于谒见时曾屡禀之者也。非李爵相不能办此事，非张君不能建此言也。又如丙子年间，总署奉上谕饬通商省分各督抚条对自强六事，必切实条对，不准空言搪塞，限一月奏覆。其时督抚暨司道条对者不下百余卷，总署只取李沈两宪及张君各一卷，而张君一卷尤为李、沈两宪所赏鉴，则其关切时事可知矣。

总之，张君学习多艺，百职胜任，故屡蒙辟召。而性情高洁、难进易退，故屡次假归，其不终于沉沦者以此，其不及早升腾者亦以此，此者皆办公之实迹也。

若当家居之始，侍奉重闱，人无间言。应童子试，叠观全军。及补博士弟子员，屡列前茅，有声庠序。第家本寒素，向无恒产，当入泮之年即奉严训，令其分居析爨，设馆授徒，赖脩脯以自给。是以课徒勤谨，一年无假期，其门弟子，经其两三年之陶淑，动辄掇取案元，多游泮宫而采芹，入蟾宫而折桂，受业者多不忘其教泽之长也。迨后椿萱（父母代称）继谢，即奉庶母幼弟以同居。斯时食指渐多，馆金不足供奉，欲图养膳之丰腴，乃偶试其计然之策，小用之而小效，遂足自赡，且以其羡余周恤戚党。又悯其胞弟年轻失教，不学无术，无与共功名，乃授之诗文，循循善诱，渐能启悟。迨学业与年俱长，乃为之完娶，不数年而游庠。遂将生平所学水陆战阵之法、测量绘图之术，以及医学、矿学、光学、化学、雷电等学，一一口讲指划而尽授之。犹若不足，又出重资聘一西人教习英文。而其弟亦能弹精竭虑，好学不倦，遂致多材多艺，无事不可以器使。至壬申孟春，同赴闽省船署，分司各事暨造水雷电线，克襄厥职。丁丑，同赴总署听候考察。是秋，郭侍郎（郭嵩焘）出使英国，随侍出洋，奏派委员颇堪倚信。越三年，陈都宪（陈荔秋）出使美国；六年，曾袭侯（曾纪泽）接任英国，俱留作随员，同邀信用，迭保至三品衔尽先知府。九年于外，而令其弟无内顾之忧者，凡子女婚嫁皆乃兄身任之，而不烦其弟一言嘱托也。且薪水之资俾其弟储之以作居积之计。其友爱之真挚，足为里党所矜式云。

赐进士出身，诰授光禄大夫、礼部右侍郎、上书房行走、国史馆副总裁、乡愚弟童华顿首并撰。

——选自民国十五年永思堂《慈东马径张氏宗谱》卷十

附录　张斯桂《万国公法序》

间尝观天下大局，中华为首善之区，四海会同，万国来王，遐哉勿可及已。此外诸国，一春秋时大列国也，若英吉利、若法郎西、若俄罗斯、若美利坚之四国者，强则强矣，要非生而强也。英吉利，一岛国耳，其君若相，务材训农、通商惠工而财用足。秣马厉兵、修阵固列而兵力强，遂雄长乎西洋，然犹虞土产不丰，易致坐困，乃多设兵船分布天下。暇则遍历山川，有立马绘图之概；急则夺据关隘，有投鞭直渡之强，故越国鄙远不知其难。法郎西，制器之巧、用军之精为西国冠，竞与英吉利并驾齐驱，树晋角楚犄之势。俄罗斯，积弱久矣，自其先君见西洋诸国蒸蒸日上，恐外患之迭乘而内顾之不暇也，乃效赵武灵微服过秦之术，游历诸国，罗奇才而致之幕下，购利器而教之国中，不二十年，遂郡县北方诸国，而统莅之舆图几与中国埒，然北地苦寒，无南方通商海口，则地势使然也。

美利坚，初为英之属地，嗣有华盛顿者，悯苛政，倡大义，鏖战八年而国以立，而官天下未尝家天下，俨然禅让之遗风，且官则选于众，兵则寓于农，内资镇抚而不假人尺寸柄，外扞强御而不贪人尺寸土，华盛顿迈百王哉！

在昔春秋之世，秦并岐丰之地，守关中之险，东面而临诸侯，俄罗斯似之。楚国方城汉水，虽众无用，晋则表里山河，亦必无害，英、法两国似之。齐表东海，富强甲天下，美利坚似之。至若澳地利、普鲁斯亦欧罗巴洲中两大国，犹鲁、卫之政，兄弟也。土尔其、意大利，犹宋与郑，介与大国之间也。瑞士、比利时，国小而固，足以自守。丹尼、荷兰、西班牙、葡萄牙等国，昔为大国，后渐陵夷，然于会盟、征伐诸事，亦能有恃无恐，而不至疲于奔命。其间蕞尔国，不过如江、黄、州、蓼（均为古代国名），降为附庸，夷于丘县，或割地而请和，或要盟以结信，不祀忽诸，可胜道哉？可知不备不虞不可以师，鲜虞（春秋时国名）不警边，舒、庸（春秋小国，为楚所灭）不设备，千古有同慨焉。

东方亚细亚洲，内如日本、安南（即越南）两国，诚能振作有为，休养生息，富强可待也。统观地球上版图，大小不下数十国，其犹有存焉者，则恃其先王之命，载在盟府，世世守之，长享勿替，有渝此盟，神明殛之，即此《万国律例》一书耳。故西洋各国公使、大臣、水陆主帅、领事、翻译、教师、商人以及税司等，莫不奉为蓍蔡。今美利坚教师丁韪良翻译此书，其望我中华之曲体其情而俯从其议也。我中华一视同仁，迩言必察，行见越裳献雉（指古越裳国进贡白雉事）、西旅贡獒（西戎远国进贡大犬），凡重译（辗转翻译）而来者，莫不畏威而怀德，则是书亦大有裨于中华，用储之以备筹边之一助云尔。是为序。

时在同治癸亥端午，四明鲁生张斯桂识于江南春申浦

　　　　　　　　——选自丁韪良译《万国公法》，中国政法大学出版社 2003 年版。

包腊与宁波

一

升任宁波浙海关税务司

他的升迁，更多归因于他兢兢业业的做事方式、坚持不懈的勤奋工作以及语言天分，这些优点现在开始让他收获成果。赫德很久前就认定，掌握一定的中文知识是海关税务人员升职的基本条件，尤其是在署理一个口岸的税务司的具体职务时，更应如此。赫德是一个一丝不苟、处事公正的人，在前几年已多次就此劝诫过海关洋员。1867 年，他诉诸行动了。最先遭殃的是两名受害者——希望如此用词恰当——粤海关税务司吉罗福和宁波浙海关税务司林纳（J. K. Leonard）。前者被派到北京，用一个冬天的时间来学习汉语，但徒劳无获，其位空缺时包腊临时顶替了他。后者则被遣往上海，虽然优厚的薪酬不变，但担任的职位较为卑微，实际上是明升暗降，而包腊则被提拔为头等供事，北调接任其职。

这对年轻夫妻离开南方口岸时心情有些复杂。一方面，他们觉得这里的天气热得难以忍受，既潮湿又沉闷，想到将来能感受到冰凉的冬天，心里还是比较喜悦的。但另一方面，尽管包腊生活节俭，而且全神贯注于其新婚妻子（没有她一路陪伴，他才不会离家折腾呢），但他们一家还是颇受大家喜爱的，与新交的朋友们离别总有发自内心的遗憾与惆怅。当然，媞莎对社交生活唯一颇有微词的地方，就是男女都偶尔有的纵欲行为：

> 我说服不了亲爱的包腊去吃点兴奋剂。他愿意做的，仅是每天早晨大概 9 点的时候吃一大盆面包和牛奶。这里的女士和男士一样，都非常爱用兴奋剂，这已成为很普遍的风气，所以有这么一个不用兴奋剂的丈夫，真是难能可贵。

对于包腊来说，成为一个总揽大权的实权人物，是他的终极目标——他这时才二十几岁，在海关工作不足 5 年就萌生这样的想法了。他在阅读任命其为署理税务司的信函时非常高兴，任命书无论是在形式还是内容上都充满了他崇拜的上司的特点。赫德在任命书里首先提到了他新的薪酬是"每月 325 两海关银"（约每年 1200 英镑），然后非常直白地提醒他任职期限不确定，"某种程度上取决于你任职后的工作表现"，最后阐明了几条基本原则，这些原则在以后半个世纪里一直指导着海关税务司，注定了海关税务司在"中央王国"里拥有独一无二的权贵地位：

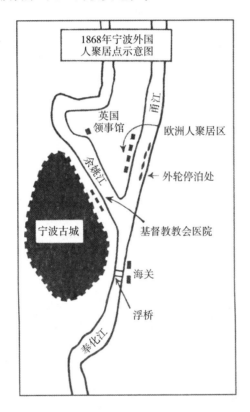

你的职责是，在你服务的口岸内，与各级官员维持亲密友好的关系，不管他们是当地的还是外籍的。

你要牢记，在任职期间，你的职权一律与道台平等，不低于道台。不要忘记，你是中国官员，而不是外国官员。

你要尽你所能，为商业发展提供各种便利，助合法经营者一臂之力；在你的权限范围内，坚守作为一名税务保护者的职责。

　　盼时常向我通报你周边地区的一切趣闻轶事，并且每两周向我递交一份公函，并附上你个人的便函。

　　但对媞莎来说，未来就没那么美好了。宁波是个"风平浪静的城市"，也是中国最早被迫向外商开放的5个通商口岸之一，但由于来自上海的激烈竞争，其重要性已经在衰落。这里的贸易量在萎缩，洋人社区微小。他们乘坐的轮船沿江逆流而上，媞莎一眼望过去，看到一座座结冰的房顶上高高的茅草盖；寺庙屋顶两端的燕尾脊；更高处是四方形棋子坪，如同大帆船的最前端；还有覆盖着野草的圆坟土堆，远不如广东精雕细刻的大理石陵墓那么别致。她悲叹地形容丈夫任职的港口是"一个景象悲惨的地方"。她的第一个孩子快要分娩了，所以可以理解她心里的焦虑：

　　梅多斯医生（Dr. Meadows）来看望我。他很年轻，尚未结婚，对此我觉得很遗憾。最近有几位女士在追求他，看起来都对他很满意。我准备从上海请一位护士（欧洲人），如果有人愿意来的话。这里有个叫瓦德曼夫人（Mrs. Wadman）的妇女，育有7个孩子，她已答应到时尽可能来帮我，这让我感到安慰。

　　她焦虑的情绪很快传染给包腊，他总是神经质地担忧她的人身安全，甚至禁止她坐轿子，生怕轿夫不小心把她摔下来。媞莎反驳说："从来没听说过这样的事，我相信不会的。"不到两个月，他再度猛然陷入愤恨不满的情绪低谷中，所以又一次向国内有权势的人强烈要求调任工作，这次是外交信使的职务。

　　包腊愤愤不平的另一个原因，是他没有被挑选为蒲安臣使团的成员，该使团于1868年出发前往美国。蒲安臣是个善良的人，但也是一个天真、不着调的政治煽动家，他在自己的国家内就已声名狼藉，因他接受他人的决斗，竟然挑了来复枪作为决斗武器，选择尼亚加拉大瀑布之上的"海军岛"作为决斗地点。后来，林肯总统任命他为驻奥地利公使。奥地利宣布他为不受欢迎之人后，美国只好将他改派北京，作为一种安慰。几年后他辞去驻华公使的职务。接着，让外交界感到可笑并惊愕的是，他以不正当的手段获得了中国皇帝之"出使世界各国朝廷的特命全权大臣"的任命。他率领比斌椿还要多的随行人员出发，在两年时间里努力传播关于中国的虚假思想和错误印象，遍及西方各国首府，直至后来在圣彼得堡死于肺炎。他的整个计划都不被看好，甚至被认为是荒唐之举，显然注定要遭到比斌椿使团还惨重的失败。只是包腊认为自己具有先前的经验，又有独特的资格，却没被邀请加入使团，因此心里感到很不是滋味。

随着第一个孩子艾塞尔（Ethel Bowra）于2月底降生，包腊的所有不满情绪都烟消云散。孩子出生时并不十分顺利，幸亏媞莎身体强健，医生也医术高明，最后一切进展不错。这对包腊有两方面的影响：首先，他变得比以往更恋家了，甚至可以说"足不出户"。其次，他感到心满意足，看待周围的事物都闪耀着美丽的光芒。

> 我们的家很好，有漂亮的花园和农田，位于宁波最好的一处江边上。我们的草坪顺着山坡延伸到江边，正好面向对岸蜿蜒的中国城墙。江面开阔，如同里士满区（Richmond）那段泰晤士河，但相似度也仅止于此。江水浑浊、泥泞，稠度堪与浓豌豆汤相比。但我们家窗外风景秀丽，与中国城墙的距离也恰到好处，使城墙看起来灰蒙蒙的，充满古色古香的味道，部分地方还长满了茉莉花和金银花。

> 那块农田给我带来极大的快乐，我们很快就要在园子里养些牲畜了。这里的家禽每打要9两银子，鹅每只大约六分之一两银子，鹿来自附近乡下，大约要12两银子。所以有了这么一块地，就可以使我们丰衣足食。但奢侈品非常昂贵，即使是一丁点价格也不菲。用来伴羊肉或鹿肉吃的一小罐红加仑果酱比鹿肉本身还贵；而餐桌上其他的零星杂物，如面包、食盐、胡椒、酱油和奶油，要花费将近一顿饭菜的钱。煤是我们家用开支最大的一项，因为是从英国进口的，在这里每吨煤差不多要花310英镑。

媞莎很快可以走动了。她尽可能多地走路，大口大口地喝黑啤酒，这有助于催奶。她很高兴自己生了个女儿："从我的角度来说，我不想要男孩。生男孩会有一种可怕的焦虑，要培养他，还要按包腊之愿给他一定的社会地位，这可是要花一大笔费用的，而我们永远也不会有那么多钱。"她曾尝试学习汉语，但三天打鱼两天晒网，后来改学意大利语。她的业余时间安排得满满当当，生活幸福美满。

包腊也如此，似乎都快成为一名真正的隐士了。他甚至放弃了他的业余爱好——戏剧创作，谢绝参与改编《咏叹调铃歌》《命运多舛的游吟诗人》

以及《在这里我们讲法语》等剧本。事实上，他仅有的社会活动都是重复过去做过的事情。他在宁波读书会与同好交流时，先讲了"与加里波第并肩战斗"的故事，该主题在广州已经讲过了，第二次就谈依纳爵·罗耀拉（Ignatius Loyola）。媞莎说："当我看见他站在那儿，不用底稿不看笔记就能滔滔不绝地说上一个半小时的时候，我可以毫不迟疑地说，那是我听到过的最完美、最动听的演讲。"

宁波，正如他定期向赫德汇报的那样，是一个"风平浪静"的港口，所以，他丰沛的能量无处释放，只好投向学术活动。在广州期间，他曾在著名汉学家梅辉立（W. F. Mayer）的指导下深造，而且为编撰不朽的《中国辞录》（*Chinese Reader's Manual*）做出了贡献。现在他开始做自己的研究，并将浪漫主义小说《红楼梦》的几章翻译成英文，发表在有关的中国杂志上。他制订了详尽的财务计划，打算在比金山为父母购置房产。他严厉训斥可怜的包婀娜，说她不该提出开办学校一事："只要我活着，你就没必要靠此赚钱，我不喜欢这样的想法。……如果你喜欢的话，可以教几个学生，赚些零用钱，但不要再提办学校的事了。"但包婀娜的性格跟包腊一模一样，都十分倔强顽固，他专横的语气导致适得其反的后果。当他再次重返英国时，她在比游拉山区（Beulah Hill）开办的学校经营得红红火火，他们年迈的父母跟她住在一起。

包腊的第二个孩子在 1869 年 8 月 22 日出生了，取名塞西尔。"他跟艾塞尔长得很像，脸蛋又红又丑，脑袋长着浓密的黑发。"媞莎的第一反应是写信回家，要"一本伊莎贝拉·比顿写的《育儿宝典》。她的《家政管理手册》我已经有了，写得真好，所以也要看她另外的作品"。（塞西尔在日后的中国海关史上，有个更为人所知的名字叫作包罗，在赫德的提携下，包罗在北京见证了自日俄战争直至袁世凯称帝的历史，从而成为清海关、民国海关最为重要的官员之一。——编者）

媞莎不是那种拘泥于清规戒律的人，与维多利亚时代布道士们推崇的年轻母亲模范相差甚远：

> 艾塞尔脾气很坏。她一生气，就会用"脏"字骂每个人！她会说："脏妈妈！脏爸爸！"我告诉她，这样很没规矩。而如果她还不断地说下去，我就会罚她站墙角。有一天，我罚她站墙角时，她告诉我她以后一定会做个好孩子。可我刚抱她离开墙角时，她就在我耳边说："脏妈妈！"我正是为这句话罚她的！然后她自个儿承认"艾塞尔没规矩，到

墙角去"，然后便自己跑回墙角那儿重新站着了。我真是忍俊不禁。

赫德对于包腊两周一次的"私人便函"都会认真回复，告知对方已收到，1869 年 1 月他还提到他自己的大女儿出生了。4 月，他传来消息，朝廷赏了包腊一块"功牌"，即立功奖牌。这种奖牌一般是论功行赏时颁给那些有一定官职品级的中国朝廷官员的。那年秋天，包腊计划着未来职务的各种可能。接着，1870 年 4 月，他很突然、很出人意料地被调回了广州，全权负责粤海关。这肯定是一次升迁，尽管广州的贸易量不能与上海相提并论，但其半独立的地位和两广地区历来的叛逆作风，以及在地理位置上靠近葡属澳门和英属香港，加上走私猖獗，所有因素混杂在一起，使得该口岸具有独特的政治和外交重要性。

这次的任命书用语明显不同于之前宁波浙海关的任命书，其内容是：将所有粤海关的资产转到他本人的名下，包括土地、房屋和设备；将所有缉私舰队的船只及其部署和指挥权转到赫德名下。任命书最后写道："请悄悄地着手结识当地中国官吏，不要太过张扬。尽你所能，查出两广总督拥有巡缉舰队的一切情况，以及他在香港附近设关征税的数额。"

因此，包腊及其家人再度南迁，举家迁回沙面，此时全家人口已增加了一倍。税务司官邸气派、舒适、宽敞，在难熬的热带夏季中，这里倒是可以过得凉爽些。气候虽炎热，但并未给艾塞尔和塞西尔带来不良影响，完全不像他们原来担心的那样。两个孩子茁壮成长，而且现在又迎来了一个妹妹马旧尔（Mabel Bowra）。在他们离开此地的两年半里，洋人社区已经显著扩大。他们的回归受到热烈的欢迎，媞莎出现在各种野餐会、晚宴、午餐会、舞会和时兴的槌球戏上，她感觉现在的广州比任何时候都令人愉快。

万国博览会

维也纳世博会进入包腊的视野是 1870 年，当时在奥匈帝国公使的请求下，中国政府下令，凡参加世博会的展品均可免除出口关税。包腊一直密切关注此事进展。当时，商人和厂家们对此都漠不关心，以至于政府要求海关总税务司来负责收集和处理展品一事，这也在他的预料之中。然而，对他的任命却完全出乎他的意料，令他满心欢喜。

包腊已经被准予在广州离职休假，以便在余下的冬季时间里集选展品。于是他像往常一样，全身心投入到这项任务中。他交代完工作后便向两广总督、粤海关监督和广州将军告辞，随后参加了俱乐部告别晚宴和一次有

83 位女士、先生参加的欢送野餐会，变卖了大部分藏书，然后同媞莎一道乘船前往香港和其他通商口岸。这些口岸现有 14 个，到 1 月初返回广州前，他已设法走访了 11 个。他行色匆匆，沿海岸北行到上海，然后沿长江逆流而上至汉口，再一个一个城市地原路返回，目的就是鉴定其早先走访的成果。

他一路上得到了最大程度的配合，唯有曾经任职的宁波港让他感到意外——在那里收集到的展品"很糟糕，且没有代表性"。他自作主张，增加了选送物品种类，如家具、珠宝、银器、瓷釉器皿和漆器，还有帽盒、宁波塔（义塔）模型，以及诸如动物脂油、虫蜡、靛青的原材料和"酷刑器具"——此类物品会让我们今天敏感的肠胃受不了。……

在香港还有最后一轮宴会。随后，他们在 2 月 20 日登上大英轮船公司的"澳大利亚"号（Australia）驶向苏伊士。包腊终于可以静下心来罗列展品清单，并根据四大类目进行分类：进口物品、出口物品、沿海贸易商品以及土特产。这是一项重大的任务，其重要程度可以根据《1873 年维也纳世界博览会之官方目录册》来衡量。在这部目录册里，最后有 16 页是专门介绍突尼斯、波斯、暹罗、中国、日本和夏威夷的展品，其中关于中国的部分就占了 8 页，其展品后来仅按三部分陈列，总共分为 62 组。

——节选自《龙廷洋大臣》，第 216—236 页，
广西师范大学出版社 2018 年版。

二

本口进口药材主要来源于四川、山西、河南经汉口和上海。

最多的一种名曰党参，产于山西上党之人参。该参比高丽、吉林人参要差，而中医用途极为广泛。此植物有肥大之直根，供药用，为著名补剂，能恢复身体及神经疲劳，且可健胃。本年本口共计进口 2497 担，每担平均价值 18 银两。

其次是当归。本年共进口 2320 担，计值 42000 银两。按当归系多年生草本，根入中药，补血活血，调经止痛。

另一种也是进口较多的，名曰黄芪（即黄耆），年进口 850 担，每担平均价为 25 银两。黄芪，产于山西。系多年生草本植物，羽状复叶，小叶长圆形，有毛茸，开淡黄色小花。根长达 6 至 8 寸，黄白色，有一层厚皮包裹之，以前系用作补药，如今则用之治溃疡之缓和止痛剂。

生地，地黄之俗称也，来自河南。年进口超过 3000 担，平均价每担 5 银两。地黄系多年生草本植物，叶子有皱纹，长圆形，花淡紫色。根黄色，约长 2 寸，中医入药有退烧、净血之功。如今则入药有补血、强心之用。

杜仲，来自河南。落叶乔木，叶子长椭圆形，花为绿白色，如玉兰和木兰。长于深山大谷间，干高数丈。叶可供食，并入药可治消化不良。皮折之有银丝状如蚕丝。树皮入药有滋补、镇静、降压作用。本年进口约 300 担，计值 15000 银两。

来自河南的另一项药材是牛膝。多年生草本，高 3 至 4 英尺，茎叶呈紫色，叶对生，茎上之开小绿花，穗状花序。其地下茎可供药用，治四肢疼痛、感冒和牙痛，根入药有利尿、通经作用。本年进口 440 担，计值 11000 银两。

药中之杞子又名枸杞子，来自甘肃和山西。本年本品进 70 担，计值 7000 银两。按枸杞，茄科，落叶灌木，高 3 至 4 英尺，夏中开淡紫色小花。果实卵形而尖，熟则色赤，有滋补作用。其根亦可入药，名地骨皮，也是补药一剂。

又有一种从河南淮庆府产之农历五月开白花的薯芋，名谓山药，见产于福建。一般每枝有重达 5 至 6 市斤者。凡入药时仅用其心（只削缩成半英寸个心，3 至 6 英寸长之细条），极白，黏性极强。据称可治消化不良、消瘦和厌食。年进口量约 4000 担，计值 7000 银两。

宁波本年进口川芎（西芎）共计 550 担，计值 5500 银两。芎产于四川者谓"川芎"，产于山西者谓"西芎"，产于浙江台州者谓"台芎"。草本，高 1 至 2 英尺，叶似芹，秋日茎上簇生白色小花，五瓣，排列成重瓣形花序，通体有香气。根供药用，治伤风头痛，民间妇科难产时用，并作为擦剂涂敷在溃疡或伤处，而如今根茎入药，有调经、活血、止痛等作用。

贝母，产于四川者谓川贝。多年生草本植物，叶条形或披针形，花被黄绿色，下垂钟形，鳞茎入药，有祛痰、止咳等作用。本省象山也产贝母谓象贝。本年本口进口川贝 38 担，计值 4600 银两。

　　……

药材在本口之出口贸易中占有相当重要地位。本省所生产的许许多多植物之根茎都是从宁波出口运往全国各地。有很多法定药用植物，虽不见西方药典，但在当地医生中却享有盛誉，奉若至宝和圭臬。当然其中不乏可以运输欧洲之品种，此类药材中有：

白术，1866 年经宁波出口者计 16800 担，计值 100800 银两，收出口税 5040 银两。为多年生草本，茎高 2 至 3 尺，叶大，椭圆形，下部之叶，3 至

5 裂不等，7 裂质硬，有微锯齿，秋日开筒状红花，头状花序。根同于苍术，为块根状，肉黄白色，味微甘，有特异之芳香，可入药。多产于浙北，以杭州府之於潜县为最佳。

另一种药材苍术，山蓟也，山中处处有之。根如老姜之状，苍黑色，肉白，有油膏，微香。另一种多年生草本植物，有缠绕茎，叶子长心脏形，夏日开筒状花，紫绿色，果实褐色，卵圆形，全草有特殊臭味。果实入中药，有清热、止咳等作用。

木香，草类也，本名蜜香，因其香气如蜜也。缘沉香中有蜜香，遂讹此为木香，昔人谓之青木香，后人因呼马兜铃根为青木香，乃呼此为南木香、广木香以别之。今人又呼一种蔷薇为木香，愈乱真矣。

延胡索，本口 1869 年出口 1980 担，计值 15840 银两。中国不少地方都有，以浙江金华产为上品，为清血之主药也。延胡索科，多年生草本，有大叶、小叶两种。春月生，高五六寸，三四月开花，碧紫色，总状花序，至 5 月叶枯，根如半夏，色黄，供药用。

贝母之出口本年达 2200 担，值 11000 银两。贝母主要来自四川，名曰川贝，与浙产有很大差异，价值每担 120 银两；而浙贝仅每担 5 银两。贝母，多年生草本植物，叶子条形或披针形，花被黄绿色，下垂钟形。鳞茎入药，祛痰、止咳。

元参本年出口 3379 担，计值 6758 银两。据称，此药与满洲、山西所产之人参除色异，其品质均同，中国各地普遍都产。乃是用作产后退烧之药用。

麦门冬本年本口出口 339 担，计值 4746 银两。简称麦冬，百合科，常绿草本。须根之端如连珠状，叶长一二尺，阔三四分，花茎长尺余，花紫红色，穗状。果实球形，黑色，根供药用，名见《本草》，有乌韭、马韭、羊韭、禹韭、禹余量、不死草等异名。浙江余姚多麦冬。出口主销汉口、广州。可入药，是滋补强壮剂，又有镇咳、祛痰、利尿等作用。

茱萸肉产于杭州府，运销汉口、广州，本年出口 333 担，计值 3400 银两。为亚乔木，树高 10 英尺，有小白花，似梅树。果实如小野枣，可入药，味涩可作饮料，以前作止血收敛剂之用，现在中国用作退烧剂和驱虫药。

扁豆，一年生草本，豆科。茎呈蔓状，卷络他物上，叶为复叶，有三小叶互生，夏日开白色或带紫蝶形花，短总状花序，果实为荚扁平，如镰状，长约二寸。豆熟后，晒干，可入药健胃。这类豆子国内普遍种植，故出口极少矣。

石菖蒲产于杭州、绍兴、宁波，运销长江沿江各口岸。石菖蒲，为多年生草本植物，根茎硬，横生在地下。叶子条行，花小而密集，荫果卵圆形。

入药祛湿、解毒。石菖蒲之根据《本草》载，治伤风、咳嗽以及其他肺病，并为恢复健康之补剂。

篓皮是乃浙江产一种葫芦之皮也，出口长江沿线各口岸作泻药用。将植物之根晒干，粉碎后亦是一泻剂，名曰天花粉。

山楂，落叶乔木。叶近卵形，有3裂至5裂片，花白色，果实球形，深红色，有小斑点，味酸，可吃，也可入药，野生于宁波以西山上。山楂熬煎后内服治痢，外搽可治皮肤病。山楂状如小花红，晒干后只有板栗大，剖开后则见成对硬坚子房。

白芷系多年生草本之地下茎，产于长江以南沿海省份。其叶呈淡红色，花带黄白色，地茎根入药镇痛，烧之则驱蚊。白芷系以前欧洲入药用，如今停用而改作香料用之鸢尾根。白芷之内心较其外皮为白。产于杭州，出口销汉口。

桑白皮系桑树根之内皮层，出口去长江沿线口岸，入药可清血。

夏枯草系多年生草本，一二尺高，花紫色，成熟时穗似小麦。国内到处都有，主要用治疮毒。

春花系木兰之花蕾，在未开展前即摘，入药作兴奋滋补剂，据称并能克毒。产于浙西金华府，出口往上海及长江口岸。

前胡产于绍兴，出口运往汉口。前胡为多年生草本，秋日开紫黑色小花。根入药主治哮喘及呼吸道引起之疾病。

白芨，多年生草本之块茎，生于大山之岩间。块茎分泌胶质，光泽而略示透明状，味苦，供药用可清血。出口往上海及长江各口岸。

黄菊花产于杭州府，连花托摘下花穗，晒干入药，熬煎后其汁可治头昏目花，有退烧降温作用。

天门冬，多年生草本植物。地下块根半透明肉质，长约3.5英寸，入药能发汗、祛痰，并能治肺病，解热和渴。亦有制成蜜饯者运销上海和长江沿岸。

——节选自包腊《浙海关贸易报告》（1869）

三

将《红楼梦》作为文学作品进行翻译

包腊在宁波的工作并不繁重，因而有不少的闲暇功夫。包腊把精力都花在了读书和摄影上。在宁波的头两年，包腊在江北岸参加了当地的小型读书会。……而影响最为深远的则是《红楼梦》的翻译。《红楼梦》现在被认为是中国古典小说的巅峰，可在清末，《红楼梦》才刚刚"解禁"并流行开来，很多在华的外国人把《红楼梦》的文字视为很好的汉语学习教材，于是出现了不少译本，但这些译本的宗旨是帮助学习汉语，因此翻译水平并不高。包腊则不同，他决心将这部小说作为文学作品进行翻译。

在宁波他翻译了前八回，并在 1868 年发表于《中国杂志》（*The China magazine*）之上，这也是《红楼梦》第一个较为完整的文学性质的英文选译本。近几年来，国内外红学界、文学界、翻译学界都开始重视包腊译本，像任显楷、王鹏飞等学者就发表文章，称包腊翻译的《红楼梦》（包腊译本作 *The Dream of the Red Chamber*，Hung Low Meng，a Chinese Novel Literally Transla-tedby E. C. Bowra）在一些文字翻译上极合韵脚，翻译水准很高。

留下 201 张关于宁波的老照片

而对于宁波地域文化研究来说，宁波是中国最早的开埠口岸之一，外国传教士和在甬外国人留下了大量照片，包腊也不例外。现在留下的包腊相册共有两本，早先存放于英国的一些公藏机构，近年来被拍卖，流于私人之手。好在这批照片有一部分收录于哲夫编的《宁波旧影》之中，英国、法国的两所高校也都在数年前完成了这两批相册的数字化工作，才让我们一睹包腊所拍摄的宁波风情。这些照片总共有 201 张，其中有 136 张明确注明或被证明摄自宁波，另有 12 张疑似摄于宁波。以上"身份的证明"要归功于外国高校的一些学者和宁波本土图像研究爱好者的共同努力。

包腊所拍摄的照片大致分为三类。最多的就是纯景观式照片，包腊的取景地相对比较集中，拍摄的是宁波老城、镇海、鄞县（集中于天童、育王、鄞江桥）一带的城乡景观。当时宁波老城中诸如城门、天封塔、天后宫、佑圣观等一些地标建筑和名胜古迹均在其中，这其中如佑圣观、天后宫等早已因各种原因而不复存在，宁波老城的面貌也是今非昔比。

在老城的照片中，有一张孩儿塔的照片。孩儿塔也叫宁波义塔，其实就是处理死去的孩子的尸体的"公共建筑"，宁波籍诗人白莽（他的另一个笔名殷夫更为人所知）的名诗《孩儿塔》就是以此为意象。这帧照片珍贵之处在于它清晰地反映了孩儿塔实体建筑的外观，从而为近代宁波慈善史、卫生史研究提供了帮助。

镇海的照片大多集中于招宝山，鄞县的照片则将鄞江桥周边、天童育王周边的景色反映得一览无余。当然 150 多年前的鄞江桥、招宝山、阿育王塔和现在比是大不一样的。

　　第二类是江北居留地的照片。这一类的照片主要以人物和建筑为主。建筑主要反映了浙海关以及整个江北岸沿岸的风景。在包腊的镜头下，那些具有浓郁西方风格的建筑、江北岸的帆轮都一一呈现在我们的眼前。宁波港虽说"风平浪静"，但也别有一番近代城市的景象，这和对岸的宁波老城截然不同。当然包腊的照片中还有不少江北岸普通外国人、传教士及其随眷的肖像，或因年代久远，已不可详考了。

　　最后是场景和人物特写的照片。这类相片的数量非常少，不过寥寥几张，大多是包腊在旅途中偶然所拍，譬如阿育王寺所照的香客和在招宝山寺院中所拍的当地乡民。值得注意的是在鄞江一带的相片中，包腊拍摄了几张采石场工人工作和休息的场景。鄞江一带素以产石闻名，所产梅园石等石料颇具盛名，至今在鄞江还有石宕旧迹。不过百余年前的人是如何采石的，大多只有文字的记叙，不过片鳞半爪，这几张照片为我们留下了相当珍贵的记录。

——节选自陈瀚《首译〈红楼梦〉的外国人留下宁波老照片》，
《文化交流》2019 年第 4 期

　　包腊（Edward Charles Macin-tosh Bowra，1841—1874），英国人，1863年来华，长期在中国海关工作，1973 年去世。1867—1870 年年间，在宁波任浙海关税务司。其间，他曾将中国古典名著《红楼梦》的前八回翻译成英文，并发表于《中国杂志》（*The China Magazine*），成为汉学家。他也是植物学家，在亲自撰写的《浙海关贸易报告》（1868 年、1869 年）中，专门提到进出口的中药材，并详细介绍其产地、形态和功效，为当时外国人中所罕见。他在 1873 年出任清政府参展维也纳世博会的实际负责人，曾亲自挑选宁波展品，首次在世博会上亮相。

包腊肖像及浙海关远眺

包腊摄鄞江桥附近采石场与宁波义塔

包腊摄天童寺钟楼与佛殿堂

戈鲲化：从宁波到美国哈佛

戴光中

　　凡是到过美国哈佛大学的哈佛燕京图书馆的人们，在正门入口处，都会看到一幅华人肖像——这是一位身穿大清王朝五品官服的中年人，清癯的脸上却毫无官威，双眼睿智而略带忧郁，尽显中国文人的儒雅。图照下面写着说明文字：此人名叫戈鲲化，中国宁波人。而图照之所以会挂在如此抢眼的地方，是因为这个"宁波人"在中美文化交流史上地位抢眼，贡献独特，创造了四个"第一"。

　　首先，戈鲲化是第一个被美国大学正式聘请的华人教员。

　　西方列强用坚船利炮迫使中国门户洞开之后，英、法、德、俄等国就开始了汉学研究。美国起步稍晚，但别出心裁，在意识到对华商业和传教事业的发展都需要中文教学时，就决定实施聘请华人前往美国面授中文的计划。有趣的是，这项史无前例的计划，竟然是由一个名叫萧德（Francis P. Knight）的美国商人率先倡议并竭尽全力促成的。而这个华人教员的名额，最终会落到这个名不见经传的戈鲲化头上，似乎也可用"无巧不成书"来形容——他恰巧站在历史必然性与偶然性的交叉点上。

萧德早在 1862 年就来中国经商，创办旗昌洋行，又担任了美国驻营口领事，还兼任瑞典、挪威、法国、荷兰、德国、日本等国驻营口的领事或副领事。他根据自己多年的切身体会，认为很有必要在美国高校开展中文教学，培养一些学生，以利于他们将来到中国从政或经商。恰巧，萧德的家乡在美国波士顿，自然把哈佛大学作为首选，遂于 1877 年 2 月致信哈佛校长查尔斯·W. 埃利奥特（Charles·W. Eliot），提出了募集资金，从中国聘请一位教师，在哈佛建立中文讲座的建议。又恰巧，埃利奥特雄才大略、远见卓识，不管人们大都不看好这个计划，仍力排众议，坚决支持，并委托时任中国海关总税务司的赫德（Robert Hart）帮助物色人选。因为赫德是当时最有权势也最了解中国的外国人。赫德其实并不赞同这个计划，便转手交给在宁波任浙海关税务司的杜德维去承办。这应是出于两个考虑：一方面，杜德维恰巧是哈佛大学毕业生，定然会替母校尽心尽力；另一方面，赫德恰巧曾在宁波学习汉语和中国文化，收获极丰，相信能在宁波找到合适人选。

更凑巧的是，杜德维来到宁波后，恰好跟着戈鲲化学习汉语和中国文化，感觉很满意。当他了解到戈鲲化"曾在美国驻上海领事馆任职达 2 年之久。随后移居宁波，并在那里生活了 15 年，其间一直在英国领事馆任职"，就认为戈鲲化是赴美任教的不二人选。他在回复埃利奥特的信中说："作为一名老师，此人的确非常理想，而且他如此长时间地接触外国人及其思想和习俗，使他比其他学识渊博的中国本土学者（他们也许不怎么知道或注意外国人及其思想）更有资格担任目前的职位。的确，作为老师，一名博学的中国人对于初学口语的外国人是没有多大用处的，即使假设这个人愿意到国外去（这是不可能的）。……我毫不怀疑戈先生担任教师的资格。我曾跟随他学过一段时间中文。此外，另外两位非常了解他的先生，对他的印象也很好。"①

但是，最后促成戈鲲化赴美任教的，却是一个意外之极的巧合。1879年春，新来的宁波知府宗源瀚"上任三把火"，烧痛了某些既得利益者，暗中通过《申报》进行攻击。宗源瀚既不调查也不当面质问，就怀疑是与

《申报》有些关系的戈鲲化所为，竟利用职权，上书督抚，要求严惩戈鲲化，否则辞官不干了！这对戈鲲化来说，不啻飞来横祸；自己根本没做这种无聊的蠢事，可官大一级压死人，据理力争也枉然，只能避其锋芒、容后徐徐图之。而杜德维的邀请，应该是上年就已提出，戈鲲化应该也不排斥，因为同样是教外国人学中文，去美国无非是换个地方而已，何况在美国领事馆工作过，不像当时中国绝大多数文化人那样一无所知、畏之如虎。但毕竟是拖家带口、漂洋过海，而且整整三年，牵涉甚多，自然难免犹豫踌躇。结果，官府淫威遽然逼来，就迫使他不得不当机立断，接受了杜德维的邀请，外出避祸。诚如杜德维给埃利奥特的复信中所言："您问他为什么愿意离开宁波前往美国，戈先生本人说是因为官府威胁要惩办他。他被怀疑是上海一家出版社发表的批评官员行为的某些不友好言论的作者。"[②]

1879年5月26日，戈鲲化与哈佛校长的代表鼐德签订了聘任合同。《立合同议据》文本如下：

> 大美国驻答牛庄领事官鼐德代哈佛书院山长等与寓居宁波之大清知府衔候选同知戈鲲化议定条款开列于后：
>
> 一、哈佛书院山长等言定，延请戈鲲化在书院教习官话三年，为期自1879年9月1日起至1882年8月31日止，每月束脩洋钱贰百元正。
>
> 二、哈佛书院山长等言定戈鲲化携带一妻二子住上等舱位，载至干姆白理嗤城（剑桥城）。又带一仆住于下舱，路间除沽酒之外，所有一切船钱房钱车钱及应用行李等费，均有书院给发，俟三年满后仍照此式送回上海。
>
> 三、戈鲲化如三年之内病故，应将其妻子仆人全数送回上海，一切盘川戈姓不须花费。
>
> 四、山长言定，书押之时先支壹月束脩贰百元，以此合同作为收钱之据。一到干姆白理嗤再支束脩贰百元，自开馆日起一年后即1880年9月1日，按月扣除壹百元，接连四个月除清。
>
> 五、戈鲲化言定，哈佛书院课程学生多寡教法章程，均候山长主裁。
>
> 六、每月束脩贰百元作戈鲲化一切花费，此外各项杂用，概不得向山长另支。
>
> 七、今将合同缮就英汉文合璧式叁纸，在大美国驻沪总领事衙门当堂书押盖印，各执壹纸存照。

壹千捌百柒拾玖年伍月贰拾陆日

兹再议定：又加叁女，住上等舱位；又加壹仆妇，住下舱。其章程与第二款同，惟叁年后，仍照现在所搭捷径之船，送回上海。又照。

壹千捌百柒拾玖年陆月贰拾陆日③

美国传教士丁韪良（W. A. P. Martin）和赫德一样，曾在宁波学习中文与中国文化十年之久，后来成为北京同文馆总教习、北京大学前身京师大学堂总教习（校长）。他在1879年9月致信鼐德，道出了实施这项计划的重大意义：

> 欣闻您值得赞许的计划获得成功。……您通过聘请一位中国学者到我们最古老的大学之一担任讲座教授，将给我们的国家带来巨大的好处。
>
> 尽管中文不属于我们的语系，因此不会有助于阐述我们自己的历史，但是它作为人类语言中另一伟大语系的最好代表，具有特别的吸引力。中国文学不必经过高度修饰，仅它的悠久历史和新颖之处，就能更好地丰富我们自己的文学。而对于哲学家来说，中文由于体现了人类历史最悠久的民族的经历，因而代表了民族生存中一种更高的价值。毫无疑问，世界各国对中文感兴趣的事实表明，只有耐心的劳作才能使它们发展。
>
> 没有任何事情比这方面的努力或在一位杰出的中国人帮助下学习中文的机会更受鼓励。同样，您做出如此多努力促进开展的中文学习，也是特别应该受到鼓励的。……我相信，您开创的这项工作会很好地保持下去，不仅使年轻人有条件到中国求职，而且将在美国培养出一个学者团体，使他们在掌握东亚的语言和其他知识方面能与欧洲的饱学之士媲美。④

中美文化交流是历史的必然，而种种偶然，导致哈佛大学正式聘请戈鲲化为第一个华人教员。显然，他恰巧站在偶然性与必然性的交叉点上，因此历史选择了他，成为中美文化交流的先驱。

其次，戈鲲化是第一个在美国传播中华文化尤其是古典诗词的中国学者。

古典诗词是中华文化中的瑰宝。戈鲲化在哈佛的第一个学生是哈佛拉丁语系教授刘恩，他俩互相学习，一个教中文，一个教英文，并且一起讨论"有韵之文"。对方非常倾慕中国藻词之妙，"只因书不同文，方心圆智，未能遽凿破混沌"，于是戈鲲化专门编纂了一本中英文教材《华质英文》。这本教材即使当今国人看来也很有特色很有价值。第一，教材"例言"介绍了中国韵文主要是诗词的种类、格式、语言要求和各自特征，言简意赅，简明扼要，还有戈鲲化翻译的英文对照，使外国人也能一目了然。第二，他选择自己创作的15首中文诗作为教材内容，其中有五言、七言、四言、长短句、五绝、五律、七绝、七律等诸多形式，用以印证"例言"的介绍，可以帮助外国人直观地学习理解。第三，他有意识地通过所选诗词来宣扬中华文化。例如第一首《先慈奉旨入祀节烈祠》，就是明确宣扬中华民族最基本的重要伦理"忠孝节义"。又如《子忠伯甫生集诗》和《三子惠叔甫生》，旨在介绍三个儿子大名"忠、恕、惠"所体现的儒家传统道德。再如《题梅花笺》，则是介绍中国传统的文房四宝和以梅花比喻文人的高风亮节。由于每首诗词都附有英文对其中典故的注解，让外国人可以比较容易地理解这些文化理念。第四，戈鲲化用来到哈佛后赠予美国朋友的诗歌作为教材，亲切自然，充满友情，便于讲解，正是中美文化交流之果实。

戈鲲化一家在波士顿剑桥街定居之后，在美国人眼里，他们本身就是一道从所未见的风景线，都会瞪大眼睛好奇地审视着，把他们的言行举止当作东方文明的真实表现。这就好像宁波人观察定居的外国人一样，所以戈鲲化自始便心领神会，不仅在课堂上传播中华文化，还自觉地通过身体力行来展现东方文明。关于他在这方面的贡献，埃利奥特校长曾有诚挚而精彩的评论：

"二年多以前，戈作为一个陌生人来到我们中间。他完全是一个陌生人，不仅来自另一个国家，还代表着另一个民族、另一种文明；他不仅仅说另一种语言，而且他的这种语言对我们来说是最艰深难懂的。一些最普通的科学、历史和地理知识，我们日常生活中每个小孩都知晓的事情，他都感到陌生。我们以好奇的心情期待着他的到来，我们尝试进入他的生活。我们想知道新东西对他有何影响，这里引起他注意的众多新事物是否会使他不知所措，他是否会被我们的文明曙光所震慑。但是当他来到这里后，有一个周日下午，我们看见他与家人一边漫步一边阅读时，我们感到，他不仅为我们的街道带来了东方的色彩，甚或东方的壮观，而且带来了东方的安宁沉静。我们发现，在他向我们学习的同时，他也有一些东西值得我们学习。我们认识到，我们经常听到的渊博的学识确实深有内蕴，他在中国所享有的那种尊严也同样深有内蕴。因此当我们遇到他时，我们就比以前所想象的更平等地对待他。

"如前所述，戈对人际关系的认识为我们与他的交往增加了许多魅力。戈对所见所闻总是倍感兴趣，孜孜以学，但他又总能保持自我平衡。他总是忠于自我、忠于他的职责。他与别人交往的一个例子就能清楚地说明这一点。当他拜访别人时，他具有绅士的老练机智，会尊重我们社会的习俗；而他款待客人时，却又总是以中国的礼仪相待。在处理重大事情上，他也是如此。他虔诚认真地学习基督教经文，但是他知道如何将其中想要接受的东西译成他自己的哲学和宗教语言。……在他的挚友看来，上述能吸引人的品质已体现在他的日常生活中。在他镇静威严的外表后面，隐藏着乐观、孩子般的幽默、机智和妙语。……他是一名老师，这不仅仅是对参加中文班的学生而言，对整个社区来说，也是如此。他教会了我们：真正的绅士在任何地方都是一样的，不管身穿什么服装，过什么样的生活。真正的学者也是如此。他给我们上了一课。我们一直认为我们已经学有所成，但是通过戈的言行，我们发现，还有很多东西值得我们学习，那就是人与人之间的兄弟般的关系。他使我们认识到以前从来没有意识到的东西，即人性的完美。"⑤

再次，戈鲲化是第一个为中美文化交流而献出生命的中国学者。

1882 年 2 月，戈鲲化突患肺炎，医治无效，与世长辞。"在他去世前不久，当哈佛大学校长去看望他时，尽管因病而说话艰难，他还是尽力谈自己的工作，解释自己因病错过了多少课时。"而在戈鲲化的同事们看来"他的逝世是如此的不是时候。正当他能在新旧两大文明间进行沟通交流，准备向中国介绍他认为最值得介绍的东西时——他是一位思想开通进步的人——正当他准备好开始此项工作时，他却离我们而去"⑥。这也是戈鲲化自己的遗憾，不仅未能圆满完成教学任务，而且再也无法回归祖国、实现抱负。戈鲲化取名"鲲化"，寓意就是将来必定化身鲲鹏，"扶摇直上九万里！"虽然他前半生科场失意，疆场无功，还遭无妄之灾而避难异国他乡，但其凌云壮志始终不灭，赴美之时曾赋一诗道："抟风偶尔到天涯，寄语休嫌去路赊。九万里程才一半，息肩三载便回华。"⑦壮志未酬身先死，令人扼腕叹息，但他死得其所，虽死犹荣。

最后，戈鲲化是第一个给美国留下文化遗产的中国学者。

除了那本被哈佛大学称作"有史以来最早的一本中国人用中英文对照编写的介绍中国诗词的教材"《华质英文》，戈鲲化从祖国带来的所有中文典籍也全部留给哈佛大学，为哈佛燕京图书馆奠定了第一块基石。2019 年 3

月 20 日，哈佛大学校长白乐瑞在北京大学发表了题为《真理的追求与大学的使命》的演讲，其中提到："从上上个世纪开始，哈佛大学就一直向东方探求知识，谋求合作。1879 年，戈鲲化先生带着妻子和六个子女，不远万里来到波士顿，成为哈佛的第一位中文教师。他从中国带来的经典书卷，是哈佛获得的第一批亚洲语言文献，也是哈佛燕京图书馆最早的馆藏。140 年之后，哈佛燕京图书馆已经发展成为拥有 150 万册藏书的大型图书馆，是亚洲以外最大的东亚学术资料库，其体量在哈佛全校八十余座图书馆中位居第三。"

历史上的拓荒者常常是寂寞的。百多年来，戈鲲化在祖国几乎无人知晓其人其事，直到进入 21 世纪，才逐渐在学界引起关注，至今已有专著出版。今年是戈鲲化先生逝世 140 周年，谨以此文总结他的贡献，以致缅怀纪念。

注释：

①②转引自张宏生编著《中美文化交流的先驱》，凤凰出版社 2016 年版，第 329—330 页。

③转引自张宏生编著《中美文化交流的先驱》，第 366—367 页。

④转引自张宏生编著《中美文化交流的先驱》，第 345—347 页。

⑤⑥转引自张宏生编著《中美文化交流的先驱》，第 379—381 页。

⑦转引自张宏生编著《中美文化交流的先驱》，第 286 页。

——选自《天一文苑》2022 年第 2 期

附录　戈鲲化《三续甬上竹枝词》

一

琛赐招来海国商，甬江北岸屋相望。

分明一幅西洋画，楼阁参差映夕阳。

二

千里邮程达上洋，轮船一夜快非常。

不须艳说滕王阁，风送才人过马当。

三

印板分明尺素裁，新闻市价一齐开。

沿门遍递争先睹，《申报》今朝又早来。

四

行人日暮苦穷途，风雨深宵更可虞。

世界光明城不夜，洋灯彻晓照通衢。

五

绮交彩错灿成章，轧轧机声日夜忙。

漫诩杭州花样好，此间也有两三坊。

六

又新街接日升街，纸醉金迷色色佳。

要使游人心目炫，东西洋货巧安排。

七

灵桥门近甬江隈，早把严城锁钥开。

为贩鱼鲜趋晓市，小民辛苦五更来。

八

灾生顷刻燎方扬，乡井同心救不遑。

龙德常占潜勿用，用之制火效彰彰。[1]

[1]原注：城厢内外，人烟稠密，每遇火灾，势难扑灭。自永安会始设水龙以救火，后渐增至十余会。

九

激湍新旧江桥下，过客谁知险在前。

冒险行舟舟易覆，拯危赖有济生船。[1]

[1]原注：老江桥、新江桥下，船过易遭覆溺。近立济生公所，见遇险者，即以小船相救，每岁全活甚众。

十

内地偷栽罂粟花，若权子母胜桑麻。

何须更向洋商买，竟使年年税渐加。

十一

串客成群闹戏场，[1]女儿台阁艳新妆。[2]

近闻官府悬新令，未许风沿郑卫狂。

[1]原注：游手之徒，扮作男女，登场演唱淫曲，谓之串客。

[2]原注：赛会，艳妆女子饰彩亭舁之，谓之女台阁。

十二

商税频增为苦兵，兵销税尚索无名。

长官有意怜民瘴，第一康功是薄征。

薛福成在宁波

薛福成（1838—1896），字叔耘，号庸庵。江苏省无锡县（今无锡市）人。以副贡生充任曾国藩幕僚，积功至直隶州知州。光绪帝即位（1875）后，以候补知府襄办李鸿章的洋务，向李密议《海防十事》，为李鸿章所倚重。在朝廷"海防""塞防"争议中，李鸿章的"海防之议"由是取得优势。1879年总理衙门竟让总税务司赫德兼任总海防司，薛福成又撰写《上李伯相论赫德不宜总司海防书》，认为赫德在本质上是"内西人外中国"，如果"中国兵权、饷权皆入赫德一人之手"，后果不堪设想。后来总理衙门采纳了薛福成之计，赫德图谋窃取海军军权的计划才未得逞。

1884年初，薛福成被任命为分巡宁绍台兵备道兼浙海关监督。2月初到任，连续任关、道长达五年之久。被誉为清代全国关、道中第一"能员"。

薛福成初至宁波，中法战争方酣，甬江口战云密布。浙江巡抚刘秉璋传檄薛福成综理营务，调护诸将。法舰队至镇海关，清军重创法舰，取得中法战争的胜利。（参见第一编之《中法战争下的宁波》——编者）

薛福成兼任浙海关监督，到任不久就发现英、法邮政机构在宁波活动，认识到设立国家邮政局，取代英、法、意、日等国在华邮政机构，收回办理沿海口岸和国外邮件、邮政权的必要性。浙海关文案李圭，兼洋务委员，将《香港邮政指南》译文（由浙海关人员翻译）抄一份，送给薛福成，并附禀帖一件。

1885年6月20日，薛福成送照会给浙海关税务司葛显礼征求意见：开办国家邮政局是否切实可行？各国是否肯将他们的邮政机构移交新成立的中国邮政局？开办经费需多少？建议各口岸邮政局由各关税务司管理，经费暂由总税务司署支付。葛显礼作了详细的答复，表示积极支持。

1885年7月14日，浙海关税务司呈文赫德，报告这一情况，并说：薛道台建议通商口岸邮政局由税务司管理，出于自动。

薛福成采纳葛显礼的意见，制订创办中国邮政局详细计划，并认为：办理邮政是国家责任，也是国家主权一部分，各口岸存在的许多外国邮局，有损国家尊严。报告上呈两江总督、闽浙总督、直隶总督和浙江巡抚，他们全都支持这一计划。薛福成将这一情况照会葛显礼。10 月 9 日，由葛显礼具文禀报总税务司。

1886 年 3 月 17 日，赫德致浙海关税务司令，同意设立中国邮局的计划，并提出具体意见。

1886 年初，北洋大臣李鸿章通札宁波海关道转知税务司："所禀甚为有见地，等因印发外，合行札饬，札到该道即便查知。"

经中国大臣和总税务司赫德的赞同，10 年后，大清邮政局在全国开办。（参见第三编《宁波邮政》——编者）

枫泾镇位于江苏、浙江交界，枫泾北镇属松江府青浦县，南镇属嘉兴府嘉善县。鸦片走私从上海由陆路进入浙江的要道。1887 年 5 月 23 日，薛福成在枫泾南镇设立常关分卡。又在湖州南浔镇设立分卡。自 8 月 15 日至 1888 年 11 月底，枫泾分卡通过洋药 378176 斤，南浔分卡通过洋药 116090 斤。征洋药税 543692 两。此外尚有洋药漏税罚款；缉获走私鸦片充公，解送浙海关变价等。

江海关税务司由此提出抗议：二卡影响江海关税收。薛福成坚持："洋药由上海运入浙境，应仿照转口纳税。"

1889 年 2 月，薛福成授三品京堂，任出使英法意比大臣。吴引孙继任浙海关道，2 月 27 日，下令撤销枫泾、南浔二分卡。

薛福成历任光禄寺卿、太常寺卿、大理寺卿。任驻外公使事数年。继曾纪泽参加中英会谈，取得中国在伊洛瓦底江的航行和出海权，力争野人山地区归属中国。1896 年因会谈而心力交瘁，卸任回国，抵达上海后逝世。著有《庸庵文编》《笔记》《海外文编》《出使四国日记》《浙东筹防录》等。

——选自《宁波海关志》，第 107—108 页，浙江科技出版社 2000 年版。

中国最早职业外交官——张斯枸

戴光中

1860 年，英国以武力强迫清廷接受英使常驻北京。为应对变局，清廷不得不构建近代外交体制，成立总理各国事务衙门，接管以往由礼部和理藩院负责的对外事务。1875 年，清廷下旨，派郭嵩焘为首任公使，组建使团赴英常驻。1876 年 12 月 1 日，郭嵩焘率使团在上海乘船启程，前往伦敦。这是近代中国第一次对外派遣常驻公使，是真正意义上的国与国的外交活动的开始，也是中国走向世界的标志。

而在这个使团中，出现了两位真正意义上的职业外交官。一位是英国人马格里（Macartney Halliday，1833—1906），他自始至终在驻英使馆工作，职务从翻译官升至二等参赞官、二品顶戴、总领事衔；1905 年退休，翌年去世。另一位就是张斯枸（1842—1898），浙江慈溪马径村（今属宁波市江北区）人，以随员兼翻译官的职务跟从郭嵩焘赴英，历经四任公使，职务升至二等参赞官、由知府奏保道员，赏加二品顶戴。他工作整整 18 年后才回国述职，最后又在 1898 年初被总理衙门派往日本办理外交事务，却意外地忽然染病，客死神户，不幸殉职。马格里与张斯枸在使馆的经历基本相仿，官衔上张斯枸也奋起直追至相仿，但是后人对于他俩的关注与评价，却有冷热不公的问题。

2016 年，保存在英国国家档案馆的晚清驻英公使馆近千份照会档案，被美国斯基德莫尔学院（Skidmore College）历史系副教授皇甫峥峥发现，经过整理，结集为《晚清驻英使馆照会档案》，于 2020 年由上海古籍出版社出版。是年 10 月 24 日，皇甫峥峥以"驻英使馆与晚清外交转型"为题，在复旦大学历史学系进行线上讲座，介绍了该书，其中谈到马格里：

"以总理衙门为中心，总署与国内衙门联系固然以中文书写，但总署与英外交部的沟通，最终仍需以英文达致伦敦。这两种语言的档案性质不大一样，我们常以翻译来形容两种档案的联系，这也许并不恰当。

"总理衙门与英政府的交往，并非仅是翻译过程，而是不同语言环境下文本的再生成过程。同一事件以不同语言处理，结果可能很不一样，例如将总署原信逐句译为英文与将总署拟表达含义直接用英文撰写，最终效果可能区别很大。而使馆照会的重要性，在于其皆为直接用英文撰写，而非机械照汉文翻译。

"进一步将区别用图像表达，我们会看到总署与英外交部的沟通有两种跨语际通信渠道（Translingual communication paths），渠道一，是由英使馆将总署的信函、谈话转录为英文；渠道二，是由清驻英使馆在英人马格里的密切配合下，将清朝的要求直接以英文书写，再翻译成中文。通讯渠道产生的效果截然不同，原因在于在语言形式国际法实践中的作用。……

"通过渠道一传递到英外交部的文件，往往在英使馆的翻译下，为突出其外交群体的作用，他们会以各种形式将中国形容为国际法不适用的国家。而渠道二则一定程度上摆脱了西方外交官的偏见，摆脱了将中国排除于文明世界之外的表述，将清朝呈现为与西方平等的主权国家，拥有国际法赋予的地位。

"从马格里的传记中我们也可以看到，将中国视为主权国家也是他辅佐公使的目的之一。在马格里辅佐下，使馆比较积极地运用国际法。他将条约赋予中国的权力充分利用起来，在商定条约条款、设定领馆、保护华人、引渡逃犯等事务上都采取了将中国视为与西方平等的主权国家的立场，对条约字斟句酌，对中国在国际法上应有的权力寸步不让。

"马格里在使馆的外交上可以起到决定性作用，马格里与公使的亲疏关系、配合程度也对外交有决定性作用。郭嵩焘、曾纪泽与薛福成三人与马格里合作较为紧密，成就显著，但在刘瑞芬、龚照瑗、罗丰禄任期内，使馆业绩平庸。"

对于上述说法，复旦大学法学院副教授赖骏楠直接提出疑问："马格里努力想让中国成为'文明'国家，因此他在中国驻英公使馆为中方在对外交涉中提供了不少'帮助'。那么他为什么如此积极主动'帮'中国？他的个人性动机是什么？"

另一位学者李峻杰则委婉地指出，"驻外使馆中有些关键性'小人物'也很值得关注，如受公使依赖的翻译、随员、供事等。这些人在向公使提供信息时选择了什么，排除了什么，突出了什么，他们的看法也会影响到公使的判断与决策。……这些人物形象和历史位置现在仍很模糊，就类似于戴海斌老师提出的'中等人物'，值得进一步研究"。言下之意，马格里未必有如此强大的能量，其中必定有其他翻译、随员的功劳！[①]

我很赞同这两位学者的看法，并且展开来略述己见。

首先，马格里不可能也不存在"在使馆的外交上可以起到决定性作用"。

一方面，在中国士大夫的心目中，"非我族类，其心必异"的观念根深蒂固，一般都不会相信马格里能积极主动"帮助"而没有私心杂念，都会不由自主地问一个"为什么？"皇甫峥峥的答复含糊其辞："我认为这牵涉到人性问题，需用传记方式来呈现马格里的性格特征。现虽有马格里传记，但该传记有强烈的为马格里辩护色彩，尚无较中立的传记。不过现无马格里相关手稿，这一问题也很难探究。马格里在伦敦有豪宅、有清政府给他的高薪，他在使馆的工作仅是兼职。"另一方面，即使在今天，某些英国人面对中国，仍难掩骨子里的"傲慢与偏见"，更别说主子般肆意欺凌的150年前了。马格里好像也早有预防，特地起了一个中文名"清臣"，意谓自己永远是大清王朝的忠臣。可是这样的小把戏怎能瞒得过官场老手？何况他的曾祖父就是第一个来华的英国使臣马戛尔尼，向乾隆皇帝提出通商贸易、租借定海的六点要求，人们记忆犹新。显然，马格里不可能因忠于职守而忘了英国人身份，全心全意为中国谋利益；公使们也不可能信赖到让他起决定性作用，而只是"用其所长"而已。

薛福成是最器重马格里的公使，他在卸任前夕上疏《附陈密保洋员片》，说："诚以邻邦环伺，交涉多端，不收其隽，无以得敌国之情；不广其助，无以应事机之变也。查有英文二等参赞官、二品顶戴、总领事衔英人马格里，在驻英使馆当差近二十年。前使臣曾纪泽与俄外部议结收回伊犁一案，与英外部议定洋药加厘一案，马格里皆在事出力。臣到任后，如新嘉坡改设总领事馆，芜湖、武穴等处教案和平了结……此次商办滇缅分界通商、订立条约，马格里始终其事，惟以裨益中国为心。迩者俄争帕米尔全地，马格里探知英、俄分界，以小帕米尔划与英国，建议转商英廷，俾让还中国，如是则中国不至失势，而帕事较易就范……马格里忠于所事，劳勤不辞，研求利病，动合窾会。倘遇交涉要务，需人之际，马格里堪备任使，用其所长，必有明效可睹。理合附片密陈，伏乞圣鉴，谨奏。"②这份密折清楚地表明，薛福成之所以重用马格里，是因为能够"得敌国之情，应事机之变"；"倘遇交涉要务，需人之际，马格里堪备任使，用其所长，必有明效"。而他"附片密陈"的真正目的，应该也是希望，继任的公使继续按照这样的原则来使用马格里。可惜后来的三任公使都非如他所愿。

其次，马格里在照会的翻译上并不具备如此强大的能力和影响力。

薛福成在密折中只字未提所谓的"渠道二"，史料中也找不到"由清驻英使馆在英人马格里的密切配合下，将清朝的要求直接以英文书写，再翻译成中文"的确凿证据。事实上，无论是中文水平、国际法知识，还是对中国国情的熟悉度、对中国变局的关心度，马格里在使馆中都排不上号。曾纪泽明确说过："查马格里不能深通汉文，于翻译公文究多不便。"而真正在这方面厥功至伟的，正是那上述的"关键性中等人物"，特别是代表人物张斯枸，其翻译能力是外交界众所公认的。

张斯枸生于 1842 年，恰逢中英《南京条约》签订，宁波被迫对外开放，冥冥之中似乎注定了他对英外交的不解之缘。他自幼丧父，由比他年长26 岁的大哥张斯桂抚养，所以成长之路深受长兄影响。他先是学习四书五经，但仅只作为敲门砖，真心喜欢的是浙东学派经世有用之学。他天资聪慧异常，十几岁考取秀才，随即便绝意科举。1861 年太平军攻陷浙东，张斯枸避地上海，经大哥介绍，"乃从美国丁韪良问西学，半年即大进。由是通英国语言文字，旁涉天算、舆地、声光、化学，以及枪炮、机器制造，无不洞窥堂奥"③。值得一提的是，此时丁韪良刚完成《万国公法》的翻译工作，特请张斯桂作序。张斯枸近水楼台，当然先睹为快，可以说是最早接触国际法的华人之一，以他的绝顶聪明，想必大有心得，为日后工作打下了远比别人扎实的基础。

1869 年，张斯枸应聘到福建船政局工作，展现了"西学中用"的卓越才能，因而"受知于沈文肃公葆桢，遂以附贡生报捐通判。光绪元年（1875），船工告成，蒙文肃公奏保送部引见。其时总理衙门当事诸公皆称其才，咨送吏部，奉旨以同知直隶州知州选用。二年（1876），逢郭嵩焘侍郎出使英国，奏充随员兼翻译官"。在外交官衔级中，随员衔为最低一级，但是郭嵩焘很快就发现了他的价值："斯枸学术纯正，操守峻洁，粹然儒者，不当仅以随员目之。"④1877 年，副使刘锡鸿升为首任驻德公使，指名要张斯枸随行担任翻译官。此举表明，他的翻译才能已经崭露头角，甚至超过了专职翻译官。1880 年，原驻西班牙公使陈兰彬（荔秋）转任中国首位驻美公使，也是来了个指名点将，要张斯枸随行担任翻译官。曾纪泽只好向朝廷上报《翻译官张斯枸暂归美、日、秘使臣差遣缘由》：

> 兼办翻译官随员、同知直隶州用候选通判张斯枸，出洋三载，造就卓有可观。伏查交涉事宜，以翻译官为最关紧要，既须博通言语、精究文字之员，尤须深明体制、砥厉廉隅之士。臣于十月初一日函商总理各

国事务衙门王大臣，拟将凤仪、张斯栒二员留英差遣，尚未接准该衙门函复。现因出使美、日、秘大臣陈兰彬处翻译需员，较臣处尤为紧要，与臣面商，调张斯栒暂归该大臣差遣，臣自应先其所急，饬该随员随同陈兰彬起程前往，一俟该大臣续调有人，再令张斯栒回英当差。⑤

双方商定，暂借一年为期，期满后张斯栒又回到了驻英使馆。曾纪泽因此又上奏朝廷《随员张斯栒回差照章领俸片》：

> 查马格里不能深通汉文，于翻译公文究多不便。适臣接准前出使美日秘国大臣陈兰彬十一月初四日咨称：前调英文翻译随员知府衔候选同知直隶州知州张斯栒赴美差遣，委办事件悉臻妥协，现当差期已满，给咨令该员回英当差，以符前议等因。查张斯栒已于十二月十四日由美行抵巴黎，经臣饬令仍以随员兼办英文翻译，随臣驻扎之处，听候差遣，以资熟手。除咨呈总理各国事务衙门查照，并饬支应委员将该员俸薪照章接续支领外，谨附片陈明，伏乞圣鉴。谨奏。⑥

此文清晰地传达出曾纪泽对马格里翻译能力的不满，又为张斯栒及时归来担任英文翻译而高兴；唯恐总理衙门少了他的俸薪。稍后，曾纪泽又上呈了《请奖期满人员疏》：

> 查有驻英二等参赞官马格里、三等参赞官凤仪、随员兼英文翻译官张斯栒三员……该员等或专驻一国，或随臣往来两国办理汉、洋文牍，酬应主国官绅，均能尽心竭力，不惮辛勤，毫无贻误。自应由臣按照吏部申明章程分别核奖，谨缮具清单，恭呈御览。合无仰恳天恩，俯准分别奖叙，以励人材，而资观感之处，出自高厚鸿慈。⑦

于是，张斯栒的身份由随员兼翻译官升为翻译官兼随员。1886年，曾纪泽东归，刘瑞芬（芝田）接任。他也故伎重演，奏请朝廷批准张斯栒继续留在驻英使馆，同时提升为二等翻译官、二品衔候选道。1889年，第四任公使薛福成抵达伦敦，他在日记中写道："接受英馆文案卷宗及移交应办各事。英馆旧员，余留用三人为：二等宝星总领事衔、英文二等参赞官英人马格里，二等翻译官、二品衔候选道张斯栒，供事王文藻。"⑧

这时，张斯栒已在使馆连续工作13年。虽然马格里也是如此，但他是在自己国家，而且住豪宅、领高薪、陪家人，好不惬意。好在张斯枸与上司薛福成的关系更加密切了。"薛公至任，交涉益繁，委任益专。当时办理长江教案，筹设南洋领事，以及云南缅甸界务，凡华洋函牍，皆由公详慎传译，词命问答，委婉严切，颇足倾动外人，故每有所请，彼国无不允许。薛公出使，公牍所载洋文照会，皆出公之手。"⑨

张斯枸传略中的这段话，无意之中恰好戳破了马格里"神话"，足以说明使馆英文照会的撰写，究竟是以谁为主。我们完全不需要怀疑它的可靠性，使馆职业翻译官的工作性质，决定了张斯枸很难抛头露面、众人熟知，而他为人处世又一向低调；所以，除非像作者童庚年那样的亲戚，是写不出这段文字的。张斯枸著有《环瀛日记》若干卷藏于家中，童庚年一定是在阅读之后才撰写传略的。而且文章仅只刊于张氏族谱，没有胡吹大气的必要。

1894 年，薛福成也卸任归国了。外交人员一般三年一轮换，不难想见，无论是谁都不好意思要求张斯枸继续留任了。但他还是迟至 1896 年才回到阔别 20 年的祖国。等待他的是培养"精晓洋文"的外交人员的重任——武汉大学前身自强学堂总办（校长）。这个中国近代教育史上第一所真正由中国人自行创办和管理的新式高等专门学堂，1893 年由张之洞奏请成立。1896 年，鉴于中日甲午战争的教训，自强学堂改订章程，调整学科门类设置，强化外语人才的培养。于是，张斯枸就成了该校再合适不过的总办（校长）人选。据传略介绍："（光绪）二十三年（1897），公自英回国，即奉湖广总督张文襄之洞调往湖北，总办自强学堂事务。二十四年（1898），日本大操海陆诸军，邀中国大员往阅，公奉派东行联络，往来动容中礼，为东人士所称道。蒙日本天皇赠给二等宝星，以示优异。旋又奉委护送学生赴东肄业。四月，差竣将返，适日本大将川上君卒，又奉张督电饬，摄行吊唁之礼。五月东回，忽触瘴患脚气，卒于神户差次。奉旨赐恤赏给从一品封典，治丧银一千两。"⑩张斯枸竟在即将回国之际、忽然触瘴患脚气而去世，实在是令人唏嘘、心意难平！

张斯枸这位中国最早职业外交官，毕其一生"西学中用"，服务于最屈辱的晚清外交事业，可谓鞠躬尽瘁，死而后已。然而身后寂寞，无人提起。今年是他诞生 180 周年，谨以此文作为一瓣心香，遥致缅怀纪念之礼。

注释：

①《皇甫峥峥：驻英使馆与晚清外交转型》，《澎湃新闻》2020 年 10 月 26 日。

②薛福成：《庸庵文集》，文海出版社有限公司，第 1245—1246 页。

③④⑨⑩童庚年《慈溪张公斯枸传略》《慈东马径张氏宗谱》卷十。

⑤《曾纪泽集》，岳麓书社 2008 年版，第 13 页。

⑥《曾纪泽集》，岳麓书社 2008 年版，第 65 页。

⑦《曾纪泽集》，岳麓书社 2008 年版，第 94 页。

⑧薛福成：《出使四国日记》，湖南人民出版社 1981 年版，第 54 页。

——选自《天一文苑》2022 年第 4 期

团结互助共御外侮的凯歌

——"沪甬航线宁绍"斗"太古"述略

戴光中

　　上海开埠之后，数以十万计的宁波人蜂拥而至黄浦江畔，赚钱回来养家糊口。这庞大的人流、物流，使外商看到了沪甬航线的无限商机。美商旗昌公司、英商太古公司、法商东方公司，纷纷开辟客货运输航班，争抢这块肥肉。而且这些洋人——无论老板还是普通水手茶房——都以高人一等的姿态对待乘客，态度极其粗暴恶劣，常令搭乘轮船的宁波人怒不可遏。其中，成立于 1872 年的英商太古轮船公司最为骄横，而且贪得无厌，发现客源充足，就将容量最大的统舱的票价从五角涨到一元。富有反抗殖民主义光荣传统的宁波人忍无可忍，决定在沪甬线上对抗外商的经济侵略，创办属于自己的轮船公司，抵御外侮，免受洋鸟气，振兴民族航运业。

　　1908 年，由虞洽卿牵头创建宁绍商轮股份有限公司，发起人是吴锦堂、陈子琴、严子均、方樵苓、方积琳、陈征献、李厚礽、叶又新、董杏荪、李廉、楼丕诏、王植三、袁有道、严廷桢等著名甬商。总公司设于上海，宁波设分公司。公司额定资本 100 万元，每股银 5 元，计 20 万股。入股的旅沪宁绍人达 5000 户，几天内就筹得股金 28 万元，不足之数，由虞洽卿向四明银行贷款，实收 70 万元。而公司发行的股票，特地在图案两边分别写上"爱国爱乡"与"挽回航权"。

　　1909 年 7 月 10 日，公司旗下"宁绍"轮开始航行沪甬线，两地隔日各开一趟，并在船上挂牌"立永洋五角"，以示永远不会像外商那样动不动就涨价。闻风而动的正是英商太古公司，立即实施跌价策略，将票价从一元骤降至四角。他们压根儿就瞧不起，觉得随便扔点钱就能捏死这新生的民族轮船公司。

　　7 月 23 日，《申报》刊登了一则消息："宁绍"轮开驶后客货云集，为各轮冠，闻太古之"北京"轮因此统舱每客减收船资洋一角，且沿途雇人兜揽。乃日来搭客之数，"宁绍"仍多于"北京"，足见宁绍两府人团体固结，非跌价所能撼动。

傲慢的英国佬岂肯认裁！太古公司自恃财大气粗，不惜血本，将票价再降至 3 角，甚至 2 角，并以另赠毛巾来招揽乘客。这一狠招，使局势顿形严峻，宁绍公司"处于亏累日甚，朝不保夕之危境"。

但是，"宁绍轮船为我国商办航业之嚆矢，而尤为我宁绍名誉荣辱之关键"。宁绍人民也岂肯认输！8 月 4 日，旅沪宁绍同乡在上海宝安里开会，决定组织成立"宁绍航业维持会"，专门应对太古公司削减运价的恶意竞争，并且商定了三条对策。第一，发出号召："宁绍人众志成城，总以货装宁绍，人乘宁绍"；第二，组织义务干事员，帮助宁绍公司提高服务质量；第三，募集资金，为宁绍公司提供亏损补贴。

"宁绍人众志成城，总以货装宁绍，人乘宁绍"的号召一经发出，立即得到热烈响应。从 1909 年 8 月至 10 月，《申报》以《宁波人团力之坚结》为题，连续发表 40 多篇报道，介绍宁绍人民团结互助共御外侮的盛况。现摘录如下：

南市冰鲜业敦和公所邀集同人，公议保存宁绍商轮之利权。一、同业贩运货物均装宁绍轮船，其余客货亦由同业各具信函，预先关照以归一律；二、同业伙友往返沪甬由本行给发宁绍船票，以昭划一，如违察出，向该行经理人罚洋二元作善举；三、冰鲜鱼船每年进沪销售者约四百余号，每船以十人计之，不下四五千人。今同业邀集各鱼商妥议，嗣后往来沪甬务须均坐宁绍轮船，凡我同业售货之行给送每船每蹚宁绍船票二纸，以尽义务；四、沪上各贩与同业交易宁帮居多，故往返沪甬络绎不绝。然其间小本经纪者，未免因船价稍有低昂，不顾大义而趁别轮。今我同业公议，如有贪价廉之小贩，任其以最低廉之船价，向本公所易宁绍船票一纸，本公所愿将公款津贴，以保利权。

洋布、纸烟两业为宁波进口大宗，该业诸君均系热心公益，现已议定，此后均装宁绍，以保权利。

南北市参业由董事苏筠尚诸君邀集同行集议，所有该行同事往返申甬，均趁宁绍商轮，众均赞成，并盖章承认，订立条款以便遵守。

水果业往来货客，均经申甬两处同行议定，一律装搭宁绍商轮，以尽同乡义务。

钱业董事胡稺芗、洪念祖两君，**钟表业**董事孙梅堂、史惟怀两君，各开会提议，嗣后该两业客货往返申甬，均装宁绍商轮，由各店盖章为凭。

南北市糖货、米麦两业，由热心诸君邀集同行，议定所有往甬货物均装宁绍轮船。该业各伙友等来往申甬，亦准坐自办之船，以保权利，俱已分别函告甬江该业本行矣。

东庄同业及药行业，邀齐同业开会议定，所有同业货客往来申甬，凡遇宁绍班期，不论价目贵贱，均准装搭宁绍轮船，一律签允，以昭信守。

众和社烟纸各店、**崇德会海味业**，邀集同行集议，议定条规数则，所有该业客货，均准趁宁绍商轮，由同业签允为凭，违者察出辞退，并担任各劝各信客一律自保权利，否则概不带信。

甬上点铜、**洋药两帮同业**，均由司年董事邀集各店议决，嗣后该同业所有往来申甬货客，凡遇宁绍船班期，不论价目贵贱，均照准搭装宁绍轮船，业当分别函告申庄，一律允照办理。

南北市烛业宝辉堂之代表童性甫、**范松生诸君**，邀齐同业议定，不论船资若干，凡同业来往均趁宁绍为主，每友每次发给船票两纸，店中补贴洋六角。

颜料业亦经贝润生、邹薇卿、徐棣苏诸君邀集同业，议定所有货客均搭宁绍，由各号签字以昭信守。

沪上绸缎、**饮片两业**，均由司年董事邀集同业议决，嗣后同业货客往返申甬，不论价目贵贱，均装搭宁绍轮船，签字盖章为凭。并闻绸缎业分别函告杭庄之宁绍友，一律允照办理。

四明公所长生会会长沈鸿来君开大会提议会中诸友，嗣后均搭宁绍轮船，或有贫苦欲省船资，由会中给发船票，只收洋两角。

宁绍帮之纸箔业首事寿秀甫君热心公益，日前邀集同业在城内福佑路景伦堂纸业公所开会，议决要规四则：一、纸箔来往沪甬者准装宁绍轮船，以结团体。二、各店东伙往返沪甬者准趁宁绍轮船，如遇要事未值宁绍班期，听其自便；倘有不顾大局之人，见他轮价廉为之心动者，其船资准由景伦堂津贴，仍趁宁绍本轮。三、无论亲友，如搭某船到申者概不接待。四、同乡信客，如仍趁某轮者不予递寄邮件。

洋货商业公会门庄业、**行家业两帮**，为宁绍轮船事开会。总董贝润生君暨两业议董刘少筠君、程敦安君皆异常热心。先由总董报告开会宗旨，继由王君清夫、叶君惠君、黄君国樑、史君悠明、林君大松等次第演说，终由程敦安君宣布公定章程，经众签允举摇铃散会。

五金业中亦经邀集公议，所有货客均就宁绍轮船搭装，已由南顺记各五金号三十七家一律签允盖章，以资信守。

沪上呢绒洋衣业，邀集同业公议，客货均准搭装宁绍轮船。凡现在各店各作场伙友之无力者，均由各该店暨各该作场自行津贴。其已入同行一时失业无力尽义务者，可持洋二角向英界何瑞丰荣昌祥购票，美界向协兴许伦记购票，法界向魏元泰购票，不敷之数均由北长生公所津贴。

柴炭业亦已邀齐同行议定，货客准装搭宁绍船，所需津贴概由同义善会拨补，以资持久。

宁绍帮绸缎顾绣衣业同人为维持宁绍商轮起见，假轩辕公所聚秀堂开会集议。董事某君演说，略谓宁绍轮船为虞君洽卿发起，既为同乡尽义务，又为国家挽利权。现某轮船跌价招徕，无非欲破坏宁绍轮船事业；果被破坏，则宁绍帮从此破气，而某轮船必又大增其价，我宁绍人又不能不趁其船。近日各业莫不纷纷开会，互结团体，以求抵制之策。故人莫不赞颂我宁绍人团力之坚固。演说毕随又议定章程五则：一、各店朋友往返沪宁者，均趁同乡宁绍轮船。二、一应货物亦均装宁绍轮船，不得私装某轮。三、同业往来信客或有趁某船者，概不与他寄带信件。四、各店逐年预先买存宁绍船票，以备往返所需。五、各友如有欲贪贱船价者，可照某船最廉之价向店主领票，各店主自愿津贴。

南市猪行一业共计七家，亦由同行集议决定办法，凡本业东伙往来申甬者，准趁宁绍轮船。同业无力者，可持洋三角向源大行买取船票，其余由公积银补助，以期合力同心，坚持到底。

沪上纱业代表田资民君等发起，为宁绍船事与同业议决，所有伙客均应搭装宁绍船，一律签允，期垂永久。

杂伙业由椿茂号孙永年君等邀集该同业各店伙友，凡遇宁绍班期准搭宁绍，应需津贴归各店自出。其货物以明矾为大宗，业已联络甬上各号，所有货物均装宁绍船，签允为凭。

酒业、**酱业**、**烧酒业**在城内敦厚堂开会，由代表黄国梁、王志堃、潘如新三君提议办法，经众赞成议决，三业进出客货统归宁绍搭运，如各友于宁绍班期趁他轮者，察出即行辞歇，亲友则概不留饭留宿，信客则概不交寄函件。惟酱业伙友船票由店发给，其余则照廉价售票，由公积银补助。

书业商会为宁绍商轮事集众会议，议决各条如左：一、凡我同业往来沪宁及装货物等，均应归宁绍轮船搭装。二、我同业诸君咸应担任劝导之责。三、本同业如有无力购票之友，均归各家担任。四、以上之条照此办理，倘有不依此法，察出议罚。

砖灰业经邵壬生、林锡允发起，邀集同行决议，日后无论为主为宾为栈司人等，往来宁绍，须趁宁绍轮船，不得更趁别轮以坏利权。致信各处，当预为备票给发，倘不由宁绍商轮来往，一概拒绝。

北货行同业经合丰陈秀堂君、坤沅裘仰之君发起，邀集公议，凡本业所有货客，均准装搭宁绍商轮，一律签允为凭。

木鸟业由贺信富君发起开会，同业装货搭客均认定宁绍商轮，亦各允洽。

蛋业公所及宁帮醃腊同行，为宁绍商轮事开会决议，凡该两业往来申甬客伙，无论水脚贵贱，均搭宁绍轮船，各号预向公司购取船票，以便随时定用。同业如有乏力者，可照他公司廉价向公所或本店售票，以后如有遵守不力、阳奉阴违，查出罚洋二元，拨作津贴廉价之款，伙友如查系故犯即可辞歇，同业概不录用。

棋盘街衣业八家，由萃丰衣庄杨庆桂君发起集议，捐款协助宁绍航业维持会，并议定衣庄八家，无论东伙往返、货色进出，如遇宁绍班期誓不搭趁别船，如有不遵定章者，察出将货充公。又凡属八家东伙之亲友，亦须趁宁绍船，已有函预先通知，如若甬地偶有乘他轮而来者，概不接待。其失业无资回籍者，八家衣庄备有宁绍船票，均可前往领取。所认捐款列下：翠丰杨庆桂、翠隆杨庆华合捐洋五十元，安吉叶春山捐洋三十元，祥泰周纯甫，久大李莲荪，祥丰金荣棠，宝大张筱宝，合丰张长春各捐洋二十元。

甬帮明礬业顺生、宝华、又新、瑞生、丰顺等号，议决来往货物均装宁绍轮船，倘非宁绍班期，急欲装货，仍可听便，嗣后如有贪廉图私者，查出罚洋五十元，以充公用。

洋货商业公会，除颜料、洋行、门庄、五金外共计九家，业已决定，往来沪甬各客货一律装搭宁绍商轮，并有火油、玻璃两业亦经议决，总以乘坐自创轮船为目的。

沪上川汉洋杂货业日前在大南门外该业事务所邀集同业会议宁绍商轮之事，先由林仁钊、徐大源、沈南圃、邵子帆相继演说，嗣经议决所有该业货客如遇宁绍班期，均搭趁自办轮船，到会者一律签允而散。

汉帮志成公所为宁绍商轮事开会，先由业董叶惠钧布告宗旨，劝同业互结团结，尽力维持，辞极沉痛，旋定章程八条，同业中均极赞成。

棉纱同业由领袖田资民、董子珍、王兰甫、陈季良等发起在公所集议，议决该业货客均附宁绍轮船，其力有不逮者，船资由各号自贴，众皆签允，并当场认购宁绍公司股份六百余股。

南北市板木业由邵芸卿、贝楚臣、黄昌生等发起，邀集同乡在商会分所决定，货客均附自办商轮，并拟每行担任津贴船票十张，贫苦者可向领取。

南北市信局同业全盛等五十余家为宁绍商轮事邀集会议，议定沪甬往来信件每逢宁绍班期应归宁绍船装运，同业伙友往返均乘宁绍轮船，所有同业应用宁绍船票可向全盛购买，凡亲友往来互相劝勉，终以始终坚持、绝不稍懈为宗旨。

自立耶教会由沈君嗣恩等发起，纠集同人在讲堂演说，凡籍隶宁绍之同道约三四千人，以后往来沪甬皆乘宁绍轮船，并议定预备船票，无论会内外，贫苦之人一律津贴。

铜锡业同行为宁绍商轮事，由乐沅昌经手人及李德兴两家发起，在四明公所议定，凡同业中籍隶宁绍两府之东伙，均应搭载宁绍轮船，如有不遵者，由本业董事议罚。

英界石路、**法界城河浜两处衣业十余家**，由陈韵笙、张荷光等发起议定，同业伙友来往沪甬，均搭宁绍商轮，并量力筹费补助维持会。兹将已缴之数列下：（石路）正泰陈韵笙洋十元，锦成胡志臣洋十元，顺柳善楚余合洋十元，顺兴钱明发洋十元，福昌陈炳奎洋十元，震丰戴明生洋五元，永昌张笙和洋十元，裕源方汉章洋五元，新大费天荣洋五元，协昌卢云汶洋五元；（城河浜）瑞和张荷光洋十元，晋源祥臧炳荣洋十元，马聚成竹房洋十元，沈茂昌茂椿洋十元，福昌祥李香云洋五元，陈彩成陈春生洋五元。

沪上煤炭业惟宁绍两帮最占多数，其与宁绍商轮尤有密切之关系，兹由王清夫君提倡在煤炭公所开会，公订简章数条，分送同业，简章如下：一、凡我同业，嗣后往来沪甬货客，必当搭载自办轮船；二、同业中均担任劝导亲友宜乘宁绍船之责；三、规劝信客，如有遇宁绍班而不乘宁绍船者，则信件不准再交该信客带寄；四、同业栈中如果确有艰窘者，由本号自行津贴。

木业朱吟江、曹兰彬、徐嘉荀等发起，邀集同业在农异公所议决，嗣后同业货客往来申甬，一律装搭宁绍轮船，贫苦无力者由号东津贴船资，同业二十四家一律盖章签允以昭信守。

沪上洋布公所振华堂于二十日下午二句钟邀集同业三百余家提议公决，自立集义会名目，以后同业中无论是否宁绍人，均须筹资补助宁绍商轮之船价，以为常年维持之计，至宁绍航业发达。已闻同业已承认签允矣。

河轮业以宁绍人最占多数，兹由史恒茂等提议，同业中籍隶宁绍两属者，嗣后往来沪甬，如遇宁绍班期均须乘搭该轮，各同业一律签允。

沪上宁绍帮鞋业数十家，在四明公所集议，由李坤鳌、包茂生、张圣德等议定，以后各货出入及各友往返沪甬，均趁宁绍轮船，违者定予歇业。

沪上熟货业由恒泰冯景帆、裕大董汝霖两君发起，召集同业中之宁绍两籍伙友议定，嗣后如有不乘宁绍轮船者，一经察出，有业者立即辞歇，失业者概不录用，闻该同业均已承认矣。

沪上宁绍帮漆作业不下数千人，业由张祥华、郁全侥等发起，在四明公所召集同业议定，同业中宁绍两府之人必须乘坐宁绍轮船，嗣后如有故意违背者，定即不认同行，闻各作头均签字应允。

上海老从心会系包饭作与各业所雇工人所设，各同业在四明公所建醮之时，由唐久江、夏聚成、叶阿如、邵元生、徐增荣、徐才如等提议宁绍轮船一事，既由同乡设立，维持会联络各业，互相团结，凡我同业中之宁绍两帮，亦应自立章程，以乘坐宁绍商轮为宗旨，如有故违不遵者，即行摒斥，概不录用。

赀器业以宁绍两帮之人为最多，兹由仁成号发起，邀齐同业议定，同业中之籍隶宁绍者，嗣后往来沪甬须乘宁绍商轮，如有失业回籍者，船资由同业酌量津贴。经众签允，以昭信守。

沪上洗衣作东、伙两帮，以宁绍人最占多数，约有三四千人，向分协兴会为东帮、集贤会为伙帮，兹由邬谟堂、严仁发等在靶子路德福楼会议，又由乐阿鳌、殷仁兴等二千余人在四明公所同时集议，议定同业往返沪甬，除不得已外，应择宁绍班期启行，以达乘坐己轮之目的。

沪上洋烛厂同业祥生、竞立、南阳、祥顺、利用、日光、祥行、同康、茂记九家，由朱雪帆君发起会议，此后装运货物、东伙往来，俱认定宁绍商轮，并由各厂预买船票，以备分给同业中之无力者。

野味同业三泰赵士荣、义茂费金生，**刻字同业**种玉山房、蕴玉山房、翰墨林、荣华堂、陈文彩、文林斋等亦均议决，无论东伙学徒往来沪甬，如有不乘宁绍轮船者，察出议罚。

烟叶同业汇记黄玉书、茂记吴友立、永记余文焕、春记陈景炜、昇记陈顺卿、沅记钱怡青、厚记黄慎齐、慎记裘仰善、达记郑达人、承记严焕卿等，亦在健行堂开会议决，各行亲友栈司如有无力者，由行津贴船价，不准私趁他轮，所有货物亦归宁绍公司轮船独家转运，亲友往来如有不趁宁绍轮船者，概不接待。

沪上水木工业籍隶宁绍者数以万计，由陈某邀集同业在公输子庙开会，议定以后来往沪甬均趁宁绍轮船，且各签允助维持会津贴费，当场共集四十元之谱。

旅居日本神户之宁绍人实繁有徒，兹在中华会馆提议维持宁绍班轮办法决议，同乡回国后均趁宁绍轮船，众皆签允遵守。

宁绍航业维持会得鄞县同乡来函，**谓该邑教育会**同人对于宁绍轮船一事异常热心，业由职员决议，凡学界中人遇宁绍班期而不乘宁绍轮船者，会员出会，教员职员罚俸一月，学生记大过一次，校役斥退，并拟分劝各学校教员职员，捐助薪俸百分之一，已通告各学堂照办矣。

至于那些不属于各行各业的穷人，则由宁绍航业维持会将统舱票买下，再以 3 角售出，每票补贴 2 角，"以津贴各业外之贫苦者"；"有同乡实在无资可归者，亦酌给船票"。

第二个对策，即航业维持会干事员的志愿者队伍，也迅速地组织起来，分成几个小队，轮流跟随宁绍轮，义务稽查船上各项管理。"举凡轮行之迟速、水脚之多寡、茶房之勤惰，由随船员填写报告册，随时改良"；一年后"渐臻完备"。(《志宁绍航业维持会在甬开特别大会》，《时报》1910 年 8 月 12 日)

关于募集资金以补贴公司亏损的第三个对策，振臂呼吁组织维持会的施峄青，首先捐银 500 两以为倡导，同乡人士继之而起，于短期内集得巨款。1910 年 4 月，旅日宁波帮巨商吴锦堂回国。他在维持会成立时被推为会长，所以非常关心，当虞洽卿谈到维持会已经垫款数万元时，他慷慨解囊，捐银补足了缺额。

同时，吴锦堂以宁绍航业维持会会长的身份，呈书并面禀浙江巡抚增韫，说明创办宁绍公司是"鉴于列强环逼，渔我航利"；继而因"同业倾轧，公司颠危，于是有组织维持会之举"；所以要求官府设法保护。增韫对此事倒是头脑清楚，命令主管轮运业的劝业道拟订出保护办法 6 条，发布执行：

1. 遵照宪批意旨，移知宁绍台道，分饬所属，认真保护。

2. 由属道分饬所属，撰拟谕示，陈说利害、明白宣布，以期家喻户晓。

3. 绅界由地方官分别照会，转行劝导；学界由各属劝学所、各学堂校长传说宣示；商界由各属商务分会开布意旨；至于小本经营、社会劳动中人，尤应劝谕，期使各界均尽维持之义务。

4. 由署道照会杭州、宁波商务总会，查明布定分年筹备事宜，速行组织；商船总会成立以后，实行保护，以垂永久。

5. 由署道照会吴绅，转饬宁绍公司于该轮船航行，凡旅客之招待、行李之照料、舱位之安置，务较他轮加意优待，俾搭客乐其利便，不致舍此就彼。

6. 以上各条均候宪台核查、批准后由署道分别照会、移知迅速实行。

（《浙江劝业道照会宁绍航业维持会文》，《申报》1910 年 6 月 25 日）

即使是如此简单的排列叙述，也足以见出旅沪宁波帮的队伍是何等的庞大、内部是何等的团结、意志是何等的坚强。双方争斗两年，宁绍公司每年亏损 5 万余两，航业维持会补贴的金额高达 10 万余元，依然毫无惧色，并且再买一条轮船，投入沪甬航线，摆出一副大打持久战的架势。太古公司主持人大为惊奇，认宁波人之互助精神及团结力量为绝不可侮！当然，谁都能够想见，太古公司的损失一定比宁绍公司更加惨重。因为其"北京"轮乏人问津，有时甚至放空船。英国人最终不得不做出和解的表示，主动将票价回升到五角。这也意味着外商放弃了"独占沪甬航权之野心"。于是就有了一句民谣："宁绍斗太古，乘船勿再苦。"

对此，《浙江航运史》指出：宁绍商轮公司是"以华商名义，使用大型轮船，面对外国侵略者的强大竞争压力，在一条航线上坚持下来，取得胜利的第一家民族航运企业"。时隔 35 年，有人撰文提到："至今西人之在中国经营航运事业者，于此举犹称道勿衰也。"（应斐章《宁绍航业维持会时代的精神安在？》，《宁波旅沪同乡会会刊》复刊号第 6 期）

值得顺便一提的是，贷款资助宁绍商轮公司的四明银行，也是成立于1908 年，也是由旅沪宁波帮集资开设的；在发展过程中，也是不断遭到外商的排挤倾轧，也是依靠宁波帮的团结互助而克服重重困难成长壮大的。

四明银行全称"四明商业储蓄银行"，是继四川浚川源官银行、浙江兴业银行之后的第三家商办银行，又是把"储蓄"二字写入行名的第一家银行，资本额定为 150 万两，先期征集 75 万两。经清政府批准，它拥有钞票发行权，发行额 20 万元。发行壹元、贰元、伍元、拾元 4 种兑换券。即使后来改朝换代、进入民国时期，银行仍利用原有的钞票发行权和北洋军阀政府金融管理的混乱，继续发行四明银行钞票。这一方面增加了银行的

四明银行发行的钞票

流动资金，但另一方面，也给企图独霸中国金融市场的外资银行和洋行带来

可乘之机。他们早就在蓄意暗算，将四明银行印发的钞票攒到一定程度，就来挤兑现洋。不明内情的一般市民，见状也跟着去挤兑，给四明造成极大压力。幸亏总经理孙衡甫冷静沉着，想出高招应付危机。他托虞洽卿亲自押运几箱银元到银行应付兑现，另外以石块装满百余箱，尾随其后，抬入库房，以示现金准备充足；同时又商请宁波同乡开办的或有放款关系的钱庄，贴出"代兑四明银行钞票"的告示收兑。挤兑风潮登时平息。

而四明银行则因祸得福，信誉又高了一重，钞票也更受欢迎，发行量逐年增加，综合实力也水涨船高。据徐寄《最近上海金融史》报告称：1925年当年四明银行拥有房地产值63.7万两；纯利润为5万余两，本金150万两，收益32.82%。1928年当年房地产值有50万两；纯利润为648798.87两，本金150万两，收益率为43.25%。银行存款总额，1926年高达2000余万元；1930年则猛增到4000余万元。四明银行的钞票在沿海、沿江城市广为流通，金融界有中（国）、四（明）、通（商）之称。

四明银行愈蒸蒸日上，外资银行愈如芒刺在背，金融界只要一有风吹草动，就拿四明银行发行的钞票来兑换现洋，并且推波助澜、造谣生事。然而，每当挤兑风潮来袭时，宁波人开设的商店、钱庄、银号，无须动员，家家都愿代为收兑四明银行的钞票。连一些甬籍店员、小贩，见有人拿着钞票在四明银行门口排队等兑，往往也会自动掏出口袋里的银元，向挤兑者换取钞票，以减轻银行压力。

因在上海开设内山书店而与鲁迅先生结下友谊的内山完造，著有《生活文化下的真中国》一书。其中一篇《天无绝人之路》的文章，陈述了他亲身经历的事情："上海有一家四明银行，是宁波地方的人开设的银行，有次也发生了纸币行使不通的谣言。那时我对店员们说：'四明银行的纸币现有不兑的谣传，如果有客人付四明银行的纸币，务必请他调换一下别的纸币才好。'然而我店里的人全是宁波人，有一资格最老的店员说：'没有那样的事，内山先生要是不喜欢四明银行的纸币，我情愿调换。'遂将店里所收到的四明银行的纸币都选了出来，自己拿出别种纸币来调换了。我也不知道说什么话才好。一听到同乡人（虽然并不熟悉，如同路人）所开设的银行信用动摇，便立刻维持同乡人的银行的信用。自然，金钱可谓极少极少，但这种心理却支配着全体宁波人（当然也有例外，但我是以大多数人作为主体想的）。"然后他又补充道，"我觉得日本人绝不能做到这一步"。

——选自戴光中《宁波帮正气篇》，第44—58页，
中国文史出版社2011年版。

赵保禄晚年报道四则

编者按：赵保禄（Paul Marie Reynased，1854—1926），法国遣使会士，1879 年来华，1882 年任小修院院长兼定海本堂。1883 年第四任浙江教区代牧苏凤文病逝后来甬代理主教，翌年当选第五任浙江教区代牧，在江北岸天主堂任主教达 42 年之久，权倾浙东，横行无忌，时人有谓"宁绍台道一颗印，不如赵主教一封信"。在任时主持江北草马路的大片教会事业的建设工程。1901 年起陆续购进 75 亩土地，先后建成普济院（1910）、保禄大修院和拯灵会总院（1916）、味增爵小修院和育才学校（1917）。从而在草马路形成了规模庞大的教会建筑群。他又亲手制造了江北岸外滩"白水权"的纠纷（参见第四编相关史料）。而赵保禄则因此获得了教皇御座大臣衔，清廷的双龙宝带，中华民国政府的嘉禾章和法国政府的荣誉十字勋章。他于1926 年在法国巴黎逝世，遗体运回宁波江北岸安葬。

推食解衣之赵主教

本埠江北岸天主堂主教赵保禄君，来甬有年，对于就地公益之事，靡不竭力资助。前年冬季，甚至将自己穿着之皮大衣脱下助振，其乐善好施有如此者，曾由黄道尹呈请省部颁赐匾额在案。兹悉赵主教鉴于今年宁属水灾奇重，除向城厢内外各堂司铎教友，于堂内设立赈品收集处，现已成立，并印刷白话招贴数千份，分贴各处，又嘱甬北首善里懿德女校，附设赈品售卖处，定于阴历本月十四、十五两天，为售卖赈品之期，准上午十时起，下午四时止，已登报广告各界，请届期前往购买，俾得款汇解灾区。附录该堂赈品收集处通告，略云：诸位你晓得现在灾民的急是已经急得要死了吗，你若是要救他，虽是没有铜钱，也可以拿出你所不要用的东西来，我把你代送到灾民那边去，定叫你的恩惠施到他的身上，不会得失落的，我愿你快快送来罢。又懿德女校赈品售卖处通告云：诸位仁人，快来助赈，赈之为字，曰贝曰辰，要买宝贝，今是良辰，以君之财，赈彼饥馑，物皆美好，便宜是真，卖物一元，救人一命，物可自用，惠及灾民，善有善报，迟早身膺。

——选自《时事公报》1922年12月28日

赵主教授勋之盛况

甬天主堂赵保禄主教，昨（六日）为法政府荣授勋章之期。上午十时，在泗洲塘毓才学校举行典礼，颇极一时之盛。略志如下：事先法军舰辣口个尔奉命于六日晨抵甬，到时鸣炮，有兵头九人，率领武装海军三十余人，九时许排队至毓才学校。是日中西官长到者，有会稽道尹黄涵之，镇守使代表陈熙甫参谋长，林厅长，姜知事等多人，暨驻华英领事凡鲁笃，税务司甘福履，邮政司杜爱尔等多人。又有毓才学校懿德女学校等团体，及各界来宾，共计二千余人。

——选自《申报》1923年11月9日

赵主教灵柩回甬之热闹

本埠天主堂前主教赵保禄灵柩，于昨晨由江天轮运甬后，暂停于该轮机房内。至下午三时，天主堂所属之男女学校师生及各司铎等，由总堂整队出发，至停柩处迎棺。司铎等多穿半身素衣（状如白短衫），女者腰围白布，男女学生等大都衣素制服穿白履，左手围以黑纱，并有保安队警察两队参与其间，以维秩序，人数约千余。佛教孤儿院军乐队为之前导，并有赵主教所遗之十字架及中法政府所授之各种勋章，均分别装置彩亭中，雇人抬往示众。自总堂出发，沿同兴街何家弄转海关后至外滩江天码头，沿途并有纠察多人照料。抵码头时，整队站立路中，候中外司铎等在灵边诵经毕，抬棺启行，回至总堂，乃始散去。赵之灵柩系购自法国，其式样两端略少，中部较大，棺身比中国棺材略小而低，又棺之内层，系铜所制，外层亦系木质加漆云。

——选自《时事公报》1926年4月19日

追思赵主教之盛况

本埠天主堂于昨日上午七时许，在大礼堂举行赵主教保禄追思礼。本埠中西各地司铎，教立男女各学校师生，及耶教牧师、佛教孤儿院等均到场，各士绅前往者亦颇众，共计三四千人。鸣钟后，均集合教堂中，由司铎领同祈祷唱诗读圣经，颇为哀悼。至八九时，官厅方面亦络续前往，计先后到者有段司令、朱道尹、林厅长、张知事、威税务司等。其时适该堂举行第二次追思礼，各官长亦多入堂，列席参与哀礼，礼毕即分别设席普天春、大庆楼等菜馆，宴请各官长及来宾等。午后络续散去，远道者亦均纷纷搭轮而去。又闻该堂各司铎，拟就大堂之左门，建立一亭，即将赵主教之棺木，安置其中。至主教一席，现暂由副主教李思聪代理，将来静候罗马教主任命云。

——选自《时事公报》1926 年 4 月 25 日

老外滩上宁波青年会

青年会筹备进行

宁波青年会自民国五年由陈谦夫、张泂伯、严齐富、余德华诸君发起，邀集各界组织筹备会，积极进行，并派遣胡君咏骐至沪总会练习干事。现胡君练习期满，明年即可正式成立筹备会。诸君特于十一月二十七日午后假江北岸太阳公司开会，筹议一切，预算开办及第一年经费，约需洋三千三百余元，当由袁履登等分别认募，签订数目已达二千三百余元，其余不敷之数，由会函致各界请求赞助。查青年会为增进青年国民德智体育之机关，成效昭著，宁波不乏明哲之士，当无不乐予赞助也。

——选自《申报》1918 年 12 月 5 日

青年会之进行讯

宁波青年会附设英文夜学校，自本年阴历正月开校以来，学额增添至百另六人，其所延请之义务教员十余人，多系大学校毕业生。兹闻该会定本月三十号散校，且准照教育新法办理，将学期考试取消，惟于秋季开学时，无论新旧学生，均须听试，以定班次云。又闻宁波青年会本届征求会员，由王专使担任名誉总队长，竟得会员五百七十四人，超过原定额数七十四人，加旧岁未满期会员及征求后入会者，共计会员八百零七人。现拟置田以备建筑并添聘干事三人，以助进行。成立仅一年，其发达可谓神速矣。

——选自《时事公报》1920 年 6 月 18 日

中西音乐大会志

宁波基督教青年会与友谊社，于十九号晚七时假座槐花树下崇德女校开中西音乐大会，虽梅雨连绵，而中西男女来宾到者络绎不绝。首由友谊社总干事郑植生君主席，兹将秩序录下：一、六人合唱（四男二女郎）；二、国乐，杨君及同伴七人；三、单唱，师母（美人）；四、钢琴独奏，贝君（美人），众鼓掌要求重奏，贝君乃重弹一曲，竭大珠小珠落玉盘之妙；五、国乐，五萧同奏，施君及同伴；六、演读，施师母未到，乃代以国乐；七、单唱，徐女士（美人）；八、四弦琴，朱懋澄君；九、钢琴独奏，陆女士琮琮铮铮，极声音之和，众大鼓掌，乃重鼓一曲；十、单唱，贝君；十一、国乐，杨君及同伴四人；十二、二女郎四男子合唱，又七人合唱；十三、号筒独吹，施明德君（美人）；十四、青年会干事胡咏骐君报告，略谓本会定下星期日晚在本会所举行幻灯演讲；又今日本拟旅行慈溪，以天雨，到者甚少，准改至七月三号举行云。次全体唱英文离别歌而散，已将九时矣。

——选自《时事公报》1920 年 6 月 21 日

青年会之发展

宁波青年会自春季征求会由王正廷博士为领袖以来，会务益形发达，会员已达八百七十人之多，所附设英文夜校，学生亦有百余名。该会为谋积极进行起见，在每星期日下午二时，举行连续演讲会，上月已有留欧回国朱懋澄学生主讲四次。其题目，第一期为"留欧九载之感想"，第二期为"我之最近欧西社会观"，第三期为"我之最近欧西教育观"，第四期为"我之最近欧西家庭观"。会内又继续开办国语传习所，定十月十六日开讲，业请南京高师国文科毕业冷君泽黎为讲员矣。会中办事人，除驻会干事，已逐渐增添外，又有谢、邬二君，在上海青年会练习成人部及体育部事项。今拟添聘大学毕业任智育干事一人，正在物色之中。该会会所，系暂时租借，现已不敷所用，该会董商议自行购用建筑。

——选自《申报》1920 年 10 月 1 日

青年会要讯二则

宁波青年会最近组织正式董事部，选定名誉董事五人，董事十二人，均系学校出身、才德兼优之士，诚堪为该会得人庆。兹将其姓名列下：名誉董事王正廷君、陈谦夫君、袁履登君、吴莲艇君、王大章君，董事会长朱懋澄君，副会长樊正康君，书记余德华君，会计周永明君、严齐富君、周宁甫君、袁九皋君、陈孝伦君、郑值生君、施秉瑜君、任莘耕君、李贤能君等。又闻该会前呈请全国青年会协会董事部查核认为正式城市青年会，昨得协会总干事余日章君寄来证书并函，略称（上略）：前承寄下贵会章程一通，嘱于协会董事部，表决通过。兹于前月廿三日协会董事会议，佥以贵会章程之精神与宗旨，悉与基督教青年会相符，即应正式承认发给证书，除备函布闻贵董事部并寄上证书外，兹特专函奉达，即祈查照。甬会以较短期间之筹备，而得较美成绩之告成，实不能不佩先生与诸董事之同心一德，筹画丰硕也。此后正式成立，积极进行，定觇竿头百尺，伟绩丰收云云。按甬会嗣后与各大埠城市青年会受同等之待遇，可为甬会前途贺焉。

——选自《时事公报》1920 年 10 月 8 日

青年会征求会员纪

宁波青年会十六晚七时开征求会员第一次揭晓，到会者三十余人。由会员部干事徐受谦将一星期内所有各队分数人数表张贴会所，其中分数最多者为朱旭昌君之津浦队，人数最多者为俞佐廷君之粤汉队。兹爰录于下：津浦队人数五五、分数二七八，京汉队人数三八、分数二五八，粤汉队人数五六、分数二三四，京奉队人数三三、分数一三八，总计人数一八二人，分数九〇八分。该会征求仅及一星期，其成绩已能若此，足见甬上人士倾向该会之一斑矣。又闻该会沪宁队自公推谢蘅牕为队长后，日前由胡咏骐回甬报告其成绩，异常优美，不数日已得三千余分。该会同人非常感激，并致函谢君以表谢忱。昨又得谢队长复函云，日前接奉教章辱荷嘉许，曷胜惶愧，前值贵会开会征求，来宾称盛，具见办事多才，声誉卓著，故此次登高一呼，众山皆应。天赐会逢其盛，无任庆幸，而绵力有限，仅捐细数，尚觉耿耿五中，谬承齿及，益增汗颜，捐数容再缴呈，先此奉达云。

——选自《时事公报》1921 年 4 月 18 日

中西协振会消息

宁波中西协振会，由宁波青年会发起以来，仅及三月，已募得捐洋一万三千五百二十六元九角三分九厘。除放北方洋九千元，温岭洋一千元，奉化洋四百元，合共洋一万零四百八十元（内加贴现升洋八十元）。又除付印刷洋三百四十一元七角九分外，尚存洋二千七百五十四元七角二分（存息在内）。目下该会因北方天气严寒，灾民冻馁堪怜，又复进行征求旧棉衣事项，俟有成数，又托上海华洋义振会汇解北方。又拟征求货物，发卖助振，待星期三开大会，再行讨论。

——选自《申报》1921 年 1 月 16 日

青年会组织保婴会

　　宁波青年会鉴于一般人民对于婴孩保护方法，无一定之标准，致无形中罹病或死亡者不知凡几，爰联络基督教友谊社、妇女益智会等共同进行。已于前月三十一日起至本月三日止，假崇德女校开保婴大会，邀集著名医士检验婴孩各部身体。如合格者给以证书，否则予以相当补救方法。集会时陈列各种机械模型电影等仪器，均由沪上运往。其经费概由三团体分担。闻每日赴会者跻跻跄跄，其中妇女尤占多数，诚破天荒之创举也。

——选自《申报》1921 年 6 月 4 日

青年会募捐大会开幕志

　　宁波青年会募捐大会，已于前日（八号）晚六时开幕，由黄道尹会宴各组长，到者除黄道尹作东道之外，有各官长绅商学、律师会、铁路医学会等各公团八十余人。门首由二分署派站岗仑守，西乐队作乐，各处特加装潢，七时开筵。当时预缴五百元者，如孙鲁贯一组，陈贤珩、陈元渭、张显民等一组，黄道尹一组，姜知事林厅长等一组，方保廉、包湘涛等一组，杨传炳、贝连甫等一组，任莘耕一组，共七组，计洋三千五百元。首由黄道尹致颂词云：今日为募捐大会开幕之期，辱承诸君子不弃，以会长名义属之，鄙人自维德薄能鲜，深惧弗胜，第发育道德，促进文化，鄙人与诸君子有同心焉。概自晚近来世风日衰人心不古，争权攘利，只便图私，各自为谋，众势涣散，国之不振，职是之由。宁波青年会成立以来，于今三载，会员之增多，会务之发达，几有一日千里之势，较之津沪各埠，无或□□，其裨益于社会风俗者，岂鲜浅哉。来日方长，前程远大，就目前之难测，作未雨之绸缪，势不能不从事扩张，另建会所，惟是千金之裘，非一腋所能成也；千仞之山，非一篑所可几也。语有之曰：众擎易举，又曰有志者事竟成。甬郡富绅甲于东浙，慈善事业，多所赞助，今兹募捐大会，正式告成，诸君子毅力热忱，分投劝募，吾侪闻风兴起，慨解义囊者，必将源源而来。行见厦屋落成，辉映甬江日月，春秋广被，遍闻武邑之弦歌，造福无量，方兴未艾，不禁馨香祝之。

——选自《时事公报》1922 年 3 月 10 日

保婴会继续进行

宁波妇女益智社青年会及基督教友谊社三团体，于去年发起保婴大会，成绩昭著。兹闻该团体等今岁仍拟继续进行，以力谋孩提之幸福。前日特请杭州大医士王吉民君来甬，假梅立德君府上开筹备会，议定由三团体内推举八人为执行部，再由执行部中选出会长一人，以负担全责，兹将颁发列下：一、检查部专司查验身体，由医士周宁甫、任莘畊、丁立成担任。二、教育部专司讲演影片，由友谊社社员担任。三、广告部专司新闻传单广告场券等，由青年会担任。四、陈列部专司会场布置招待说明及分送书籍等，由妇女益智社担任。闻地点定槐花树下崇德女校，日期暂定阳历六月初云。

——选自《时事公报》1922 年 4 月 25 日

青年会夜校开交谊会

宁波青年会英文夜学校廿九号晚七时，为联络新旧学生感情起见，特举行交谊会一次。首全体唱诗，次胡咏骐君报告开会宗旨，次体生医院奏国乐，次徐子涛君笑林，次邬时俊君滑稽谈，皆穿插夜校学生名字而成，次金陵大学毕业生汪诚芳君演说，题为《今日中国人之新人生观》，次陈企白、李振华二君谐谈，次茶点，次奏国乐而散，已九时矣。

——选自《时事公报》1922 年 7 月 31 日

青年会智育部会议纪

宁波青年会智育部委员会，于十日下午在本会开第三次常会。到会者为沈亚孟、朱赞卿、王思成、张承哉、邬华堂诸君，委员杨菊庭因事缺席，由委员长沈亚孟主席，总干事胡咏骐报告智育部委员会组织之经过，并提出各种问题，以付讨论。兹录得当日表决事件如下：（一）议决本委员会定名为宁波基督教青年会智育部委员会。（二）本会委员会事业之范围，一、补助地方教育之不及，应付社会特别的需要，二、提倡社会教育，灌输国民常识，三、协助文化运动，四、鼓吹市政之改良（如民屋、道路、公共游戏场、图书室等）。（三）本委员会之职权，以讨论本会智育部应兴应革事宜，议决后交本会智育部干事执行之，但关系重大者，须得董事部之同意。（四）本委员会设委员长一人，委员若干人，均由董事部聘任之。（五）委员长及委员任期一年（每年九月一日起翌年八月底止）为限，但得连任。（六）本委员会会期，常会每月一次，日期于前届开会时议定，或由委员长酌定，临时会议，由干事商诸委员长后，致函各委员召集开会。（七）开会时本部干事须列席提出意见，但无表决权。（八）本会议案之纪录，由本部干事担任之。（九）本会简章有未尽处，得随时增改之。（十）通过智育部本年事业计划大纲如左：一、办学。甲、英文夜校照常进行，乙、开设平民义务半日学校，明正开办，丙、开设工人夜校，附设在平民义务学校内，亦于明正开办。二、讲演。甲、定期演讲，乙、临时演讲，丙、露天演讲，均照旧章办理，丁、加办长期学术演讲，讲员由各委员担任分头招请。三、阅报室照原章办理，但须加增有益小说及报刊数种。四、协作教育界集会，照原计划办理。五、组织参观团。六、社会调查团计划，议决先调查江北岸之学校教育，与社会教育，及户口为入手办法。七、本会青年月刊以后当归智育部办理，编辑一项，仍归文牍部办理。（十一）议决下届会期为十一月十一号。

——选自《时事公报》1922 年 10 月 14 日

青年会近讯

青年会设有童子部，专事提倡童子事业，该部干事倪德昭，积极建设。兹将成就事业，探录如左：一、四育养成团，会内会外共有五团，计九队，二百二十一人。第一团四明初级中学，第二团崇信高小，第三团斐迪高小，第五团崇敬高小，每星期开常会一次，每月开联合会、比赛会一次（作文等），成绩优胜者，给奖鼓励；二、服务团由商界少年组成之，每星期六晚开常会，讨论服务事宜。昨组织露天演讲队，在通衢行人杂沓之处，演讲街道卫生、社会必要之道德及报载重要之国事。其用意为失学愚民予以补救。又有救火队之组织，维持火场秩序，及救护被伤者为宗旨。闻上述两事设办以后，颇合甬人心理，金以改良社会一责，有望于该会。

——选自《申报》1923 年 10 月 25 日

提倡平民教育之进行

宁波青年会、鄞县教育会，21 日下午召集甬埠各团体，假总商会为会场，提倡平民教育运动，请上海全国青年会协会平民教育系干事傅若愚君演讲。到者有黄道尹、王镇守使、林厅长两代表、姜知事暨教育会、商会、青年会、市政筹备处、工商友谊社、律师公会、群育社等代表数十人，由胡咏骐主席，报告开会宗旨；次傅硕士演讲；次张让三演讲，略谓提倡平民教育，深表同情，惟此事既由青年会、教育会二团体发起，请各界协力相助，况平民学校轻而易举，鄙人愿承认一所；次王思成演讲，略谓承诸君赞同，尚有二种请求：一、招生，二、经费，请各界协助，并报告二团体筹备七校之经过，又谓今日即为宁波平民教育促进会成立会，当场认设如下：高桥孤儿院林君二所，范纯管二所，毛稼生一所，西北公会一所，王信懋一所；次林君提议，请教育会函请各小学校，利用夜间余暇分别举办云；次推定名誉董事五人，王镇守使、黄道尹、袁监督、林厅长、姜知事，又董事三十三人（姓名从略）；次举定执行委员各股主任（姓名从略），推毕散会已五时。又同日下午三时，缪秋笙博士，在城内府前礼拜堂演讲平民教育，到者有四明高级中学、初级中学、第四师范、甲种商业等校学生及各界共八九百人。是晚七时，傅若愚硕士在青年会演讲平民教育，并放电影"烟台平民教育运动"，到者二百余人。宁波此次平民教育运动，可谓一呼四应矣。

——选自《申报》1923 年 12 月 24 日

节俭大运动

宁波青年会德育部与各界联络创办节制会，已历三载，兹该会又以际此民贫国困，社会上犹复穷奢极欲，乃定阳历 4 月 10 日起 15 日止举行节俭大运动五天。在此五日间，组织演讲团多团，在城内江北江东等处，游行演讲，并分发印刷品，使各界人士，觉悟奢侈之害，节俭朴质之紧要。夜间又在第四中校、四明高级初级两中学暨佛教孤儿院、青年会等处，放演节俭影灯，使一般青年学生，咸知节俭云。

——选自《申报》1924 年 4 月 12 日

定期举行保婴大会

宁波青年会曾于上年联合基督教友谊社等团体，发起保婴会，成绩颇佳，今年复联合群学社等团体，开会议决，继续举行。兹将其举行日期及办法秩序录下：（一）办法，凡三岁以下之婴孩，无论男女，届时均得报名入会，享检查体格及参观之权利，凡受检查之婴儿，均给以证书，或奖赏，以资鼓励，迨次年大会时，观察其一年中之进步如何，而后给以奖品。（二）举行日期，阳历六月七、八两日，在廿条桥群学社，九、十两日，在西门真神堂。（三）秩序，请著名西医检查体格，及演讲保婴方法，并有展览表演等，以助余兴。

——选自《申报》1924 年 5 月 30 日

青年会举行奠基礼

宁波青年会新建会所工程行将告竣，上海建筑委员及各地青年会代表，特于昨日来甬举行奠基礼。午刻先在普天春会餐，到者西人方面有英领事巴乐满、贺嘉立等，华人方面有袁履登、朱旭昌、方椒伯（徐可陛代表）等，共计三十余人。席间由袁履登起立致词，并介绍巴乐满及中华青年协会副总干事徐立庭二君讲演。下午三时半，至新会所举行奠基礼，到者甚众。其举行秩序为：一、袁履登主席致开会词。二、奏乐（四明孤儿院）。三、崇德女校唱歌。四、巴乐满讲演，由袁履登翻译，其大意略分四种，一谓地方之需要，不在物质之进步，而在有高尚道德品行完备之人才。二谓青年会犹如地方之学校，以灵性道德学问身体四者培养地方青年，故青年会与地方发生密切之关系，在地方中重要之机关。三谓中国现在所需要的，为真正的共和精神，欲设备此精神，必须先有完全人格之国民。青年会为创造完全人格的一种机关。四谓世界上有许多缺点，须用青年会之工作，以资补救，盖青年会具有兄弟敬爱的精神，观夫各地青年会之互助精神，可为证明云云。五、圣模女学唱歌。六、孙督办（孟使代表）孟镇守使张道尹等致颂词。七、方椒伯代表徐可陛报告建筑经过情形。八、会长樊正康致感谢词。九、甬江女生唱歌。十、行奠基礼，其基文为：灵基永固，活水长流，有光在岗，共沐神庥。由巴乐满加填。十一、邬志坚牧师祝福。十二、会散。附颂词三种：一、孙督办颂词：万间广厦，轮奂辉煌，挹山川秀，颂兰桂芳，萃英组俊，济济一堂，有人为瑞，于国有光，方兴未艾，日进年疆，漪欤盛哉，世运同昌。二、孟镇使颂词，甬江毓秀，蔚起群英，固结团体，发育文明，誉髦斯士，头角峥嵘，宏规肇启，大厦期成，始基既奠，众志成城，千秋万岁，与国俱宁。三、张道尹江知事颂词，甬水汤汤，源远流长，西来基督，教被此邦，提倡会社，名曰青年，网罗英俊，启发承先，大哉建筑，新江桥边，立基不拔，永垂万年，官斯土者，乐观厥成，自是以后，百废俱兴，衮衮诸公，绸缪牖户，具斯宏愿，景仰无似。

——选自《时事公报》1925 年 5 月 14 日

青年会网球队成立会纪

本埠青年会以时值夏令，天气清和，正为网球游戏最适宜之时，特发出通告组织网球队，并借火车站西首隙地一方为球场。昨日（星期一）下午四时为该会网球队成立之期，到者有杨燮懋、沈士藻、孔庆祥、周树功、汪仁则、张永年、赖云章等十余人，首公推杨君为临时主席，宣开会词，次选举职员：一、队长杨燮懋；二、干事倪德昭；三、书记兼司库沈士藻。次公决事项如下：甲、队员以十六人为限。乙、会费于阳历五月底之前须缴付司库。丙、游戏时间，除星期日外，定每日下午三时半起，至六时半止。如欲在规定时间外拍球，则当先时关照干事倪君以便备置也。丁、划线及张网收网，由该会会役负责。戊、因球场由筑路公司借用，故当备函通知该公司办事员，准免费入队，以资优待，惟须先时报名，自备球拍，至五时半散会。

——选自《时事公报》1925 年 5 月 19 日

青年会服务团开会纪

本埠中华基督教青年会服务团，自成立迄今，已有四载，此四年来之成绩，如火警救护队、新剧社、演讲队、平民学校等，颇为社会人士所注目。前晚（廿八）该团在该会开会，到团员三十余人，公推倪德昭为临时主席，徐鸿涛为临时书记，由主席报告本团经过情形。次选举职员如下：正团长徐鸿涛，副团长王志钧，书记楼炳甫，会计虞鹿笙。事务主任选举如下：火警救护队主任任荫昌，新剧社平民学校主任陈占元，服务月刊社主任蔡琢萍，通俗演讲队主任王宪成，国乐研究班主任韩余珊。次推出修改章程委员严文彬、蔡琢萍、陆鹤年、徐鸿涛四人，俟修改后，再于大会时通过。次讨论外埠团员之联络，一月或数月报告本团工作情形，倘外埠团员人数渐多，最好设立支团，在月刊中另载通讯栏。又经费之筹划，议决：一、各团员自认捐助。二、向外方募集，其本团事业之进行，俟下次分期集议。次张德君提议，以后多开常会。徐鸿涛提议，每团员各佩徽章，以归一律。倪德昭提议，拟于本埠各处设立支会，实行分工协作之义务。议毕散会已十时矣。

——选自《时事公报》1925 年 7 月 30 日

青年会服务团临时会纪

　　宁波青年会服务团，于本月 18 晚七时半开临时会，出席者二十八人，由倪德昭主席，徐鸿涛纪录。首由主席宣开会词，略谓今晚本团开会的原意，为上海全国青年协会鲍乃德、王洁身及杭州青年会总干马文绰三君，联袂莅甬，欢迎他们指示本团进行工作之方针，鲍马二君因他事不能出席，今晚所请到者，为王洁身先生。次介绍王洁身历史。次徐鸿涛报告本团过去之历史，及现在组织之情形。次王洁身演说，略谓："兄弟今日与诸位，欢聚一堂，实在非常荣幸，兄弟自见新会所以后，感想到人类建筑力伟大，及宁波人士之热心，而有此宏大会所之奠成，然会是呆的，不是活的，故欲使宁波人社会进化，实赖人为之改造与服务，然服务必须有主旨及方针，当然不能马虎从事，刻知诸位将公余之光阴，从事于斯，此实为成功之捷径。现将兄弟之意见，以供诸位之讨论：一、当预备种种学识，及培养团员之三育。二、须认清目标，举时始终不怠，其工作以劳动界及儿童为最要云云。"演说毕，即提议组织研究，并报告上海协会于本年 10 月 10 日起，至明年 5 月 4 日止，举行公民教育大运动之缘起及计划，公决先推王洁身、沈桂卿、王大成、徐鸿涛四君为筹备员，并选择各种书本，其研究分五组进行，至常会时，再各发表意见。次倪君报告蔡竹屏火警救护队立案呈文，业已完稿，经众通过。次任荫昌提议火警救护队于本月廿三日晚，假座群学社，开临时大会，由各组组长通告各队团员。次余兴国乐，陈信孚琵琶独奏，徐文元京调，次室内游戏，迨散会时已十时余矣。

——选自《时事公报》1925 年 9 月 20 日

青年会消息种种

宁波青年会第八届征求会，业于上月七日晚开幕，分队进行。闻上星期六晚为该会第一次揭晓期，统计各队所得分数为二千一百二十九分，会员三百四十三人，内中以裘珠如君所领之天胜队为第一云。又闻天益队队长周子材君，定于今晚在该会叙餐室，宴请该队队员，商议进行云。又闻该会总干事胡咏骐，在甬服务，迄今八稔，对于规划会务、募建会所，勤劳著绩，深为各界所称许，近承全国协会特派赴美留学，并考察北美青年会事业。闻胡君已定于本星期六下午赴沪，拼挡一切，即行放洋。该会同人及胡君知好等，特于昨晚（八日）六时，在该会叙餐室开欢送会。男女来宾有余润泉、俞佐庭、袁端甫、朱酒仙、郑值生、董贞柯、裘珠如、陈器伯、吴莲汀、梅立德、施明德、孙莘墅、邬锡凤、屠韵笙、朱赞卿等四十五人。秩序如下：（一）叙餐；（二）主席吴莲汀宣开会记；（三）来宾致欢送词；（四）胡君致答谢词；（五）全体摄影；（六）电影。至九时半始尽欢而散云。

——选自《时事公报》1926 年 4 月 9 日

青年会卫生展览会之第一日

宁波青年会发起卫生运动一节，迭志本报。兹闻该会于昨日下午举行第一天卫生展览会。该会大门内陈设人体各部模型，及花柳病等各种模型。谈话室内设细菌展并置害虫多瓶，以供来者参观。门外陈列小孩之新式衣服用具，及玩具等多件。其大礼堂及书报室墙壁上，张贴各种图表，并由该会干事轮流讲解。贩卖部则有卫生书籍、卫生用品（如蝇笼、蝇拍等）等多件出卖。是日来宾参观者陆续达七八百人。下午三时，该会在大礼堂举行演讲会，由袁秋程君主席宣词，略谓卫生运动，系健身强国之一种运动，青年会现在积极提倡，今日为该会举行之第一天，尚望诸位能通力合作，几得收宏效云云。次该会干事倪德昭君演讲，题为"个人卫生大纲"，略谓个人卫生，在个人方面，能免疾病，保康健，耐劳苦，享高寿，在国家方面，能强种族，固邦本，振精神（即民气），洗国耻，故颇为綦重。其大纲分饮食、衣服、起居、动静四部（下略）。次王洁身君报告今明后三日秩序。次温玉泉又详讲五官之功用（词长从略）。次甬江女子中学表演"致疾之原因""服病""午饭""原来如此"四剧，"午饭"

一剧为最佳。至五时余，始各自散。晚七时半，该会仍举行演讲会，到者六百人，由王洁身君主席宣词略谓，本会因鉴个人卫生及公众卫生之重要，故发起卫生运动，其目的亦注意由个人卫生而及公众卫生。至保婴会，则保全婴孩之健康及发育，在工作方面"检查体格"云云。次孙莘墅君（生生医院院长）演讲"个人对于公众卫生之责任"，大意谓吾人终日，只知本身利害，而不顾及公众如何，而于卫生方面而尤甚，殊不知瘟疾酿成，仍及己身也。兹先述其最重要者如下，希各注意（一）厕所，应概用公厕，"即警厅或地方团体置办以归一律"，并宜每日由粪夫将积粪搬运出外；（二）河道，其淤塞之旧有小河道，一概堵塞，下筑排除污水之沟渠，其较大之河，则一律疏浚，使其流通；（三）街道，设有盖垃圾桶，免污物侵入地中，并每日宜由清道夫加意打扫；（四）设传染病院，隔离病人，以防传染之蔓延。讲毕，该会映放卫生影片助兴。闻该会今日之秩序，"下午"，主席叶云溪君，讲员宓石安君（保黎医院院长），题为"病疫之传染与预防"，余兴有崇明学校学生表演："晚上"，主席朱旭昌君，讲员丁立成君（华美医院院长）题"花柳病与性知识"，余兴电影"蝇之由来"云。

——选自《时事公报》1926 年 6 月 14 日

附录一　首任总干事胡咏骐

胡咏骐（1898—1940），鄞县人，出生于虔诚的基督教家庭，就读于宁波教会学校斐迪中学小学部。1917 年，胡咏骐从沪江大学毕业获文学士学位，之后回宁波任四明中学教员。1919 年，胡咏骐牵头创建宁波青年会，出任第一任总干事。1922 年，征招会众已达 1200 余人，通过向基督教北美协会以及旅沪甬籍富商名流筹募捐款，购置基地修建起新会所，奠定基督教宁波青年会长远发展基础。其间被擢升为中华基督教青年会全国协会董事、书记、司库，基督教协会上海市会组委会主任委员、上海基督教青年会董事。1926 年，胡咏骐得到教会资助，赴美国哥伦比亚大学深造，攻读金融、人寿保险和商业管理学专业，并获双科硕士学位。

1929 年胡咏骐回国后，任宁绍商轮公司保险部经理，后任宁绍水火保险公司总经理。1931 年，他在上海创办了宁绍人寿保险公司并任总经理。公司在广州、北京、汉口、青岛设分公司，九江、重庆、南京等地设代理处。1933 年，胡咏骐创办了《寿险季刊》和《人寿保险学讲义》。这是中国保险界第一次出版定期刊物，也是第一本人寿保险学理的专业刊物。他首次建议成立中华寿险再保委员会，并主持制定《火险经纪人登记与管理规章》。1935 年，中国保险学会成立，胡咏骐任常务理事；之后又出任上海保险业同业公会主席；很快成为金融保险界闻名遐迩的行业领袖。1936 年 5 月，胡咏骐出席保险法修订会议，出台了新《保险法》。他主持翻译了保险单上长期沿用的英文条款，结束了中国民族保险公司在保险单上没有中文条款的历史，人称"民族保险的巨人"。

胡咏骐不是一位孳孳为利的普通商人，他看得远，见得广，想得透彻。他知道一个商人在这国难时期应尽的责任是什么。他的一切措施、一切行动，都是以国家民族的利益为前提的。他从事商业近二十年，但他的经济情形也仅足够一家温饱而已。而对于爱国事业，则无不竭力帮助着；比千万百万富翁所尽的力量更多更大。他资助夏衍出版《译报》。出资印制斯诺的《西行漫记》《鲁迅全集》、瞿秋白的《海上述林》及《瞿秋白文集》等进步书籍。胡愈之评论他"是个实业家，但也是一个真诚的爱国者"。1939 年，胡咏骐加入中国共产党。1940 年 11 月 5 日，胡咏骐因病逝世。

附录二　名誉董事王正廷

王正廷（1882—1961），奉化人。1896 年入天津北洋西学堂，1904 年任湖南省立高等学堂英文科主任，1905 年赴日本，加入同盟会，创办中国留学生基督教青年会，任总干事。1907 年赴美国，入密歇根大学攻读法律，后转耶鲁大学，4 年后回国。辛亥革命后，历任鄂军都督府外交副主任、北京政府工商部代总长、参议院副议长。后至上海，任中华基督教青年会全国协会总干事，与张伯苓等发起组织中华全国体育协进会，后长期任理事长，并任国际奥林匹克委员会终身委员。1917 年赴广州，任非常国会副议长、军政府外交总长、财政总长。1919 年任广东军政府全权代表，出席"巴黎和会"，响应国内五四运动，拒绝在《巴黎和约》上签字，获国人好评。1921 年任北京中国大学校长，次年任华盛顿会议中国代表团代表，继任北洋政府外交总长、代理国务总理兼外长。1923 年 3 月任中俄交涉督办，与苏联签订《中俄协定》，恢复两国邦交。次年 10 月任外交总长兼财政总长、关税会议委员长。不久辞职至上海，任全国道路协会会长。

1928 年，南京国民政府成立，王正廷任外交部长，兼国民党中央政治会议委员、条约委员会会长，与 12 个国家签订关税自主新约，收回威海卫主权。不久，因与日本签订《关于解决济南惨案的议定书》，引起南京市民公愤，住宅被捣毁。1936 年 8 月任驻美大使，两年后回国，任国民政府委员。抗日战争胜利后，任国民政府国策顾问、中国红十字会会长。先后当选第三、四、六届国民党中央执行委员、第五届候补中央执行委员。1949 年初去香港，任太平洋保险公司董事长。逝于香港。政余爱好体育，曾任第八届远东运动会会长兼总裁判，又任中国体育代表团总领队，率团参加第十届、第十四届奥运会。关心家乡公益事业，先后倡议建筑鄞奉公路，捐资开办务本小学，资助鄞奉公益医院、奉化孤儿院、育婴堂、中正图书馆等。著有《王正廷博士演讲集》。

老外滩上名建筑

天主教堂

　　天主教堂位于老外滩新江桥北塊，1872 年由法国籍的第四任浙江教区代牧苏凤文（Edmand Francois，1825—1883）建造，成为当时江北岸最高的建筑物；1899 年，第五任浙江代牧是赵保禄（Paul Marie Reynased，1854—1926）增建钟楼，高达 30 米左右。整座建筑由教堂、钟楼、偏屋组成。造型具有典型的罗马哥特式建筑风格，但在实际施工中就地取材，采用砖木结构，外立面以青砖为主，红砖作边框、线条等装饰。它是浙江省天主教堂建筑中的代表作，也是国家级优秀近代建筑物，具有重要的历史、文化、艺术价值，2006 年被确定为全国重点文物保护单位。

　　宁波邮政局旧址，坐落于宁波市江北区中马街道中马路 172 号，该建筑为 1927 年所建，当时的鄞县一等邮局改为宁波一等邮局。1931 年复改为鄞县邮局。1949 年迁至车站路 122 号新局房。建筑坐西朝东，面朝甬江，背

宁波邮政局旧址

靠中马路,是一幢二层外廊式砖混结构建筑。平面呈凸字形,面阔三开间。进深前后间,楼梯居明间,屋顶为四坡顶及人字顶组合,外墙采用青砖和红砖相结合的砌筑手法。东入口装饰爱奥尼柱头。建筑东、南、西三面置外廊,均采用拱券结构。颇具西式建筑风格,是宁波近现代建筑标志性代表。2005 年公布为省级文保单位。

宁波英国领事馆旧址

宁波英国领事馆旧址坐落于外滩街道白沙路 56 号甬江西北岸,建成于1880 年,中英不平等《南京条约》签订后,宁波被辟为"五口通商1880 年。指定江北岸一带为外国人通商居留地,英国派驻领事,建英国领

事馆。后因在宁波的英国人较少，侨务归上海英国领事馆兼管。1934 年 6
月，宁波英国领事馆撤销，英国驻沪领事毕·约翰遂将该房屋作价转让给当
时的鄞县政府作救济院。解放后，英国领事馆官邸和工作人员住房等建筑被
拆除。现仅存英国领事馆主楼（办公大楼）一幢，坐北朝南，面阔七间，
占地 487.5 平方米。四坡顶，红色洋瓦覆盖，平面呈长方形，八根粗大混凝
土方形柱支撑上、下两层，前置廊，梁架采用近代西式三角形木屋架。室内
有壁炉、拼木地板，顶部为木条泥满平顶，上、下走廊采用水泥磨石地坪，
屋基四周铺设条石。该建筑为宁波市保存较完整的典型英国式西洋建筑，
2005 年被公布为省级文保单位。

浙海关旧址

　　浙海关旧址现存建筑建于 1861 年年，原浙海关由浙海新关办公楼（现
浙海关旧址）、浙海关监督驻地（里关）、浙海常关、浙海新关俱乐部组成。
原浙海关监督驻地（里关）、浙海常关已毁，浙海新关俱乐部于 1927 年改
为宁波邮政局，现存浙海新关办公楼一幢。办公楼位于现宁波市江北区外滩
街道中马路 198 号，东西走向，三层加阁楼砖木混合结构，平面呈长方形，
两面外廊布置形式，建筑面积 1068 平方米。通面阔 15.10 米，通进深
18.44 米，地面至屋面高 16.05 米。一层用房平面布置成 L 形，东面柱廊后
设正房三间，曾作为浙海关新关验货员办事处、港务课、检查课办公室；南
侧朝东为楼梯间，木盘楼梯，系二层以上的主要出入通道；西南侧一大间为
栈房，西北侧为其他管理房。二层、三层曾为浙海关检察长住宅，房间分割
与一层基本相同，只是西侧分割成若干小房间。四层为阁楼，设简易房八
间。2005 年被浙江省人民政府公布为省级文物保护单位，2008 年辟为博

物馆。

谢氏旧宅

　　谢氏旧宅坐落江北区外滩街道白沙路 96 号。该宅原为上海宁波帮煤炭巨商谢蘅窗住宅。谢蘅窗（又称谢恒昌，1875—1960），参与成立宁波旅沪同乡会。发起创办宁波绍船公司，创办镇海求精学校七所，在上海参与办儿童福利院、红十字会、四明公所、闸北救火会，捐巨资于宁波四明孤儿院、育婴堂等。抗战爆发后，为上海市抗日后援会主持人之一。后赴重庆，继续经营煤矿业。抗战胜利后，任上海煤炭业工会理事长。上海解放后，即为煤业工会重要委员。谢宅建于 1903 年至 1908 年，现保存完好。该宅系三层三开间西洋式楼房，坐西朝东，面朝甬江，是中国传统建筑文化与外来建筑文化碰撞融合的产物。整栋建筑占地 450 平方米，系水泥、砖、石柱砌成三层楼房。墙体用灰色清水砖，水平用红色清水砖作间隔，巨柱上均布有几何图案和花卉饰纹。墙体四周开窗，正立面中石质拱券窗檐口装饰。宅之北面的墙基尚存有"谢天佑"碑石。西面开大门，用石柱及钢筋水泥作成圆拱状，是"五蝠捧福"图案组成的铁皮门；南开小侧门。地面铺水磨石阶。两旁均有造型各异之鸟兽、花草石雕，内部均铺金漆地板，设天井，两旁扶梯可拾级上下，各房间内设有西式壁炉吊灯，整个建筑颇显气派。宁波沦陷后，该宅被侵华日军占领，辟为"水上司令部"。谢宅曾被评为宁波市十大近代优秀建筑。2005 年公布为省级文保单位。

　　中国通商银行宁波分行旧址，坐落于宁波江北区外滩街道外马路 37 号，

中国通商银行宁波分行旧址

地处宁波三江口，坐西朝东，建筑面积约为2000平方米。现存建筑始建于1930年，由德国西门子公司设计。中国通商银行于1887年在上海成立，是中国人自办的第一家银行，上海宁波帮人士叶澄衷、严信厚、朱葆三为主要股东。该大楼即为中国通商银行宁波分行的行址，直至解放初。现存建筑分东西两部分，东立面又分南中北三部分，南北两侧均为三层楼房，中间为六层楼，西部全是三层单檐楼房，中间置走廊，其正门立面为宝塔形，采用黑色大理石贴就，双扇铁门，庄严肃穆，台阶、第二道门面装饰均为白色大理石，内部顶及四周壁围，石膏装饰，具有外来建筑文化特色。是宁波金融及外滩历史变迁的重要见证，具有较高保护及研究价值。2017年公布为第七批省级文物保护单位。

宏昌源号旧址位于江北外滩街道中马路47号，坐西朝东，面阔三间，三层楼房，单坡式层顶，正立面为早期西式混凝土装饰。立面最上端呈三角形，两边各有一组仿西式建筑中卷涡图案的折线，窗台上下各有一组较规则的几何图形，朝南端山墙角有一黑漆写的店名招牌及电话号码："宏昌源号""电话〇九四七""山北口口"。据调查，该建筑为慈溪人所开设的糕点

宏昌源号旧址

加工厂，是典型的 30 年代前店后作坊式近代建筑，也是宁波目前遗存少有
的老商铺。1999 年 9 月被公布为宁波市第二批市级文物保护点。

槐树路临江建筑群

　　槐树路临江建筑群位于江北外滩街道槐树路 77 号、109 号和 121 号，
由杨宅、孙宅和基督教会用房组成，2003 年 8 月被公布为宁波市第三批市
级文物保护点。

　　（1）杨宅位于江北区中马街道槐树路 77 号，建筑坐西朝东，临姚江面
向解放桥，占地面积约 900 平方米。主楼面阔三间，屋顶采用洋瓦硬山顶，
梁架采用近代西式三角形木物架，明间及东次间为敞开外廊式。檩柱为清水
砖砌筑，上端有卷草纹装饰。石膏顶。外墙为灰色清水墙。西侧另连二层楼
附属用房一幢。该建筑是在宁波市区现存为数不多的敞开外廊式近代建筑。

　　（2）孙宅位于江北区中马街道槐树路 109 号，坐北朝南，占地面积约
为 450 平方米，由前后二幢二层楼建筑物组成，平面呈正方形，屋面采用洋

槐树路杨宅

槐树路孙宅

瓦人字坡硬山式，山墙顶饰有较规则的长条形几何纹样图案，附有一西式壁炉烟囱，外墙西式木格玻璃窗。

（3）基督教会用房位于江北区中马街道槐树路121号，是一幢中西合璧的教会建筑，1844年，美国基督教长老会东方女子促进会传教士爱德赛女士来甬自费创办的一所女塾，1845年，由美国传教士麦嘉缔在此开设崇

基督教会用房

信义塾，为浙江最早的男子学堂。基督教会用房，坐西朝东（偏东南），占地面积约为 383 平方米。平面呈长方形，四坡顶，二层楼建筑。屋面采用小青瓦，正立面上下二层为巷柱式外廊，四周开有多个西式木窗，外墙为清水砖墙。

近代石库门民宅

近代石库门民宅位于江北外滩街道颍川巷 1—9 号、玛瑙路 102 号、104 号。该建筑群始建于民国初期，宅主分别是一批宁波近代的旅沪商人，建筑群为 4 幢建筑组成，占地面积约为 1942 平方米，建筑群中间为一甬道，甬道口为石库门，门上有三角形门楣装饰，内有中西混杂式图案。甬道左右建有平面、结构类同的石库门建筑。每幢建筑大门均采用水泥磨石子式和砖质石库门，门楣上饰有半圆形玫瑰花。主楼高二层，有外廊，外廊栏杆用近代车木栏杆，廊台口板外端有少量雕花，梁架采用中西结合的穿斗式和三角形木屋架。平面均为三合院式，屋面采用小青瓦，山墙脊采用水泥造仿观音兜式，设有西式百叶窗。该建筑群为宁波城区内规模较大，保存较完整的近代石库门建筑群，2008 年 7 月被公布为江北区第四批区级文物保护单位。

和德坊

和德坊又称和泰坊，原为老宁波传统商铺，主营旧式面货，为二层木结构。正层平面为江南民居传统的三合院型，面后屋为大半方屋顶，砖混结构的洋式建筑，屋顶为红色洋瓦，东西外墙有西方式的壁炉烟囱，采用石库门和婉约的巴洛克式观音兜山墙等改良西式建筑，既保留了中国建筑的传统，又具有鲜明的时代特征，正屋门窗木雕优美，保存也较完好，是江北岸建筑中西交融的缩影，具有很高的艺术价值。

严氏山庄与其主人

严氏山庄位于江北区外滩街道扬善路 1 号，处在扬善路步行街、中马路步行街和外马路江堤交接口。这是巴洛克风格与中式建筑完美交融的杰出代

严氏山庄

表，城市建筑顶峰之作，超长的圆形露台，雕花精致，摄人心魄。三江环绕、坐西朝东，采用早期的钢筋混凝土结构。三层混合结构，底层为骑楼式，四坡式瓦屋顶。外立面、内部石膏顶及悬梁装饰图纹，均带有明显的早期殖民主义风格。严氏山庄原是"宁波帮"开山鼻祖严信厚的私宅，主要用于严氏族人聚会的会所。1999 年被公布为宁波市第二批市级文物保护单位。

　　严信厚（1828—1906），字筱舫，慈溪费市村（今属江北区庄桥街道）人。早年就读私塾，后在宁波恒兴钱店当学徒，继供职于上海宝成银楼，好学上进，为店主胡光墉器重。1872 年，经胡光墉函荐入李鸿章幕，被李鸿章亲自保为候补道，加封知府衔。后任河南盐务督销。1885 年受李鸿章委派任长芦盐务督销，署理天津盐务帮办等职。1886 年在天津自设同德盐号，遂以盐务起家，经营商业，投资近代工业，资财渐厚。继于上海设源丰润票号总店，于津京等地置分号 10 余处，经营国内兑汇及商业拆放业务。不久任上海道道库惠通官银号经理，掌管上海道公款出入。此后陆续创办天津物华楼金店，上海老九章绸缎庄、中英药房、华兴水火保险公司、锦州天一垦务公司、景德镇江西瓷业公司等。1897 年受邮部尚书盛宣怀委派，筹备创办首家民营银行中国通商银行，任总董、总经理及上海分行董事长。1902 年受命成立上海商业会议公所，任总理，越两年改为上海商务总会，仍任总理。1905 年于上海创办同利麻袋厂，并投资面粉厂、榨油厂、内河轮船航运等企业，后人推为宁波帮鼻祖。他关心地方公益，情系故里，设立义学及医所诸善举。而且于 1887 年投资 5 万两白银，在宁波北郊今江北湾头创办通久源机器轧花厂，为国内首家使用动力机器生产的轧花厂。1894 年又集资 45 万银两，在轧花厂的基础上创设了浙江省最早的一家纱厂——通久源纺纱织布局，亦称通久源纱厂，使轧花、纺纱、织布相连为一，而以纺纱为主。外国人倍加关注，《浙海关十年报告》（1882—1891）称：

在产业方面的事情，从一个洋人的观点来看，有些发展可以记载。最重要的是在1887年，中国的资本家组织了一家公司，从事利用洋机器轧棉花的业务。公司取名"通久"，以资本5万两银子开始运转。机器有蒸汽机和锅炉，带动40台最新改良型的轧花机，机器是由日本大阪制造，于1887年10月运到。现有的房子经过改建以符事业需要，又增添新的结构，整个工厂离宁波约2英里，沿甬江北支河岸伸展约有200英尺。自该厂建成之后，全年日夜开工，雇工300人至400人。请的是日本人工程师和机械师。1891年销售皮棉3万担。籽棉是购自邻近产棉区，用小船运到工厂。企业获利颇丰，现已大加扩充。增加的资金也已募集，巨大的两层楼砖砌厂房竖立起来，不仅轧棉，而且打算纺纱。从英国已经进口新式马力更强大的发动机和锅炉，又从日本增添了轧棉机和纺纱机。新厂房将在1892年夏天开始运转。除了对原料和成品征收关税和厘金以外，工厂别无其他负担。

又据《浙海关十年报告》（1892—1901）称：

工业方面最值得注意的大事，是成立通久源棉纱厂。该厂设在孔浦之后、余姚江的南岸。在前10年的报告中，曾记载有一家小公司由中国人于1887年开创，资本为5万银两，进行纺纱业务，开办得非常成功。又有一家公司于1894年成立，资本为30万银两，全由宁波和上海的富商投资，当时计划从事纺纱和织布。该棉织厂于18%年6月开工，现雇工700人，除监工和技工之外，主要是妇女和儿童。去年月产量是：棉纱2500担。现该厂仍完全限于纺纱。根据合理的估计，工厂位于大的产棉区，有充足的劳动力，工厂的继续成功应该是可以保证的。当局允诺厂主们获取一些优惠，和绍兴、杭州的两家工厂一样，按照厘金章程发货往内地，每年缴付7000元，即不必到本海关按每担付7钱的税率领取子口税票。

严信厚于1906年去世，其产业包括严氏山庄由其子严子均继承。

　　　　　　　　　　　　　　　——选自《宁波文化遗产保护网》

主要参考文献

［英］查尔斯·德雷格：《龙廷洋大臣——海关税务司包腊父子与近代中国》，潘一宁、戴宁译，广西师范大学出版社 2018 年版。

［美］丁韪良：《花甲忆记》，沈弘、恽文捷、郝田虎译，学林出版社 2019 年版。

龚缨晏：《浙江早期基督教史》，杭州出版社 2010 年版。

故宫博物院明清档案部、福建师范大学历史系合编：《清季中外使领年表》，中华书局 1985 年版。

顾文彬：《过云楼日记》，文汇出版社 2017 年版。

郭嵩焘：《使西日记》，朝华出版社 2017 年版。

杭州海关译编：《近代浙江通商口岸经济社会概况——浙海关、瓯海关、杭州关贸易报告集成》，浙江人民出版社 2002 年版。

胡滨译：《英国档案有关鸦片战争史料选译》（上、下），中华书局 1992 年版。

《宁波海关志》，浙江科技出版社 2000 年版。

宁波市江北区史志办公室编：《江北历代名门望族资料选编》，宁波出版社 2018 年版。

宁波市社会科学界联合会、中国第一历史档案馆合编：《浙江鸦片战争史料》（上、下），宁波出版社 1997 年版。

宁波市委党史研究室：《中国共产党宁波历史》（第一卷），中共党史出版社 2001 年版。

宁波市政协文史委编：《宁波文史资料》第九辑。

王尔敏：《五口通商变局》，广西师范大学出版社 2006 年版。

［英］魏尔特：《赫德与中国海关》（上、下），陈秀才等译，厦门大学出版社 1997 年版。

［英］吴芳思：《口岸往事——海外侨民在中国的迷梦与生活》，柯卉

译，新星出版社 2018 年版。

薛福成：《出使四国日记》，湖南人民出版社 1981 年版。

薛福成：《庸庵文集》（影印本），文海出版社有限公司。

曾纪泽：《曾纪泽集》，岳麓书社 2008 年版。

张宏生编著：《中美文化交流的先驱——戈鲲化的时代、生活与创作》，凤凰出版社 2016 年版。

郑绍昌主编：《宁波港史》，人民交通出版社 1988 年版。